富种起源

人类是怎么变富的

THE OPULENCE OF SPECIES

How Did Humans Become Rich

吴乐旻◎著

中信出版集团 | 北京

图书在版编目（CIP）数据

富种起源：人类是怎么变富的 / 吴乐旻著 . -- 北京：中信出版社，2023.2（2023. 11 重印）
ISBN 978-7-5217-5057-7

Ⅰ . ①富… Ⅱ . ①吴… Ⅲ . ①经济学－研究 Ⅳ . ① F0

中国版本图书馆 CIP 数据核字（2022）第 229034 号

富种起源——人类是怎么变富的
著者：　吴乐旻
出版发行：中信出版集团股份有限公司
（北京市朝阳区东三环北路 27 号嘉铭中心　邮编　100020）
承印者：　河北鹏润印刷有限公司

开本：787mm×1092mm 1/16　　印张：27.25　　字数：330 千字
版次：2023 年 2 月第 1 版　　印次：2023 年 11 月第 5 次印刷
书号：ISBN 978-7-5217-5057-7
定价：99.00 元

献　给

我的妻子朱梦露
和我的孩子吴骏驰

是给文明以岁月，
还是给岁月以文明？

我们免于此虑，
只因活在例外的时代。

这个时代，
靠什么开启，会不会结束？

专家推荐

这本书探讨的是人类经济发展史上的一个大问题。为什么工业革命前几千年经济发展停滞不前？马尔萨斯的答案是人口增长的内生性导致人均收入落入马尔萨斯陷阱。本书把马尔萨斯模型从单一生存品扩充到生存品和效用品两部门模型，并且引入达尔文式的族群竞择机制，由此得出的结果与历史数据更相吻合，推断出达尔文式的族群竞择陷阱比马尔萨斯式的单纯人口因素陷阱更有解释力。当年达尔文是受到马尔萨斯人口论启发而发现物竞天择、适者生存的生物进化机制并写作《物种起源》的。吴乐旻的《富种起源》运用达尔文式的竞择机制来解释人类经济发展进程，是很有意义的研究探索。经济学研究非常需要这种乐于思考重大问题，勇于挑战权威论述，并且通过建造新模型来给出新解释的学术工作。

钱颖一 清华大学文科资深教授、经济管理学院教授通过发现社会演化和群体选择，本书构建了一个深刻的长期经济增长理论，试图说服经济学逃离马尔萨斯的阴影。中国的经济学家必须有发展普世性理论的勇气和担当。

唐世平 复旦大学特聘教授

这是一本探讨与推翻马尔萨斯陷阱的科普著作，既有否证成见的解说，也有激发读者脑力的分析。它重新打开人口论这只潘多拉的魔盒，梳理了本来晦涩难明的运作机制，让这个困惑世人的黑箱透出一道曙光。即使未必精确点到死穴，也足以让此九命怪猫惊愣。作者年轻、博学、充满激情，文字生动，史料广博，说理清晰，引人入胜，篇章安排颇具巧思。马尔萨斯陷阱这个概念，固难免（不）信者恒（不）信的遗憾，但我认为本书的核心信息，很能与国际学界产生有意义的对话。典范转移亦是科学史上的常态。作者在这个题材上，已经历长期的孤独考验。希望皇天不负苦心人，让他的坚持成为学科的新起点。就算此书的论点全错，也属于熊彼特所说的“闪亮错误”，远胜于无创造力的正确。

赖建诚 新竹清华大学经济学教授、《经济史的趣味》作者

这是一本才气横溢的佳作。本书最大的特点是不断挑战权威，将发展经济学与生物进化论的一些重要基本原理融会贯通，娓娓道来。被作者集中火力挑战的，是200年来被奉为圭臬的马尔萨斯原理。本书所涉及的经济学、生物演化学、人类历史学的知识甚为丰富，读来令人胸胆开张。无论这本书是否找到了问题的终极答案，我都认为它是一

本不可多得、能启发思考的好书。

文一 美联储圣路易斯分行助理副行长、《伟大的中国工业革命》作者

在经济学论著中，很少见到这样成功的、循循善诱的写作，用的虽然是大学本科经济学里最基本的技巧，剑锋却直指最重大的基础理论问题。经济史学近年的一个焦点是重新认识国家在经济增长中的位置。本书对族群竞择、制度竞择的讨论均可与此呼应。在本书框架下，竞择带来了出人意料的效应，为把国家引入增长理论提供了一种新的方式。

彭凯翔 武汉大学经济学教授

这部书立意命题之宏大、意义之深远绝非大部分聚焦于个别现象的经济类书籍所可比拟。作者不仅巧妙地在古典经济学理论基础上开发了一个考虑人口平衡的二元模型（囊括马尔萨斯作为一个不切实际的特例），而且用第一人称和叙事散文般优美的语言把这个理论讲述成引人入胜的故事，像一个胸有成竹的导游一样带领读者去探访珍奇的宝藏。深入浅出的经济理论，信手拈来的文史典故，丰富可信的历史数据，严谨又不失亲和的逻辑表述，和风行水上自然成纹的小幽默，让探宝的旅途充满曲径通幽、柳暗花明的意趣。

王红 美国普渡大学农业经济系教授、美国农业与应用经济学会会士

一本出自经济学者之手的《人类简史》。

兰小欢 复旦大学经济学院教授

这是一本大胆反思探索而充满深邃洞见的著作。作者从效用的生物学基础出发，建立了一个两部门模型，对马尔萨斯理论提出反对意见，雄辩地论证前工业时代人均福利增长长期停滞的真正原因并非马尔萨斯机制，而是族群选择。人无时无刻不在一个巨大的囚徒困境之中，时刻置身群己的永恒斗争之间；个体为生存繁衍机会而展开的骄奢淫逸的竞争，反过来蚕食着族群的生存机会。人类文明在这一过程中变动不居。本书的深刻洞见并非没有争议，但显然重要非凡。阅读本书必是一场激荡人心的思想之旅。

董志强 华南师范大学经济学教授

自工业革命以来，人类以前所未有的发展速度走出贫困，人类的生存处境在一系列福利指标上得到了大幅改善，历史为何突然发生跃迁，一直成谜。乐旻的这本《富种起源》敢于挑战马尔萨斯陷阱的传统解释，以优美的文笔和严密的逻辑，向我们展示了他给出的别样阐释，值得推荐给所有对人类历史和前途怀有兴趣的读者！

李井奎 经济学者、《大侦探经济学》作者

几个月前读罢书稿，我又一次体会到十几年前彻夜看完《三体》时的感受。我又通宵翻看数遍，对于很多地方，还是忍不住拍案叫绝。一个经济学家的最高人生理想无非两样，一是对最权威者的勇敢挑战甚至颠覆，二是对人类文明发展脉络的深度探究。这本书兼而有之，不仅散发着思想的美感，还浸透着历史的悲壮。繁华似潮水起落有常，文明如草木万类竞存！不管读者能否接受其观点，作者天马行空、纵横八荒的发散思维，缜密推理、精巧论证背后的学术素养，破旧立

新、一言叙尽的宏大野心，都让人感到酣畅淋漓，由衷钦佩。

单新宁 丰e足食首席执行官

15年前——刚认识乐旻师兄的时候——我就在思考进化生物学和经济学，这两个英格兰大师和苏格兰大师（达尔文和亚当·斯密）的学科之间的联系。15年后，我竟从自己的师兄笔下读到《富种起源》，多年来我脑中模糊不清的思绪豁然开朗。这本书能启发我们对历史进程的全新理解，是对人类思想的一份独特贡献。

王自干 香港大学金融系助理教授

作者把人类文明上万年的沧海桑田浓缩成一个优美的故事，美得如同五月的晚风。破解人类社会的奥秘需要一个勇者。现在，乐旻带着他的作品，叩击着真理的大门。这是一本值得反复品味的书，每一页都闪耀着知识与智慧的光辉。同时这也是一本写给青年人的书，尤其是那些刚刚踏上学术道路的硕士、博士和青年教师。作者曾经求学于伯克利，与中外经济学大师的思想碰撞以及他在求索道路上的灵感、火花、郁结、迷茫直至茅塞顿开，都在书中毫无保留地呈现给读者，诚恳，坦荡，如老友闲谈般春风细雨。或许你我的影子，都在书中。

翟润卓 牛津大学经济史学博士在读

作为还在求学路上跋涉、日日以阅读为己任的后生，过目（但未必过心）的论文、专著难以尽记。其中绝大部分，如过眼云烟，最终化为页脚的一个脚注，或者是文件夹里的一个计数。一小部分，给人“有趣”、“有益”之感，时时在脑海中来回，咂摸之下别有滋味。还有极少数论著，则有“开辟天地”功效。此时，行文中的毛糙不周，都不再重要：毕竟，这些研究成了视野、语言甚至思维的一部分，经行之后，看到的世界再也不同。恩师的研究，无疑属于最后一类：掩卷之时，无论是否有疑惑，相信读者都能体会到自己的“悲欣交集”。一方面，是得以见证、参与本书成稿的荣幸，和重塑视野的喜悦；另一方面，是对历史跨越黑暗之历程的敬重，和对书末预言日成现实的省思。

朱悦 圣路易斯华盛顿大学职业法律博士

吴乐旻的研究改变了我们对经济史动态演变的理解，让我们认识到对古代生活水平的顽固偏见亟须更正。以细致而合理的分析改进我们对经济史的理解，这部著作可称一例。

乔尔·莫克尔 美国西北大学经济学、历史学教授，《增长的文化》作者

吴乐旻充满才华。我预计这本书将是今年最重要的一本经济学著作——在全世界范围。

泰勒·考恩 美国乔治梅森大学经济学教授、经济学博客“边际革命”博主

大约一代人中，才会出现这么一位学者，综览已知的史实，对历史整体做出充满颠覆性和吸引力的重新诠释。在对马尔萨斯陷阱、人口转型和全球经济的停滞史与增长史的诠释上，吴乐旻的研究很可能会引发一场范式转移。

布赖恩·赖特 美国加利福尼亚大学伯克利分校农业与资源经济系教授

吴乐旻的书为我们观察经济史提供了一个迷人的新视角。此书有两大贡献。第一，它证明马尔萨斯对长期贫困陷阱的解释是错误的。第二，也是更重要的，它重新解释了这个贫困陷阱。那些具备经济增长条件的国家曾经苦陷于他国的侵略；面对威胁，各国被迫选择生存主义的制度，舍弃了经济的繁荣与长期增长。只有在最近几个世纪中，随着西方工业化的到来，经济增长才成为一支同时促进繁荣与生存的力量。这一恢宏的历史观无疑会修正对历史的传统解释并引起大量的争鸣。我们对经济史的理解也将受益于此书和由此书而起的争鸣。

杰拉德·罗兰 美国加利福尼亚大学伯克利分校经济学教授

吴乐旻的著作俯瞰广阔的人类经济史画卷，提出了两个新颖的理论：一个是族群竞择理论，用族群存衍对个体福利的压制来解释马尔萨斯停滞；一个是制度竞择理论，用生存与文明两个目标的统一来解释工业革命后的急速增长。或许有人会质疑这种宏大的概括，但毫无疑问，吴乐旻的理论是对现有历史观的大胆突破，值得广泛地审读与欣赏。

普拉纳布·巴丹 美国加利福尼亚大学伯克利分校经济学教授

目录

第 3 章　幸福本色

第 4 章　一叶障目

第 5 章　西西弗斯

第二部分　流深

第 6 章　人口漏斗

第 7 章　木秀于林

第 8 章　竞择伟力

第 9 章　辨伪之道

第三部分　鱼跃

第 10 章　公论之弊

第 11 章　星火燎原

第 12 章　时来力转

第 13 章　禹式治理

第 14 章　制竞天择

第 15 章　黑暗再临

尾声

前　言

一个行星上的智慧生命只有在开始思索自身的存在时，才算真正成熟。如果外太空的高等物种访问地球，那么为了评估人类文明的发展程度，应该问的第一个问题就是，“他们发现进化论了吗？”30多亿年来，生物存在于地球，却不知道自己为什么存在，直到有一天其中的一个终于理解了真相。他的名字叫查尔斯·达尔文。说句公道话，其他人也曾触及零星而模糊的真相，但是达尔文是第一个对我们为什么存在给出一套自洽的、站得住脚的解释的人。如果好奇的孩子问起本章标题里的那个问题（“为什么会有人类？”），是达尔文给了我们一个合理的答案。生命有意义吗？我们为何而活？人是什么？面对这些终极问题，我们再也不用诉诸迷信。

（理查德·道金斯，《自私的基因》第一章第一节，1976）

历史的代码

第一次读到上面这段话时，我还是个经济学专业的本科生。那时我就想：如果外星人还想知道地球人对社会发展的认识水平，那么他们该问什么问题？

我认为，要是以重要性与奇特性来衡量，人类发展史上最引人瞩目、最值得追问的现象，就是现代经济增长的起源：如果一个星球上的生产力爆炸已经启动，享受其成果的智慧生命理解这一切是如何发生的吗?

如果把外星人的第一个问题称作“物种起源之谜”，那么我们不妨把第二个问题称作“富种起源之谜”：人类，这个物种，是怎么变富的?

2008 年，加州大学戴维斯分校的经济史学家格里高利 · 克拉克出版了一本书，*A Farewell to Alms*[①]（Clark, 2008a）。书里有一张克拉克教授信手绘制的世界人均收入变化图（见图 1）[②]。

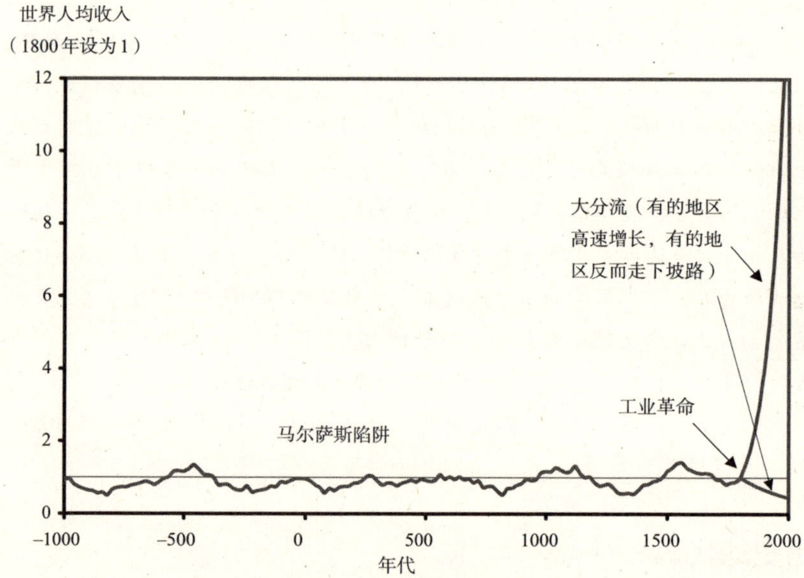

图 1　世界人均收入变化图

---

① 字面含义是告别赈济，中文版《应该读点经济史》由中信出版社 2009 年出版。

② 本书引用的所有图片都已得到原作者或版权方的同意。

这张图代表了一个当代学者对人类经济史的认知：人均收入曾在全世界范围内长期停滞——虽有波动起伏，但不见持续增长的趋势——直到工业革命发生，才在一部分地区开始持续稳健地增长。

从停滞到增长，转折点出现在1800年左右。在那之前，大约一万年的农业时代里，农民日出而作、日落而息。食物有限而单调，一两种谷物就能占据食物的八成以上。营养匮乏使男性平均身高停留在160厘米甚至更矮。疾病在密集的人群中传播不息。绝大多数人的生活还比不上狩猎采集时代的祖先①。

农民是生产食物和被服的专家，却为什么总在温饱线上挣扎？土地有贫瘠有肥沃，农艺或先进或落后，君主可仁慈可残暴——然而不管这些条件怎样组合，为什么人类中的绝大多数仍然陷于饥馁贫寒？

所谓富种起源之谜，其实是两个谜叠加在一起。1800年以前，人类为什么穷？1800年之后，人类是怎么变富的？其中第一个谜又是第二个谜的基础。不理解一开始为什么穷，就无从理解后来的转折。

1798年，一位英国牧师托马斯·马尔萨斯，在他新发表的《人口论》中指出：人类之所以永远挣扎在温饱线附近，是因为人口增长率随人均收入的增加而提高（富则生，穷则死），人均收入又随人口的增长而下降（人多就穷）。于是，人均收入一旦高于温饱线，人口增长就会稀释富余的果实，使人均收入永远徘徊在勉可果腹的水平。

写到《人口论》最后一章时，这位牧师本职觉醒，说他所发现的规

---

① 《枪炮、病菌与钢铁》的作者贾雷德·戴蒙德1987年曾在《发现》（*Discover*）杂志上发表了一篇有趣的短文，标题里把农业称作“人类历史上最大的错误”。考古学家发现，从人均福利的角度说，农业社会的生活水平很可能连狩猎采集社会都比不上。历史学家尤瓦尔·赫拉利在《人类简史》中也秉持这一观点。

律也许是神的旨意，好让人类在艰难困苦中永葆谦卑之心——正呼应了《圣经·创世记》里耶和华赶亚当离开伊甸园时的赠言：

> 你既听从妻子的话，吃了我所吩咐你不可吃的那树上的果子，地必为你的缘故受咒诅，你必终身劳苦，才能从地里得吃的。地必给你长出荆棘和蒺藜来，你也要吃田间的菜蔬。你必汗流满面才得糊口，直到你归了土，因为你是从土而出的。

无论是比喻还是信仰，把经济学规律和神咒联系在一起，说明马尔萨斯对贫困陷阱有一种非常前卫的认识：复杂的现象可以源自简单的规则——社科学者眼中的“上帝”应该像程序员一样，用公式和代码为生民立命，让自然规律自由演绎。而学者的使命就是参悟世象，破译这位上帝的代码。

可是，什么样的代码才配称神咒，能把人类长久地排斥在伊甸园外呢？

200 多年过去了，马尔萨斯的理论——两条公理下的三行小“程序”：富则生，穷则死，人多就穷[①]——已是几乎所有科学家思考历史的基本框架。他的名望，在古往今来的经济学家中只有斯密、马克思和凯恩斯可以比肩。他的思想，在几乎所有历史研究中都不动声色地成为不可或缺的底色，至今还通过一流学者的学术畅销书，震撼着成千上万的读者。上面提到的 *A Farewell to Alms*，整部书一半的篇幅都是用现代经

① 两条公理：食物对于人类的生存是必需的；两性之间的情欲是必然的（Malthus, 1798, Chap. 1）。三行“程序”中，“富则生”在《人口论》中被称为 preventive check，“穷则死”被称为 positive check。

济学的模型语言和实证结果对《人口论》的忠实重述。

平心而论，马尔萨斯的学说三言两语就能跟小学生说明白，《人口论》的深刻性终不如《国富论》《资本论》《就业、利息和货币通论》，但马尔萨斯仍能在经济学思想史的圣殿配享于斯密之侧，是因为他探究的问题实在太重要了。除了马尔萨斯理论，很少有哪个社会科学理论能覆盖一万年、十万年乃至更久远的历史，并以发现者的名字为之命名——而人类历史不在“马尔萨斯时代”中的年份，不过200余年。

可是，马尔萨斯其实错了。本书将会阐明：真正桎梏人类陷于长期贫困的“神咒”和马尔萨斯所设想的完全不一样。所谓的马尔萨斯陷阱即使存在，最根本的原因也不是马尔萨斯机制。

“等等。批判马尔萨斯？”有人会问，“马尔萨斯不是早就被驳倒了吗？”

的确，200多年来，说马尔萨斯这儿错那儿错的学者何止百千，多我一个不多，少我一个不少。批评中，尤以下面两种声音最为常见[①]。

---

① 除下文的两类批评外，其他批评主要来自文本的角度。此类批评包括：嫌弃几何级数、算术级数的说法太粗糙；指责“道德约束”（穷则少生）不现实；质疑对人口潜在增长率的估计不准确；推敲“富生”和“穷死”哪个更重要；等等（Faccarello et al., 2020）。但是，大多数文本批评者对马尔萨斯的核心论点——他对长期贫困陷阱的解释——仍然是接受的。例如经济史学加州学派的著名学者李中清和王丰教授的著作《人类的四分之一：马尔萨斯的神话与中国的现实（1700—2000）》，批评马尔萨斯误认为中国的人口动态以现实性约束（positive check，本书称为“穷则死”机制）为绝对主导，缺乏“预防性”机制（preventive check，本书称为“富则生”机制）。李、王指出，其实古代中国也普遍存在预防性机制，并就此将马尔萨斯理论驳斥为“神话”。但是，这一批评只涉及马尔萨斯在中国案例上的知识缺陷，并未动摇马尔萨斯对马尔萨斯陷阱的解释。李、王的著作仍然遵循了马尔萨斯的理论框架。

第一种声音说，现代经济增长已经证否了马尔萨斯理论。这种说法的潜台词是马尔萨斯对“1800 年以前人类为什么穷”的解释没有问题，只是 1800 年以后遇到了新情况。果真如此，这些批评者所谓的证否恐怕是言重了。如果马尔萨斯真能解释工业革命前上万年的历史，这样的成就还需要吹毛求疵吗？

第二种声音多见于人口学和经济史学的研究。研究者考察前工业时代个别地区的经济人口数据后往往发现，“富生穷死”的马尔萨斯效应远比马尔萨斯想象的弱，人口增长率与人均收入关系不大。其中最被广泛引用的研究就出自我的博士论文导师、人口学家罗纳德·李（Ronald Lee）之手。他在 40 年前开启的一系列实证质疑，至今仍是学者批评马尔萨斯理论时最主要的攻击点[①]。

光看这些批评，刚接触文献的读者很容易形成一个错误印象，以为马尔萨斯早就被驳倒了。但是，几乎所有批评马尔萨斯的学者，包括我的导师罗纳德·李，都只是质疑马尔萨斯机制于一时一地之强弱。几乎从没有人挑战过马尔萨斯理论最核心的贡献：对 1800 年以前全球人均收入的长期停滞——所谓马尔萨斯陷阱的解释。

所以，马尔萨斯主义者总能很轻松地回应：历史那么长，水滴石穿，马尔萨斯机制的力量再弱小，你能说马尔萨斯陷阱不是它造成的吗（Clark, 2008b）？就连罗纳德·李自己都说：“无论这个拉力（马尔萨斯机制）多么弱小，只要它存在，持之以恒，就终将主导人口的动态变化。短期不行，就在长期中实现（Lee, 1987）。”

① 罗纳德·李在这方面的研究包括 Lee (1980, 1987)，Lee & Anderson (2002)。对马尔萨斯机制孱弱性的研究，可以参考 Allen (2008) 、Campbell (2010) 的小结。

除非彻底否认马尔萨斯陷阱的存在或对陷阱提出一套新的解释，否则批评者还得接受马尔萨斯的历史观。因此，克拉克教授的 *A Farewell to Alms* 所收到的几十篇书评[①]，一大半都默认或接受了克拉克关于马尔萨斯理论的说法，只把批判的火力对准此书其他内容。经济史学大师戴尔德丽·麦克洛斯基（Deirdre McCloskey）在驳斥克拉克对工业革命的解释前，甚至用连续 9 个“我们都认同”做排比，支持克拉克所宣扬的经典马尔萨斯历史观，说这些内容“毫无争议地好”（McCloskey, 2008）[②]。毫不夸张地说，麦克洛斯基所断言的普遍认同，才是今天学界对马尔萨斯理论的主流态度；对经济史这一学科来说，马尔萨斯理论是启蒙，是背景，是基石。

固然会有一部分学者反对麦克洛斯基为他们的“代表”，但他们的批评也只着眼于马尔萨斯效应在实证上的孱弱（De Vries, 2008）。这样的攻击，无论用多么严厉的语气来表达，都不触及马尔萨斯理论的核

---

① 克拉克在他的个人学术网页上坦诚地罗列了 *A Farewell to Alms* 收到的 79 篇书评。评论者中不乏罗伯特·艾伦、泰勒·考恩、塞缪尔·弗里斯、弗朗西斯·福山、戴尔德丽·麦克洛斯基、彭慕兰、罗森塔尔、罗伯特·索洛、范赞登、汉斯·约阿希姆·沃斯、E.A. 里格利这样的名家。通过这些书评，我们可以管窥当代学界核心圈层对马尔萨斯理论的认识与态度。

② 麦克洛斯基（McCloskey, 2008, p141）说：“克拉克是一个能干的科学家，呈现了许多其他科学家都赞同的证据。把他书里的好论点和坏论点区分开十分重要，以免有人认为那些好论点能够支持那些坏论点。这本书的许多内容都是毫无争议地好……我们经济史学家今天都认同，从穴居时代直到 17、18 世纪，英国和整个世界一样，都陷在马尔萨斯的逻辑里：没有高速的创新活动，以致人口增长总是很快导致更少的人均口粮，人们的一生粗劣而短暂。我们都认同，摆脱马尔萨斯陷阱是世界历史中最重大的事件，也都认同这次摆脱背后变化幅度之巨大。在人口巨幅增长的同时，最富有的现代经济体在人均财富上已经是 1800 年的 10~20 倍……”

心，都无法回答一个简单的反诘：马尔萨斯陷阱既然存在，如果不是马尔萨斯机制造成的，那么又能怎么产生呢?

但本书的第一部分《静水》将证明：马尔萨斯对马尔萨斯陷阱的解释是错误的。马尔萨斯陷阱另有其因——本书第二部分《流深》中的第6、7、8 章会揭晓这一原因。至于马尔萨斯机制在实证上的孱弱，也将在本书所呈现的新理论中得到解释。

富种起源之谜

对一部学术作品来说，代替马尔萨斯理论固然已非小事，但本书的目标还不止于此。

比重新解释马尔萨斯陷阱更重要也更迷人的问题是，人类最后是怎么跳出“马尔萨斯陷阱”的？封印人类上万年之久的“神咒”为什么在200 多年前突然解封了？工业革命是怎么开始的？现代经济增长是如何发生的？人类是怎么变富的?

这是经济史学乃至整个经济学的“圣杯”问题，早已吸引了无数学者来研究。可是，要回答神咒何以解封，总得先搞清楚那咒语到底是什么吧。然而，当马尔萨斯经济学仍然主导我们认知的时候，几乎所有投入这个问题的学者都把马尔萨斯机制当作神咒，都用马尔萨斯模型去描述古代社会，靠调整马尔萨斯的假设来解释后来增长的发生。他们的理论怎么可能切中要害？重新解释了“为什么穷”，我们接下来要寻找的，是与这个新解释恰好吻合的一套新理论，来解释人类是怎么变富的——这就是本书第三部分《鱼跃》的内容。

我相信，和《流深》对马尔萨斯陷阱的新解释一样，《鱼跃》对现代增长起源的新解释也会让你耳目一新，甚至让你有一种熟悉的世界重新变得陌生的恍惚感。产生这种感觉需要一些预备知识的铺垫。所以，为了水落石出式的阅读体验，我不便在此处“剧透”这两个解释。

学术界每年都有研究工业革命起因的新作出版。但这本书探索的，是一个与以往研究层次不同的答案。说句玩笑话，如果外星人真的问起“人类是怎么变富的”，那么能引起他们共鸣的应该就是书里这个答案。这么说可能会让你犯嘀咕：“一本经济史的学术读物，怎么说到外星人上去了？”

我把与外星文明的对话当作一个思想实验。这个思想实验并不只是个噱头。人类历史只有一脉，“富种起源”也只发生过一次。严格来说，任何有关贫困陷阱和富种起源的理论都是现阶段的地球人所无法证伪的。但是，在银河系乃至整个宇宙，高等智慧文明的“富种起源”很可能发生过成千上万次。当我们设问：富种起源有没有普遍规律？这个问题唯有在星系和宇宙的实证环境下才有意义。我们虽然没有外星文明的样本，但在思考这种问题时，不能没有超越本星球的视角。外星文明的富种起源或许也有它们的“火药”“新大陆”“大不列颠岛煤铁矿”。但在这些偶然因素之上，有没有一些超越个别星球的普遍规律？这不正是文献中几乎所有学者最渴盼的那个答案吗？这也是本书第三部分《鱼跃》想要达致的目标。

“但是，”你也许会问，“你怎么知道外星人的‘工业革命’是怎么回事？难道它和地球上的工业革命原理相通？”

我们当然没有办法直接观察外星文明，所以只能靠逻辑推理。本书的模型会在富种起源和生物学现象间建立关联。一旦我们把富种起源看成一种演化现象，它在地球上就不再是一个孤例，而可看作一个演化系统自然发生的一种转折。这种转折尽管在单个物种的演化史上属于偶然，但在漫长的地球生命史中发生过上千万次——无数新的物种由此诞生。如果这种类比成立的话，那么我们有理由相信，地外文明的演化也在相应层级上遵循本书所描述的机制。富种起源和物种起源之间也因此有着密切的联系——所以书名借用了这一谐音。

本书的缘起与脉络

我与马尔萨斯结缘是在 2007 年。那年我从清华大学经济管理学院本科毕业，到美国旧金山湾区的加州大学伯克利分校攻读经济学博士学位。布拉德福特·德隆和简·德弗里斯教授为一年级新生讲授经济史课。有一篇必读文献就是格里高利·克拉克教授当时即将出版的 *A Farewell to Alms*。我跟随克拉克教授的思路，第一次认真欣赏马尔萨斯：逻辑合情合理，结论石破天惊。我至今仍记得当时内心的震撼。

但是有个问题让我如鲠在喉。依据马尔萨斯模型，克拉克教授认为，同在马尔萨斯均衡中的社会，人均收入必然相近。微小的差别仅由洗澡次数、卫生条件、致病环境、生育文化、战争频度这些因素的不同所致。那些洗澡更勤快、疾病更少、更热衷生育、更加和平的社会反而更穷。而善政、法治和市场在马尔萨斯社会里只能增加人口，无法影响人均收入①。

模型虽是这么个道理，但现实呢？历史上古罗马的工商业极为发达，而欧洲中世纪的工商业十分凋敝，只要前者的人均口粮不低于后

① 本书第一章会讲解马尔萨斯模型，并推导这些结论。

者，那么论人均收入（人均口粮＋人均工商业消费），古罗马肯定比中世纪高出不少。可按照克拉克教授的说法，生活越肮脏，暴力和疾病越流行，人均收入反而越高，那在人均收入上岂不是古罗马不如中世纪，甚至雅典不如斯巴达？难道我所知的历史错了？莫非雅典和古罗马的工商业只是服务于一小撮权贵的器物玩好，老百姓的日子其实还不如斯巴达和中世纪？

从这些琐屑的疑惑开始，我断断续续思考了5年，竟偶遇一段风光旖旎的思维之旅，最后这还成了我博士论文的课题。本书就是这场旅行的"游记"：一个平凡旅者归自异域于心潮难平之际写下的见闻录。如果你觉得现实世界因为过分熟悉而有那么一点儿无聊，那不妨读读这本游记。这本书所探索的历史法则或许能让世界在你眼中重新变得陌生、新鲜而又不失合理。

这本"游记"分成三个部分：《静水》《流深》《鱼跃》，每个部分介绍一个理论，解释一个现象。《静水》解释古代社会生活水平的变化；《流深》破解古代社会人均收入停滞的奥秘，亦即马尔萨斯陷阱的成因；《鱼跃》讲述人类文明如何跳出陷阱，开启现代经济增长。

三个理论前后相承。《静水》中的效用品理论旨在弥补马尔萨斯理论的缺陷。但在弥补缺陷的新模型里，马尔萨斯陷阱这个本有定论的现象重新成谜。要么新模型的假设错了，要么马尔萨斯对贫困陷阱的解释错了。经过反复推敲，所有的线索都指向一点：马尔萨斯陷阱的背后一定还藏着一个巨大的真相。

挖掘真相锁定"真凶"，是第二部分《流深》的主线。原来，造成人类社会成千上万年悲惨境遇的"幕后黑手"不是马尔萨斯机制，而是达尔文机制。这个重新解释马尔萨斯陷阱的新理论就叫作族群竞择理论。

但第二部分的族群竞择理论又掀起了新的波澜。既然使人类陷于马尔萨斯陷阱的神咒不是马尔萨斯机制，那经济学文献里用来解释“神咒”解封的模型岂不都错了？它们误判了增长的瓶颈，无论模型多么华丽，与数据的拟合多么完美，都没有触及问题的核心。

那么，有没有可能在达尔文机制的基础上重新建立起对马尔萨斯陷阱和现代经济增长的统一解释呢？第三部分《鱼跃》中的制度竞择理论就是这个方向上的一次尝试。

由静水，而流深，再鱼跃。本书的脉络可以画成一张图（见图 2）。

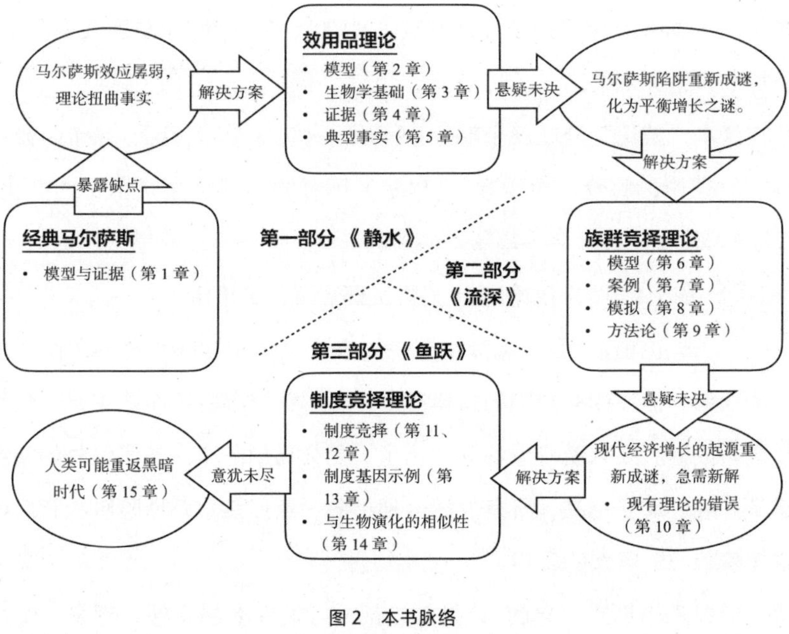

图 2　本书脉络

目标读者与阅读难度

随手翻一翻这本书，你会看到很多图，偶尔还会看到简单的公式。只要你学过经济学原理，这些图和公式就会让你倍感亲切。它们都是原原本本的经济学模型。

按理说，通俗读物不该有这些东西。霍金在《时间简史》里说，一本科普书每增加一个公式，销量就减半。在出版界，这句话几乎被奉为金科玉律。但中信出版社的编辑在和我沟通之后，还是选择把模型放在书里。

我们觉得，霍金的这句话或许适用于《时间简史》，却不能当作普遍真理。模型传递信息更为有效，一页图示模型，抵得上 10 页云遮雾绕的文字。刻意省略模型，只会增加读者的理解难度。用文字代替，精确性不足，再加上本书逻辑逐层递进，每个层次的文字表述哪怕只有 10% 的模棱两可，误差累积到最后，也会让读者连蒙带猜如行夜路。

准学术读物里的模型，就好像通往山顶佛寺的石阶。乍听说石阶有很多级，料想宝刹高远，有些人惮于险途，索性就不去了。对于这样的读者，为他们提供望远镜让他们能在山脚远远地仰望佛寺比修筑石阶更加实用。但是，这本书的读者应该是对人类历史好奇又愿意开动脑筋的人。这条山路的石阶虽然级数多，但级数多不是因为山高，而是因为修路人把每一级石阶都切割得足够低（每一章开篇都有“旅途指南”，末尾都有“本章小结”；讲解模型前会有难度提示；“主线”之外会穿插“支线”模型供你“打怪练级”；能用图示模型的地方绝对不用代数……）。

要是我为了石阶的级数不吓着你，故意把每一级石阶垒作半米高，或许能吸引更多的人在山脚下摩拳擦掌。但他们一走上山路就会觉得吃力，最后半途而废，退回山脚，反过来怪我为什么要造石阶，而不是放一台望远镜了事——还真就印证了“每增加一个公式，销量就减半”的说法。要么不做，要么做好。我们这个选择赌的是对读者的信任与尊重。

反过来，为什么说《时间简史》适用霍金的法则呢？这是因为《时间简史》里所涉及的理论（爱因斯坦时空观、宇宙演化和黑洞理论等等）实在太难了。那么高的山，真要为它造石阶，那就成物理学教科书了。索性放弃石阶，一心一意造好山脚的望远镜、大物镜、高倍率，这才成就了一本优秀的科普书。这样的科普书，天然是“不求甚解”的，可以远观，不可亵玩。不怕你笑话，我读《时间简史》就感到非常吃力，读到一半如堕五里雾中，只能以一个喝彩者的身份对天才顶礼膜拜，与有荣焉。理解，那是完全谈不上的。

但这本书不同。如果说《时间简史》有珠穆朗玛峰那么高，这本书大概就只有庐山那么高，只要愿意登山，非专业人士也能爬到山顶。所以，我勉励自己，要用细致的讲解让读者彻底理解书中所有的理论，就像《三体》的读者理解宇宙社会学一样。若存炫耀之心，我当然可以撤去石阶，只留下望远镜，写一本纯文字不带模型的书——那样会不会扩大读者群我不知道，但是对有决心、有能力登顶的大多数读者来说，只在山脚看望远镜恐怕是浪费感情、浪费时间、浪费题材。所以，我最该做的，恰恰是反霍金之道而行之，把石阶切低、造密、磨平实，供尽可能多的读者拾级而上，饱览山顶的风光。这样做，也好最大限度地暴露理论中可能存在的缺陷，有利于思想的交流与进步。

除了上述考虑，我还有一个小小的心愿，那就是向读者介绍经济学的思维方式。我的假想读者不仅有学界的同行，还包括当年十八九岁的自己：才刚读完高中，准备开始大学生活。我希望借着自己这本书，向那个年龄的求知者传布经济学之道。这个道，并不是任何具体的知识。他们是不是接受我的结论根本不重要，重要的是他们从中接触到了经济学的思维方式。只要他们愿意顺着一个个章节，把一个个模型吃透，心中应该会泛起一些神奇的涟漪：居然还能这么去看问题！如果这本书能做一块铺路石，吸引一个高中生去自学经济学，那么我获得的满足感更甚于得到一位经济学家同行的认可。

这份心愿也决定了本书的阅读难度和阅读方式。对已经学过经济学原理的大学生来说，理解这本书肯定在能力范围以内。这本书几乎可以视为“经原程度的知识能有什么应用”这类知乎问题的答帖。没有学过经济学原理的大学生，以及相当于高中学力的读者，读这本书会有难度，不过只要稍微花点儿心思，困难都能克服。

但是，无论读者是高中生，还是经济学教授，这本书都不宜跳读，不宜速读。

不宜跳读，是因为此书与传统教条大相径庭，各章之间又以逻辑相连、层层递进。跳读之所以在别处可行，是因为读者与作者有相似的思维框架，于是，读者只要截取若干片段就可以八九不离十地猜出一本书的主旨和思路。但这本书旨在为历史爱好者换一副新的思维框架。拿旧框架去套新框架，恐怕会竹篮打水。

不宜速读，是因为书中有简单的图示模型，部分段落可能要精读多遍才能理解。对付效用品模型和定向移民模型时，你最好能跟着把模型画一遍，复盘整个推理过程。你会从中体验到一种玩乾坤于股掌的恍惚感。

反过来说，这本书的模型没有任何炫技的色彩，难免会有人因为模型过于简单而质疑理论的价值。如果你是我的同行，恰好有这样的念头，那么请不要被表象迷惑。这本书尽管简单，其内容却是生机勃勃的学科前沿，使用纯经济学的方法和语言探讨人类文明的基础性问题。倘若经济学曾让你感到一丝疲沓，这本书或许能让你和经济学重温“蜜月”。

在我学习经济学的近 20 年里，我也曾在初识这一学科时沉醉于它的典雅；也曾憧憬自己学成之后，能勘破风云变幻；也曾没日没夜地思考问题，逮着人就聊学问，惹人厌恼；也曾因为找不到繁复技巧的意义而怀疑学科的价值。学习经济学的过程难免枯燥、琐屑，路走得远了，就忘了当初为什么要出发。如果你也有同慨，那么这本书或许能陪伴你重拾初心，再次体验初见伊人时的怦然心动。

第一部分

静水

第1章
万古长悲

旅途指南

本书旨在挑战并代替马尔萨斯理论，为人类社会前工业时代的长期贫困提供一个新的解释，并在新的理论基础上重新解释现代经济增长的起源。马尔萨斯理论是一系列分析的出发点。我先用第1章来介绍马尔萨斯理论的精髓和成就，而暂不剖析它的错误。本篇介绍涵盖三个方面：马尔萨斯模型及其推论，当代文献对马尔萨斯理论的主要质疑，支持马尔萨斯陷阱的主要证据。

现实世界里有心理史学吗

科幻大师阿西莫夫想象过一种叫作“心理史学”的学说：如果把人比作粒子，那么和热力学相似，尽管单个人的行为难以预测，但大量个体的集体行为可以用统计规律精确描述。在阿西莫夫的科幻小说

《基地》里，心理史学的奠基者哈里·谢顿预测：横跨 2 500 万颗行星的银河帝国即将进入长达 30 000 年的黑暗时代。为了让下一个银河帝国的复兴早日到来，他创建了保存文明火种的“基地”。

2008 年诺贝尔经济学奖得主保罗·克鲁格曼曾说，他走上经济学研究的道路，就是因为读了阿西莫夫的书，在青少年时期就向往做一名心理史学家，“用数学拯救文明”，而“经济学又是最接近心理史学的学科”：

> 当你发现那些推动历史发展的重大事件，那些决定一个帝国兴衰的力量，能够被打印在纸上的一系列数字、符号诠释和预见时，还有什么比这更激动人心的？（Krugman, n.d.）

可是说句煞风景的话，如果有人在现实世界里兜售心理史学这样的理论，那么一定会被经济学家们嗤之以鼻。世界是混沌的，微小的扰动都会带来剧烈的变化。人类社会的权力结构又是金字塔形的，塔尖儿的风吹草动会透过权力杠杆，成百上千倍地放大为底座的震荡；这震荡哪怕有一丝一毫再反馈到金字塔尖儿的决策里，又会掀起新的风浪。碍于这两个特征，经济学家做三五年后的预测都如履薄冰，谁要是敢宣扬百年以上的预测，那简直是自绝于江湖。

但是，未来的可预测性存在着一种例外。如果有一条规律，粗壮、稳健，足以碾压几乎一切的意外和震荡，熨平混沌和权力杠杆的影响，那么在这条规律所作用的范畴内，未来仍然是可预测的。这样的规律，如果能管成千上万年的历史，就无愧为现实世界的心理史学。

可惜，这样的规律凤毛麟角。在社会科学里，经济学是最接近心理史学的学科，而在经济学里，马尔萨斯理论又是迄今为止最接近心理史学的学说——深刻、暗黑、宏伟。

但是，主导“马尔萨斯时代”天下大势的真实规律其实远比马尔萨斯想象得更深刻、更暗黑、更宏伟。

马尔萨斯模型

要明白马尔萨斯错在哪里，先得知道他说了什么。这一节，我将用一个简单的图示模型来呈现马尔萨斯理论的丰富内涵。这也是许多学术著作包括克拉克教授的 *A Farewell to Alms* 介绍马尔萨斯理论的方式。

马尔萨斯模型有三个基本部件：

（1）富则生：出生率随人均收入的增加而增加[①]。马尔萨斯称之为 preventive check。

（2）穷则死：死亡率随人均收入的增加而下降。马尔萨斯称之为 positive check。

（3）人多就穷：人均收入随人口的增长而下降。

让我们用一个坐标系来刻画前两个部件。在人均收入、人口和人口变化率这三个变量中，这个坐标系只取人均收入和人口变化率这两个维度，人口并不出现在图中（见图 1.1）。

---

① 表述马尔萨斯模型时，少数人使用人均口粮，大多数人使用人均收入。用人均口粮当然更为准确，不过在马尔萨斯条件下，大多数研究并不涉及口粮以外的商品，所以人均口粮和人均收入实则完全混同。因此，本章索性采用“人均收入”，以避免混淆。

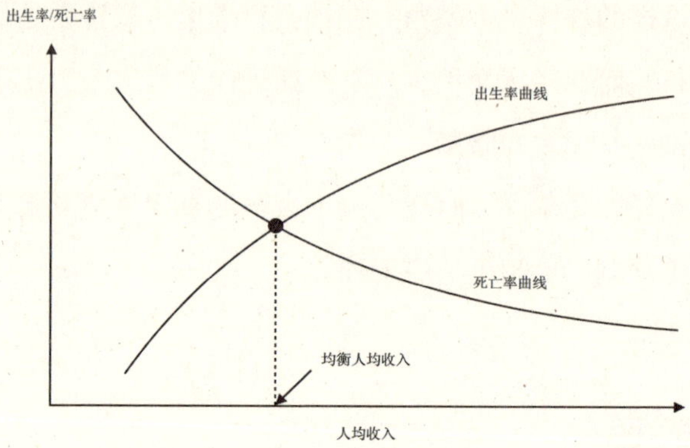

图 1.1 马尔萨斯均衡

富则生，出生率随人均收入的增加而增加，出生率曲线斜向上走[①]；穷则死，死亡率曲线斜向下走。这两条曲线一旦相交，交点就是一个静态的马尔萨斯均衡。如果短期内人均收入高于均衡水平，出生率就高于死亡率，人口增加，人均收入减少[②]。如果短期内人均收入低于均衡水平，出生率就低于死亡率，人口下降，人均收入增加。人口的变化将持续到出生率等于死亡率，实现人口平衡。这是一个倾向于自我稳定、向均衡点回归的系统。如果有一种新技术提高了社会

① 这一规律在工业时代不再成立。富裕社会的出生率反而低于比较贫穷的社会。本书第 10 章的琼斯模型会讨论马尔萨斯模型对这种可能性的刻画。

② 人口增加自然也会带来社会总收入的增加。短期如此，长期亦然。但是只要总收入增加的幅度小于人口增加的幅度，长期的人均收入就会随着人口的增加而下降。相比于现代社会，古代社会土地在生产中扮演了更为重要的角色。由于土地的局限，社会总收入的增长难以赶上人口扩张的幅度，所以人均收入随人口增加而下降的假设基本成立。而在现代社会，土地的重要性下降，资本的重要性上升。资本作为劳动价值的累积，可以赶上人口增长的幅度，因此即便不考虑技术变化，人口的扩张也可能会避免人均收入的萎缩。如果额外考虑人口增长所带来的市场扩张、技术进步加速等好处，人均收入反而会因人口的增长而跃升。

总收入，那么虽然在短期内人均收入会高于均衡水平，但由此而来的人口增长会让人均收入重返均衡。整个社会徒然增添了人口，人均收入却无法提高。

怎样才能改变均衡人均收入呢？这个简单模型揭示了以下三种方式。

第一种方式：死神的“恩赐”。如果这个社会瘟疫流行、缺医少药、动荡不堪，那么给定任一水平的人均收入，死亡率都会更高。这意味着死亡率曲线向上移动（如图 1.2 所示），带来了一个更高水平的均衡（从 A 点走向 B 点）。相反，如果社会长期稳定、医疗水平提高，死亡率曲线向下移动，反而会降低均衡人均收入。瘟疫和动乱都是人们深恶痛绝的事情，但在马尔萨斯条件下能带来人均收入的提高。在黑死病肆虐欧洲的几个世纪里，虽然人口大量死亡，但劫余之人因此拥有了更多的土地，人均收入大幅提高。当然，人均收入的提高并不一定带来更幸福的生活，毕竟生者还要承受丧亲之痛，他们的高收入是以亲朋好友的死亡为代价的。

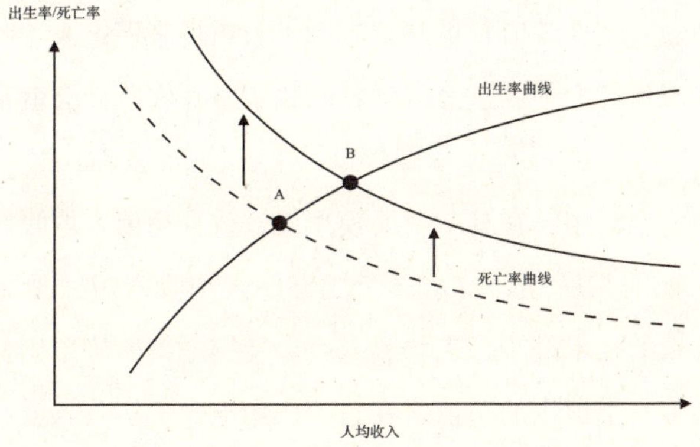

图 1.2　瘟疫是福？

第二种方式：生育文化的改变。如果社会氛围更加鼓励生育，以至婚龄育龄提前，那么给定任一水平的人均收入，出生率都会上升。在图 1.3 中，这种变化表现为出生率曲线向上移动，导致均衡从 A 向 B 移动，均衡人均收入下降。相反，促进晚生晚育的文化和政策会提高均衡人均收入。

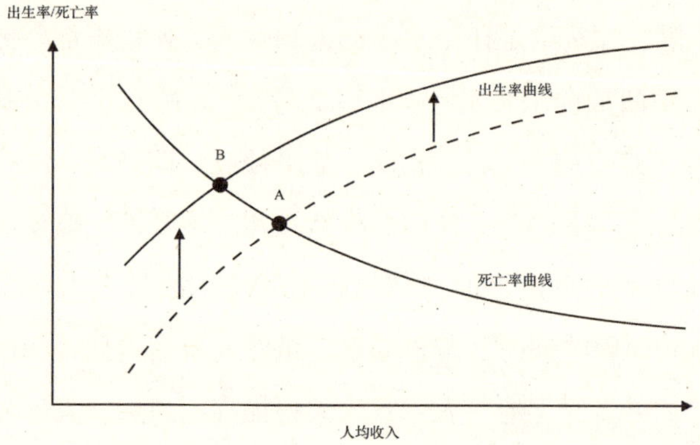

图 1.3　多生多育

前两种改变均衡人均收入的方式有没有让你略感失望？古代社会难道不能通过改良政府、革新技术和扩大市场来促进人均收入的提高吗？这些现代社会中促进经济增长的法宝，在农业社会就毫无用处了吗？

不能说完全没用。在马尔萨斯模型里，改变均衡人均收入还有第三种方式。如前文所述，技术进步能够使人均收入短暂地高于均衡。倘若存在持续的技术进步，人均收入就会持续地偏离静态均衡。假设技术进步率是一个恒定的正值，在它的作用下，人均收入就会稳定在一个高于静态均衡的位置，构成一个动态均衡（Persson, 1988）。动态均衡的具体位置取决于两支力量的角逐：技术进步把均衡拉向右边，而人口增长把均衡拉向左边。两支力量旗鼓相当之处，就是动态均衡的所在（见图1.4）。这就好像拉一个弹簧，你把弹簧拉得越开，弹簧恢复原状的弹力就越大，拉力与弹力平衡，就决定了弹簧拉开多大一段距离，所以我把这种依靠持续技术进步实现更高人均收入的方式叫作“弹簧效应”。

在弹簧效应的作用下，如果政府改善治理，奖励研发，维护市场繁荣，不就能促进技术的持续进步，进而提高（动态）均衡人均收入了吗？

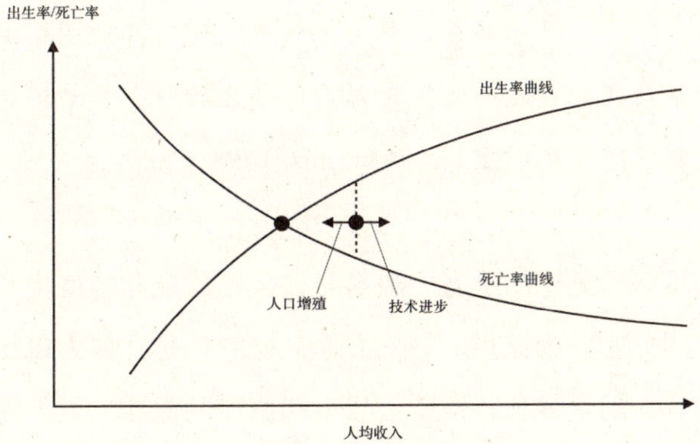

图1.4 动态均衡

话是没错，但弹簧效应实在太弱小了。在工业革命以前，古代社会的平均技术进步率，如果用人口的年度增长率来近似，不到0.1%。这样缓慢的技术进步要对人均收入产生显著影响，除非马尔萨斯效应（人均收入对人口增长率的影响）极其微弱方才奏效。用弹簧来打比方，以那么小的力气拉扯弹簧，要把弹簧拉得很长，除非弹簧本身非常松弛才行，亦即弹簧的拉力对距离的敏感度很小；在经济学上，就是说出生率和死亡率对人均收入的敏感度很小。但是，再松弛的弹簧，只要没有拉坏（发生塑性变形），弹力就会随着拉扯距离的增加而增加，终究不能无限拉长。到头来，人均收入还是会停留在某一个水平，尽管这个水平高于出生率和死亡率曲线的交点，但它毕竟无法持续增加。有些学者凭借这个弹簧效应，就说马尔萨斯错了，宣称古代社会早已摆脱马尔萨斯均衡——显然是言过其实了。

上面三种方式穷尽了马尔萨斯模型下提高长期人均收入的办法。所以，马尔萨斯在《人口论》中说：

> ……跟它（马尔萨斯机制）比起来，所有其他困难都是次要的，微不足道的。这一法则制约着整个生物界，我看不出人类怎样能逃避这一法则的重压。(Malthus, 1798, Chap. 1)

熟悉马尔萨斯理论的学者一般都对古代的战乱和瘟疫抱有复杂的感情，一方面称它们为灾难，另一方面又说它们是释放人口压力的方式。若不蹚贫穷的荆棘林，便堕入战争和瘟疫的深渊，人类无往而不在“马尔萨斯陷阱”之中。

克拉克教授在 *A Farewell to Alms* 中用两句悖论道出了此中的绝望：

> 1776 年，英国仍是一个马尔萨斯经济之时，亚当·斯密的那些号召，比如政府减税节用，基本上是毫无意义的。
>
> 现代社会中落后国家的痼疾——战争、暴力、动乱、歉收、

公共基础设施的崩溃和糟糕的卫生条件——在1800年前，反而是人类的朋友。

类似的话，清代学者洪亮吉在《治平篇》中也曾说过：

> 曰：天地有法乎？曰：水旱疾疫，即天地调剂之法也。然民之遭水旱疾疫而不幸者，不过十之一二矣。曰：君、相有法乎？曰：使野无闲田，民无剩力，疆土之新辟者，移种民以居之，赋税之繁重者，酌今昔而减之，禁其浮靡，抑其兼并，遇有水旱疾疫，则开仓廪，悉府库以赈之，如是而已，是亦君、相调剂之法也。要之，治平之久，天地不能不生人，而天地之所以养人者，原不过此数也；治平之久，君、相亦不能使人不生，而君、相之所以为民计者，亦不过前此数法也。

翻译成现代汉语，洪亮吉的意思是，人口多，人就穷，无论是大自然还是政府（“君、相”）都难以解决这个问题。“天地调剂之法”，无非是“水旱疾疫”，但水旱疾疫造成的死亡也不过“十之一二”，就算能暂时缓解人口压力，效果也不大。而政府能做的，无非是鼓励耕作，开辟新土地或减税、赈济而已。这些手段只能治标不能治本，因为政府终究不能让人民不生育。

按照马尔萨斯理论，政府的这些善政甚至对人民大有害处。试想，旱涝发生的时候，如果政府开仓放粮，使本来将要饿死的人存活了下去，这个地区的人口密度就会提高，灾害过去后生活就会更加贫苦，下一次灾害的景象还会更加悲惨。按洪亮吉的说法，这叫作

“君、相”干预了“天地调剂之法”。所以，克拉克教授介绍马尔萨斯理论的这本书，书名叫作 *A Farewell to Alms*——告别赈济，正是马尔萨斯理论的一项政策建议。

赈灾无益，减税就更不好了。本来税收还能用在少数人骄奢淫逸的生活上，一旦减税，楼台宫阙就都没有了。老百姓短期内日子红火些，但长期来看，人口的繁殖又会使人民重返贫困。减税并不能持久地提高人民的生活水平，还会因为更平均的分配而降低长远的均衡人均收入。

说到这，我已经介绍完了马尔萨斯模型。马尔萨斯模型是无数学者认识历史的基准。证据的采掘、模型的构建、事件的诠释都围绕这个基准展开。像这样的模型，这本书里还有三个。你也许会问：“我又不在学术圈里，为什么要学这些模型呢？”

为了历史观。

历史的细节读罢又忘了，那蒙蒙昧昧留下的就是历史观。大多数人读史，“独观其大略”，所追求的无非是一个历史观。

不管你是不是研究社会科学，你心中的历史观都是一套或粗糙或精致的模型。为了打磨这套模型，你可能已经给自己喂下了几十本历史书籍。吸收了这么多芜杂的“内力”后，要把它们化为自己的功夫，还得有一条打通“任督二脉”的途径。社会科学的基准模型是对历史观的凝练，了解它们能让你的历史认知产生一个飞跃。

这本书会带你一点点嚼透四个基准模型。第一个就是上面的马尔萨斯模型，对应着传统的马尔萨斯史观。后面三个是用来代替马尔萨斯的新模型，对应着本书将会介绍的新历史观。学习这些模型时，最有益的体验不是阅读本身，而是阅读后的思考，在独立思考中体会模型与现实的呼应。

马尔萨斯效应孱弱之谜

前言中曾经提到，经济史学界对马尔萨斯理论的态度是基本接受、微小质疑。接受的，是马尔萨斯对马尔萨斯陷阱的解释；质疑的，是马尔萨斯效应的孱弱。

而我的发现恰恰相反：马尔萨斯对贫困陷阱的解释才是错误的；马尔萨斯效应的孱弱反而合情合理，并不影响理论的对错。

马尔萨斯效应包含了三个内容：富生、穷死、人多就穷。其中，“人多就穷”最显著：人口增加时，人均收入会下降。当人口增加 1% ，人均收入的下降幅度一般都超过 1%（Lee, 1987; Lee & Anderson, 2002）。奇怪的是富生和穷死，这两个合起来，就是人口净增长率随人均收入的增长而上升。这个效应在数据中并不明显。

粗看，富生穷死似乎天经地义。食不果腹、衣不蔽体的年景，死亡率能不上升，出生率能不下降吗？好在这是一个能用数据说话的问题。克拉克教授估计了英国 1200—1800 年刨除物价因素后的真实人均收入（Clark, 2010），以每 10 年作为一个数据点（见图 1.5）。我们来看一看，在历史上，是不是人均收入越高的年代，人口增长率真的越高。

我们之所以使用英国的数据，是因为在大多数时候，英国教会的洗礼和葬礼几乎覆盖了所有英国人的生老病死，而洗礼和葬礼的数据都被搜集并统计了起来。我们可以看到，图 1.5 中人均收入和人口变化率的关系并不显著。样本点所拟合出的那条虚线不仅没有显著地向

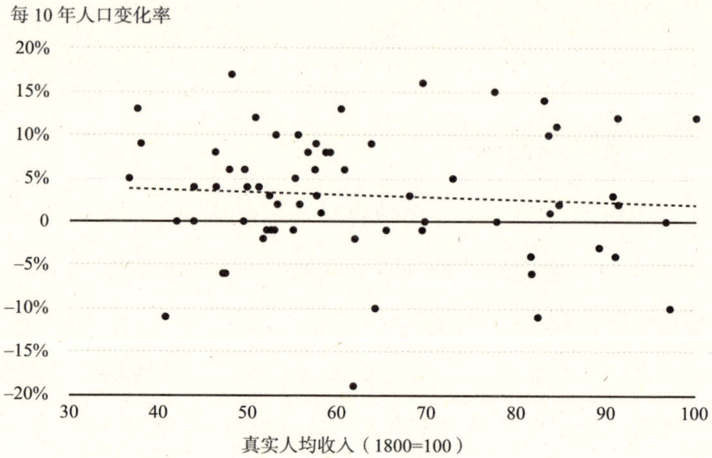

图 1.5　英国 1200—1800 年每 10 年人口变化率和真实人均收入的关系

上倾斜，反而微微向下倾斜。

按照马尔萨斯模型，人均收入的变化有三种来源：第一种是技术和气候等冲击下人均收入对均衡的偏离及后续的回归；第二种是死亡率和出生率曲线移动造成的均衡的移动；第三种是技术加速进步“拉长了弹簧”，提高了人均收入。读者可以自行验证，这三种变化下人均收入和人口增长率都应该是正相关的关系。所以，上述反常现象的发生要不然就是历史数据的准确性不过关，要不然就说明马尔萨斯效应相当孱弱——人均收入对人口增长的影响并不大。

600 年的时间可能糅杂了太多的结构性变化，如果我们把目光聚焦到更短的时段，又掌握了年度数据，能不能发现马尔萨斯效应的踪迹？图 1.6 是 1539—1836 年英国年度出生率、死亡率和真实工资水平之间的关系，其中一个个小叉是死亡率的数据点，小圆圈是出生率的数据点。

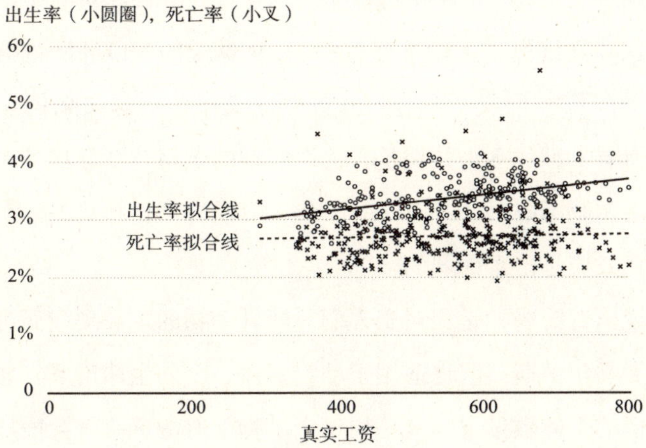

图 1.6　1539—1836 年英国年度出生率、死亡率和真实工资水平的关系

数据来源：Wrigley and Schofield (1989)。

出人意料的是，死亡率和刨除通胀因素后的真实工资水平之间并无显著关系，而出生率与真实工资水平之间只有微弱的正相关性。在这个数据中，马尔萨斯效应的确存在。但是马尔萨斯效应存在的主要原因并不是灾荒之年有更多的人饿死冻死，而是人们在年成好的时候会多生孩子。

不过，富裕条件下生育的增加仍是有限的。从出生率数据的线性拟合看，即使真实工资指数从 400 到 800 翻一番，也只带来了出生率 0.5 个百分点的提高——200 人的村庄原来每年生 6 个，变成生 7 个而已。马尔萨斯效应的确存在但是微弱。

不过，以图 1.6 判断马尔萨斯效应的大小实在过于粗糙。由于人口经济数据在时间序列上的一些特点，检验马尔萨斯效应其实是一项非常困难的工作[①]，需要对数据的内生性做各种计量经济学的处理。人口学家和经济史学家用英格兰16—19世纪的人口经济数据估计马尔萨斯效应已经形成了一脉可观的学术文献。这脉文献仍在发展之中，但所有文献的一个共识是，这个时期的英格兰社会尽管在宏观上表现出马尔萨斯陷阱的特点——平均工资没有增长趋势——但它的富生和穷死效应是出奇孱弱的。

我说出奇孱弱，是相对于人们对哺乳动物的一般预期而言的。我们知道，马尔萨斯效应也适用于动物。在一个外生冲击下，如果一个动物种群的个体数量下降，平均每个动物享有的资源就会增加，种群增长率也会跟着提高，使种群规模回归初始均衡。动物学家可以像人口学家一样估计出系统回归均衡的速度。

按照马尔萨斯理论，这个收敛速度恰好是“富生穷死效应”和“人多就穷效应”的乘积，它度量了马尔萨斯效应总体上的大小。我的导师、人口学家罗纳德·李发现，人类社会的典型收敛速度相比几种大型哺乳动物的平均收敛速度大约要低上一半（Lee, 1987）。根据这个收敛速度，一个典型的人类社会需要整整70年才能恢复损失人口的一半[②]。

动物往往面临同一生态位其他物种的竞争。虽然马死了一半，但还有羊在吃草，剩下每匹马享有的资源提升有限，所以“马多就穷”

---

① 困难何在，参见 Lee & Anderson (2002) 和 Nicolini (2007) 的引言部分。

② 恢复速度这么缓慢，主要原因是从数据中估得的“富生穷死效应”过于微弱。如果学者们能够掌握外生因素导致人口骤降的自然实验，就可以绕过对“富生穷死效应”的估计，直接观察人口恢复的速度。这样的直接观察可能与文献中由效应乘积得来的结果很不一样，所以，历史爱好者在思考历史上的人口恢复速度时，只能谨慎地参考这脉文献的结果。

效应本应相对微弱。而人类在生态中占据垄断优势地位，理当表现出更明显的马尔萨斯效应。因此，上述发现的确有令人吃惊的地方。

后来，罗纳德·李更新了计量方法，针对英国数据做了重新计算。这次的结果是，“半衰期”达到了 107 年（Lee & Anderson, 2002）。经济史学家尼克拉斯·克拉夫茨和特伦斯·米尔斯又用克拉克（2005）的工资数据做了估计，“半衰期”为 91 年（Crafts & Mills, 2009）。这些研究所使用的计量方法不尽相同，但结论基本一致。

这些发现在英国以外的地方是否普遍成立还是个未知数[①]。但无论如何，它们提醒我们：数据很可能与我们凭空想象的不一样，哪怕是马尔萨斯这样的思想伟人，他的理论也有可能在现实中碰壁。

对于罗纳德·李等人的研究成果，文献中最常出现的解读是，它说明英国社会在 1800 年以前先在生育行为上摆脱了马尔萨斯陷阱，然后才在经济上摆脱了陷阱。还有人凭借这一先后关系，把前者看作后者的条件，认为近代英国的晚婚晚育和更多女性的独身选择对工业革命起了推动作用。此外，学者们为了体现自己所从事研究的价值，常常把马尔萨斯理论的正误和马尔萨斯效应的强弱联系在一起。当马尔萨斯效应在实证中表现孱弱的时候，学者们总是暗示，自己的文章

---

① 比如基理尼（Chiarini，2010）就发现了一个与英国的情况相反的结果：在 1320—1870 年的意大利样本中，穷死效应很明显，但富生效应不仅完全不存在，还变成了“富则少生”，收入上升导致人口增长率下降的逆马尔萨斯效应出现了。基理尼用一个在孩子质量与数量间权衡取舍的模型来解释这个反常现象。孩子质量–数量模型是效用品理论的一个局限应用。其实效用品理论完全可以用教育以外的效用品容纳这个反常。但是，费尼霍（Fernihough，2012）在意大利北部 1650—1881 年的数据中没有看到这种反常，结果与英格兰同时期的样本相似，富生效应显著然而微弱，穷死效应不显著，马尔萨斯效应“半衰期”估计为 112 年。意大利的例子也印证了马尔萨斯效应的估计值非常不稳定。

有助于判断马尔萨斯理论的对错。

针对 *A Farewell to Alms* 介绍马尔萨斯理论的部分，绝大多数批评就出自这一条理由。如果马尔萨斯效应那么弱，我们还能信任马尔萨斯理论吗？但是，正如我在前言里说的，由实证孱弱之谜所引发的信任危机并没有从根本上动摇马尔萨斯。

首先，由于数据的局限，对马尔萨斯效应的检验主要集中于欧洲尤其是英格兰近代的样本。这个样本的代表性尚有争议。

更重要的是，即使在英格兰的数据里，也仍有马尔萨斯效应的微弱踪迹。马尔萨斯效应微弱，意味着人均收入可以大幅度地偏离均衡，所以把马尔萨斯理论运用于几十年尺度的短期分析时必须慎之又慎。但是，马尔萨斯理论的核心贡献并不在这个时间尺度上。

马尔萨斯被人铭记，是因为人们相信他解释了马尔萨斯陷阱，相信是马尔萨斯效应的作用，使得人均收入在成千上万年的尺度上没有增长的趋势。

哪怕马尔萨斯效应非常地弱小，只要它持之以恒地施加影响，仍然可能把全世界范围内的人均收入都牢牢地压制在一个很低的水平上（Clark, 2008b），水滴石穿，铁杵成针。

显然，马尔萨斯理论这个最核心的假说包含两个部分：第一，存在这样一个成千上万年的贫困陷阱；第二，这个陷阱的确是马尔萨斯效应造成的。学术界之所以接受马尔萨斯理论，就是因为这两个命题在过去并未受到挑战。

和文献中的做法不同，我并不质疑马尔萨斯效应的强弱。我将在后文中说明，马尔萨斯效应之所以孱弱，是因为这些估计出来的效应并不是学者们真正想要估计的，不是马尔萨斯效应的真身。这些

"伪马尔萨斯效应"的孱弱，有着极其自然的解释。它们显著与否，都不足以否认马尔萨斯效应的存在，更不能推翻马尔萨斯理论。真正决定理论对错的只有上面这两个命题，如果它们被推翻，那么无论马尔萨斯效应的实证估计有多么显著，马尔萨斯理论都将是错误的。

先看第一个命题：马尔萨斯陷阱的存在性。

马尔萨斯陷阱的证据

验证马尔萨斯陷阱的存在，需要跨度上千年、包含世界各地的历史数据。经济学家阿什拉夫（Quamrul Ashraf）和盖勒（Oded Galor）在 2010 年发表了一篇论文。他们用一个地区处于农业时代的时长作为它技术发展水平的度量，来检验技术水平对人口和人均收入的影响。

在当代社会，国家与国家之间做比较，一般来说技术水平高的国家的人均收入也比较高，而人口密度和技术水平关系不大。但马尔萨斯理论意味着，古代社会与现代社会恰好相反，技术进步会带来更高的人口密度，却无法提高长期人均收入。古代社会的现实是更接近现代社会，还是更接近马尔萨斯理论的描绘？

人口密度和人均收入的数据来自安格斯·麦迪森（Angus Maddison）对公元 1 年和 1500 年世界各地人口和经济的估计。阿什拉夫和盖勒发现，一个地区越早进入农业社会①，在 1500 年这个时点上就倾向于拥有越密集的人口（见图 1.7），但是在人均收入上与其他

① 越早进入农业社会，则截止 1500 年时该社会处于农业时代的时间越长，技术水平一般来说也越高。所以，阿什拉夫和盖勒用进入农业时代后的年数作为 1500 年时技术水平的代理变量。

社会并无二致（见图 1.8）。这与现代社会的特征相反，而与马尔萨斯理论的预测相符。

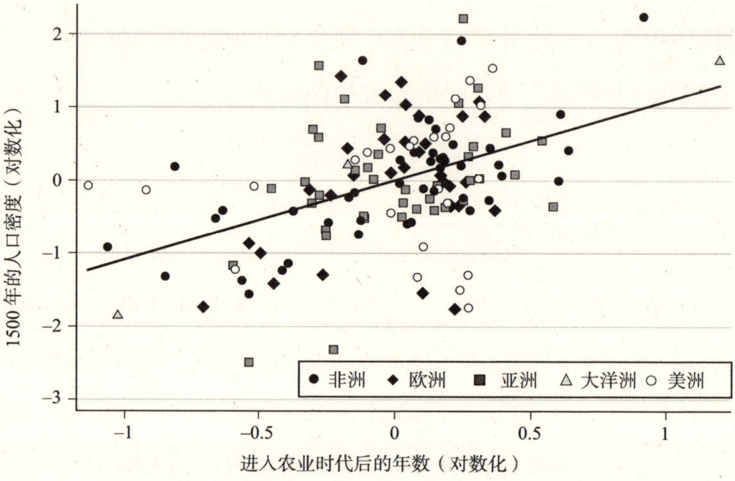

图 1.7　越早进入农业时代的地区，1500 年时人口密度越高

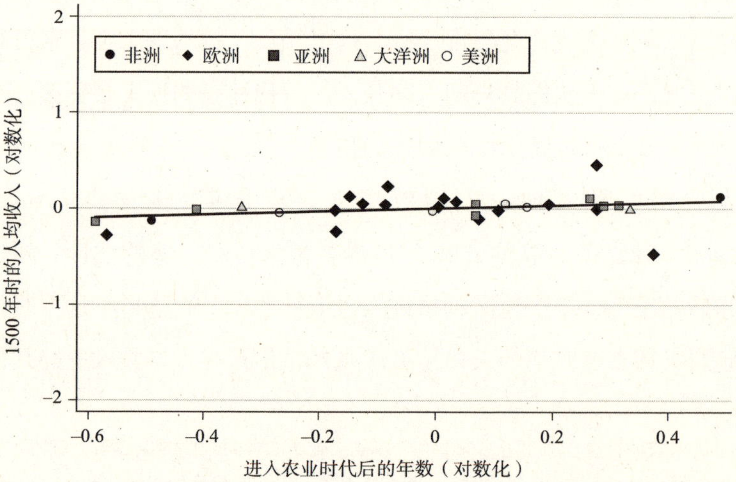

图 1.8　进入农业时代的早晚，几乎不影响 1500 年时的人均收入

经济史学家津津乐道的另一个证据是人类的身高。众所周知，身高是由基因和生长环境共同决定的。其中，基因的影响主要体现在人种内部个体间的差异上，而人种和人种之间由基因决定的身高差距微乎其微（Habicht et al.,1974）。族群之间的平均身高有差别，主要反映了胚胎和幼年时期营养、饮食习惯的差异。在大数定律下，身高的确能反映一个社会的营养水平。

A Farewell to Alms 中的图 3.6 画出了欧洲男性身高在过去 2 000 年中的变化，我直接照搬过来（见图 1.9）。从考古学家收集的骸骨看，欧洲男性身高一直徘徊在 170 厘米上下，直到最近 100 多年才开始蹿升。

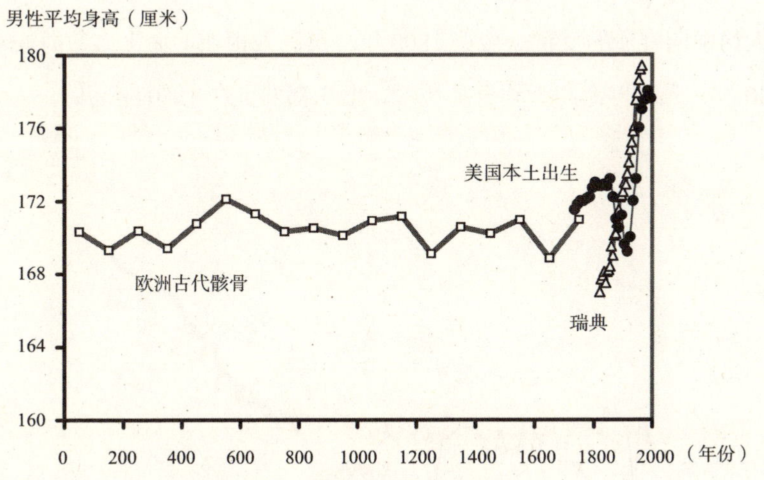

图 1.9 1—2000 年欧洲男性平均身高

数据来源：Steckel & Prince, 2001; Koepke and Baten, 2005。

这张图的数据提供者之一理查德·斯特克尔（Richard Steckel）教授还搜集了 19 世纪中叶欧洲各国征兵时测得的身高数据。当时英国士兵的平均身高为166厘米，法国为165厘米。这个高度和同时期中国男性的身高差不多（Baten et al., 2010）。

今天全球平均身高最高的荷兰男性，在19世纪中叶平均身高也仅在165厘米左右。荷兰男性的身高正是从那时候开始才突飞猛进的，在一个半世纪内提高了15厘米以上。日本男性身高也经历了同样幅度的变化，从明治维新时期不足160厘米一直增长到今天的170厘米以上。

如果嫌弃人均收入数字不准确，身高数据总该可靠吧。既然身高反映了胚胎和幼年时期的营养水平，而一家人只要日子还过得去，吃喝上不至于亏待了孕妇和孩子，那身高不就反映了人均收入吗？所以，身材的矮小和停滞被当作马尔萨斯陷阱的一个核心证据。

另一组数据有异曲同工的价值。图1.10展示了英国1543—2011年人均预期寿命的变化。截至1800年，英国人预期寿命大多数时候不满40岁。人均寿命和人均身高一样，增长都发生在1850年之后。

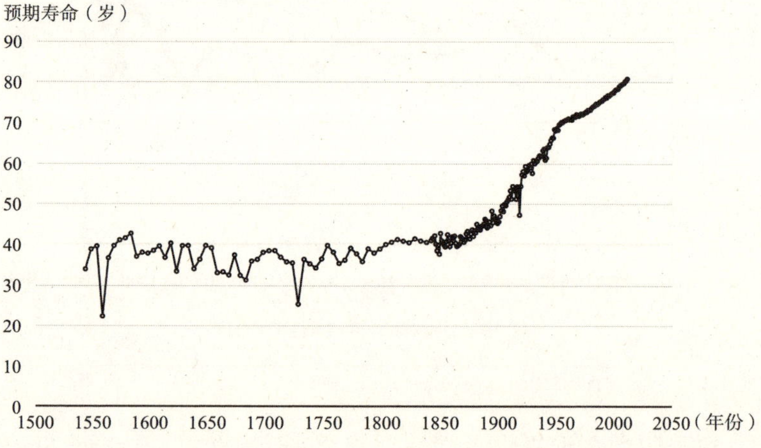

图1.10 1543—2011年英国人均预期寿命

数据来源：Max Roser (2016)。

麦迪森的数据、骸骨身高和人均预期寿命，是支撑马尔萨斯历史观的三项重要证据。对这种历史观最直率的总结，就是我在前言中引用的克拉克教授的示意图，这里见图 1.11。

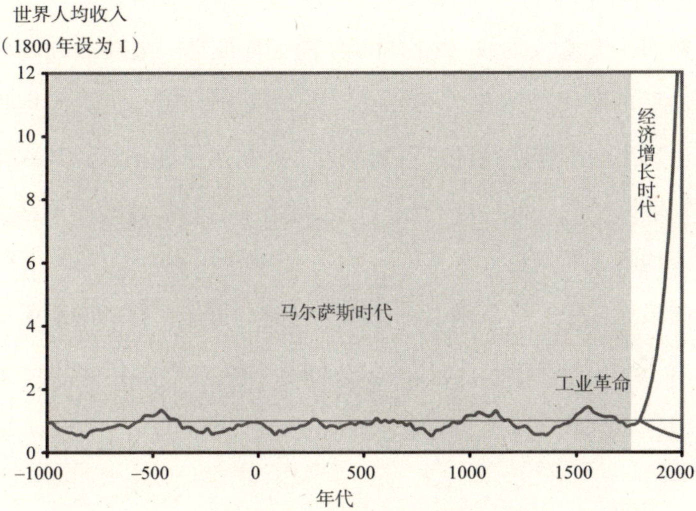

图 1.11　世界人均收入演变图

这张图描绘了一个当代学者推测的全球人均收入在过去 3 000 年中的起伏。1000 年后，世界人均收入因宋朝的繁荣有过一段增长。这段增长带来了更高的人口密度以及东西方更为密切的交流。但是，增加的人口在宋朝灭亡后陷入苦境。继而，随着元朝的征服，东西方的联通使传染病得以更广泛地传播。黑死病在杀死大量人口的同时，使人均收入从 14 世纪起开始增长，在 16 世纪达到顶峰。尽管这时候随着新大陆的发现、宗教改革的完成、启蒙运动的深入，欧洲文明进入了发展的快车道，个别地区还在人均收入上有了微小的增长，但这仍不能改变世界范围内人均收入随人口增殖而重陷低谷的大趋势。尤其是来自新大陆的旱地作物（番薯、土豆、玉米、花生）在引种旧大陆（包括中国）后，人民在荒年也不致饿死，堆垒起总量意义上的盛世，但与此同时，旧大陆的人民在史无前例的人口压力下，物质生活依然苦不堪言。

然而，无论人均收入在1800年前如何波动，波动的幅度比起工业革命后的变化都实在微不足道。从19世纪开始，世界人均收入的演化呈现出两大鲜明特征：首先是世界平均水平的飙升；其次是各国经济发展路径的差异。那些没有赶上经济增长快车道的国家甚至还经历了人均收入的倒退。

如果你接受了马尔萨斯理论和支持它的证据，你的脑海中应该已经形成了相似的画面。你甚至会认同 *A Farewell to Alms* 里一个备受争议的观点。克拉克教授说：

> 人类历史上只发生了一件事，即1800年前后开始的工业革命。
>
> 革命之前万马齐喑，革命之后百舸争流。
>
> 人类的历史是一部 One-Event History（只有一件大事的历史）。

A Farewell to Alms 出版之后，这两句话遭到许多经济史学家的批评（Allen, 2008; De Vries, 2008）。但是目之所及，几乎所有的批评都只是说，One-Event History 的说法太伤人了，对古代史的许多变化没

有充分认识，对勤奋的古代史研究者没有体现出充分的尊重。

众口一词，都没有戳中要害。

要害只有一个：马尔萨斯理论根本就是错的。本章所列出的证据，充其量只是马尔萨斯陷阱的证据，而且这些证据没有一条能站得住脚（第 4 章）。最关键的是，即使存在长期的贫困陷阱，真正的原因也不是马尔萨斯机制（第 6、第 7 章）。

200 多年的香火，熏着一个空神龛。

朋友，准备好了吗？思维之旅，从这里正式出发。接下来的第 2、第 3 章，咱们先去捋一捋马尔萨斯假面下古代经济生活的真实逻辑。

本章小结

- 在马尔萨斯模型里，改变长期均衡的方式极为有限。因此，马尔萨斯认为人类永远都无法摆脱自己所发现的致贫铁律。
- 在实证上，马尔萨斯效应非常孱弱。但人们相信，再孱弱的效应也可以水滴石穿，在成千上万年的尺度上解释长期贫困陷阱。
- 马尔萨斯理论的实证基础，包括麦迪森的数据以及古代人的身高和预期寿命。

第2章
二元模型

旅途指南

本章介绍效用品理论。这本来是对传统模型所做的一个简单而普通的拓展，用来弥补马尔萨斯在解释古代人均收入变化时与事实的出入。但这个理论可以引出平衡增长之谜，这个未解之谜危及马尔萨斯理论的核心。

第3章将会讨论效用品理论的生物学基础，第4章则会推翻第1章所陈列的看似支持马尔萨斯理论的证据。

在开始本章的阅读前，我先解释一下这三章的顺序安排。本来，我应该紧接着第1章对马尔萨斯理论证据的介绍，直接指出那些证据中的错误。可是，要理解这些错误，我们需要新的理论框架——基于两部门模型的效用品理论。所以，我先在第2章介绍效用品理论，有了理论基础后，再在第4章去点破那些证据中的谬误。

我把效用品理论的生物学基础作为第3章。如果本章读到一半，读者想知道我为什么这么划分经济部门——在无数划分两部门的方式里为何偏偏选中这一种——不用着急，第3章会提供一个圆满的答案。

为什么我必须先介绍效用品理论，再讨论它的生物学基础呢？因为，模型是假设的意义与归宿。从人的认知心理来说，意义应该走在论据的前头。如果按照学术论文的习惯，先讨论假设，再呈现模型，会让普通读者摸不着头脑，不知道那些讨论的意义何在。所以我先介绍模型，再在第3章里有的放矢地推敲模型的假设是否合理。阅读本章的两部门模型时，请不用担心它是空中楼阁。该有的现实基础、证据、理论之何以“非如此不可”，都会在第3章的生物学基础里得到呈现。

我最初察觉到马尔萨斯模型的不妥，是因为读了管汉晖博士和李稻葵教授的论文《明代GDP试探》。李稻葵教授是我在清华大学经管学院读本科时的老师；管汉晖是他的博士后，后来任教于北京大学经济学院，曾是我的同事。管汉晖和李稻葵指出，麦迪森对明代人均GDP（国内生产总值）的估计偏高[①]。

估算古代社会GDP是一项费力不讨好的工作。他们需要找来历史记载，估算各种产品的产值。能找到资料的，大多数是农产品。算完这部分后，要获得整个经济的产值，就得推敲这些产品占经济的比重。由于还没有可靠的数据来估计工商业和农业的比例，GDP确切

① 此结论在他们后来的研究中有所改变。

该有多少，当年那篇论文并没有拿定一个数字。没有数据，只能靠推测。有人说农业占 90%，有人说 50%，说来说去都是拍脑瓜。

显然，要估算古代社会的 GDP 或人均收入，最重要的就是搞清楚工商业占经济的比重。农业产量的数据比较丰富，可是就算把农业的数据搞得再清楚，一个人每天摄入的卡路里也总在 2 000 大卡上下。一个社会再富有，人也不能多出一只胃来。到头来，人均收入是高是低，还得看工商业的比例。举个最简单的例子，假如宋代的工商业比例高于明代的，那么只要宋代人消费的农产品不低于明代，宋代的人均收入当然就高于明代。

我当时恰好在读克拉克教授的 *A Farewell to Alms*，很为之着迷，就把这和马尔萨斯理论联系在一起。按照马尔萨斯模型，一个社会人均收入高于另一个社会有哪些可能的原因呢？套用克拉克教授在书中罗列的因素，是宋代历史太短，人口压力未及浮现，还是宋代人不爱洗澡、晚生晚育、瘟疫流行、战争频仍？好像都不太合理。

要问宋代人均收入和明代的比较，略知历史的中国人大概都会说，这很明显啊，宋代实行的是市场经济，明代至少在初期实行的是统制经济，宋代怎能不富，明代怎能不穷？可是按照马尔萨斯模型，市场经济充其量只会增加人口密度和经济总量，对人均收入并无长期影响。克拉克教授甚至说，亚当·斯密 1776 年发表的《国富论》对他所处时代的人均收入增长没有指导意义（原话是“pointless”）。难道我们对宋代的固有印象错了，其实宋代的人均收入并不比明代高吗[1]？

技术冲击的经济学分析

心有块垒，不除不快。于是我对马尔萨斯模型做了一个小小的改动，来解释古代社会间人均收入的差别：我假设单位价值的不同商品对人口增长的影响是不一样的。比如包子和棉袄对人口增殖很有意义，而金银首饰、奇山怪石、杂耍曲艺对人口增殖就没什么影响——我把传统模型里单一的商品部门划分为两个商品部门，前者叫

① 和大多数经济史课题一样，宋代和明代的经济比较尚无定论。本书采信的观点是，宋代的人均收入高于明代，宋代的工商业比起明代的占经济更高的比重，宋代的科技进步速度高于明代。但我并不认为宋代的经济总量和工商业产值一定超过明代（明代面积更大，人口更多），也不认为宋代的科技绝对水平（无论是农业技术还是工业技术）一定超过明代。“宋粉”“明粉”相互较真的，一般都是经济总量和科技水平孰高孰低。对于这些问题，我并不采取任何立场，它们和本书也没有关系。但是我反对概念的混淆：有些“明（宋）粉”以明（宋）代科技和经济总量的优势为论据，意图论证明（宋）代人均收入也更高，这显然是偷换了概念。享誉世界的经济史学大师李伯重教授曾有一文，即《“选精”、“集粹”与“宋代江南农业革命”——对传统经济史研究方法的检讨》，特地指出宋代经济史研究者人为筛选样本以致高估宋代亩产的错误。本书对宋代的描述，可能也有“选精”“集粹”之嫌。好在宋、明比较只是本书立论的一个灵感来源，而不是立论的根据。如果有朝一日，宋明间的比较彻底翻案，本书的案例当然需要改写，但理论仍可保全。不过，李伯重教授的发现亦有被过度解读的危险。李伯重教授在文章中用宋代较低的亩产否定了宋代的农业革命（尚属合理），进而否定了商业革命和经济革命的可能（此论勉强）；而读者进一步引用该文章来否定宋代拥有更高人均收入的可能，这大错特错。李伯重教授认为宋代经济既然是一个农业经济，其他经济部门必然只占有很小的比例，商业革命、经济革命必俟农业革命的发生而启动。此论似有受马尔萨斯理论禁锢之嫌。

生存品部门，后者叫效用品部门。

这么简单的一个改动会带来什么结果呢？不妨先拿一个寓言式的小模型来热热身。让我们设想一个小岛，岛上每天出产 a 个椰子。假使一个椰子就能养活一个人，那么这个岛就能养活 a 个人。椰子多了人就多，椰子少了人就少。椰子的产量再怎么提高（比如从 a 增长到 2a），到头来每个人享用的椰子还是一个，因为人口也跟着增长（也从 a 增长到 2a）。这就是所谓的马尔萨斯效应——社会发展、市场扩张、技术进步只能提高椰子的总数量，却不能提高均衡状态的人均椰子数，即人均收入。

现在，我们假设小岛上除了椰子以外每天还出产 b 朵一日一谢的玫瑰花。玫瑰花能带给人愉悦，但不能果腹。显然，当马尔萨斯效应限制每个人只能享用一个椰子时，人均幸福程度完全由人均玫瑰花决定。既然人口数量长远来说等于椰子数量 a，那么人均玫瑰花数量长远来说就等于 b 与 a 之比（b/a），即玫瑰花与椰子的比例。这个比值增加，均衡人均福利就提高；这个比值下降，均衡人均福利就下降。

马尔萨斯效应只能限制人均椰子的数量（一个），却不能限制人均玫瑰花的数量。马尔萨斯理论的核心假说——所谓技术进步不影响长远的人均福利——只在 a、b 同步变化时成立。只要椰子和玫瑰花出产的变化不同步，均衡人均福利就会发生变化，而导致这种非同步变化的因素实在太多了。比如，玫瑰花增产（技术进步）可以提高人均福利，椰子减产（技术衰退）也可以提高人均福利，人们因为更喜欢玫瑰花而把本来种椰子的土地改造成玫瑰花园（文化变迁），更能提高人均福利。

如果把椰子看作农业品，用玫瑰花比喻制造业和服务业，那么古罗马和宋朝之所以富，就是因为这两个社会里玫瑰花相对于椰子的比例比较高。这种由于产出结构偏向性而造成的高福利，马尔萨斯效应是无法抹除的。

用寓言做模型有助于形成直觉，但失之精确，毕竟大多数商品对人口增长的影响只有相对程度之分。单位价值的牛肉带来的饱腹感虽不及土豆，但也是一种食物。这些因素会影响模型的结论吗？这是寓言模型难以回答的。所以，下面我会介绍一个几何版的两部门马尔萨斯模型。这个几何模型是本书后续讨论的基础，我会一步步引导你掌握这个模型。如果条件允许，请一边阅读一边跟着把模型推演一遍，以确保完全理解和熟练应用。撇开功利的目的，推演这个模型好似玩半小时数独，本身也是很有趣的一件事。

对学过经济学的读者来说，图 2.1 是很熟悉的。不过，考虑到有些读者没有接触过经济学，我要做简单的讲解。图 2.1 是一个坐标系，表示的是一个人的产出和消费集合。假设社会里每个人都一样，所以坐标系表示的是整个社会的人均产出和人均消费——请注意，是人均。再假设，这个社会里只有两种产品，即农业品和工业品。横轴代表这个典型个体所消费的农业品（类似于椰子），纵轴代表他消费的工业品（类似于玫瑰花）。在这个坐标系上随便取个点，比如（1，1），就表示这个“平均人”消费 1 单位的农业品和 1 单位的工业品。

图 2.1 画了两条曲实线，下面的往上弓起的曲线叫作生产可能性边界（Production Possibility Frontier，简称 PPF）。顾名思义，生产可能性边界刻画的是生产可能性。名为边界，是因为给定技术、资源和人口后，只能在生产可能性边界左下区域的点生产，无法在右上区域的点生产。生产可能性边界之所以向右上凸起呈弓形，是因为我沿用

经济学中一般的假设：生产资料对不同的产品有适用性的差异，比如山区更适合采矿、生产工业品，平地更适合种植、生产农业品。如果没有这种适用性的差异，工业品和农业品永远可以按照固定的比例兑换——好比少生产 1 单位农业品，就能多生产 10 单位工业品，那么生产可能性边界就应该是一条斜率为 –10 的直线。但因为不同资源适合生产不同的东西，所以如果现在一声令下，无论山地还是平地都要用来生产庄稼，那么到后来即使损失很多的工业品产量，也换不回多少农业品的增加。因此，生产可能性边界越接近坐标轴，就越往里拐，呈弓形。

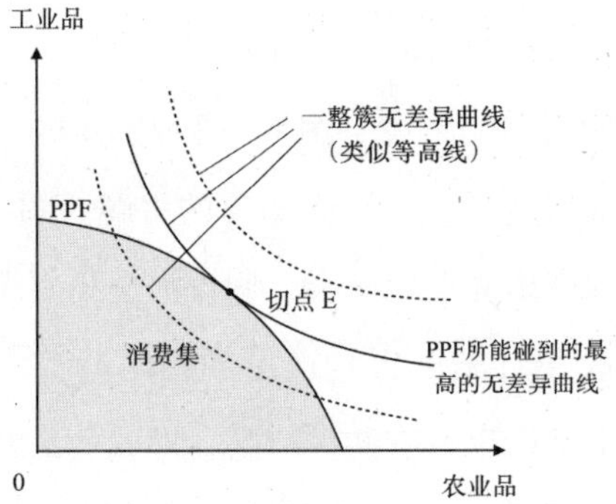

图 2.1　二元模型

这个模型假设社会里每个人都一样，没有阶级、地域的差别，也无须相互贸易，所以生产可能性就等同于消费可能性。灰色区域既是“典型个体”的生产可能性集合，也是他的消费可能性集合。那么，这个典型个体在生产可能性边界以内，到底会选择哪个点来消费呢？

这取决于他的偏好。经济学用无差异曲线来描绘一个人的偏好。

无差异曲线并不是一条线，而是无数条“等高线”。什么叫无差异曲线？你可以想象，在第一象限里，这个个体最喜欢的当然是正无穷多的农业品加上正无穷多的工业品，最不待见的当然是（0，0）。在这两个极端之间，我们用曲线连缀起所有满意度（效用程度）相等的消费点，就会形成一整簇无差异曲线。无差异曲线也叫作等效用曲线——线上各点的效用值相等。比方说某个人认为三件农业品、两件工业品（3，2）与一件农业品、六件工业品（1，6）提供的效用是相同的，那么点（3，2）和点（1，6）就应该在同一条无差异曲线上。如果这个个体是个正常人，喜欢两种商品都多多益善，那么无差异曲线全都应该向下倾斜，且不会相交，位置越高的无差异曲线代表效用越高。

一般来说，我们都不喜欢只有一种产品。光有农业品的日子太单调，光有工业品的日子难以活命，最好什么都来一点儿，“允执其中”。这种中庸偏好就表现为无差异曲线的“肚子”会向左下凸出。经济学上管这叫“边际替代率递减”：一个产品对另一个产品替代着替代着就不那么好使了，所以什么都得来一点儿。比如一个什么都来两个的组合（2，2）也许抵得上（1，5）或（5，1）带来的满足感。

在这个模型里，我们能做哪些推理？首先，这个典型个体肯定会选择生产可能性边界上的点来消费，因为相对任何低于边界、在灰色区域中的消费点，都存在一个处于边界上的点，其同时包含更多的农业品和更多的工业品。聪明人不会浪费这个差额。其次，这个人一定会在生产可能性边界上挑选效用最高的点，也就是尽可能触碰到最高的那条无差异曲线的那个消费点。而满足这一条件的消费点，正是生产可能性边界和最高的那条无差异曲线的切点（图 2.1 中的 E 点）。

这个切点，因为是典型个体的最优选择，所以包含了人均福利的所有信息：消费多少农业品，多少工业品。

到这里为止，本书介绍的都是大学本科一年级经济学原理课的内容。唯一的区别是，在经济学原理课上，这个坐标一般表示整个经济的总生产和总消费；而在这里，这个坐标表示的是人均生产和人均消费。

这个小小的差别里，就产生了马尔萨斯效应：产出与人口在短期内无法等比例变化，所以人口的增减会影响人均生产可能性边界的位置。（下文的“生产可能性边界”，若非特别指出，指的都是人均边界，而不是总量边界。）

如果人口增加，社会生产可能就会扩张一些，但扩张的比例赶不上人口的增长率（比如人口增加 10%，产出只增加 5%）。于是，人均拥有的资源就减少了，人均生产可能性边界，同时也是消费可能性边界，就会萎缩，最优消费点当然也随之下降。反之，如果人口减少，人均生产可能性边界就会向外扩张，最优消费点也随之上升。

与此同时，人均消费的变化也会反过来影响人口的增长。让我们用第三条线来刻画这一点，这条线不曾在经济学原理课中出现。一画上这条线，这个模型就灵动起来了。这条线就是图 2.2 中的人口平衡线。

人口增长率既然取决于人均消费的农业品和工业品，我们自然可以在坐标系里找出一组点；在这些点所对应的人均消费组合上，人口增长率为零，即人口平衡。在这条线的右边，人均消费大于维持人口的需要，人口就会增加；在这条线的左边，人均消费不足以维持人口的平衡，人口就会减少。这条线比无差异曲线更陡峭，接近垂直，这

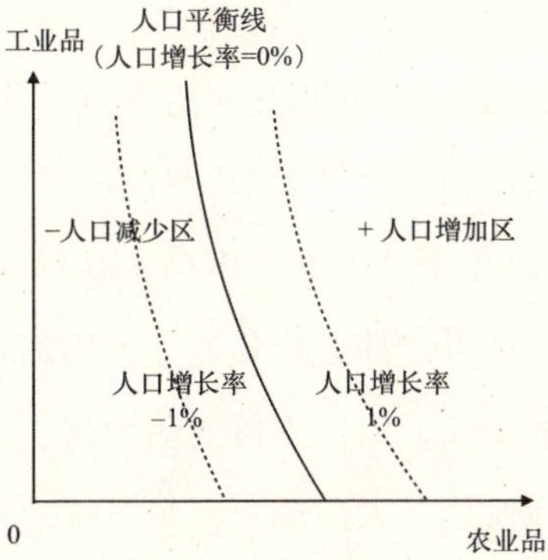

图 2.2　人口平衡线

是因为农业品比工业品对人口的增长更为重要（如果无差异曲线比人口平衡线更陡峭，那就相当于把工业品和农业品交换位置；纵横轴标签互换，并不影响分析）。在椰子和玫瑰花的案例里，玫瑰花对人口增长完全没有作用，对应的人口平衡线就是垂直的。这个几何模型允许人口平衡线倾斜，是为了照顾模型的一般性，毕竟有些工业品对生存繁衍也有一定价值，只是效用不及农业品而已。图中人口平衡线稍稍凸向原点，原因和无差异曲线向左下凸出一样，也是"边际替代率递减"①。

有了这三条线，我们的模型就搭建起来了。如图 2.3（a），我们把生产可能性边界、无差异曲线和人口平衡线全部画到同一个图中。这就引出了第一个小命题：经济的均衡一定在人口平衡线之上。均衡处，无差异曲线与生产可能性边界相切，且切点恰好落在人口平衡

① 只是这里的函数不再是人的效用，而是产品对人口增长率的贡献。一个产品代替另一个产品的贡献，替代着替代着就不那么好使了，所以什么都来一点儿对维持人口增长率会比较实用。表现在人口平衡线的形状上，就是曲线略向左下凸出。

线上。

为什么会这样？设想，如果人均消费点（无差异曲线与生产可能性边界的切点）出现在人口平衡线的右边，如图 2.3（b）中两条虚线的切点 E'，人均消费超过了维持人口平衡所需要的资源数量，那么人口就会增加，生产可能性边界萎缩，人均消费点也随之向左下移动，直到撞上人口平衡线，人口不再变动为止。同理，如果人均消费点出现在人口平衡线左边，人均消费不足以维持人口，那么人口就会下降，生产可能性边界扩张，人均消费点也会随之向右上方移动，一直到撞上人口平衡线为止。所以，经济的均衡一定在人口平衡线上。

这是一个马尔萨斯均衡，包含了马尔萨斯模型的基本结论。比方说，现在有一场突如其来的灾荒削减了一部分人口，使图 2.3（b）中的生产可能性边界向外扩张，人均消费点从原来的均衡位置 E 移动到了右上方 E'，短期内人均消费提高。但是 E' 在人口平衡线右方，所以人口增加，生产可能性边界萎缩，经济又会随着人口的增加从 E' 重归人口平衡线。为了分析的简便，我们假设生产可能性边界在

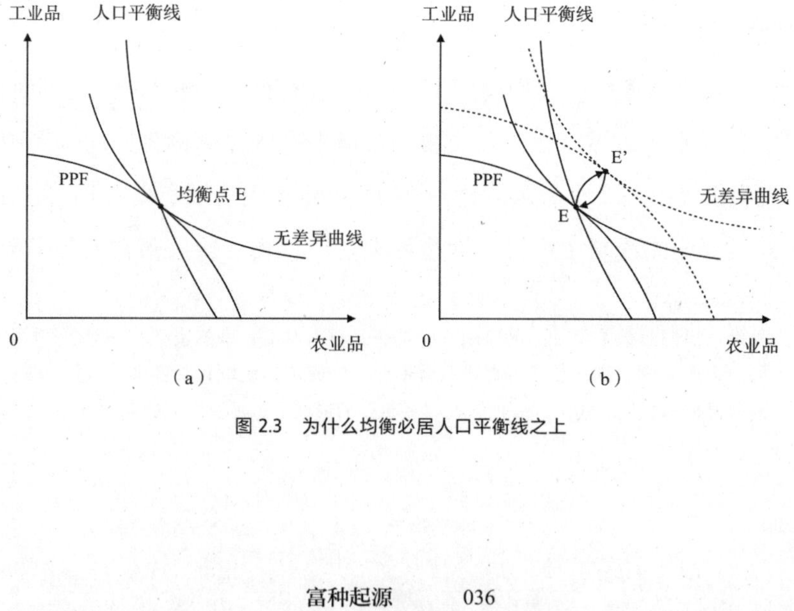

图 2.3　为什么均衡必居人口平衡线之上

人口增减的过程中并不会改变其形状（用术语说就是产出结构对人口是中性的），那么等到尘埃落定，经济仍将回到最初的 E 点：灾荒并不能改变人均消费、收入或福利。同样的分析也完全适用于任何不改变生产可能性边界形状的技术进步。人口增长最终会吞噬技术进步对人均收入的短期影响。

但是，如果有一种新技术，只促进了工业品的生产效率，却没有影响农业，那会怎么样？

图 2.4 就描绘了这样一种纯工业技术带来的冲击。生产可能性边界会向上扩张——给定资源，这个典型个体能够生产更多的工业品了。短期内，生产可能性边界与无差异曲线的切点从 E 移动到了 E'，人均效用提高。由于 E' 暂处人口平衡线的右方，人口随之增长，生产可能性边界等比例向下萎缩，经济从 E' 点又掉落到人口平衡线上。因为生产可能性边界的形状变得更加高瘦，掉落点 E''（新的均衡）会比旧均衡 E 点位置更高，对应的人均效用也更高。与马尔萨斯理论的传统结论不同，技术进步居然能够影响均衡人均效用。

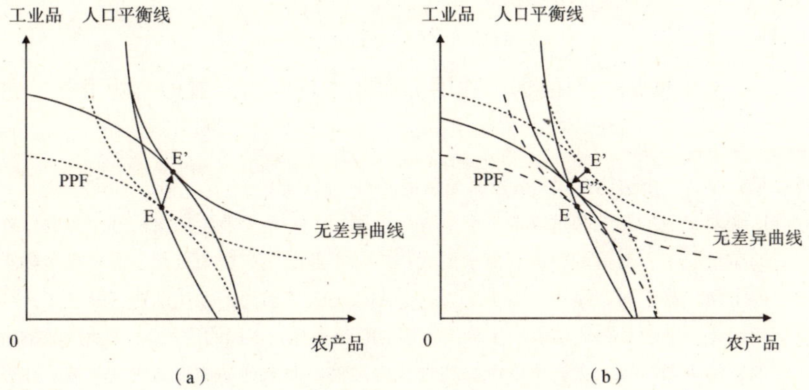

图 2.4　工业技术进步带来均衡人均福利的提高

较真的读者可能会不服气。E” 之所以比 E 高，是因为这幅图画成了这样，要是换个画法，没准 E” 还能比 E 低呢。

这是很好的质疑。你不妨试试看，有没有办法在生产可能性边界等比例回缩后，使新均衡 E” 点比 E 点更低？

试过了吗？还真的画出来了吧？只是你的图很别扭，是不是？

本书附录里有一个证明：这种异常情况的确有可能发生，但发生的前提条件是存在多重均衡，而存在多重均衡的前提是生存品是吉芬物品[①]。吉芬物品在经济学里很罕见，而且这两个前提都还只是必要非充分条件，所以这种异常情况极为罕见，我们根本不用担心上述结论的一般性。但为了理论的严密性，我在附录里会对吉芬物品这种反例做进一步的讨论。

上面这个模型已经能部分解释为什么宋代、明代虽然都处于马尔萨斯均衡，但前者的人均收入可以高于甚至远高于后者。市场经济能够促进工业发展，也能促进农业发展，但市场经济对工业的促进作用大于农业[②]。只要市场经济改变了社会的产出结构，使之更偏向于工商业，那么即使在马尔萨斯条件下，市场经济仍然能够提高均衡人均福利。

我这里使用人均福利（效用）而非人均收入，看似有标准不一之

---

① 见附录《产出结构定理和效用品免费定理的几何证明》一节。

② 市场对工业的影响超过农业，至少有三个原因：一是工业生产更依赖于家庭以外的劳动分工，对劳动力市场需求更大；二是工业的生产链条更长，需要更多种类的上游产品，对产品市场需求更大；三是在运输技术尚不发达的古代社会，一项产品是否适合长途运输取决于价值密度（单位重量 / 体积的价值）。工业产品的价值密度方差较大，会有不少产品适合长途运输，而农产品的价值密度欠佳，往往不适合长途贸易。

嫌，但是，马尔萨斯模型中之所以用收入的概念，只是因为收入是对效用的一个近似，而效用才是经济学谋求改进的终极对象。传统模型是欲用“效用”而不得。倘若定性分析允许我们对效用的增减得出清晰的结论，我们当然要优先使用效用（福利）这个概念。

工业技术提高均衡人均福利。如果是农业技术进步了，均衡又该如何变化呢？与工业技术相反，农业技术会把生产可能性边界横向拉长［见图 2.5（a）］，短期内经济从 E 移动到 E’，人均福利提高。但是增加的人口使生产可能性边界等比例回缩，使均衡回落到人口平衡线上（落点为 E”）。由于生产可能性边界的形状变得更加扁平，新均衡 E” 点比同在人口平衡线上的旧均衡 E 点位置更低，对应的生活水平更差。农业技术进步反而造成长期内人均福利的下降。这听来匪夷所思，却是历史上频繁发生的事情。

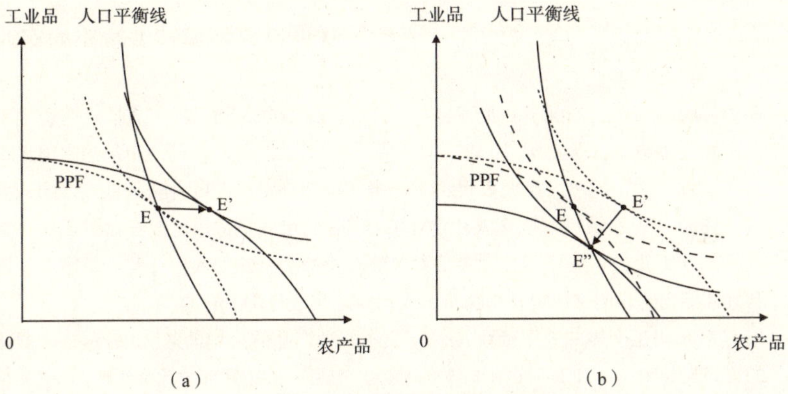

图 2.5　农业技术进步降低均衡人均福利

前言里提到，农业革命后农民的生活水平比起从事狩猎采集的祖先显著下降，其实原因就在这里。无独有偶，番薯、土豆、玉米、花生这些新大陆的旱地作物在引入旧大陆后，也曾在部分地区造成贫困的加深。爱尔兰在19世纪中叶大饥荒前的两个世纪内，人口翻了两番，土豆占到了食物的九成以上。土豆营养极为丰富，人口因之猛增，但人口膨胀使19世纪上半叶的爱尔兰陷入贫穷（Mokyr, 1981）。

纵轴和横轴上的这两个商品不一定非得是农业品和工业品，经济中许多事物都能够在这个图中得到表达。比如，讨论18世纪爱尔兰人的饮食选择时，横轴可以是土豆，纵轴可以是更美味的牛肉（Davies, 1994）。研究家庭的生育决策时，横轴可以是“孩子的数量”，纵轴是“孩子的质量（教育）”（Becker, 1960）。探讨贫富差距时，横轴可以是穷人的收入，纵轴是富人的收入——富人的收入转化为食物的比例较低，存效比低于穷人的收入[①]。

数学上也可以严格地区分两个部门：只要经济中不同商品间存在“边际存效比”——边际生存繁衍价值与边际效用价值的比例[②]的差异，那么边际存效比相对较高的那一类产品就可以放到横轴上，比如农业

---

① 福山（Fukuyama，2008）在批评克拉克（Clark，2008a）时说：“克拉克所说的平均，和大多数经济学家所说的平均不一样，它不是指人均收入，而是指底层人口的人均收入——当然，在大多数农业社会，这部分底层人口占到了总人口的八九成。1800年一个典型的欧洲人比他1300年时的祖先更穷，比旧石器时代的穷人也好不到哪儿去。这只不过反映了大多数农业社会悬殊的收入分配。但用金字塔和凡尔赛宫这样的文明成就来衡量，人均收入仍是稳定上升的。”

② 用U表示典型个体的效用函数，x、y表示两种产品的人均消费，n表示一个群体的人口增长率。U和n都是x与y的函数。产品x的边际存效比高于产品y（x相对于y是生存品）可以表示为不等式 $\frac{\frac{\partial n}{\partial x}}{\frac{\partial U}{\partial x}} > \frac{\frac{\partial n}{\partial y}}{\frac{\partial U}{\partial y}}$，整理此式为 $\frac{\frac{\partial n}{\partial x}}{\frac{\partial n}{\partial y}} > \frac{\frac{\partial U}{\partial x}}{\frac{\partial U}{\partial y}}$，亦即（x,y）点处人口平衡线斜率的绝对值 >（x,y）点处无差异曲线斜率的绝对值。此不等式表示，在（x,y）点人口平衡线从上方与无差异曲线相交。

品、椰子、土豆、孩子的数量，而边际存效比相对较低的那一类产品就可以放到纵轴上，比如工业品、花朵、牛肉和孩子的质量。打个比方，一场马戏表演的门票是 100 元，一袋大米也是 100 元，两者价值相等，反映出它们给人带来的边际效用相当。但是马戏表演对生存繁衍的边际价值（数学上表达为该产品的人均拥有额对人口增长率的边际影响）显然低于 100 元的大米，所以马戏表演的边际存效比就低于大米。理论上说，忽略人与人的差别后，经济中所有的商品都可以在边际上度量出存效比。按照这个比例从低到高排列，我们就得到了一个“效用品-生存品”的序列[①]。一个商品是效用品[②]还是生存品都是相对而言的，比如牛肉相对于土豆是效用品，但是牛肉相对于钻石项链就是生存品。把这个序列拦腰分成两段，就能把一边叫作效用品部门，把一边叫作生存品部门。从这里开始，我用横轴代表生存品，用纵轴代表效用品，而不再称它们为农业品和工业品。

我们在上面的模型里已经看到，产出结构能够影响均衡人均福利。除少数极为罕见的情况外，产出结构越是倾向于效用品，均衡人均福利就越高；越是倾向于生存品，均衡人均福利就越低。

文化变迁的经济学分析

这个模型不仅能描述产出结构的影响，还能展示文化的变迁。设

① 为了便于分析，假设这个序列是“保序”的：序列不会随着消费点的变化而变化。

② 在我早期版本的论文中，效用品被称作奢侈品（luxury），但奢侈品在经济学中早有定义，而且奢侈品在日常用语中的含义也比效用品狭隘得多。为避免概念的混淆，论文后期版本和本书都使用效用品这个称谓。

想一个古代社会突然兴起了某种时尚，人们对器物玩好、瓦舍勾栏有了更大的兴趣，这在模型中就表现为无差异曲线斜率的变化。无差异曲线的斜率反映的是效用品和生存品之间在人们偏好中的替代率。如果人们喜欢生存品，10 件效用品才换 1 件生存品，那么他们在当前消费点上所对应的无差异曲线斜率就是“–10”——无差异曲线在这一点上很陡峭；如果人们喜欢效用品，10 件生存品才换 1 件效用品，对应的斜率就是“–0.1”——无差异曲线在这一点上很平缓。

所以，当社会文化转变，人们比原来更加偏好效用品时，无差异曲线簇就会变得更平。典型个体的消费最优点（无差异曲线与生产可能性边界的切点）就会如图 2.6（a）那样从 E 点变为 E’ 点。

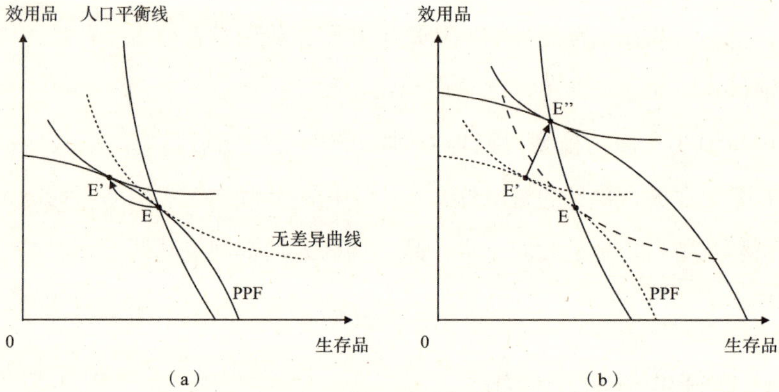

图 2.6 效用品居然是“免费”的

把 E’ 点与 E 点相比较，典型个体消费的生存品减少了，效用品增多了。但是 E’ 点现在处于人口平衡线的左侧，人口因之减少，生产可能性边界随之扩张，直到经济在 E” 点重新触碰到人口平衡线。由于无差异曲线变得更平，最终 E” 点比旧均衡 E 点位置更高，人均福利更高。人均生存品虽有降低，但降幅有限，比起效用品的增加来说不值一提。奢侈淫靡，皆大欢喜。

当我把这个结果汇报给我的老师乔治·阿克洛夫（George Akerlof）时，阿克洛夫教授说："我给你这个定理起个名字，它就叫'效用品免费定理'。"我问他这名字是什么意思。阿克洛夫说："说一样东西免费，就是说只要你想得到它，你就能得到它，而且不用付出代价。"在这个模型里，效用品在全社会人均的意义上是免费的。只要大家都想得到更多的效用品，就能如愿以偿，而且生存品消费的减少微乎其微。所以阿克洛夫教授称之为"效用品免费定理"。这个名字很酷。

效用品当然不是真的免费。请注意图 2.6（b）中经济从 E' 向 E" 的转移。心满意足的是存活的人，而付出代价的，是本来可以不死而死去的人以及本来应该出生而未出生的人。

等一等。难道会有人为了赶时髦，把命送了吗？

诚然，在时髦和生命之间二选一，所有人都会选择生命，但模型的含义并没有这么绝对。人们选择一些东西，总是以失去另一些东西做代价的。有时候，社会就割舍了一定的人口增长率以追求其他目标。对生命的放弃，是间接发生的，所以更准确的说法应该叫"纨绔不死，只是逐渐凋零"。

即便是处于饥饿边缘的人也可能用补助优先去买手机和电视（Duflo & Banerjee, 2011）。在我们身边，多少姑娘为了瘦出小蛮腰而忍饥挨饿，影响自己的生存与生育。"楚王好细腰，宫中多饿死"说的就是为追求效用品——细腰——而死了人。现代人的收入 10 倍于古人，却满足于一胎二胎，是因为我们怕自己不能给孩子提供理想的教育，宁可少生不生。对教育的重视使我们主动降低了人口增长率，所以教育也可以是一种效用品。

更何况，这个模型讨论的是社会层面的偏好，不仅体现为个体的选择，还包括统治者对人民的驱使。建造宫殿、陵墓、大教堂的资源本来可以养活更多的人，但是社会做出了相反的选择。

所以，从事实上看，效用品文化“杀人”的例子比比皆是。当社会把资源从填饱肚子转向耍乐子、从土豆转向牛肉、从孩子数量转向孩子质量（文化素质）时，一些生命就被放弃了，而剩下的人却因此过上了更“幸福”的生活。

如果你同情那些被舍弃的生命而厌恶以上事实，那你愿不愿意人类放弃音乐、艺术、美味佳肴以及一切非关存衍之物，只为了让人口尽可能地增长，大家最后都像蚂蚁一样生活？社会文化变得更加质朴，更偏好生存品，均衡人均福利就会下降——我没有推导这个结论，你正好可以自己画个模型推推看。

做个小结。上面的模型说明，在产出结构之外，社会文化也能够影响人均收入，但是影响的方式和传统马尔萨斯模型不同。传统模型里影响均衡的文化只有生育文化（Clark, 2018a），而两部门模型里影响均衡的文化却包罗万象。一个社会越是骄奢淫逸，均衡人均福利就越高；越是艰苦朴素，均衡人均福利就越低。倘若宋朝的均衡人均收入高于明朝，除了产出结构的影响外，其中应该也有社会文化的因素。

英国经济学家莱昂内尔·罗宾斯在其身后出版的《经济思想史：伦敦经济学院讲演录》（*A History of Economic Thought: The LSE Lectures*）中这样展望未来对马尔萨斯理论的突破：

> 在经济学中，说人类不一定生活在生存底线附近……（其实）是说：超长期下的工资极限并不是体质意义上的生存底线，而是心理意义上的生存底线——（只是）这很复杂，很难精确建模。（Robbins, 1998）

显然，罗宾斯教授已经模模糊糊体会到了本节的结论，他所说的“心理意义上的生存底线”正是两部门马尔萨斯模型里由社会文化所决定的均衡。

马克思也曾说过：“工人作为工人而生活所需要的生活资料，在不同的国家，不同的文明状况下当然是不同的。”[①]“所谓必不可少的需要的范围，和满足这些需要的方式一样，本身是历史的产物，因此多半取决于一个国家的文化水平……”[②]

前辈们已经察觉到马尔萨斯理论的缺陷，只是没有找到建模的方法来取代马尔萨斯理论。

瘟疫与战乱的经济学分析

两部门马尔萨斯模型既然是传统模型的广义版本，当然也应该包含传统模型的结论。传统模型说，卫生条件恶化、瘟疫流行、社会动乱、晚生晚育都会提高均衡人均收入，这在两部门模型中如何体现呢？别忘了，我们的模型除了生产可能性边界（产出结构）和无差异

① 马克思．卡·马克思经济学手稿（1861—1863年）[M]// 马克思，恩格斯．马克思恩格斯全集：第32卷．北京：人民出版社，1998：48.

② 马克思．资本论：第一卷 [M]. 北京：人民出版社，2004：199.

曲线（社会文化），还有一条人口平衡线呢。

在卫生条件恶化、瘟疫流行、社会动乱、人们推迟或减少生育后，任意消费点所对应的人口增长率都下降了。换言之，现在需要更多的消费才能实现任一给定的人口增长率。在图 2.7 中，这意味着人口平衡线向右移动。如果经济本来处于均衡点 E，现在人口平衡线往右一走，E 点被撂在了人口平衡线的左侧，人口就开始下降，平均个体的生产可能性边界就开始向外扩张，直到经济在 E' 点重新碰到人口平衡线，均衡人均福利上升。所以，传统模型的结论也都包含在两部门模型中。

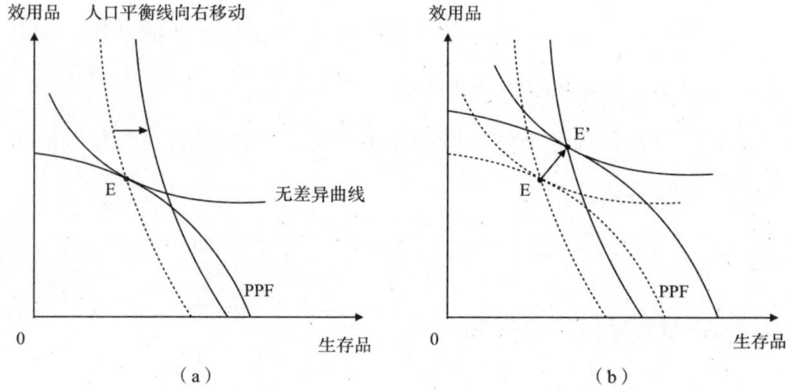

图 2.7　人口平衡线的移动包含了传统模型的比较静态分析

从一维到三维

在经济学术语中，研究外生变量的变化如何引起内生变量的变化叫作比较静态分析（比如传统模型里的“卫生恶化导致人均收入增加”)。传统单部门模型的静态均衡只有移动人口平衡线这一套比较静态分析（包含了单部门模型里两条曲线的移动），而两部门模型里有三套比较静态分析：生产可能性边界允许我们研究产出结构的影响，无差异曲线允许我们研究社会文化的影响，人口平衡线允许我们研究战争、瘟疫和卫生条件的影响。

因为维度的扩充，传统理论中曾让人惊艳的洞察，到两部门模型下却成了不折不扣的偏见。比如克拉克教授的那两个悖论。他说，亚当·斯密给 18 世纪的世界所开出的药方对人均收入的长期增长毫无意义。从传统单部门马尔萨斯模型看，克拉克教授说得有理，善政、良治、技术、市场都无法改变均衡人均收入。

但是从两部门模型看，克拉克教授的说法值得商榷。市场经济促进工商业，也促进农业，但一般来说，市场经济对工商业的促进远大于其对农业的贡献。产出结构的变化会提高均衡人均福利。丰富的商品经济、企业间的自由竞争也会移风易俗，创造出繁荣的消费文化，这又会进一步拉升均衡。除市场经济以外，公正的司法体系、高效的政府治理、轻税薄赋都有类似的效果，它们对各个产业部门的贡献是不平衡的，而这种不平衡就能改变均衡人均福利。所以，亚当·斯密仍然是正确的，只不过他正确的原因和他预想的很不一样。

克拉克教授还说，在马尔萨斯时代，灾荒、瘟疫、动乱反而是好事。这个说法在传统模型下成立，但在两部门模型中不一定。瘟疫如果一下子杀死很多人，会在短期内使人均生产可能性边界向外扩张，人均收入高于均衡。不过，这只是短期效应。倘若瘟疫像黑死病那样，在上百年时间内持续流行，就会对长期均衡产生影响。瘟疫的长期效应有两个。一方面，瘟疫使人口平衡线向右移动，提高了均衡人均收入——克拉克教授只注意到了这一个方面。另一方面，当瘟疫出现的时候，人们会从城市逃到农村，原有的贸易网络会断裂，劳动分工会退化。这些效果也许会降低一部分农业产出，但它们对工商业会造成更大的冲击。这种不平衡的负面效果会使产出结构向农业扭曲。产出结构的扭曲可能压倒人口平衡线移动带来的变化，从而使均衡人均收入不增反减。到头来，瘟疫对人均收入还是个坏事。

战争也是一个道理。战争消灭人口，能增加存活者人均掌握的资源，但是战争破坏了贸易网络。没有贸易网络，幸存者就算独占一座金矿又有什么用呢？

说到瘟疫的祸福相倚，马尔萨斯主义者喜欢拿黑死病举例。历史上，欧洲在黑死病后的确经历了人均收入的提高。之所以如此，我认为有三个原因：第一，黑死病造成的死亡太多了，人口平衡线右移的幅度太大；第二，欧洲的工商业本来就不发达，所以黑死病对工商业的打击十分有限；第三，黑死病瓦解了一些阻滞生产力进步的社会制度，为后来的经济增长铺垫了道路（Jedwab et al., 2022）。

由于这些特殊性，由黑死病所得出的结论——瘟疫改善人均福利——不一定适用于历史上其他大瘟疫。比如，瘟疫降临全盛时期的罗马帝国时，就成了罗马由盛转衰的拐点。在马可·奥勒留统治时代（161—180年），罗马帝国暴发了“安东尼瘟疫”，大约700万人丧生，驻守边境的军团大量减员（Harper, 2017）。瘟疫暴发后，外族趁虚而入，在哈德良和安东尼·庇护治下安定了近半个世纪的帝国边境重燃烽火。古罗马文明的黄金岁月——五贤帝时期就此谢幕。

马尔萨斯对效用品的认识

本章对马尔萨斯理论的批评可能对马尔萨斯本人不太公平。除了 1798 年发表的《人口论》外，马尔萨斯还有另一部作品传世，就是 1820 年出版、1836 年再版的《政治经济学原理》①。在这本书里，马尔萨斯似乎意识到了两部门效应，虽未明言，但字里行间已经改变了他在《人口论》中的观点。他说：

> 如果一个国家生产食物必需品只需使用很少的劳动力，而人口又与食物产出平齐，那么那些食物生产之外的时间在创造等比的财富之余，不可能不在社会下层阶级中产生对便利品与奢侈品的明确偏好和相应的购买力，以产生对这些商品的有效需求。

显然，马尔萨斯已经开始区分食物和非食物产品的生产。他称前者为“必需品”，称后者为“奢侈品”。而且，马尔萨斯还意识到奢侈

---

① 相比明快易读的《人口论》,《政治经济学原理》显得佶屈聱牙，主旨难明，影响力远不如《人口论》。在思想史上，这部《政治经济学原理》最大的遗产是对“过剩”概念的讨论。凯恩斯说自己深受此书的启发，甚至说：“如果 19 世纪的经济学能从马尔萨斯而不是李嘉图这支主干上生长出来，今天的世界本将会多么智慧而富饶。”（Keynes, 1961, p123）从这一贡献看，马尔萨斯提出人口理论并不偶然。他对经济学中的“大问题”确实有超越常人的敏感。但德隆（De Long, 2010）在考察了马尔萨斯《政治经济学原理》中有关“过剩”的论述后认为，马尔萨斯所说的“过剩”与凯恩斯所研究的“过剩”是完全不同的概念，而且，马尔萨斯的“过剩”缺乏精确的定义和一致的分析。凯恩斯虽然高度赞扬马尔萨斯，但也指出马尔萨斯分析的“徒劳”、“模糊”和“流于表面”（Pullen, 2001; Keynes, 1973, p32）。

品的富足会带来更高的人均收入：

> 在欧洲乃至世界上的大国中，英国是文明最发达的国家。尽管它的土地并不算肥沃，但比起其他农业为主的国家，英国的农业人口只占较小比例，更大部分的人口从事着便利品和奢侈品的生产，靠货币收入过活。

为什么马尔萨斯在写《人口论》时没有意识到这个问题呢？其实，马尔萨斯在《人口论》里也提到过奢侈品，但他一提到奢侈品，紧接着就用两个理由说服自己不必考虑奢侈品。第一，奢侈品实在太少了，微不足道。第二，如果人民转而生产奢侈品，尽管收入会提高，但必需品会更加稀缺，价格会上涨，穷人能够享受的必需品还是不会增加。

第一个理由错在以现象解释现象——马尔萨斯在《人口论》中要解释的贫困问题，本质上说，不就是研究为什么奢侈品（效用品）那么少吗？怎么能用奢侈品稀少来解释奢侈品贫乏呢？这暴露了反事实思维的缺乏[①]。

第二个理由错在把穷人的人均必需品消费等同于社会的人均福利，偷换了概念。

为什么二十多年后的《政治经济学原理》又转而重视奢侈品了呢？从《政治经济学原理》的描述看，英国社会在这二十多年中经济高速增长，奢侈品大量涌现并进入了寻常百姓的家庭。想必是经济发

① 参见本书尾声中关于反事实思维的讨论。

展的现实让马尔萨斯不得不开始严肃对待奢侈品问题。

可惜，马尔萨斯的《政治经济学原理》并没有把奢侈品当作分析的主要对象，类似上面引用的只言片语分散在对租金和资本利息的散漫讨论中，没有形成一针见血的系统分析。所以，除了少数思想史的研究，后人在解读、运用马尔萨斯理论时，几乎完全忽略了这部著作。

无可厚非，当学者讨论马尔萨斯理论或马尔萨斯主义的时候，他们指的不是马尔萨斯这个人在一生中所形成的思想总体，而只是他在《人口论》中表达的那些见解。本书在评价马尔萨斯理论时，除了有额外说明，指的也是这个意义上的马尔萨斯理论，而不是马尔萨斯本人在一生中累积的思想总和。

好在两部门的逻辑是如此显明，即使没有留意马尔萨斯在《政治经济学原理》中的思想变化，也会有许多学者独立完成这一发现。本书的尾声就介绍了我所知道的几位两部门效应的独立发现者。

不过，仅仅发现两部门效应只是对马尔萨斯传统模型的一个改良，与推翻马尔萨斯理论还相去甚远。马尔萨斯本人在写《政治经济学原理》时，也明显只把奢侈品当作对《人口论》的锦上添花，所以未加细考。

然而，致命的不是两部门效应，而是两部门引出的“平衡增长之谜”。

平衡增长之谜

在画两部门模型时，你是否想象过这样一件事？只要效用品部门的技术进步率高于生存品部门的技术进步率，哪怕两个部门进步得都很慢，哪怕两个部门间技术进步率的差别非常小，经年累月，水滴石穿，这种非平衡的发展也会让产出结构越来越偏向于效用品，使人均收入稳定增长，而马尔萨斯机制根本无法遏制这种没有上限的持续增长。

我在附录《代数版的两部门模型》里演算了一个简单的代数模型，得到一个公式：

$$g_U = \beta (g_B - g_A)$$

人均福利的增长率 g_U 等于效用品部门的需求比例 β（由文化偏好决定[①]）乘以效用品、生存品两部门技术进步率之差（$g_B - g_A$）。这里 B 代表效用品部门，A 代表生存品部门。g 表示增长率（growth rate）。U 表示效用（utility）。

马尔萨斯理论说人均福利没有增长趋势，即 $g_U = 0$。要使 $g_U = 0$，必须使效用品的比例 $\beta = 0$，或者两个部门的技术进步率 $g_B = g_A$：要么人类压根儿就不需要效用品（不存在效用品和生存品的区分），要么就得保证效用品和生存品这两个部门间平衡发展，增长率恰好相等。

在下一章里，我会从生物学的角度说明：效用品和生存品的区分不可避免，它根植于人类的生物性；效用品部门不仅存在，而且占比

---

① 附录中的模型采用 Cobb-Douglas（柯布–道格拉斯）效用函数，$U(x, y) = x^{1-\beta} y^{\beta}$。$x$ 和 y 分别表示生存品消费和效用品消费。β 是效用品消费 y 的指数。中级微观经济学课程里有一个经典的结论：在规模收益不变的 Cobb-Douglas 效用函数下做预算约束下的最大化运算后，一个部门的花销占据总花销的比例将等于效用函数中此部门的指数。所以，我们可以把 β 视作效用品部门占经济比例的度量。

极大。所以 $\beta = 0$ 这条路肯定走不通。要让马尔萨斯陷阱成立，只能让 $g_B = g_A$，生存品部门与效用品部门平衡增长。

可是，凭什么这两个部门会平衡增长呢？马尔萨斯可从来没有提起过什么平衡增长，马尔萨斯之后 200 年，几乎也从来没有人提起过这个条件[①]。

更要命的是，以常理揣度，效用品一般是工商业产品，而生存品更多是农业品。光从“供给侧”的角度说，就至少有四个原因使工商业的技术进步率天然地高于农业的技术进步率，即 $g_B - g_A > 0$。等我介绍完下面这四个原因，你也会感到平衡增长的诡异。

首先，人口增长本身就会推动产出结构倾向于工商业。之前我们假设人口的变动并不影响生产可能性边界的形状，可是现实世界里，土地和劳动力这两大生产资料之间，土地相对而言对农业生产更重要，劳动力相对而言对工业生产更重要。农业由于土地的限制对新劳动力的吸纳有限，人口一增加，新增的劳动力会超出现有比例地往制造业和服务业转移。所以，随着人口的上升，工商业天然就比农业增长得快。

其次，因为农业技术进步往往体现为牲畜的驯化和作物的改良，所以受制于大自然的客观条件和驯化所需的时间，而制造业和服务业的技术进步很少存在这类限制。就这一点来说，工商业进步也应该快于农业。

再次，工商业的创新激励高于农业。古代社会没有专利制度，发

---

① 斯特鲁利克和韦斯多夫（Strulik & Weisdorf，2008）对马尔萨斯理论提出过与平衡增长之谜非常近似的质疑，但他们对平衡增长的解释是错误的。详见尾声《关于其他独立发现者的说明》。

明家只有靠保密才能从新的技术中获取垄断收益。如果你发明了一种农业技术，那么你只能把它用到自己家的田里。自家的田能有多大呢？你把这技术告诉乡亲们，或许能得到一句感谢，但乡亲们难道会把新技术带来的收益分给你吗？可是工商业不一样，你有一种新技术、新配方，就能雇来很多人，让每个工人都盯着一个很小的环节生产。不用担心泄密，你就能扩大生产，占领整个市场。所以，工商业的创新激励也高于农业，促使人们倾向于工商业创新。

最后，制造业允许更大规模的集中生产和更广泛细致的劳动分工，而这恰恰是技术进步的两大来源。相比之下，农业生产占地广阔，难以监督，雇佣劳动效率低下，以致生产规模受到桎梏，劳动分工的空间不足。这些都妨碍了农业的技术进步。亚当·斯密在《国富论》第1章中就这样说过：

> 农业的本性不允许像制造业那样广泛的劳动分工，不允许一个企业的业务那样完全地拆分到不同的企业中去经营……这种不可能性可能解释了为什么农业劳动生产率的提高赶不上制造业劳动生产率的提高。最富有的国家一般在制造业和农业上都比其邻居更优秀，但是在制造业上的优势往往比在农业上的优势更大。

综合以上四点，在公式 $g_U = \beta (g_B - g_A)$ 中，效用品的技术进步率有极为充分的理由高于生存品的技术进步率，而 β 又肯定大于零，所以均衡人均收入本该持续稳定地上升才对。这与马尔萨斯陷阱的存在相矛盾。

只有两种可能。

第一种可能，长期贫困陷阱压根儿就不存在：所谓贫困陷阱并非出自观察，而只是一组狭隘假设下的推理被当成了事实，全球人均收入其实一直在稳定增长，工业革命只是加速了原本缓慢的增长而已。

第二种可能，贫困陷阱存在，但存在的主要原因并不是马尔萨斯机制，而且这个原因必须非常强大，又极端隐蔽。不强大的话，就压不住上面这四个机制。不隐蔽的话，早就被发现了。一种既强大又隐蔽的机制，会是什么呢？横亘上万年甚至上百万年的历史，跨越所有种族与文明，两个部门的增长时快时慢，却像被一条看不见的橡皮筋连在一起，在长期中保持着同步的加速和减速。这条橡皮筋是什么？

无论真相是哪一个，一旦被揭露、证实，对人类的世界观、历史观都将是一次颠覆。

本章小结

- 在两部门模型里，产出结构和社会文化都能够影响均衡人均福利。

- 产出结构和社会文化越是倾向于效用品，均衡人均福利就越高；越是倾向于生存品，均衡人均福利就越低。

- 效用品理论的两部门马尔萨斯模型也继承了单部门模型的所有结论。从单部门到两部门，比较静态分析的维度从一维增加到了三维。

◆ 但是两部门模型引发了平衡增长之谜：只要效用品技术的进步率高于生存品，人均福利就会持续稳定地增长，根本不会出现马尔萨斯陷阱。因此，马尔萨斯陷阱之谜，本质上是平衡增长之谜。而且我们有充分的理由相信，效用品技术的进步天生就比生存品更快。所以，平衡增长是一个很奇特的现象。

第3章
幸福本色

旅途指南

上一章的效用品理论不仅把传统模型的比较静态分析从一维拓展到三维，还提出了平衡增长之谜。平衡增长是真问题还是伪问题，取决于效用品理论的假设是否合理。效用品理论到底做了什么假设？它和传统单部门模型的区别在哪里？新部门的引入是否必要？破解这些问题的过程就像写一篇侦探小说。抽丝剥茧，水落石出，“元凶”居然是一条生物学的原理。这条原理不仅为两部门设定夯实了基础，也为后文的族群竞择理论埋下了伏笔。

有些读者在阅读上一章的模型时，心里可能有两个疙瘩。

其一，经济学里有无数种方法可以给产品分类。如果只是为了划分部门而划分部门，一个训练有素的经济学家一天就能想出十多种方法来构造“两部门马尔萨斯模型”①。为什么独独采用“边际存效比”作为区分部门的标准呢？

其二，就算本书的两部门模型带来了一些新鲜结论，可是哪个模型没有新结论？如果据此批评马尔萨斯模型以理论扭曲事实，那模型本就是对现实的简化，凡简化必扭曲，天下又有哪个理论不扭曲事实呢？新模型凭什么比旧模型强？

这一章，我会解答这些问题。这些问题的背后，其实藏着一条生物学的原理。在接下来的章节中，逻辑推理的色彩比较重，希望读者们能放慢阅读速度，仔细咀嚼。

“囚徒困境”：效用品的根源所在

效用品理论为什么会得到与传统模型不一样的结论？差别来自哪一条假设？

请看图 3.1。在之前的两部门模型中，我们一直假设人口平衡线与无差异曲线交叉。如果改动这一假设会发生什么？

现在，我们让人口平衡线与一条无差异曲线重合。这时候，如果效用品部门发生技术进步，经济就会从 E 移动到 E’[见图 3.1(a)],E’

---

① 比如，雷斯图西亚等人（Restuccia, Yang and Zhu，2008），沃伊格特兰和沃斯（Voigtländer and Voth，2013），杨和朱（Yang and Zhu，2013）也构建了“两部门马尔萨斯模型”。他们把经济分成一个更多依赖土地来生产的部门（农业）和一个较少依赖土地来生产的部门（工业），同时假设前一种产品的收入需求弹性更低，但不同部门间并没有边际存效比的差别。这样划分部门，不会产生本书模型的结论，尤其不会产生平衡增长之谜，所以他们并没有挑战马尔萨斯对马尔萨斯陷阱的解释。

在人口平衡线的右侧，于是人口增加，生产可能性边界萎缩，一直到经济停留在 E” 止［见图 3.1（b）］。

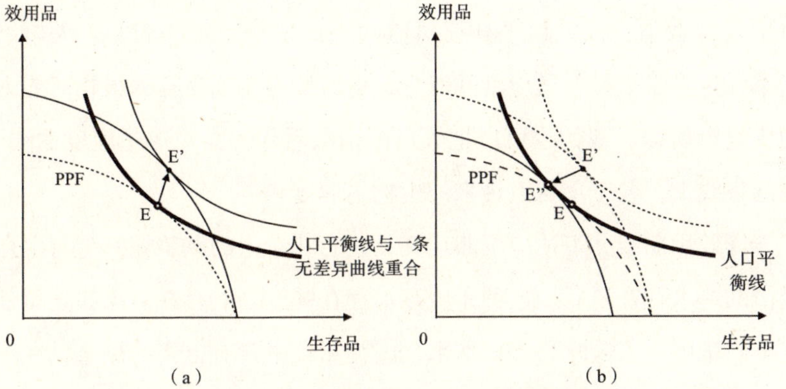

图 3.1　人口平衡线与一条无差异曲线重合时的情形

E” 在人口平衡线上，但这条人口平衡线恰好又是经济初始位置 E 点所在的无差异曲线。无差异曲线上任意两点效用相等，所以 E” 和 E 虽然位置不同，但它们对应的人均效用水平是相等的。可见，只要人口平衡线与一条无差异曲线重合，即使产出结构有变化，人均福利在长期中也将保持不变。

其实这并不稀奇。当人口平衡线与无差异曲线重合时，两个商品的边际存效比就相等了（参见第 40 页脚注②），自然也谈不上哪个是效用品，哪个是生存品。两部门模型蜕化成了单部门模型。

所以，该用两部门模型还是单部门模型，取决于人口平衡线和无差异曲线是不是交叉。那么，这两条线到底应不应该交叉呢？就事论事地看，交叉比重合更加合理。土豆、牛肉和钻石的边际存效比能一样吗？

可是换一个思路，无差异曲线在经济学上也叫作“等效用曲线”——同一条曲线上效用相等。而人口平衡线其实是无数条“等人口增长率”曲线中的一条——每条等人口增长率曲线对应着某一个人口增长率数值，而人口平衡线对应的人口增长率正好为零。人口增长率在生物学上是个适应度的概念，适应度是生物生存繁衍相对能力的度量。所以，我们也可以把人口平衡线看作一条“等适应度曲线”。在这条线上，各个消费点带来的生物适应度相等。

等效用曲线和等适应度曲线交叉，意味着人的欲望偏好与对生存繁衍的追求存在矛盾。这种矛盾存不存在呢？当然存在。比如吃甜食这事。基因让人爱吃甜食，本来是因为甜食中含有宝贵的热量，在古代社会甜食并不丰富的情况下，人越爱吃甜食，基因存活繁衍的机会就越大。但在现代社会，甜食极为丰富，演化的速度跟不上社会发展的步伐，爱吃甜食的人容易长胖、生病、找不着对象。效用最大化与繁殖最大化这两种目标在现代社会就出现了矛盾。

可是，这类矛盾哪怕有成百上千个例子，也改变不了一个事实：人的偏好归根结底是进化的产物。我们每一个人，都只是基因复制自己的载具。我们的口味、审美、兴趣、爱好主要是为满足生存繁殖的功能而设定的。就算有基因突变、个体差异、文化影响、类似甜食偏好这样的演化滞后，这些因素与繁殖最大化对偏好系统压倒性的统治力相比，也只是一些微不足道的小误差而已。

如果这个逻辑成立，这意味着即使等效用曲线与等适应度曲线交叉，交叉的程度也可以忽略不计——两部门模型看似有理，但从生物学的角度看，单部门已经是一个足够完美的近似。马尔萨斯虽然不曾考虑这一条件，但他歪打正着，恰好忽略了一个生物学意义上可有可无的部门。所以 $\beta = 0$ 。即使没有平衡增长，即 $g_B - g_A > 0$ ，人均福利的长期增长率 $g_U = \beta\left(g_B - g_A\right)$ 也将等于 0，是这样吗？

解开这个心结，是在去缪尔森林远足的时候。我的母校加州大学伯克利分校坐落于旧金山湾的东面，与旧金山湾西南侧半岛上的旧金山市隔湾相望。缪尔森林就在旧金山湾的北部半岛上，从旧金山往北过了著名的金门大桥就是。这片宝地最有名的是红杉树——世界上最高的树种，最高可过百米。缪尔森林里满是这样的庞然大物，树干高耸入云，树与树之间的间距多在 20 米开外。由于阳光被树冠阻隔，红杉树之间的空隔处很少有灌木生长，往往是干干净净一片泥地或苔藓。

我走在树林间，想起了一个说法：树长这么高，也是不得已。它们彼此争夺阳光，矮个子就晒不着太阳，为了晒太阳，它们就得一个赛一个地往高里长，耗费了本可以用来抗御病虫害或繁殖更多后代的营养。

这很像博弈论里的“囚徒困境”：警察抓到两个犯罪嫌疑人，但缺乏以重罪起诉他们的足够证据，就把他们安排到两个地方分别接受审问。如果两个人都不供认，几天后就会被释放。警察给他俩一个坦白从宽的机会：如果一个供认，另一个不供认，警察承诺立刻释放供认的犯罪嫌疑人，而不供认的犯罪嫌疑人就要被关进监狱，坐三年牢；如果两个人都供认，那么两个人要在监狱里各坐两年牢。对这两个犯罪嫌疑人而言，只要警察的承诺可信，最好的情形当然是谁都不供认，被拘留一阵后就重获自由。但是，“供认”偏偏又是每一个人的占优策略：无论对方供认与否，不考虑江湖上的名声，自己最好的应对策略都是“供认”。所以博弈论预测最后的结果是两个人都供认。

树，也是这么想的。我们可以借用“囚徒困境”的逻辑，画个红杉树的博弈矩阵（见表 3.1）。

表 3.1 树的“囚徒困境”

		乙树	
		长高	不长高
甲树	长高	3, 3	10, 0
	不长高	0, 10	7, 7

两棵树各自决定是否长高。表格里一对对数字，左边是甲树在对应情形下的收益，右边是乙树的收益。虽然两棵树都不长高是总收益最高的情形，但是每棵树都会选择长高，陷于总收益最小的情形（此处的收益是指树传播延续自己基因的机会）。

那天在林子里，我突然意识到，高度不就是树的效用品吗？为了追求高度，它们舍弃了种群的密度，结果“求仁得仁”，把个子拔得高高的。对高度的追求固然是树的基因所决定的，是为了树的生存和繁衍。但红杉树之所以能长那么高，且似乎打破了植物形态的“马尔萨斯陷阱”，不是因为它的追求背离了适应度，而是因为个体适应度压倒了集体适应度——本可以用于提高树林密度的资源都被用来长个子了。

对了！两部门模型中的人口平衡线，明明是说整个族群在这条线上人口增长率相等且为零。这的确是一条等适应度曲线，但它不是说个体适应度，而是说族群适应度，是一条“等族群适应度曲线”。而生物学上所谓偏好系统服务于生存繁衍，服务的是个体的生存繁衍，所以无差异曲线只是接近于“等个体适应度曲线”而已。

人口平衡线与无差异曲线交叉，其实是说族群适应度与个体适应度有出入，或者说族群和个体在生存繁衍的利益上有矛盾（见图 3.2）。只要族群和个体存在生殖利益的矛盾，人口平衡线和无差异曲线就一定会交叉。群己交锋越激烈，交叉的程度就越大，效用品就越凸显，两部门模型就越有价值。

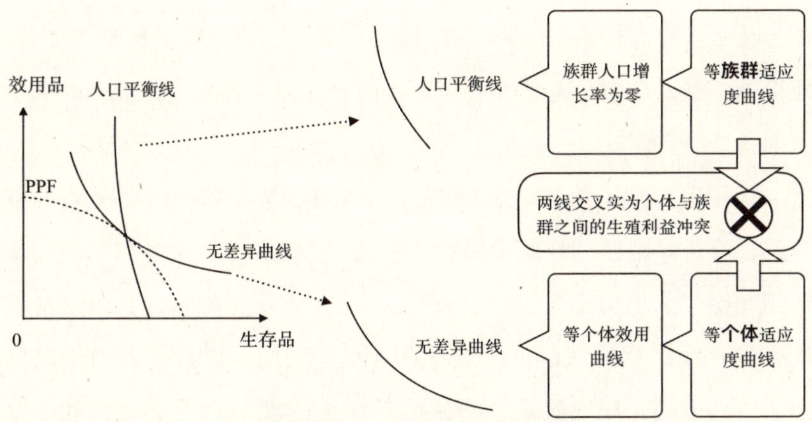

图 3.2　两线交叉意味着个体与族群存在生殖利益的冲突

我过去之所以百思不解，是因为我大而化之地把人口平衡线理解为“等适应度曲线”，忽略了族群适应度和个体适应度的区分。一旦认清这个区分，接下来的问题就是，族群和个体之间有没有生殖利益的矛盾，这个矛盾有多大。

性选择里的信号

族群和个体的生殖矛盾，包括很多方面。其中最重要也最有趣的，应该是性选择中的群己矛盾。这种矛盾遍及有性繁殖的动物。我们可以借动物界的案例来加深对人类社会的理解。

举个最通俗的例子，孔雀。雄孔雀有着能开屏的长尾巴，但是尾巴对孔雀的生存来说是不折不扣的“残疾”。尾巴需要消耗能量，还影响了孔雀的运动，增加了它被天敌捕食的风险。即便如此，雄孔雀仍然竞相装备长尾巴，因为长尾巴可以吸引雌孔雀与它们交配。雌孔雀为什么喜欢“嫁给”“残疾”的雄孔雀呢？它们当然不是要“丈夫”死得越早越好，而是有另外一大一小两个原因。我先说比较小的那个原因：“发信号”。

长尾巴对于不同的雄孔雀有着不同的成本。那些体弱多病的雄孔雀很难长好尾巴，鲜艳壮观的尾巴是“杰出男士”的专利。雌孔雀希望嫁给“杰出男士”，好给自己的孩子留下优秀的基因，但是基因优秀与否没法直接观察，所以雌孔雀只好利用尾巴长度做甄别的标准。雄孔雀的长尾巴就是它的征婚广告：“你看，我是多么强壮，以至于能长出这么美丽的尾巴，我甚至敢带着它四处闲逛也不怕天敌的威胁。”生物学家和经济学家把这种外在特征称为“信号”。

雄孔雀们能不能商量着改用短尾巴做信号呢？专门比谁尾巴短不行吗？不行。如果短尾巴更吸引异性的话，那么那些孱弱的雄孔雀也可以装作强壮的孔雀了。一样特征要成为信号，就必须有助于区分优势个体和劣势个体，信号持有者必须付出与地位相匹配的代价。但是，把资源浪费在这些信号上面，降低了整个种群的适应度，使种群密度降低，所以孔雀开屏也是一种“囚徒困境”。

孔雀间的这种竞争叫作性选择，是自然选择之外影响物种性状的另一支重要力量。达尔文在写《物种起源》时就提出了这个概念。他说性选择“往往是同性之间的斗争，其结果并不是让失败者死去，而是让它留下更少的后代或者不留后代”。

除了用外表吸引异性，鸟类还有其他竞争手段。雄凉亭鸟的求偶过程包括建造一座美轮美奂的马鞍形鸟巢。这座鸟巢只作展示之用，一旦“相亲”成功，雄鸟还要另筑爱巢。雌凉亭鸟挑选配偶时，会飞到“样板房”前，看雄鸟跳一段舞。对雄鸟的舞艺和建筑技巧满意后，雌鸟才会选择面前的雄鸟，否则立刻飞走赶下一场“相亲”。更有趣的是，不同地区的雄鸟还有不同的建筑文化。雄凉亭鸟会用不同的东西装饰自己的“样板房”，有的地区流行用羽毛装饰，有的地区流行卵石，有的地区流行蓝色物件——于是凉亭鸟就成了专捡可乐瓶盖的收藏家。这些都是凉亭鸟的效用品。

性选择里发信号存在两种方式。第一种是雄性直接吸引雌性。这种场合所使用的信号旨在令异性赏心悦目（耳）。那些羽毛和斑纹，在人类眼中也非常漂亮，还常让人类杀死正主，以吸引人类的异性。另一种方式是雄性之间先斗出个三六九等，然后雌性入场，雄性按座次分配性资源。这种场合下使用的信号多以挑衅和战斗为目的，比如公鹿的角，公鸡脚后跟的长刺，甲虫的大颚。这些战斗器材的外形通常比较浮夸，用以“不战而屈人之兵”。

人类也不例外。诗词歌赋赢得青楼薄幸名是前一种策略，豁出命地拼酒属于后一种策略。对人类男性来说，千百万年的演化早使他们学会在两种竞争策略间灵活切换。在大观园那样的女性远多于男性的环境中，他们就会走贾宝玉路线，吟风弄月，怜香惜玉。到了水泊梁山，他们又会吆五喝六，一副赴汤蹈火在所不辞的样子。

关于人类社会中的“信号”，一个世纪前的经济学巨匠凡勃伦在《有闲阶级论》里提出了炫耀性消费这一概念：

要得到并维持他人的尊重，仅仅拥有财富和权势是不够的。财富和权势必须表露出来，有据可凭，方能得到尊重。

人类在炫耀性消费上花费大量资源，好向他人表明自己的财富和地位，震慑同性、吸引异性，增加自己交配和繁育的机会。和雄孔雀的尾巴一样，一种商品要成为炫耀性消费的道具，必须能有效地用于区分富人和穷人。凡勃伦以长裙为例。长裙本身不见得比短裙和裤子更美，穿长裙还会妨碍女性在田间劳作。但恰因为穿长裙不便劳动，所以长裙就传递出这样一层信息："我是如此富有，以至于不用在田间劳动。"于是长裙被认为是美的。相反，如果一个社会以裤子或短裙为美，那么穷人家的姑娘也可以穿，就无从分辨穿着者的贫富，所以裤子和短裙无法成为炫耀性消费的焦点。同样的逻辑也适用于长指甲、长头发、从前在欧洲女性中流行的极端束腰的衣服（难以大口呼吸）以及在现代中国女性中仍然流行的玉手镯（易碎、易磨损）。这些时尚都有一个共同点：妨碍体力劳动。贵妇人就是用这些"自残自锢"的方式把自己和穷人家的姑娘区分开来的。

嫌贫爱富的信号也体现在对肤色的偏好里。古时候欧洲女性以白为美，用化妆品把脸抹得毫无血色，如今却以小麦色的皮肤为美。时尚变迁的背后，炫耀性消费的逻辑一脉相承。从前以白为美，是因为白皙的肤色表示自己在室内生活，不必风吹日晒地在室外劳作。而现在以深色皮肤为美，是因为深色皮肤说明自己有大量的时间在室外游乐，免于白领的辛苦。在沙滩上冒着患皮肤癌的风险晒太阳，与其说是为了享受，不如说是要临时抱佛脚，把办公室里落下的晒黑功课加紧补回来。

炫耀性消费遍布人类社会。发展中国家的富裕阶层穿金戴银、买名牌包。发达国家的富裕阶层苦于无法再用这个价位的商品来炫耀财富，只能靠游艇、海钓、艺术拍卖会、在修葺一新的庭院开派对来彰显闲暇，烘托身份。人无时不刻不在红尘之中。

这些炫耀方式虽然降低了族群的密度，好歹还不会搭上自己的命。可大千世界，无奇不有。贾雷德·戴蒙德在《第三种黑猩猩》一书中讲到[①]，有一个非洲部落，男性成人礼的内容是造一个高塔，搓一根绳，然后在仪式上爬到自己造的高塔上面，用自己搓的绳的一头拴住高塔尖儿，用另一头拴住自己的一个脚踝，从高塔上以头朝地，往下跳，最后比谁跳下来，脑袋离地面更近（Diamond, 2014）。这也算是人类性选择文化的集大成之作了，它同时考验智慧、技巧和勇气，远胜于相亲节目上放一段视频所展示的信息。

举了那么多例子，我只是想说明，人类社会把大量的资源都投入对集体生存繁衍无益乃至有害的活动，这些活动之所以存在，是因为个体能从中获得满足。这种偏好并没有被自然选择淘汰，是因为它能够帮助个体争取到更多的交配机会，让个体能比同性竞争者留下更多的后代。效用品并不完全是性选择的产物，但性选择可以解释大部分的效用品。

“性感儿子”理论

用性选择解释效用品，可能让有些读者心存疑虑。人类的文学、

① “第三种黑猩猩”是指人类在进化树中的位置。

艺术、科学，也难逃性选择的范畴吗？学者做研究，文学家写作，画家画画，音乐家演奏，难道都带有威慑同性、勾引异性的目的吗？其实我也曾有相同的疑问。

如果学术、绘画和音乐只是为了让人们在婚恋市场上炫耀自己的挣钱能力，那么为什么那些男性学者、文学家、画家和音乐家都那么穷，这些职业反而降低了他们养家糊口的能力？如果上述文化活动只是求偶时的孔雀开屏，文学家和艺术家在结婚之后不就该放弃创作，投身更能挣钱的职业吗？为什么即使找到了人生伴侣，他们仍然笔耕不辍，甚至因为过于投入，每每把配偶又气跑了？

这个问题的答案有三个层次。第一，性选择以外，毕竟也有其他机制贡献于人的创作活动，性选择只是激励之一。第二，一项活动在效果上有助于勾引异性，并不需要当事人形成勾引异性的主观意识。在基因的操控下，一个音乐家的作品吸引了异性，基因的目的就达到了，音乐家自己是纯情的还是不纯情的，对结果没有影响。

但这两点比起我要介绍的第三点来说，只是无关痛痒的陈词滥调。其实，上文所说的“信号”机制只是性选择的一小部分而已。生物界和人类文化里的效用品之所以那么丰盛，主要依赖于另一个机制——“费舍尔性选择失控机制”（Fisherian Runaway）。这个机制由遗传生物学一代宗师罗纳德·费舍尔（Ronald Fisher）在20世纪初提出。在性选择失控机制下，初期由“信号”机制引起的炫耀性特征会通过一种正反馈过程发展到失控的地步。它对于我们理解人类文化有着不逊于“信号”理论的价值，值得细致讲解。

比方说，信号机制一开始先在男性身上产生了音乐演奏的天赋，而在女性身上产生了对有音乐才能的男性的欣赏。在这个阶段，女性看重男性的音乐才能，可能只是因为善于音乐演奏的男性对声音的频率更为敏感，这种男人在打猎中会有优势——于是演奏才能扮演了狩猎天赋的信号。如果进化停留在这个“信号”阶段，那么，要说文艺女青年喜欢音乐，真的也就是图一口肉吃罢了，人类的音乐能力高不到哪儿去。

但是这时候，失控机制就开始接手了。现在，给定其他文艺女青年为了吃肉而中意有音乐天分的男子，那么对一个女性来说，她追求有音乐天分的配偶就有了吃肉以外另一重价值：和这样的男子生的儿子，在婚姻市场上会更加吃香。所以，对一个女人的基因来说，种群里其他女性越是喜爱音乐家，音乐家就越值得她自己喜爱。喜爱音乐家的基因就你推我、我推你地自我加强。女青年们既然越来越喜欢音乐家，那么音乐才能对男性就更加重要了，自然选择使男性的音乐天分越来越高。随着时间的流逝，男性变得越来越有音乐天分，而女性对音乐天分也越来越挑剔。

这个逻辑的核心，是女性择偶偏好之间的相互增强，而增强的原因是她希望生一个容易找到老婆的儿子，所以费舍尔的理论也被称作“性感儿子”理论。理论名叫“性感儿子”只是为了解说的便利，其实女儿也是一样的道理。人类幼儿缺乏独立生存能力，需要父母双方共同投入精力抚养，由此产生的文化和制度，如家庭制度，要求男性在两性关系中也负担不小的责任。因此，女性挑选男性的同时，男性也在挑选女性。只是男性对抚养孩子付出较少，所以男性挑剔女性不会像女性挑剔男性那样严格。但毕竟挑剔是双向的，所以进化使得男性也喜欢有音乐才能的女性，而女性也有着不逊于男性的音乐才华。失控的性选择最终使人类有像舒曼夫妇这样优秀的一对璧人。前文说到的雄孔雀的尾巴、凉亭鸟的筑巢行为的背后，也都有“性选择失控”的影响。

本来，我只知道“信号”机制，所以我对用性选择来解释效用品尚有怀疑。费舍尔性选择失控机制彻底医好了我的心病。由此我才确信，个体和族群之间的生殖利益有着不可调和的矛盾；人口平衡线与无差异曲线不仅交叉，而且交叉的角度非常大；效用品部门不能被忽视；按照边际存效比划分的两部门模型确实比传统的单部门模型更有道理。

经济福利的生物学基础

其实，传统马尔萨斯理论只是一个特例，它依赖于一个隐含假设才得以成立。这个假设在之前从来没有被人点破过。马尔萨斯不曾在《人口论》中提起它，经济学和人口学的相关文献中也从来没有出现过这个假设。

这个看似与马尔萨斯理论毫无关联的隐含的假设就是，个体和集体之间不存在生殖利益的矛盾。凭着这个假设，马尔萨斯才能把两部门的世界简化为一个部门。从这个意义上说，似乎只有蚂蚁社会里的工蚁才比较符合马尔萨斯模型。工蚁自己不直接生育下一代，所以它们之间不会有炫耀性消费，也没有争风吃醋（其实工蚁和蚁后之间还是有矛盾的）。不过，工蚁无法生育，即使符合单部门假设，也无法套用马尔萨斯机制。而人类只要有生育的功能，人和人之间围绕生殖竞争展开的钩心斗角就永无止息，表现在物质文明上就是效用品部门的存在。

以集体的适应度衡量，效用品的存在是一种“囚徒困境”——每个个体必须付出代价才能站到性选择的竞技场上。但是，以存活者的福利衡量，效用品又是一个带着祝福的诅咒。如果没有这种“囚徒困境”，那么我们的世界将何等无聊惨淡。人类没有音乐，没有美术，没有科学，没有文学，蝇营狗苟，如猪犬唯知拱食——准确地说，连猪犬都比不上。

可以说，这世上我们所眷恋的一切，所称之为文明的所有，皆拜生殖斗争所赐。生殖斗争看似增添了生活的负担，但是真正付出代价的，是那些本该生而未生和本不必死而已死的人。死去的已经死去，活着的秉烛夜游。如阿克洛夫所说，效用品是免费的。

经济学家以研究人类的经济福利为职志。可是，经济福利的本源在哪里？两部门模型提供了一个出人意料的答案：经济福利根源于个体之间的生殖斗争①。福利的表象——效用品只是个体斗争的手段罢了。华服美屋都只为风月情浓，好让基因流传后代。

效用品部门占经济多大比例

我们已经找到了效用品的生物学基础，那么效用品到底在古代经济里占据多大比例呢？

---

① 我虽是独立发现者，但不是这一思想的首创者。我后来发现，英国诺丁汉大学的经济学教授德弗拉贾（De Fraja）曾在2009年发表的一篇论文中提出过相似观点，他用性选择中的信号机制解释效用的起源，论文标题是 *The Origin of Utility: Sexual Selection and Conspicuous Consumption*（《效用的起源：性选择与炫耀性消费》）。白璧微瑕，他并未提及费舍尔机制，夸大了信号机制的作用。

这个问题的表述不够准确。一样东西是不是效用品是相对而言的。牛肉相对于土豆是效用品，但相对于钻石就是生存品。不过，如果我们需要的只是对农业社会效用品化程度的直观认识，那么这个问题仍然有其合理性。下面这个发现就能提供这样的直观认识。

经济学家检验马尔萨斯理论，一般都使用计量回归，看真实人均收入能在多大程度上解释出生率、死亡率或者人口增长率。真实人均收入就是名义人均收入除以价格指数——价格指数里包含了各种各样的商品。

我做了一个小小的改动。我用经济中个别商品或者单个部门的价格指数去除名义人均收入。比如我用牛肉价格去除人均收入，得到的就是以牛肉购买力衡量的真实人均收入：一个人拿平均收入全部去买牛肉能买多少。这种分部门的真实人均收入可以用来比较不同产品部门间的“存效比”。当牛肉生产率上升时，牛肉价格下降，对牛肉的购买力就上升。观察出生率和死亡率随牛肉购买力的变化，我们可以看出牛肉在多大程度上是一种生存品。

克拉克教授搜集了1800年以前三个世纪英国主要产业部门的物价和工人的名义工资的数据。从他的数据中获得的真实工资年度序列在300年中并无增长的趋势，所以这300年的英国社会被看作马尔萨斯社会的一个经典案例。在这一时期，畜牧产品和农作物占英国GDP的比例旗鼓相当。

我通过计量回归发现，当畜牧产品购买力上升的时候，人口增长率的变化小于农作物购买力上升时的变化，而且差异巨大。这佐证了两部门假说，说明在当时的英国，畜牧产品相对于庄稼是一种效用品。

在农作物方面，克拉克教授又有大麦、燕麦、小麦等不同谷物的价格指数。其中，大麦和燕麦是当时英国底层群众的主食，穷人喝它们做的粥，富人才吃小麦做的面包。于是，我又比较了大麦、燕麦和小麦的存效比。虽然大麦和燕麦的产值之和远小于小麦，但我发现大麦和燕麦的购买力对人口增长率的影响远大于小麦的购买力。所以，在农作物中，大麦和燕麦相对于小麦更具生存品的特点。

尤其让我吃惊的是，尽管大麦和燕麦的产值只占英国 GDP 的 10% 左右，但是它们的购买力几乎完全解释了真实工资对人口增长率的影响：当我把大麦和燕麦的购买力放进回归方程时，真实工资对人口增长的解释力被完全抢了过去，影响不再显著，而畜牧产品购买力却丝毫无法左右真实工资的解释力[①]。

从这些计量结果来看，虽然 1500—1800 年的英国被看作典型的马尔萨斯社会，可是所谓的马尔萨斯效应基本局限在一个只占经济 10% 的部门里。剩下的 90%，包括小麦、牛肉、蜡烛、衣服、建筑等，对人口增长的边际影响微乎其微。如果这 90% 的部门发生了技术进步，更多的穷人就能从喝粥改成吃面包和牛肉[②]，人均福利就会实实在在地提高。

---

① 测试畜牧产品购买力对真实工资的解释力，是一个安慰剂检验（placebo test）。

② 食物的改善本就是效用品部门发展的重要形式。之前，我们谈到新大陆的旱生作物（土豆、番薯和玉米）对旧大陆人口增长的巨大推动。这些作物就与大麦和燕麦一样，富含热量，却谈不上多么美味。与此同时，由于美洲也出产茶叶、咖啡和糖，旧大陆的餐桌又因新大陆的发现而发生了一场“美味革命”。经济史学家汉斯-约阿希姆·沃斯和乔纳森·赫什估计，由新大陆开发带来的这三种经济作物的引进使英国人的人均福利截至 18 世纪末提高了 16%~20%。效用品能增进人均福利，而生存品却无能为力，从茶叶、咖啡、糖和土豆、番薯、玉米的对比中，我们也可以看出端倪（Hersh & Voth, 2010）。

破解马尔萨斯效应孱弱之谜

在第 1 章中，我介绍过经济史学家对马尔萨斯理论最主要的质疑：马尔萨斯效应在实证上孱弱。

学者们发现，马尔萨斯效应的三个部件——富生、穷死、人多就穷——只有最后这个效应比较显著，而前面两个效应时强时弱，尤其在数据最完备的近代英格兰，更是弱得出奇。其实，效用品理论已经部分解释了这个谜题。

比方说，景德镇发明了更受欢迎的瓷器图案，作为一种效用品的技术进步，它推动了人均收入的上升，但是整个经济的人口并不会有多少增加。拿这种收入波动来估计马尔萨斯效应，我们看到的就是人口增长率和人均收入的相关性不足，从而诱使我们判定马尔萨斯效应很弱小。

实证研究中马尔萨斯效应的大小，很大程度上取决于样本中的收入变化有多少来自效用品。学者们原本以为，效用品只占马尔萨斯经济的一小部分，所以心安理得地将估计得来的收入马尔萨斯效应等价于生物意义上的生存品马尔萨斯效应。但从我的计量结果来看，即使在一个马尔萨斯经济里，哪怕人均收入处于十分低下的水平，绝大多数的产品也都应该归入效用品的范畴，而生存品只占经济的极小的比例。在这种情况下，如果效用品的波动率与生存品相当，甚至超过生存品，那么显然，现实世界里人均收入绝大部分的波动都将是效用品的变化。这样的收入变化对人口净增长率的影响一定是非常微弱的。

这就解释了马尔萨斯效应的孱弱之谜。

有些学者把实证效应的孱弱当作攻击马尔萨斯理论的工具，这是错误的。马尔萨斯理论固然有错，但它错在更深的层次，而不是所谓的“马尔萨斯效应不存在”，因为那些实证估计得来的收入马尔萨斯效应并不是真正的马尔萨斯效应。

学者们真正期待的马尔萨斯效应来自这样一个思想实验：如果10%的人口突然从社会中消失，那么凭借马尔萨斯效应，所损失人口的一半需要多久才能恢复？这正是罗纳德·李提出的马尔萨斯效应“半衰期”的概念。在这个思想实验中，人均收入的上升纯粹是人口萎缩导致的，而在现实中，人均收入的波动往往是其他原因造成的，波动中效用品所占的比例肯定与前者不一样，估计出来的参数会偏离真实效应。当模型只有一个部门时，学者无法说清真实效应和估计效应的差别，把它们混淆在一起，这才造成了实证上的马尔萨斯效应孱弱之谜。

退一步说，即使有人不认同这个思想实验，坚持把自己估计出来的东西定义为马尔萨斯效应，他们的估计也不能反映自己的定义。

打个比方，假使科学家想要研究人体力量和肌肉重量的关系，手头却只有体重数据没有肌肉数据，权宜之下只估计了力量和体重之间的关系——比预想的更加微弱。关系不强，是因为人体中还有脂肪这种不增进力量的部分。如果科学家错误地以为脂肪少到可以忽略不计，他们就会把通过估计得到的力量与体重间的关系，当作力量和肌肉间的关系，从而陷入弱相关性之谜。要是这些科学家事后辩解，力量和体重的相关性就是他们想要估算的目标，那当然无可厚非，不过前提是，整个人群得是胖瘦相仿。当人和人之间胖瘦不一时，你的样本却只有一个人（英格兰），用这一个人几年间增肥、减肥的数据，就想得到整个人群的规律，那种结论会可靠吗？在这几年里，英格兰的力量保持稳定，体重忽重忽轻，这到底是因为人类的力量普遍与肌肉无关，还是因为英格兰先生的体重变化基本来自脂肪？

经济史学家关心的是人类社会的普遍规律。如果世上没有效用品，或者各个社会的产出结构完全相同，那么用英格兰的时间序列数据所估计出来的收入马尔萨斯效应当然是有意义的。但在现实中，各个社会的产出结构“胖瘦不一”，研究单个社会所谓的马尔萨斯效应能有多大的代表性呢？

就拿相对前沿的克拉夫茨和米尔斯的估计来说，他们把英格兰16 世纪中叶到 19 世纪中叶的这段历史时期分成三个阶段，并估计了马尔萨斯效应三大部件在每个阶段效应的强弱，结果见表 3.2。

表 3.2　克拉夫茨和米尔斯（2009）对英格兰近代分期后估计的马尔萨斯效应（信息取自该论文表 7）

年代	富生效应	穷死效应	人多就穷效应	总体“半衰期”
1540—1645	显著且巨大	不显著	显著且巨大	19
1646—1799	不显著	不显著	显著但不大	431
1800—1870	不显著	不显著	不显著	无法计算

虽然克拉夫茨和米尔斯说他们最主要的发现是确认了马尔萨斯效应的孱弱——1646 年后马尔萨斯效应几乎难觅踪迹——但蹊跷的是，在这段时期的初始，1540—1645 年整整 105 年中，马尔萨斯效应居然强大到“半衰期”只有短短 19 年。而 1646—1799 年，“半衰期”又长至 431 年。马尔萨斯效应在单个样本中居然都能如此极端地振荡，那在不同国家、不同社会之间，又将是怎样的情况呢？

随着数据的丰富，在未来几十年里，马尔萨斯效应的实证文献中会涌现出越来越多的有关其他国家的研究。我们可以预见，这批研究会呈现出许多截然相反的结论。有的效应明显，有的没有效应，恐怕还有富死穷生的逆马尔萨斯效应案例。可是真正的马尔萨斯效应——生存品富则生，生存品穷则死——静静地隐藏在所有案例的背后，不来不去。

从效用品理论出发，我是这样理解马尔萨斯效应在英格兰的变化的。1540—1645 年，数据所记录的人均收入变化，更多是生存品的波动；而 1645 年后人均收入的变化，更多是效用品的波动，或者说生存品的波动由于某些原因被束缚住了。这都会产生上述结果。

经济史学家摩根·凯利（Morgan Kelly）和科马克·格拉达（Cormac Gráda）就认为，英格兰贫穷法下广泛的民生赈济导致 17 世纪后“穷死”效应的淡出。“政府直到 17 世纪 20 年代才开始积极地强制各教区实施赈济……截至 17 世纪末，贫穷法的支出占据国民总收入的 1%，足够给 5% 的人口提供生存所需的口粮……17 世纪 60 年代瘟疫的终结可以归因于此。（Kelly & Gráda, 2014）”

赈济当然无法影响人类的生物属性，不可能改变生物意义上的马尔萨斯效应。具体到每一个人，仍然是富生、穷死，依赖口粮才得以存活。不过，仅仅耗费国民总收入 1% 的慈善事业却能让一个国家宏观数据中的马尔萨斯效应荡然无存。这个有一点儿风吹草动就会消失的东西真是学者们想要估计的那个效应吗？如果贫穷法真的导致了所谓马尔萨斯效应的消失，穷人因赈济而得以渡过难关，那么这件事不恰恰说明人类生存对生存品的极度依赖吗？真正的马尔萨斯效应越强，学者们的估计反而越弱。在极端情况下，当生存品是吉芬物品时，甚至可能发生收入下降、人口反而上升的情况——实证上的逆马尔萨斯效应（附录第 367 页）。从这个角度来说，马尔萨斯效应在实证上的孱弱，在两部门框架下，不反而是生物意义上马尔萨斯效应强大的证明吗？

让我们最后总结一下实证文献所犯的错误。

第一，学者们依据现有的估计普遍认为，马尔萨斯效应是微弱的。这是错误的。当效用品存在并占据经济显著比例时，估计得到的效应并不是真正的马尔萨斯效应。

第二，部分学者认为，马尔萨斯效应微弱说明马尔萨斯理论是错误的，或者某某经济已经摆脱了马尔萨斯效应。这当然也是错误的，因为弱效应这个前提并不成立。

第三，学界主流意见认为，即使马尔萨斯效应微弱，在长期中也可以滴水石穿地造成马尔萨斯陷阱。这也是错误的。滴水石穿只是学者们的想象而已，并无任何证据，而且平衡增长之谜已经揭示，即使马尔萨斯效应非常强大，也不足以产生马尔萨斯陷阱。

但是，我们不能否认这脉实证文献的价值。计量经济学上的任何估计，无论做得好还是做得坏，肯定都是在估计些什么。只是，它不一定是研究者想要估计或自以为在估计的东西。换个角度看，实证效应的孱弱不正提醒我们注意效用品部门的存在和重要性吗？这也是本章最核心的信息。

本章小结

◆ 两部门模型和单部门模型差别的根源是，两部门模型假设个体和集体之间存在生殖利益上的矛盾，而单部门模型假设这个矛盾不存在。

- 马尔萨斯单部门模型是极端假设下的特殊情形。

- 个体和集体之间生殖利益上的矛盾在性选择中有大量表现。

- 性选择里的两种不同的机制造成生物个体间的“效用品”军备竞赛：“信号”机制和“性感儿子”机制。

- 个体和集体之间的生殖利益矛盾是效用品的根源。从生存繁衍角度来说，效用品是一种“囚徒困境”式的无谓损失；但从经济福利角度来说，效用品又是诅咒中的赐福。这是经济福利的生物学基础。

- 在计量回归中，工业革命前三个世纪的英国社会表现出鲜明的两部门特征。一个仅占经济10%左右的生存品部门，几乎能解释全部的马尔萨斯效应。效用品部门庞大、重要、不可忽视。

- 效用品理论可以解释实证中的马尔萨斯效应孱弱之谜。

第4章
一叶障目

旅途指南

有了效用品理论，我们就能看清第1章中那些支持马尔萨斯陷阱的证据——麦迪森的人均GDP数据、古人身高及预期寿命数据——到底错在哪里。

有色眼镜下的数据偏误

心理学家克里斯托弗·查布利斯和丹尼尔·西蒙斯通过拍摄一段一分钟的视频做了一个实验（如果你还没有看过，建议先搜索“invisible gorilla”观看这个视频）。实验对象不是视频里的演员，而是视频前的你。视频中黑队、白队每队三人，两队交叉混合，一边移动一边在本队队员间传递篮球，请你数其中白队传球的次数。整个过程不到一分钟。视频中突然出现了一只由演员扮演的大猩猩，缓慢走上舞台，在传球队员中间停下，捶胸几次，又缓缓走下舞台。超过一半的视频观看者（包括我自己）因为正在专注地数传球的次数，压根儿没有意识到大猩猩的存在（Simons & Chabris, 1999）。

学者对证据的甄别采信，也由注意力所驱使，而注意力又受到理论框架的指引。在经济学界，马尔萨斯理论是如此深入人心，以至于学者们很难意识到与马尔萨斯模型有出入的现象。

就拿麦迪森（2003）的数据来说吧。阿什拉夫和盖勒用它们来验证马尔萨斯理论。我们不妨截取部分数据看一看（见表 4.1）。

表 4.1　世界各地人均 GDP（以 1990 年美元计值）

年份	西欧	非洲	日本	中国	印度	全球	全球年均增长率（%）
1	450	430	400	450	450	445	NA
1000	400	425	425	450	450	436	–0.002
1500	771	414	500	600	550	566	0.052
1600	890	422	520	600	550	595	0.050
1700	998	421	570	600	550	615	0.033
1820	1 204	420	669	600	533	667	0.068
1950	4 579	894	1 921	439	619	2 111	0.890
2001	19 256	1 489	20 683	3 583	1 957	6 049	2.086

在这份数据里，公元 1 年中国汉代的人均收入是 450 美元，1000 年宋代的人均收入仍然是 450 美元，而 1500 年明朝弘治十三年、1600 年万历二十八年、1700 年清朝康熙三十九年、1820 年嘉庆二十五年，人均收入又同为 600 美元。这些数字是怎么来的？

麦迪森的研究方法叫作“估猜”（guesstimate），三分估七分猜，或者说一分估九分猜。麦迪森认识到：如果能制作一张覆盖上千年、包括全世界所有地区的人口经济总表，将对社会科学研究产生巨大的推动。但是他在构建数据的时候，还没有足够的研究结果来填充这些空格，所以他决定先将一些数字填上去再说，希望这些数字可以抛砖引玉，引来其他学者用更扎实的研究进行修正。麦迪森的工作果然产生了爆炸式的影响。但是，他的这番心意没有被数据的使用者们体察。很多研究和报道把这份数据当作客观事实，拿它做这样那样的引申。其实，麦迪森只是一个巨大工程的策划者，这个大工程才画出个蓝图而已。

既然是估猜，麦迪森怎么可能排除马尔萨斯理论的影响？毕竟，他在构建数据时，并不知道效用品理论，只能用经典单部门模型做理论指导。尽管他主观上努力摆脱马尔萨斯的影响，但他的努力又能在多大程度上成功呢？在伸手不见五指的历史数据丛林，一离开既有的理论平台，脚底下就可能是万丈深渊。

所以，麦迪森的数据必然受到马尔萨斯理论先入之见的影响。你看麦迪森对古代社会人均收入的估计，基本上同一时期的各个地区都差不多。1 年，西欧是 450 美元，中国是 450 美元，印度是 450 美元，非洲也差不多，是 430 美元——明明是编造的数据，还让非洲低 20 美元！阿什拉夫和盖勒拿这份马尔萨斯理论指导下产生的数据去检验马尔萨斯理论，检验不同发展水平的经济人均收入是否相等，岂不变成了先射箭，再画靶？射哪儿画哪儿，能不百发百中吗？

其实，麦迪森的“估猜”已经受到许多经济学家和历史学家的挑战和更正，仅以古罗马和宋代中国为例。

说起古罗马的繁荣，可能现代人最先想起的是巍峨的建筑遗存。罗马人曾经掌握了用火山灰制造“水泥”的技术，所以能把建筑造得又高大又漂亮。但是，有人可能会说，我们今天还能见到的断壁残垣，基本上都是过去贵族享乐、宗教祭祀和公共集会的场所，它们不能反映平民百姓的生活，所以你不能拿这些建筑做证据。

那么，古罗马发达的物质文明到底有没有惠及平民百姓呢？今天罗马的台伯河畔，有一个周长1公里、大约10层楼高的“小土丘”，名叫“陶山”（Monte Testaccio）。陶山由5 300万个古罗马时期双耳细颈陶罐的碎片组成。这些陶罐在打碎以前每个大约有半米高，用来盛放海运到罗马的橄榄油。从储运标准化的角度来说，这些统一规格的陶罐相当于2 000年前的集装箱。海船在罗马卸下橄榄油后，进口商懒得回收这些陶罐，当地民众也不屑使用，就砸碎它们，将它们扔在港口边了事；久而久之，这些陶罐的碎片就垒起了一座小山。据估计，这些陶罐当年总共装载了16亿加仑（约600万立方米）的橄榄油。这绝非一个小小的精英阶层能消费得了的。这些陶罐所反映出的长距离、标准化、规模化的商业模式，是不是能让现代读者感到一丝亲切呢？

再举个例子。考古学家发现，即使是最穷的罗马农村的最窘迫的住房一般也用的是瓦顶，而古罗马灭亡之后的欧洲，连贵族都用不上瓦顶（Ward-Perkins, 2005）。瓦顶对于住房舒适度太重要了，谁乐意住在一个永远漏雨、一年一翻修的茅草棚中？

我们今天拿陶片、瓦顶说事，并不是说古罗马只有这些东西拿得出手，而是因为岁月消磨了陶片瓦砾之外几乎所有的遗迹，只有这些证据允许我们管中窥豹，瞥见当年的繁荣。

麻省理工学院经济学系的经济史学家彼得·特明（Peter Temin）教授2012年发表的著作 *The Roman Market Economy*（《罗马市场经济》）总结了对古罗马经济史的研究。他认为古罗马时代意大利地区的人均GDP与1600年的荷兰相当，在1 500美元以上，而罗马帝国全境在1 000美元以上。尽管特明的估计可能也受到马尔萨斯偏见的影响，但和麦迪森的估猜相差悬殊。

在马尔萨斯主义者看来，古罗马的人均收入不可能高到哪里去——马尔萨斯模型杜绝了这一可能，一旦繁荣的迹象出现——各种奢侈品遗存——那就是少数贵族的消费。实在无法自圆其说时，他们又会说这种繁荣是短暂的：短期内的技术进步领先人口增长，一旦人口赶上来，罗马必垮。在他们眼中，连古罗马的灭亡都是马尔萨斯人口压力使然。罗马一倒，战乱中人口锐减，人均收入又会得到恢复……

但是在真实的历史中，古罗马的繁荣分明维持了好几个世纪。经济的颓败是伴随着瘟疫的蔓延、政府的崩溃、西哥特人的入侵而发生的。最开始，西哥特人还是罗马统治者邀请入境定居、帮忙守护边境的。如果罗马的人口压力真的很大的话，罗马又怎么会嫌边境缺人，要请西哥特人入境定居呢？

要说古罗马灭亡后人口锐减导致人均收入恢复，那就更荒唐了。欧洲经济恢复到古罗马的水平，至少过了 1 000 年，直到工业革命前夕才缓过劲儿来。罗马人掌握的“水泥”技术，也随着古罗马的灭亡失传了。技术失传，首先是因为贸易网络因战争的破坏而崩溃，原材料供应中断，市场规模萎缩，物质生活倒退，大家用不起这种技术了。几十年后，自然就没有人会用“水泥”了。据说，中世纪的欧洲人看到古罗马高大的建筑遗迹，还以为史前曾有一个巨人文明。后罗马时代的人均收入怎么可能与罗马时代相当，甚至更高？

人是动用抽象思维的动物。我们接触任何事实，都要用一个框架去“套”。好比过去我们用神话来解释太阳的东升西落、四季的轮回反复，现在我们用科学理论来整理本来零散的信息。科学理论或对或错，对我们的认知影响太深了。举个例子。保罗·萨缪尔森在他 1961 年的经济学原理教科书中说，苏联的人均国民生产总值尽管只有美国的一半，但因为苏联有更高的储蓄率，国民生产总值会比美国增长更快，所以苏联将在 1984—1997 年赶超美国。到 1980 年，苏联实际上落后美国更多了，但萨缪尔森死守着他的理论框架，在再版的教科书里仍然预测苏联会赶超美国，只是赶超时间延迟到 2002—2012 年——永远的 20 年后。萨缪尔森是 20 世纪最伟大的经济学家之一，只是因为缺乏一个妥当的理论框架，他在美苏经济对比这样近在眼前的重要议题上都能出错。马尔萨斯经济学也是一样的。没有效用品理论时，大家只能接受马尔萨斯的历史观，而这种历史观扭曲了人们对历史事实的认知和判断。

就说彼得·特明吧，他在古罗马经济史上花了那么多工夫来论证古罗马人均收入远高于温饱线——这是他的著作最核心的主题。他明明已经成功地反驳了马尔萨斯主义者对古罗马经济的成见，但在整本书最后的结论里，他竟然说："……但是，古罗马的繁荣是暂时的，因为工业时代尚未开启，繁荣终将随人口增长而消逝。"——简单粗暴，典型的马尔萨斯宿命论。仗都打赢了，自己主动投降。马尔萨斯主义已经从一个理论变成了一套信仰。

我以马尔萨斯主义者为批评对象，有人可能会问，你到底说的是谁？是不是随便扎了个稻草人在攻击？

其实，当我说马尔萨斯主义者时，我是指所有人，包括发现效用品理论前的我自己。没有效用品理论时，我们面对古代经济史只有两种态度，要么是马尔萨斯主义者，要么是不可知论者。科学工作者在自己的专业领域内天然地排斥不可知论，所以几乎所有人都是马尔萨斯主义者。没有合适的理论指引，我们只能以貌似颠扑不破、其实错漏百出的方式去理解历史。

说罢古罗马，再看宋代中国。我起初质疑马尔萨斯理论，就是因为宋代的工商业比例比明代高。那么这个比例是多少？我们无法得到工商业产值的数据。好在专攻宋代经济史的刘光临教授提供了税收方面的证据（Liu, 2005; 2015a）。他以 1077 年为例，这一年，宋朝政府的税收只有 1/3 来源于农业，剩下的 2/3 来自工商业，而明朝政府的税收绝大多数都来自农业（见表 4.2）。

表 4.2　中国的人均土地税和间接税（1077—1578 年）

	人口（万）	人均土地税（两白银）	人均间接税（两白银）	人均税负（两白银）	总税收（千两白银）
宋熙宁十年（1077 年）	8 966.1	0.225	0.474	0.699	62 697
明永乐五年（1407 年）	6 000~8 500	0.13~0.184	0.006~0.009	0.136~0.193	11 575
明万历六年（1578 年）	15 000	0.106	0.02	0.126	18 900

数据来源：Liu (2005, p88, Table 3.2)。

是不是宋朝农业税收少，才导致这差别呢？不是。以 1077 年和 1407 年进行比较，宋代的农业税以银记值偏偏比明代还要多。那是不是明朝政府对工商业轻徭薄赋，要鼓励它们发展呢？显然也不是。管中窥豹，拿路引（类似于介绍信和通行证）制度来说，《大明会典》记载："凡军民人等往来，但出百里者，即验文引。凡军民无文引，及内官内使来历不明，有藏匿寺观者，必须擒拿送官。仍许诸人首告，得实者赏，纵容者同罪。"国内旅行还需要介绍信和护照，这显然与工商业的发展需求背道而驰。

的确有一些人因为明朝对工商业轻徭薄赋而想象明朝的工商业比宋朝更发达，这何尝不是一种意识形态偏见？明朝中后期的工商业或许有一定发展，但这与轻徭薄赋实在不能扯上关系。在绝大多数时候，工商业发展的瓶颈不是政府过度掠夺，而是政府的不作为。轻税促进增长或许在短期内成立，但长期来说，往往是有能力征收重税的政府才能维持官吏廉洁，完善基础设施，推动经济增长，因为政府征收重税的前提是，政府能够杜绝官员利用征税项目揩油自肥的腐败行为。如果政府管不住官员，那么为了统治的稳固，政府将不得不放弃征税，或者维持极低水平的税率（郝煜，2017）。没有税收，政府难以分享经济增长的成果，自然就缺乏促进经济增长的动力。

宋朝之所以工商业发达，恰恰是因为政府能有效地监督管理自己的官员，并从工商业中征得大量的税收。工商业对政府来说越有利可图，政府就越鼓励工商业的发展。这和改革开放后民营企业的发展是一样的。一开始民营企业很弱小，地方政府只从国有企业拿钱，所以觉得民营企业是捣蛋的；等民营企业壮大了，政府看在解决就业的分儿上网开一面；后来民营企业成长为纳税大户，那就“手心手背都是肉”了。一旦把政府的激励考虑进来，合理有序税制下的增税反而能调动政府积极性从而实现经济增长。表格中宋朝政府的总税收几倍于明朝政府，就是因为宋朝政府和工商业之间形成了以税收为纽带的良性互动。

古罗马和宋代中国的经济都是工商业高度繁荣。这种经济的运行依赖于货币的流通。古罗马的铜产量峰值达到了每年 15 000 吨。而在古罗马灭亡之后，整个世界的铜产量衰退到区区每年 2 000 吨，直到北宋的商业繁荣又催生了对铜币的巨量需求，铜产量才达到每年

13 000 吨。宋朝灭亡之后，世界铜产量又掉落至每年 2 000 吨，直到工业革命后才掀起新的铜产量高峰。古罗马和宋代对地球大气造成的铜污染与工业革命初期等量齐观，这三次铜污染高峰已被格陵兰岛的冰柱采样清晰地捕捉（Hong et al., 1996）。相比之下，明朝整个朝代不到 300 年的铜币官方产量还比不上宋朝一年的产量[①]。像古罗马和宋代这样的经济，人均 GDP 怎么可能像麦迪森猜的那样，只有明代的 3/4[②]？

还有一则掌故，颇能反映宋代的经济增长。苏东坡在《李氏山房藏书记》中曾经写道：

> 余犹及见老儒先生，自言其少时，欲求《史记》《汉书》而不可得，幸而得之，皆手自书，日夜诵读，惟恐不及。近岁市人转相摹刻诸子百家之书，日传万纸，学者之于书，多且易致如此，其文词学术，当倍蓰于昔人；而后生科举之士，皆束书不观，游谈无根，此又何也？

苏轼听老一辈的读书人说，他们小时候连《史记》《汉书》都很难得到，侥幸拿到手里，都忙着抄写，日夜诵读，生怕来不及拜读。如今市场上印刷的书籍多了，“诸子百家之书，日传万纸”，大家反而不看书，实在值得反思。

---

① 虽然政府铸币消极，但民间私铸和前朝铜币还是在流通使用的。关于政府为什么消极铸币，我和钱盛合著的一篇论文中有过解释（Qian & Wu, 2018）。

② 麦迪森的数据有过更新和细化。在较新版本的数据中，古罗马、宋代和明代的对比有所不同。本书所引的麦迪森数据取自麦迪森 2003 年的数据，而不是他最新的数据。

我对这段话特别有感触。我于 1985 年出生在上海。截至初中毕业（2000 年），书仍是难得之物，“幸而得之，日夜诵读，惟恐不及”。家里有父亲自制的一个书架，里头的书只有三种：我的课本、父母小时候的课本和父亲参加作文比赛作为奖励的十几本书。我小时候的确看了不少课外书，基本都借自学校图书馆，但小学和初中图书馆的藏书量也只有寥寥数百，抵不上今日中产之家一家的藏书。苏轼所经历的两三代人之间读书生活的巨大飞跃，其发展速度似乎仅次于中国人过去 40 年的经历。要是与过去 40 年的西方发达国家相比，你真敢笃定北宋的人均收入增长尤其是底层人群的收入增长比它们更慢？

宋代的人均 GDP 该有多少呢？为了修正麦迪森的数字，管汉晖搜集了所有他能找到的宋代各个产业部门的数据。他估计，宋代人均 GDP 最高曾达到 1 000 美元，与古罗马相当（Broadberry et al., 2018）。但是，我冒昧地揣测，无论是古罗马还是宋代的新估计，仍然大大低估了这两个历史时期的繁荣程度。

物理学家费曼曾经讲过一个故事。当年密立根油滴实验测定基本电荷，密立根的结果是偏低的。在密立根之后，有一些新的实验获得了更高的测量值，最终更正了密立根的错误。但是有趣的是，后续的实验结果总是后一个比前一个高：第一个人的实验结果比密立根的实验结果高一点儿，第二个人比第一个人高一点儿，第三个人再高一点儿……最后慢慢稳定到一个值。为什么这些后来的实验者没有一下子就搞对，而是一个接一个慢慢地靠近正确值呢？要怪还得怪学者们的“严谨治学”。如果实验结果一下子比密立根的结果高出很多，实验者就会怀疑哪儿搞错了，然后鼓捣一番，得到一个只高出一点儿的结果，拿去发表。第二个人有了第一个人的基础，才敢接受并公开比第一个人高出一点儿的结果。第三个人在第二个人的基础上再做修正……或许还有一个更可悲的原因：科学期刊的编辑如果收到若干个不同的结果，只愿接受和当前共识较为接近的结果。如果有人紧随密立根之后一下子就得到了正确的基本电荷，他的论文根本无法发表。也许，刘光临、管汉晖也曾收到负面审稿意见，说他们的数据与马尔萨斯理论不符，或者与麦迪森的估猜相差太大，所以一定是错的。

管汉晖对宋代人均 GDP 的重估，也和彼得·特明教授一样，并没有要挑战马尔萨斯理论的意思。他的估计有一分证据，说一分话。比如他找到了铁的产量，就把铁纳入统计；找到了盐的产量，就把盐纳入统计……他的数值比麦迪森高，只是因为他比麦迪森有了更多的数据而已。可是我们知道，古代的经济数据要流传到今天，一般只有大宗产品才有这个可能。而大宗产品多为农业品，工业产品和商业服务远没有粮食那样标准化，很少被统计到；即使有统计数据，也很难被今天的学者发现。所以，人均 GDP 的估计很容易漏掉工商业的门类。管汉晖的研究也留下了这种遗憾。在他与合作者最新发表的估算中，宋明两朝工业占 GDP 的比例都被设定为 5% 左右，且纵贯整个朝代保持长期稳定。为什么只有 5%？无非是因为数据匮乏，只好采用一些符合学界当前口味的“缺省设定”。在这一设定下，宋明两朝的人均 GDP 只能同在 1 000 美元上下稳定波动。这和 10 年前《明代 GDP 试探》的结论已有巨大出入（Broadberry et al., 2018）。密立根油滴实验的悲剧又一次重演。

有些笃信马尔萨斯的经济学家觉得漏掉工商业无伤大雅。经济学和经济思想史学大师威廉·鲍莫尔就说过这样的话：古代经济中农业占到经济的 90% 以上，所以即使漏掉了工商业数据，得到的人均收入数据也不会太离谱（Baumol, 1990）。用缺失工商业的数据证明人均收入低，又因为人均收入低反过来说工商业不重要，这岂不又是先射箭再画靶？

古往今来，人类每天摄入的卡路里能相差多少？我的一位合作者尼古拉斯·帕帕乔治（Nicholas Papageorge）带着学者式的幽默特地找来美国人均每日摄入卡路里的数据。如果用这个数据来估计人均收入，那么美国在1910—1960年这蒸蒸日上的半个世纪里，人均收入不仅没有增长，还下降了超过10%。显然，因为马尔萨斯效应的存在和人类的生理极限，不管产出结构怎么变，人均生存品的消费很少有太大的出入。生活水平大部分的变化都体现在人均效用品的消费上。如果评估古代经济发展水平时偏偏把工商业丢开，那人均收入的比较还有什么意义呢？

管汉晖和他的合作者把他们能找到的工商业数据都纳入了统计。但是，能构建时间序列数据的却只有铁、铜、盐三项，连纺织业这么重要的部门都只能假设布匹的产值随人口等比例增长。经济史研究之难可见一斑。

就算有朝一日发现了布匹产量的时间序列数据，又能解决什么问题呢？打个比方，假如你观察到北宋后期粗麻布的产量下降了，按照管汉晖的统计方法，人均GDP就得跟着下降。可这也许只是因为市面上流行了更高级的布料，而那种布料不如粗麻布那样标准化，以致数据不曾保存下来。

那么，研究者能不能假想新布料的存在，不顾粗麻布产量的下降，坚持认为人均GDP仍在上涨呢？不行。学术界的规矩就像费曼讲的故事那样，如果你要挑战一种成见，你得有非常充分的证据支持你的观点。所以，只要学术界仍然奉马尔萨斯经济学为圭臬，麦迪森就可以把人均收入往低里猜，管汉晖却不能往高里猜。除非后来的学者发现更多、更细致的史料，才能在管汉晖的基础上进一步提升对宋代人均 GDP 的估计，承认宋明之间人均 GDP 的巨大差距。

但是，如果学术界接受了效用品理论，研究者们就可以打破禁忌，在新的基准下估猜历史，探索一切可能，公开所有发现，因为效用品理论说明，即使在马尔萨斯环境下，均衡人均收入取决于产业结构，只要产业结构足够倾向于效用品，多高的数值也都有可能。

2016 年，罗马史学者保罗·埃尔德坎普（Paul Erdkamp）教授发表了一篇论文，综合大量已知的事实，提出：古罗马社会的繁荣不应该被看作对马尔萨斯均衡的短暂偏离，古罗马可能已经摆脱了马尔萨斯陷阱（Erdkamp, 2016）。对比特明的“临胜投降”，这一论点不啻思想解放。这篇论文唯一的理论依据就是我的效用品理论，文章引用了我的两篇论文。但我并不为埃尔德坎普的说法背书：摆脱不摆脱马尔萨斯陷阱并没有清晰的标准，而且，正如本书后续章节将要阐明的，马尔萨斯陷阱是不是该叫马尔萨斯陷阱也值得商榷。

事实还是那些事实，可一旦我们用效用品理论代替了经典理论，就好像拥有了第四种视锥细胞，能看到历史更丰富的颜色。

为什么身高证据不可靠

第 1 章里，马尔萨斯陷阱的证据不仅有麦迪森的估猜，还包括考古学家发现的骸骨证据（见图 1.9）。从骸骨看，古罗马时期的欧洲人并不比其他时期高，甚至还略矮几厘米。古罗马的历史记载也表明，罗马共和国士兵的个子普遍要比他们的对手高卢人矮。不是说身高反映胚胎、幼儿时期的营养，进而反映人均收入吗？如果罗马真的那样富有，为什么罗马人的个子那么矮呢？

其实，用身高来评估一个社会的人均收入是错误的。平均身高能反映一个社会的营养水平和卫生条件，但不能反映这个社会的人均收入。吃饱了能长个子，可是家里添台电视机，个子也会变吗？身高充其量只反映生存品的富余程度，并不能说明效用品的情况，而均衡人均收入恰恰取决于效用品与生存品的比例，取决于经济的产出结构和社会文化倾向。19 世纪中叶，英法联军平均身高只有 165 厘米时，同时期美洲印第安人男性的平均身高达到 172 厘米，与今天的中国男性相当，是当时世界上个子最高的人群（Steckel & Prince, 2001）。你能说 19 世纪印第安人的人均收入比欧洲人高，与今天的中国人相当吗？

再举个例子，亚当·斯密在《国富论》里聊起一个有趣的观察，他说假如你在英格兰看到又高又帅的小伙或者又漂亮又健康的姑娘，那么他们往往是爱尔兰人。为什么？他说，这是因为爱尔兰人穷得只吃土豆，而土豆这东西营养全面又丰富，所以爱尔兰人长得又高又漂亮，到处都是“高贫帅”和“白穷美”。真是什么都逃不过斯密的眼睛！

同样的道理，罗马人的富，主要富在效用品上，而不在生存品上。某种程度上，罗马人矮，恰恰是因为他们的效用品部门太发达，城市化程度太高。社会学家罗德尼·斯塔克的名著 *The Rise of Christianity*（《基督教的兴起》）里这样描述古罗马的城市：

大多数人住在多层出租屋的一个小房间里。仅一栋私房就被分隔成 26 个公寓单位。很少有居民可以享有一个房间，大多是全家人挤在一起。没有炉灶和壁炉，人们只能在烧木材和木炭的火盆上做饭取暖，加上屋子没有烟囱，一到冬天，屋子里烟雾缭绕。

大部分的下水道都是裸露在外的沟渠，人们会把排泄物和夜壶里的东西倾倒其中。更可怕的是，人们会经常在晚上从楼上向窗外倾倒夜壶。

房屋里的每个小单元整天都被烟熏着，黑漆漆、湿漉漉的，脏乱不堪；汗水、尿、粪和腐朽的气味混杂在一起，渗透各处；灰尘、垃圾和污垢堆积为患；臭虫细菌疯狂猖獗。街上不时有被抛弃的成人和婴孩的尸体。平均寿命不超过 30 岁甚至可能更少，是基本共识。合同文本会对签约各方进行描述，并且“一般是以他们与众不同的缺陷来做区分，大多是疤痕”。古代的书信总是萦绕着对健康良好的期盼，寄信人先报告自己的健康情况，接着问候收信人健康。

这些描述是不是让你感到窒息？可是，古罗马城市在公共卫生领域已经算是古代社会里优秀的异类。从首都到边境小城，动辄数十公里的高架水道把郊外的优质水源引入城市，恢宏的浴场以低廉的价格服务着各个阶层的顾客（带有社会福利性质）。如果你对罗马的卫生条件也要皱起眉头的话，那么 19 世纪的伦敦和巴黎更会让你胆战心惊。斯塔克教授对古罗马的描绘，所谓当街倾倒排泄物，与这两座近代城市时常上演的“天女散花”遥相呼应。

生活在这样拥挤、肮脏的大城市，人会感染各种疾病，预期寿命会缩短。如果有孩子的话，孩子的营养得不到保障，成年后的身高会受到影响。但是，这并不妨碍城市的人均收入依然远高于周围的乡村。如果不是为了城市里光怪陆离的娱乐环境和丰富的教育、交友和职业机会，怎会有人愿意忍受这样逼仄的环境，放弃婚恋生育的机会，接受预期寿命的缩短，还要从盖了瓦房的农村搬到城市里来住呢？而这些娱乐、教育、交友、职业的机会都是吃不进嘴的效用品。

那么，是不是身高对于人均收入的比较完全没有价值呢？也不是。以身高度量人均收入之所以出问题，是因为不同的社会有不同的产出结构。一个社会平均身高低，很难说清楚到底是因为人口平衡线过于偏左，还是因为其产出结构太倾向于效用品。如果是前者，比较尚有意义；如果是后者，小人国也可能很富裕。只有在一个社会内部，当所有人面对同样的产品比价，身高才能反映出收入的多寡。所以，考古学家可以研究古代墓葬中主仆间的身高差距来判断贫富差距的大小，但是跨地区、跨社会、跨时代的比较就不那么合适了。

经济数据中的质量停滞假象

以人均口粮或身高来评价生活水准，错在忽略了经济中的效用品部门。可是，的确有一些学者，他们的数据明明包含了食品以外的部门，却仍然得到人均收入停滞的结论。比如克拉克教授，他的历史价格数据里既有各种农作物，又有牛肉，还有衣服和蜡烛。为什么他仍然没有看到人均收入的巨大波动呢？一个很重要的原因，是效用品部门的“质量停滞假象”。

拿床来打个比方。人在这世上，再富也是睡一张床。床有木板床、席梦思床，席梦思床里还有各种材质之分。经济增长很少表现为人均床铺的增加，而主要体现为床的质量的提高。可是质量的提高怎么体现在统计数据中呢?

在现代社会，要在GDP数据里捕捉到床的质量，靠的是不间断的年度统计（见图4.1）。比如在第一年里，一个国家生产了一张木床和一张弹簧床。木床100元一张，弹簧床200元一张，GDP就是300元。第二年，木床被淘汰了，这个国家生产了一张弹簧床，一张记忆棉床。弹簧床代替了木床，变成了市面上的低端产品，现在只卖100元，而记忆棉床卖200元。这时名义GDP仍然是300元，但是统计局知道弹簧床降价了，所以用第一年的物价去考察，真实GDP就是600元——弹簧床在第一年的价值是200元，而记忆棉床是弹簧床价值的两倍。第三年，弹簧床被淘汰了，这个国家生产了一张100元的记忆棉床和一张200元的乳胶床，因为有第二年在中间做换算的基础，我们就知道以第一年物价算，真实GDP是1 200元。从这个例子中，你可以看到，要在GDP中体现产品质量的提高是极为困难的。如果没有第二年在中间连缀，我们根本无从计算床的质量改进。最终GDP是多少，很大程度上取决于统计的频率。

而历史数据往往要10年、50年甚至100年才有那么一个数据点，背景信息又不齐全。数据前前后后只告诉你生产了两张床，一张100元，一张200元，研究者当然觉得什么进步都没有发生。尤其是历史上经历过大起大落的文明，从一个波谷到另一个波谷，万一数据显示的都是一张木床和一张弹簧床，研究者很容易把中间有过记忆棉床和乳胶床的黄金岁月抛诸脑后。

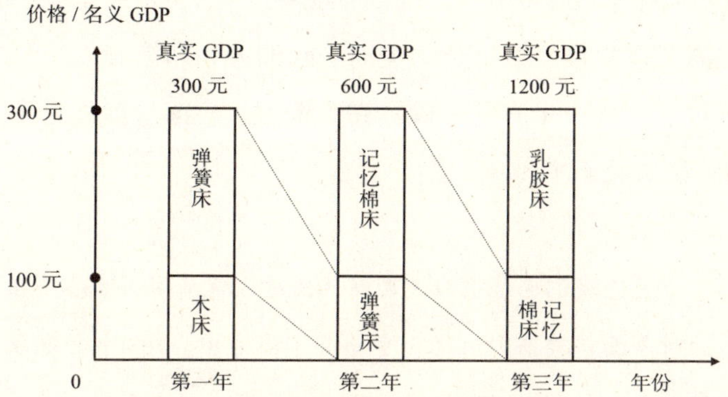

图 4.1 用不间断的年度统计捕捉床的质量改进

下面这个例子进一步凸显了质量停滞假象的严重性。2018 年获得经济学诺贝尔奖的威廉·诺德豪斯教授曾发现，1800—1992 年，灯具的照明效率——每瓦能量能够产生的光通量增加了约 500 倍。1800 年，要消费 1 000 流明小时的光，一个英国工人要工作 5.4 个小时；1992 年，他只要工作 0.4 秒钟（Nordhaus, 1996）。统计数据哪里能刻画这样巨大的质量改进呢？按理说，灯具的质量既然改进了，那么一旦把灯具的照明效率折算进价格后，灯的真实价格应该降低 500 倍；因此，相同的名义收入，以灯计值的真实收入应该增长 500 倍。可是，就在这段时期，英国统计数据里灯的真实价格不仅没有下降，反而上涨了一倍——几乎完全没有考虑质量的跃迁。现代社会年年月月都在做统计，尚且不能把握质量的改进，遑论历史数据？

不过，倒有这么一个例子，确实能反映古代社会产品质量的变化程度——军事技术。如果我们知道战争中双方的军事投入和死亡人数，就大致能估计出战争双方暴力输出的相对效率。如果战争的一方比另一方技术领先1 000年，我们就能看出这1 000年里军事装备的质量提高了多少倍。最早登陆美洲的欧洲人和印第安人之间的战争恰好提供了这样一个自然实验。在《枪炮、病菌与钢铁》里，贾雷德·戴蒙德就说了这么一段话：

> 今天，我们已经很难去理解西班牙人靠着军事装备是在怎样庞大的对手面前轻易取胜的。卡哈马卡战斗中，168个西班牙战士碾压了500倍于他们的原住民军队，杀死了成千上万的敌人，自己一人未失。一而再再而三地，皮萨罗与印加人的战斗、科尔特斯对阿兹特克人的征服以及其他一些军事行动里，欧洲的骑士们都把成千上万的印第安人打得大败。阿塔瓦尔帕死后、皮萨罗从卡哈马卡向印加首都库斯科进发的过程中，发生了四次战斗，豪哈一次，比尔卡苏阿曼一次，比尔卡康加一次，库斯科一次。四次战斗中，西班牙方面骑士数量分别为80人、30人、110人和40人，而他们对面每次都有成千上万甚至好几万的印第安人。（Diamond, 1997）

要知道，欧洲要迟至16、17世纪才开始“军事革命”。西班牙人征服印加帝国时，军事革命的成果尚未浮现。饶是那时，西班牙军事装备的“人均价值”显然已是印加帝国的成百上千倍。管中窥豹，产品质量的改进是多么巨大[①]。而一旦有质量改进的可能，我们就有理由认为，统计数据会大大地低估人均福利的真实改善。

① 当然，军事技术进步快，不代表非军事效用品技术进步也快。好比计算机进步快，不代表汽车进步也快。军事技术有规模经济的助力——即使古代社会尚未形成规模市场，战争需求仍有可能实现规模效应。只能说，军事技术的高速进步说明古代社会在效用品技术尤其是效用品质量上的进步，并没有不可逾越的门槛。

当马尔萨斯理论束缚我们思维的时候，学者很难看到上面说的这些问题。那么有没有不在历史学界也不在经济学界，完全不受马尔萨斯思想的束缚，得到一些不同的结论的人呢？

1971 年，地质学家厄尔·库克（Earl Cook）在美国著名的科普杂志《科学美国人》上发表了一篇文章，估计了人类在各个历史阶段的人均能源消费。原始人人均日消耗 2 000 大卡——刚好用来填肚子；狩猎采集部落人均日消耗 5 000 大卡；初等农业社会人均日消耗 12 000 大卡，除了食物直接提供的 2 000 大卡外，农民还要制造商品，并且饲养牲口来耕地，喂养家畜来吃肉；而像古罗马和工业革命前的英国这样的发达农业社会，人均能源消费达到了 26 000 大卡甚至更高。

人均能源消费能不能用来估计人均收入呢？我们来看一个比较，如果厄尔·库克的数据可靠，英国工业革命后直到 20 世纪 70 年代他写这篇文章时，英国的人均能源消费从 26 000 大卡增长了约 8 倍，达到了 230 000 大卡。而同时期按照克拉克教授的估计，英国工人的真实工资上涨了 6~8 倍。人均能源消费和人均收入的增长比例相当。可是，在工业革命以前，人均能源消费的波动范围为 2 000~26 000 大卡，高低错落 12 倍，克拉克教授却认为人均收入只能有限波动，甚至是总体倒退的。这合理吗？

归根结底，人们接受马尔萨斯理论，并不是因为它得到了多少证据的支撑。2010 年阿什拉夫和盖勒检验并“证实”马尔萨斯陷阱存在之前，也没听说谁曾质疑过马尔萨斯陷阱的存在——很多人大概还觉得他们在验证一件无须验证的事情。一般来说，科学界面对越重大的命题，会对证据有越严格的要求。马尔萨斯陷阱不可谓不重大，证据也不可谓少，但是马尔萨斯陷阱的证据都有一个共同的问题：它们本身就出自马尔萨斯有色眼镜看出去的世界，是由马尔萨斯理论筛选过的证据。这样的证据自然无法挑战马尔萨斯理论。在没有效用品理论的时候，学者根本无法想象：世界如果不是马尔萨斯式的，还能是什么模样？

摘掉有色眼镜，说起来容易做起来难。任何事实都是经过理论的加工才为我们所理解。摘掉眼镜，我们可能什么都看不见。效用品理论帮助我们换了一副眼镜，一副颜色不那么重、偏见不那么深的眼镜。从这副眼镜看出去，历史的真相远比马尔萨斯说的更深刻。

本章小结

- ◆ 第 1 章中介绍的支持马尔萨斯理论的证据其实都站不住脚。
- ◆ 麦迪森的数据是在马尔萨斯理论影响下的估猜，用这套数据反过来去检验马尔萨斯理论，就好比“先射箭再画靶”，百发百中。
- ◆ 因为经济的两部门性，身高和寿命数据不能用来比较不同社会的生活水平。
- ◆ 超低频的历史数据很容易忽略产品质量的进步。
- ◆ 一旦摆脱马尔萨斯理论的有色眼镜，我们就能看到古代经济更加丰富多彩的面貌。

第5章
西西弗斯

旅途指南

既然那些支持马尔萨斯陷阱的证据站不住脚，马尔萨斯陷阱还存不存在？历史的宏观面貌究竟是什么样的？

长期贫困陷阱存在吗

论证效用品部门的重要性，最终目的还是讨论人均福利的变化。回到第2章《平衡增长之谜》中的公式：

$$g_U = \beta\left(g_B - g_A\right)$$

只要效用品部门的比例大于零（$\beta > 0$），而且增长率高于生存品部门（$g_B > g_A$），人均福利就会持续稳定地增长（$g_U > 0$）。现在既然已经确认了经济的两部门性，之前也列举了效用品增长快于生存品的四条理由，上一章还指出了马尔萨斯陷阱证据的错误，我们是不是能够得出结论：马尔萨斯陷阱压根儿不存在，从古至今，人均福利的确是在持续稳定地保持着增长呢？

这显然不符合事实。

从刀耕火种到工业革命前夕，人均福利的超长期平均增长率是不是等于零，压根儿不用看这段历史中间的数据，只要有一头一尾两个时点的样本就足够了。如果尾巴上的这个样本足够穷，穷到接近温饱线，那么连头上的样本都用不着（总不能比温饱线更低），我们就可以确信人均福利没有增长趋势了。研究者或许讲不清古罗马的经济面貌，可是 19 世纪离我们那么近，总不至于误判吧？

发表于工业革命前夕的《人口论》在解释为什么不用考虑奢侈品时，是这么说的：

> 即使把生产奢侈品的劳动者都加到生产必需品的劳动者数量上，再把加上的这部分平分，每个人分到的增量也可能会相当微薄；算上这部分固然很好，但我想不到这么做的任何现实理论基础。

马尔萨斯的这条解释固然暴露了反事实思维的缺乏，并埋下理论失败的病根。但他的说法至少说明了一点：马尔萨斯眼中 18 世纪末的英国社会是没有多少奢侈品的。

即使在 19 世纪 40 年代，工业革命启动几十年后，25 岁的恩格斯仍然在《英国工人阶级的状况》中这样描述英国工人的生活：

> 这里有 1 400 幢房子，里面有 2 795 个家庭，共约 12 000 人。安插了这么多人口的空间，总共只有不到 400 码（1 200 英

尺）见方的一片地方，由于这样拥挤，往往是丈夫、妻子、四五个孩子，有时还有祖母和祖父，住在仅有的一间10~12英尺见方的屋子里，在这里工作、吃饭、睡觉……全区在10个当家人当中，很难找到一个除了工作服外还有其他衣服的人，而且工作服也是破破烂烂的；他们中有许多人，除了这些破烂衣服，晚上就没有什么可以盖的，他们的床铺也只是装着麦秆或刨花的麻袋……1840年，利物浦上等阶级（贵族、自由职业者等）的平均寿命是35岁，商人和光景较好的手工业者是22岁，工人、短工和一般雇佣劳动者只有15岁……死亡数字之所以这样高，主要是因为工人阶级的幼儿的死亡率高。小孩子的娇嫩的身体最不能抵抗恶劣的生活条件的不利的影响。如果父母都工作，或者其中死了一个，孩子就常常没有人照顾，这种情况很快就会造成恶果；因此，像曼彻斯特这个地方，根据我们在前面刚提到过的那个报告，工人的孩子有57%以上不到5岁就死掉……孩子们开始在工厂里工作间或是从5岁起，有时是从6岁起，更经常地是从7岁起，而大部分是从八九岁起；工作时间常常是长到每天14~16小时（吃饭时间除外）。……间接强迫一个怀孕的女人直到她分娩的那一天还每天工作十二三个小时（以前还要长），老是站着并且还要常常弯腰，这是残酷的事情，是卑鄙的野蛮行为。但是残酷程度还不止于此。如果女工们被允许在分娩后两星期可以不工作，那她们就会感到高兴，而且认为这是一个很长的期限。许多人在产后一星期甚至三四天就回到工厂里整天做工了。有一次我听到一个厂主问监工："某某人还没有回来吗？""还没有。""她生了多久了？""一星期。""那她早就该回来了。别人在家里只住了3天。”

恩格斯所看到的，很大程度上是家乡在土豆经济下贫困不断加深而迁移到不列颠岛的爱尔兰移民的生活，爱尔兰移民拉低平均工资的速度甚至超过了工业发展对工资的提升速度。因此，恩格斯的观察具有一定的历史特殊性。但是，有上百万人过着这样的生活，他们的幸福程度怎么看都比不上丛林里的原始人。说这个社会的平均生活水准与刀耕火种时代相当，也有一定的道理。

英国如此，同时期的中国怎么样呢？经济史学家史蒂文·布罗德伯里（Steven Broadberry）和比什努普里亚·古普塔（Bishnupriya Gupta）2006年的一篇论文整理了18世纪下半叶世界上若干地区的工资水平（见表5.1），他们特意区分了以粮食购买力衡量的工资水平和以银记值的工资水平（Broadberry & Gupta, 2006）。

表5.1 若干地区18世纪下半叶的日工资水平

地区	日工资能买的粮食（千克）	以银记值的日工资（克）	银、粮工资之比
英国南部	7	8.3	1.2
比利时安特卫普	9.6	6.9	0.7
维也纳	7	3	0.4
印度	2.3	1.2	0.5
中国江南地区	3	1.7	0.6

英国南部日工资的粮食购买力是中国江南日工资的约2.3倍，同样这笔工资若以银记值，英国南部是中国江南的近5倍。布罗德伯里和古普塔解释道，粮食跨国贸易比制造业产品更难，所以制造业产品在不同国家的价格比粮食更为接近。以银记值的日工资一定程度上反

映了制造业产品的购买力。银、粮两种记值方式下的工资之比也反映了这个地区的产出结构。表 5.1 显示，英国的产出结构比起乾隆时期的江南更加倾向于制造业，而英国工人的工资也远高于江南的工人。江南当时还是中国最富庶的地方，乾隆时期又是清朝相对繁荣的时候——此后从乾隆到咸丰年间，清朝的人均收入不仅没有增长，反而有持续下降的趋势（Allen et al., 2011）。

从这些轶闻和数据上看，尽管人均收入存在剧烈的变化，却谈不上有持续增长的趋势。即使采用地质学家厄尔·库克在《科学美国人》中的估计，允许农业社会的人均收入发生 10 多倍的增长，前工业时代的最高峰也是古罗马帝国而不是工业革命前夕的欧洲。长期贫困陷阱的确是存在的。

效用品理论断言马尔萨斯机制无法造成长期贫困陷阱，但现实世界出现了这个陷阱。显然，陷阱的产生另有原因。既然是其他原因造成的陷阱，这个陷阱在形态上会与马尔萨斯陷阱有什么不同呢？

在这里，我想提出一个叫作西西弗斯陷阱的假说，内容如下。

在一个前工业社会的内部，发生人均收入的长时段增长是完全可能的。由于产出结构和社会文化的变迁，马尔萨斯效应根本无法限制这种增长。如果采信厄尔·库克的估计，这个前工业社会的人均收入甚至有可能积累 10 倍以上的增长。我们之所以没有看到工业革命前发生普遍的增长，是因为当时的经济增长在空间和时间上各有一大局限，进而导致了贫困陷阱的出现。在空间上，增长既有扩散也有萎缩。但从最终的结果看，直到工业革命前，局部兴起的增长地区从来没有带领整个世界进入持续稳定的增长。所以经济增长作为一种社会特征，应该是倾向于萎缩而不是扩散的。而且，在时间上，这种增长易于夭折。一旦夭折，之前所积累的增长成就可能消失殆尽。文明就像希腊神话中被诸神惩罚的西西弗斯，不停地推动一块巨石上山，再眼睁睁地看着巨石滚落；巨石滚落后又推上山，再滚落……单个文明的人均收入不是停滞的，而是大起大落的。如果这也算贫困陷阱，那么与其把它描述成一个水平停滞的马尔萨斯陷阱，不如称它为西西弗斯陷阱。工业革命的特殊性，可能并不在于增长从无到有的现身，而在于增长的传播性和持续性。

一个替代性理论真正需要回答的问题是，为什么人均福利的增长一度倾向于萎缩而不是扩散，为什么这种增长易于夭折而难于久长？

文明的昙花一现

回看历史，有关西西弗斯陷阱的猜想并不离奇。根据伊恩·莫里斯的文明打分系统，人类文明在工业革命前至少有三座高峰：除了我们较为熟悉的古罗马和宋代中国，还有公元前 1200 年左右爱琴海、小亚细亚一带的赫梯、迈锡尼和米诺斯文明（见图 5.1）。当中国还处于商朝时，这些文明已经有了繁荣的都市、精致的艺术、成熟的书写系统、大规模的贸易网络。其中最大的城市如巴比伦和底比斯，人口达到 8 万之多（Morris, 2011）。要知道伦敦到 1500 年左右时，人口也才达到这个水平。

生活在这三个时代的普通人看待历史，很可能会像我们现代人一样自负地宣称："黑暗时代结束了，现代经济增长开始了，人类历史只发生过一件事，那就是奥古斯都打赢内战（或宋辽签订澶渊之盟）。"

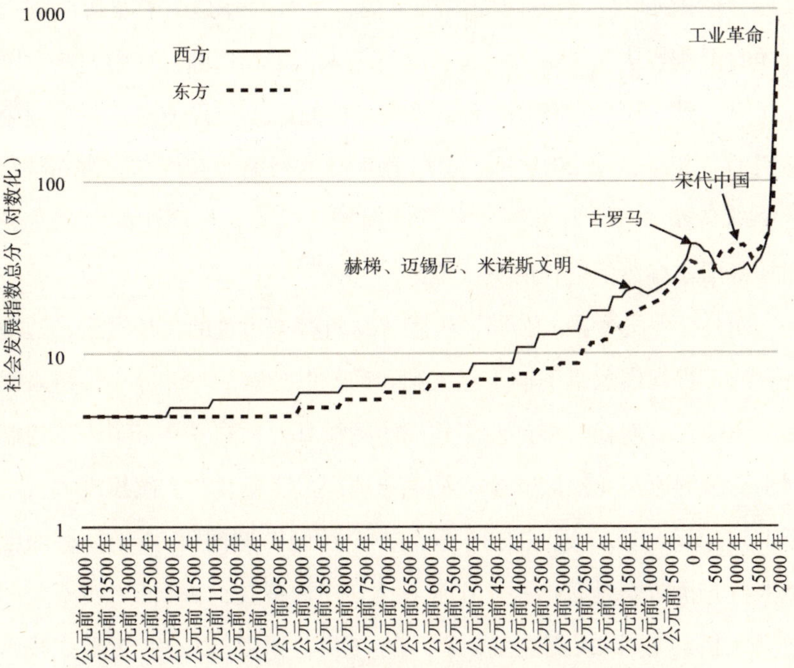

图 5.1　伊恩·莫里斯构建的社会发展指数

数据来源：Morris (2013)。

以工商业实现高人均收入的绝不只有工业革命后的现代世界。以古罗马为例。罗马人不仅享有地中海带来的交通优势，还建造了大量的公路来拓展陆地交通。在很多区域，其道路网络的密集程度与当代欧洲不相伯仲。日本作家盐野七生在《罗马人的故事》系列中专门以罗马的公路为主题写了第十卷《条条大路通罗马》。根据她的描述，罗马帝国的干道标准严格，工艺精湛：中间是 4 米宽的双向两车道，光地基就有 4 层，厚度近 2 米，用石块、石子和黏土铺就，防止积水，路面用厚 70 厘米、切割整齐的大石块拼成，表面平滑且微呈弧形，使雨水汇入车道两侧的排水沟，排水沟外是 3 米宽的人行道。这样的干道多达 375 条，总长达 8 万千米，密如蛛网，穿山越岭，跨江越河，供人民免费使用。8 万千米已经超过了当代美国州际高速公路网的总长（截至 2016 年，美国州际高速公路总长为 77 556 千米），是中国高铁“八纵八横”规划总里程的两倍多。标准化的干道之外，罗马帝国还有数倍里程的支线道路。

而且，罗马帝国的公路网覆盖了从首都到边境的整片国土，边境行省的工程规模丝毫不输于意大利地区。以公路的一部分——桥来举例。图拉真时期耗时不到两年建成的图拉真大桥是罗马帝国为了控制刚刚征服的达契亚地区（今罗马尼亚地区）而建造的。图拉真大桥全长 1 135 米，高 27 米，宽 12 米，20 个桥墩两两间隔 33 米。桥面使用木材，桥墩全是石结构。作为对比，卢沟桥总长 266.5 米，不到图拉真大桥的 1/4，桥面宽 7.5 米，含 11 拱，拱券跨径约 13 米。我无意比较卢沟桥和图拉真大桥的建筑水平和艺术水准，它们并非同一种类的桥，建造环境也有差别。但是值得注意的是，卢沟桥是金朝定都北京 30 多年后为取代南方各省入京必经的浮桥而修建的。而图拉真大桥却地处罗马最偏僻的边境，几乎在罗马帝国平定达契亚的同时建成。这样的一座大桥，长度、宽度和建筑质量竟与卢沟桥比肩甚至更胜一筹，可见罗马人的战略雄心、技术能力和经济水平。然而，蛮族兴起后，罗马帝国收缩防线，大桥从控敌的武器变成了资敌的工具，于是木质桥面被拆除焚毁。

图拉真大桥的遗迹今天已难以辨认，但我们时常还能在古罗马遗迹的现代照片里，看到一些十几层楼高、长得望不着头、拱券叠至三四层的“石桥”，时而飞临潺湲的溪流，时而越过杳无人烟的山谷，时而又穿行于城市的中心。这些石桥其实是古罗马的另一大特色建筑——高架水道。高架水道的源头一般在城外山区，工程师挑选水质较好的山体作为源头。水道的倾角需要仔细设计、小心施工，以使水流缓急合宜。因为水道穿越山区，又须维持倾角，所以罗马人需要建造大量的地下暗渠来通过山体，遇到山谷时，又必须建造庞大的拱券高架来渡过谷地。整个管道，地上地下，每隔三四十米就设有孔洞，供维护人员进出。水道网络还包括净化池、蓄水池、公共水池、公共浴场、私人“自来水”出水口等一系列节点。这样的水道，光罗马城就建了11条，日输水量超过100万吨，人均用水超过当代北京[①]。其中最长的马西亚水道（Aqua Macia）长达91千米。马西亚水道还不是帝国境内最长的水道，最长的那条在迦太基（今突尼斯市），总长132千米，相当于从白洋淀到北京市中心。

像古罗马这样一个堪称“基建狂魔”的文明，一旦崩塌，其废墟留给后人的震撼就仿佛我们看到恐龙化石一般。650年，罗马城的人口已从盛时的上百万萎缩到区区两万。按照马尔萨斯理论，他们的生活质量应当远胜于图拉真时代的罗马人。可是，罗马的富裕是工商业繁荣的结果，工商业的繁荣则拜人口集聚带来的规模经济所赐。当罗马只有两万人的时候，生活水平只会更差，不会更好。这些孤魂野鬼徘徊在曾经有百万人的大都市里，倘有余暇缅怀旧日的荣光，该是什么心情？原来姹紫嫣红开遍，似这般都付与断壁残垣，这场景和那些“末日余生”主题的电子游戏多么相像。

---

① 不过，罗马的“水龙头”不可关闭，无论是免费的公共供水处还是私家的水池，不管用还是不用都是水流不绝，所以罗马人真正的人均有效用水可能和今天的北京人相当。

为什么古罗马的辉煌中止了？这个问题是马尔萨斯之谜的关键。如果古罗马的辉煌得以持续，人类不就能更早地开启现代增长了吗？可惜，思考马尔萨斯陷阱的经济学家，很少会涉及这个问题。他们之所以能心安理得地回避这个问题，是因为马尔萨斯理论断言，古罗马没有任何特殊性：只要它处于 1800 年以前，其经济必然受到马尔萨斯效应的桎梏，不可能出现人均收入的持续增长。经济学家把历史学家口中的增长视为总量与人均概念的混淆，这种无视事实的臆断无异于削足适履。

欧亚大陆另一头的华夏文明也不乏黍离之悲。我特别想为读者引用孟元老在靖康二年（1127 年）回忆东京（今开封）时所写的《东京梦华录》：

> 举目则青楼画阁，绣户珠帘，雕车竞驻于天街，宝马争驰于御路，金翠耀目，罗绮飘香。新声巧笑于柳陌花衢，按管调弦于茶坊酒肆。八荒争凑，万国咸通。集四海之珍奇，皆归市易；会寰区之异味，悉在庖厨。花光满路，何限春游；箫鼓喧空，几家夜宴。伎巧则惊人耳目，侈奢则长人精神。瞻天表则元夕教池，拜郊孟亭。频观公主下降，皇子纳妃。修造则创建明堂，冶铸则立成鼎鼐。观妓籍则府曹衙罢，内省宴回；看变化则举子唱名，武人换授。仆数十年烂赏叠游，莫知厌足。

他还提及朱雀门外街巷：

> 唯民间所宰猪，须从此入京，每日至晚，每群万数，止十数

人驱逐，无有乱行者。

我列举文学作品为证据，是因为在评估古代社会的生活水平时，像人均口粮这样的数据完全无法体现效用品部门的发展。比如，从盛唐开元年间（738 年）到南宋（1202 年），谷物的（名义）价格上升了一倍，但长江上的谷物运价下降到原价的 1/5——宋代物流发生了长足的进步（Liu, 2015b）。但我们很难把这样的信息纳入真实人均收入的计算。即使我们纳入了计算，还可能错误地把物流价格的下降处理为物流产值的萎缩。我看过很多估算古代人均收入的研究，其中不乏支持本书观点的作品。但学者们精雕细琢的数据，涉及太多的估猜，或局限于少数行业、阶层、地区，使数据受制于经济结构的影响，而背离了研究者所赋予它们的含义。所以，在判断一个社会的生活水平上，我宁愿把这些数据和文学作品结合起来看。尤其是我们中国学者，恰好在过去三四十年经历了人均 GDP 从数百美元到 1 万美元的社会变迁。把古代的文学印象与当代的生活体验相对照，我们能大致说出一个文学场景与哪个年代的中国社会接近。这是西方学者所没有的一种敏感。

下面这段话也来自《东京梦华录》。它所表现出的市井生活的发展水平，请各位读者来做一个判断。这段话完全没有数字，然其振聋发聩、催人泪下却非寻常数字可比。友情提醒，晚上 10 点后不准备吃夜宵的朋友请自觉跳过。

凡店内卖下酒厨子，谓之“茶饭量酒博士”。至店中小儿子，皆通谓之“大伯”。更有街坊妇人，腰系青花布手巾，绾危髻，为酒客换汤斟酒，俗谓之“焌糟”。更有百姓入酒肆，见子弟少年辈饮酒，近前小心供过，使令买物命妓，取送钱物之类，谓之“闲汉”。又有向前换汤斟酒歌唱，或献果子香药之类，客散得钱，谓之“厮波”。又有下等妓女，不呼自来，筵前歌唱，临时以些小钱物赠之而去，谓之“札客”，亦谓之“打酒坐”。又有卖药或果实萝卜之类，不问酒客买与不买，散与坐客，然后得钱，谓之“撒暂”。如此处处有之。唯州桥炭张家、乳酪张家，不放前项人入店，亦不卖下酒，唯以好淹藏菜蔬，卖一色好酒。

所谓茶饭者，乃百味羹、头羹、新法鹌子羹、三脆羹、二色腰子、虾蕈、鸡蕈、浑炮等羹、旋索粉、玉棋子、群仙羹、假河鲀、白渫齑、货鳜鱼、假元鱼、决明兜子、决明汤齑、肉醋托胎、衬肠沙鱼、两熟紫苏鱼、假蛤蜊、白肉夹面子、茸割肉、胡饼、汤骨头、乳炊羊、炰羊、闹厅羊、角炙腰子、鹅鸭排蒸、荔枝腰子、还元腰子、烧臆子、入炉细项、莲花鸭签、酒炙肚胘、虚汁垂丝羊头、入炉羊、羊头签、鹅鸭签、鸡签、盘兔、炒兔、葱泼兔、假野狐、金丝肚羹、石肚羹、假炙獐、煎鹌子、生炒肺、炒蛤蜊、炒蟹、渫蟹、洗手蟹之类，逐时旋行索唤，不许一味有阙。或别呼索变造下酒，亦即时供应。又有外来托卖炙鸡、爊鸭、羊脚子、点羊头、脆筋巴子、姜虾、酒蟹、獐巴、鹿脯、从食蒸作、海鲜、时果、旋切莴苣、生菜、西京笋。又有小儿子，著白虔布衫，青花手巾，挟白磁缸子卖辣菜。又有托小盘卖乾果子，乃旋炒银杏、栗子、河北鹅梨、梨条、梨乾、梨肉、胶枣、枣圈、梨圈、桃圈、核桃、肉牙枣、海红、嘉庆子、林檎旋、乌李、李子旋、樱桃煎、西京雨梨、尖梨、甘棠梨、凤栖梨、镇府浊梨、河阴石榴、河阳查子、查条、沙苑榲桲、回马孛萄、西川乳糖狮子、糖霜蜂儿、橄榄、温柑、绵枨、金橘、龙眼、荔枝、召白藕、甘蔗、漉梨、林檎乾、枝头乾、芭蕉乾、人面子、巴览子、榛子、榧子、虾具之类。诸般蜜煎、香药果子、罐子党梅、柿膏儿、香药小元儿、小臈茶、鹏沙元之类。更外卖软羊、诸色包子、猪羊荷包、烧肉乾脯、玉板鲊、犯鲊、片酱之类。其馀小酒店，亦卖下酒，如煎鱼、鸭子、炒鸡兔、煎燠肉、梅汁血羹、粉羹之类，每分不过十五钱。诸酒店必有厅院，廊庑掩映，排列小阁子，吊窗花竹，各垂帘幕，命妓歌笑，各得稳便。

如果马尔萨斯看到这出“报菜名”，会不会目瞪口呆？这些“十五钱一份下酒菜”，闲汉、厮波、札客、撒暂穿行的酒肆和小吃铺子可是寻常百姓也能去的地方啊。怪不得“民间所宰猪，须从此入京，每日至晚，每群万数”。开封的猪骨头要是垒起来不会腐烂，规模应该10倍于罗马的陶山吧。

孟元老写《东京梦华录》时，是否曾想起前代杜甫的诗：

忆昔开元全盛日，小邑犹藏万家室。
稻米流脂粟米白，公私仓廪俱丰实。
九州道路无豺虎，远行不劳吉日出。
齐纨鲁缟车班班，男耕女桑不相失。
宫中圣人奏云门，天下朋友皆胶漆。
百馀年间未灾变，叔孙礼乐萧何律。
……

《东京梦华录》的情绪和这首《忆昔》（作于安史之乱结束后第二年，764 年）的情绪是相通的。杜甫身处的朝代，从贞观之治到武则天时代再到开元盛世，120 多年的和平与善政并没有导致人口压力下的贫穷，这何尝不是工商业的高速增长使然？李格非在《书〈洛阳名园记〉后》中回想起当年的繁华，痛彻心扉：

> 方唐贞观、开元之间，公卿贵戚开馆列第于东都者，号千有余邸。及其乱离，继以五季之酷，其池塘竹树，兵车蹂践，废而为丘墟。高亭大榭，烟火焚燎，化而为灰烬，与唐俱灭而共亡，无馀处矣。

太阳底下无新事。西西弗斯的巨石，上山何止三次？每一次“眼看他起朱楼，眼看他宴宾客，眼看他楼塌了”，“落了片白茫茫大地真干净”。

从整个世界范围看，赫梯文明、迈锡尼文明、古罗马帝国的经济下行都和人口压力关系不大，却与政权统治能力的崩坏密切相关——不是收税太多，而是权贵当道、恶霸横行，政府的税收不上来，国家由此枯败。一旦舆图换稿，金陵玉树，全都冰消。

这些文明衰亡之后，所在地区的社会发展程度和人均收入甚至跌落到比文明发轫前更低的水平，以至于光看古罗马帝国这一头和工业革命前夕这一尾，仅论人均收入，世界经济似乎全无进步，这才给马尔萨斯一种幻觉：人均收入基本保持恒定。

这种幻觉在麦迪森的数据处理中也有体现。本书表 4.1（见第 81 页）中最后一列，麦迪森用他估猜的数字计算了全球 GDP 年均增长率。截至 1820 年，他所汇报的这个数字从来不曾超过千分之一，相比最近 200 年年均 1%~2% 的增长率堪称云泥之别。这种对比诱导了一种错误的印象，几乎所有经济学家都把马尔萨斯陷阱当作增长的停滞，而忽略了增长断裂的可能。

什么叫增长的断裂？再以《李氏山房藏书记》为例。按照苏轼的说法，大约两代人之间（50 年左右），从"欲求《史记》《汉书》而不可得"到"诸子百家之书，日传万纸"，仿佛从 1978 年的中国进入 2000 年的中国。这 22 年里，中国人均收入增长了 6 倍有余。北宋就算连打两个半折，算它整整 50 年才增长了 3 倍，那年均增长率也在 2% 以上。如果我们再保守一些，假设北宋的人均收入才翻了一番，那年均增长率也将达到 1.4%，可以媲美工业时代大多数国家的经济增长率。在传统马尔萨斯理论的框架下，一个前工业社会的人均收入以每年 2% 的速度持续增长 50 年是不可想象的——因为马尔萨斯主义者认为，基本口粮之外的商品可以忽略不计，而人均口粮不可能增长 3 倍，所以人均收入不可能增长 3 倍。但这种可能性在两部门框架下合情合理，甚至是一个极端保守的估计。

当然，上述计算只是一个思想实验，实际的增长率可能更高也可能更低，但这提醒我们，历史其实存在这样一种可能：农业时代的核心问题不是增长率赶不上工业时代（要知道，罗马和宋的铜污染在高峰前的增长速度并不比工业革命的起步期慢多少），而是它的增长进程总被打断，打断之后会让之前的经济成就消失殆尽。

前工业时代的长期贫困陷阱到底是增长停滞的结果，还是增长断裂的产物？从实证的角度说，我倾向于断裂，因为目前所有支持停滞说的证据，与断裂说也是吻合的，而支持断裂说的证据，却与停滞说相左。

我理解这种观点与经济史学的传统认知相差太大，一时难以让人接受。但不妨反过来想，从效用品理论这个基准出发，传统认知岂不是更加匪夷所思？效用品几乎不存在，凭什么？在缺乏数据的前提下，历史认知几乎完全取决于理论架构。我们既然有了新的理论框架，并确认了它的优越性，就有了解放思想、实事求是的基础，就该去厘清当初的信念哪些出自确凿的证据，哪些只是理论诱导下的想象。

但是，到目前为止，停滞说还有最后一项优势：它背后有一个马尔萨斯理论来解释长期的贫困陷阱。人们相信停滞说，而不去探索增长断裂的可能，归根结底是因为缺乏一个足以替代传统解释的新理论，来说清：为什么增长会发生断裂？到底是什么力量支配着人类文明西西弗斯式的命运？从下一章起，我们就要尝试解开这个谜团，打破传统历史观最后仅存的优势。解谜的钥匙，仍然在看似简单的两部门模型里。

本章小结

- 长期贫困陷阱仍然是存在的。但是，用马尔萨斯理论下的增长停滞来描述古代世界是欠妥的。

- 人均收入随文明兴衰波动剧烈，好比西西弗斯推石上山，反复滚落。马尔萨斯陷阱就其形态而言也是一个西西弗斯陷阱。

- 真正需要追问的，是增长为什么会断裂，会夭折，趋向于萎缩而不是扩散。

第二部分

流深

第 6 章
人口漏斗

旅途指南

本书第一部分留下了一个悬疑：生存品与效用品这两大部门为什么会平衡增长，以致古代世界的人均收入不能持续、稳定、普遍地进步？从本章开始的第二部分即将揭晓答案。第二部分共有四章。第 6 章介绍基础模型。第 7 章讨论历史案例。第 8 章用计算机模拟历史。第 9 章从方法论角度确认新理论对传统理论的替代。在全书的三个部分中，第二部分是最核心的内容。

解释平衡增长

我第一次完整汇报这项研究，是 2012 年在加州大学戴维斯分校的一个学术会议上[①]。格里高利·克拉克恰好是这所学校经济系的教

---

① 一年一度的加州大学系统经济史应届博士毕业生学术报告会。2012 年的会议主场是戴维斯分校。

授。几年前克拉克教授出版的*A Farewell to Alms*当时在学界广受关注，我当着他的面汇报我的研究就好像是登门砸场一样，现场三四十位经济史领域的同行之间充满了快活的气氛。

我介绍完两部门模型，把克拉克教授的观点拿出来"痛批"一番后，克拉克教授在满屋子嘈杂的议论声中插话了："你说得好像还挺有道理的。*A Farewell to Alms*再版的时候，我也许能把你的模型写进书呢。可是，我有一点不明白，如果这个模型成立的话，到头来，为什么人均收入到工业革命前还那么低呢？"

等的就是这一问。

"这正是我接下来要解释的。"

全场瞬间安静。

克拉克教授的这个问题，也就是第2章总结的平衡增长之谜。让我们再回顾一下这个公式：

$$g_U = \beta(g_B - g_A)$$

人均福利的增长率 g_U，等于效用品部门的比例 β 乘以效用品、生存品两部门技术进步率之差 $(g_B - g_A)$。要使人均福利在长期中保持恒定，$g_U = 0$，必须使效用品部门的比例 $\beta = 0$ 或者两个部门的技术进步率相等，即 $g_B = g_A$。但是，效用品部门的比例不可能为零，$\beta > 0$，所以 g_B 和 g_A 必然相等。

可是，效用品部门为什么会跟生存品部门等比例增长呢？工商业技术有那么多条理由比农业技术进步得更快，为什么直到200年前大多数人的物质生活还是那么贫苦？不回答这个问题，我的理论就不算彻底成立。

在找到那个最终的答案前，我曾走过很多弯路。我想到的第一种解释是，进化适应。尽管效用品增长得比生存品快，但是一种效用品用久了以后，人类的基因演化会让它变成一种生存品。比如，人类幼儿在过了哺乳期后，一般不需要乳糖，所以消化系统内水解乳糖所需的乳糖酶就会消失，幼儿摄入乳糖一多就容易腹胀和呕吐。东亚绝大多数成年人都有“乳糖不耐”，而在西北欧，成人乳糖不耐的比例很低。西北欧乳糖耐受性之所以高，是因为这个地区食用乳制品的历史更长，那些乳糖不耐受的个体在这个地区就会因为无法利用乳制品的营养而留下更少的后代。在这个例子里，自然选择使乳制品这一效用品越来越具有生存品的特质。这就是进化适应。

无疑，进化适应可以部分解释人均效用品的低下。但是，基因的演化是比较缓慢的过程，而且进化适应只适用于食物，对食物以外的效用品解释力十分有限。它不可能是平衡增长之谜最终的答案。

第二种解释是，物以稀为贵。钻石之所以珍贵，是因为稀缺。欧洲人刚把玻璃珠子带到美洲时，印第安人也稀奇得不得了，拿金子来换。人们渴求这些商品，是想把它们当作炫耀人无我有的工具。当这些商品产量一多，大家就不喜欢它们了。所以偏好与产出结构是联动的。对这类炫富商品来说，产出结构越是偏向它们，无差异曲线就越是偏离它们，所以效用品增长没能带来持续稳定的福利增长。

这种解释在数学模型上说得通。但是，它只能解释为什么效用品的增加没有使人更开心，却不能解释为什么一个社会压根儿就没多少效用品。当马尔萨斯讨论贫困陷阱的时候，他所讨论的显然是后者而不是前者。

第三种解释是，动态平衡。这个解释来自阿克洛夫教授的指点。阿克洛夫教授听到我把马尔萨斯陷阱之谜归结为两部门平衡增长之谜后，精神一振：“啊，那问题就解决了。你去看索罗和萨缪尔森 1953 年的论文。”这是两位诺贝尔经济学奖得主合作完成的一篇纯理论论文，在他们辉煌的学术履历中很不起眼，但其精致优雅令人叹服。在那篇论文里，索罗和萨缪尔森使用不动点定理证明了，如果一个双变量的动态体系可以被描述成：

$$A_{t+1} = F_A(A_t, B_t)$$

$$B_{t+1} = F_B(A_t, B_t)$$

且 F_A 和 F_B 都满足规模收益不变的条件[①]，那么 A 与 B 就会沿着一条稳定的路径平衡增长（增长率相等）。

“要是 A 是生存品技术，B 是效用品技术，不就……”我刚读到这篇论文时很兴奋，虽然两位祖师爷 1953 年就把这证明出来了，但一想到能把不动点定理用到自己的研究里，并用它最终解释古代社会的长期贫困，还真有点恍惚，好像自己是被阿罗、德布鲁、纳什附体似的——阿罗和德布鲁用不动点定理证明了一般均衡的存在性，纳什用不动点定理证明了纳什均衡的存在性。难道马尔萨斯陷阱的真相也藏在不动点定理里头？

可是，整整一个多月，我把索罗和萨缪尔森的论文嚼得稀烂也没能说服自己，效用品部门和生存品部门的技术进步凭什么满足规模收益不变。我设想了无数可能，都无法自圆其说。把马尔萨斯之谜归结为平衡增长之谜，再把平衡增长之谜归结为恒定规模收益之谜，还是一个谜。新谜和老谜一样难解，并没有解决这个问题。

---

① 当所有自变量同时增加或缩小一个倍数时，应变量也随之同比例变化。在经济学中，规模收益不变一般出现在对生产函数的假设里，以作为一种中性的情况，或使模型更易求解。

我当时实在想不出其他任何解释，研究就此中断[①]。但这个谜一直梗在我的心里。后来的一年中，我几乎一躺到床上就开始想它。

我在读博期间有写学术博客的习惯，我会把那些思考略成形但不具备继续研究价值的课题写成博客。因为一直想不明白平衡增长的原因，在经历整一年的徒劳无功后，我决定放弃这个研究，把它写成一篇博客，以志永别。谁知，就在那篇博客写到一半的时候，鬼使神差，我居然自问自答，对这个问题写下了一个全新的猜想——族群竞择。

在解释这个猜想前，我需要用本章剩余的篇幅先介绍一个假说：移民定向性假说。这个假说来自对两部门模型的一个拓展。这个拓展是我当初写下两部门模型后第二天就完成了的，但我一直没有意识到它包含着对马尔萨斯陷阱的最终解释，直到准备放弃这个研究时才猛然醒悟。

之前在介绍两部门模型时，我们不曾谈论过贸易或移民。模型中只有一个孤立的经济，仿佛一个四面环海、与世隔绝的小岛。但现实中，除了古代波利尼西亚的岛屿外，大多数经济体都与其他经济体发生着物资的交换和劳动力的流动。任何一个训练有素的经济学研究生都会很自然地去思考：贸易和移民会使这个模型产生什么样的变化呢？

接下来，我要讲三个小模型，模型的样子和两部门模型差不多，唯一的差别就是引入了地区之间的贸易或移民。

① 斯特鲁利克和韦斯多夫（Strulik & Weisdorf, 2008）还提出过一个解释。我在尾声中会介绍这种解释及其错误。

模型 1：只有贸易，没有移民，局部地区发生了效用品技术的进步。

模型 2：只有移民，没有贸易，局部地区发生了效用品技术的进步。

模型 3：只有移民，没有贸易，局部地区迎来了效用品文化的兴起。

现实中贸易与移民当然是并存的，但两者同时出现在模型里会导致图形缭乱不清，所以我在不影响模型一般性的前提下只做分开讨论。

这三个模型能帮助我们理解：移民存在定向性。移民倾向于从产出结构偏向生存品的地区走向产出结构偏向效用品的地区，从社会文化偏向生存品的地区走向社会文化偏向效用品的地区。在技术和文化上相对倾向于效用品的地区就像一个从周围吸噬人口的漏斗。在这个人口漏斗的中心，死亡率高于出生率[①]；而在漏斗的裙边（生存品地区），出生率又高于死亡率。处于漏斗中心的人口过度死亡，依靠周围生存品地区的人口盈余和盈余人口的持续迁入才得以维持人口的平衡。移民涌入、凋零、涌入、凋零……

人口漏斗并不是古代移民的唯一模式，却是所有移民模式中定向性最为突出、与社会效用品化程度关系最密切的一种移民模式。

这部分的模型并不难。其中模型 1 的难度相当于经济学中级课程的水平（中级微观和中级宏观经济学是在经济学原理课之后的课程，

---

① 更准确地说是人口自然增长率低于人口净增长率。如果额外假设人口平衡，则在平衡状态下等效于“死亡率高于出生率”。

一般安排在大学本科二年级）。如果你学过中级微观经济学，这些内容对你来说就驾轻就熟。

如果你没有学过中级课程，不妨跳过模型 1，从模型 2 读起（亦即跳过 6.2 节，从 6.3 节开始读起）。模型 2 和模型 3 只相当于经济学原理课的水平，非经济学专业的读者也能理解。这两个模型虽然更简单，但反而比模型 1 重要，是本章的核心内容。

接连几页的推理，如果你光捧着书看，很容易晕乎。我建议你拿出笔和纸，跟着讲解，自己把模型推一遍。如果我讲到某个地方，你已经了解了模型的设定和后续的目标，那就不妨撇开剩余的讲解，自己直接推演下去，把我的讲解当个参考答案即可。甚至我没有讲到的东西，你也可以自行拓展。

倘若你实在不想和模型打交道，那就只能凭着信心来接纳上述结论了。所幸，跳过这些模型，直接从 6.5 节开始阅读，也不会影响本书后续内容的阅读和理解。

好了，让我们再度开始愉快的“数独”游戏吧（预计耗时 30~60 分钟）。

贸易零成本，还移民做什么

我们先讨论贸易。为了清晰简洁地研究贸易，我暂且排除移民的可能性。假设有无数个紧邻的村庄，彼此之间货物自由交易，没有任何货运和谈判的成本。这些村庄都只有两种商品——面包和钻石。所有的村庄起初都一模一样，有着相同的人口、偏好、技术和资源，所以它们的人口平衡线、无差异曲线、人均生产可能性边界都一模一样

[见图 6.1（a）]。所有的村庄都处于相同的消费生产均衡 E 点上。

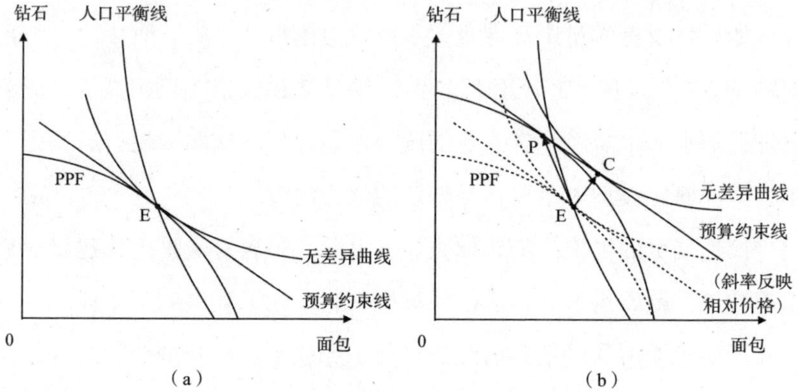

图 6.1　无摩擦贸易下的效用品技术进步

只要钻石和面包之间存在交易，那么经济中就有钻石和面包之间的比价。这个比价等于无差异曲线和生产可能性边界相切处它们共同的切线的斜率。如果比价不等于这条切线的斜率，比方说，钻石比这个斜率反映的比价更贵一些，那么生产者就沿着生产可能性边界向上爬，生产比 E 点更多的钻石；而消费者看到钻石更贵了，又会减少钻石的消费。供给多了，需求少了，钻石相对于面包的价格就得跌落，一直到恰好等于斜率的位置，供需才恰好平衡。这条斜率等于比价、切过生产可能性边界的直线在经济学上称作预算约束线（budget constraint）。之所以叫这个名字，是因为对经济中的一个个体来说，给定其他人都选择在 E 点消费和生产，他在当前的价格下能够选择消费的点是预算约束线下的三角形空间。

对一个完全没有接触过经济学的读者来说，上面这段介绍预算约束线的文字可能是本书最难理解的部分了。好在本节内容对于理解全书并非必要，如果上面这段话让你困惑，请把它抛在脑后，跳过本节余下内容，直接从 6.3 节继续往下读就可以了。

好。既然所有的村庄都有着相同的无差异曲线和生产可能性边界，它们相切的切线也相同，所以各村庄面包和钻石的比价也相等。谁的钻石也不比谁的便宜，村庄之间就不必发生贸易。

现在，假使有一个村庄突然掌握了一项开采钻石的新技术，生产可能性边界纵向扩张［见图 6.1（b）］。因为贸易完全没有成本和摩擦，所以这个村庄的钻石和面包的比价必须与其他村庄保持相等——否则价差会产生套利空间，而贸易会抹平一切套利的机会。因此，生产可能性边界纵向扩张后，这个村庄生产者面临的比价将与邻村的比价相等。我们已经假设周围有无数的村庄，所以当前这个村庄的技术变化尚不足以影响“世界”通行价格。故而，新的预算约束线与初始的预算约束线平行。对应于这个比价，生产者最有利可图的生产点是图 6.1（b）和图 6.2（b）中的 P 点。村内消费者面对这个比价，他们在无差异曲线与预算约束线的切点 C 处实现效用最高的消费。消费点与生产点不再重合，这意味着这个如今在钻石技术上有比较优势的村庄，会生产多于自己消费的钻石，而消费多于自己生产的面包——它会出口钻石，换取面包。

消费点 C 既然在人口平衡线的右侧，人口就要增加，生产可能性边界就要回缩，而整个过程中由于无摩擦贸易的力量，预算约束线始终保持平行。最后的均衡如 6.2（c）所示，生产点会从 P 移动到 P’点，而消费点会从 C 回到最初的均衡点 E（在人口平衡线其他的点上，无差异曲线无法与预算约束线相切，故不能成为均衡）。这个经济仍然会出口钻石换回面包，但是其消费结构和消费水平与技术进步之前的状态一模一样。我们由此得到一个有趣的结论：在马尔萨斯条件下，从人均收入的角度说，贸易对生产效用品有比较优势的经济来说并不是好事，因为，在贸易零摩擦的假设下，钻石村的面包和面包村一样便宜，人们该生生，该活活，钻石村无法通过产出结构的效用品化实现均衡人均收入的提升。均衡要上升，除非贸易存在摩擦，或者这个经济相对于整个世界的比重足够大，以至于它的产出结构变化足以改变世界范围内钻石和面包的比价。

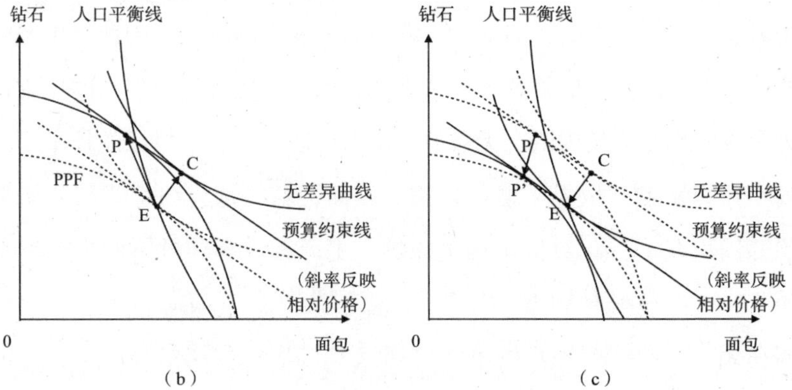

图 6.2 无摩擦贸易下效用品技术进步后的均衡

以上分析假设地区间无法移民。不过，在最后的均衡里，由于各个村庄的消费点和人均福利完全相同，恰巧也不存在村庄间移民的动机。

感兴趣的读者不妨自己画个图研究一下，如果那个村庄不是在钻石技术上取得进步，只是对钻石的相对偏好有了增长，均衡人均福利在贸易零摩擦的假设下会怎么变化。

产出结构差异造成的定向移民

分析完贸易，我们来分析移民。接下来的两个模型难度只相当于经济学原理课的水平。即使没有学过经济学，也不用犯怵。

模型世界仍是一片村庄的海洋。为便于分析，假设村庄之间有个奇特的约定：货物无法流通，而劳动力可以无摩擦地自由流动。流动规则很简单：人往高处走，永远去往福利更高的地方。移民零成本而货物不流动，这是为简化分析而做的非敏感假设。所谓非敏感假设是指即使放松这个假设，允许贸易和移民同时发生，也不会影响模型的核心结论，只是模型会显得过于繁复，影响说理。

仍然是初始条件完全相同的无数个村庄，其中一个在钻石开采技术上取得了进步，生产可能性边界纵向扩张，我们称之为钻石村［见图 6.3(a)］。由于村庄间不能贸易，这个模型中不涉及预算约束线。

要是完全禁止移民，这个村庄会从 E 点移动到 E' 点，然后人口扩张，生产可能性边界回缩，最后在人口平衡线上落到一个比初始均衡 E 点更高的位置。但是，因为假设移民不仅存在，而且瞬间完成，没有成本，所以村子内外的人均福利必始终相等。钻石村的无差异曲线只要稍高于外村，外村移民就会涌入，使生产可能性边界萎缩，无差异曲线回落到与外村重合的位置。因此，钻石村的无差异曲线将始终保持在初始位置，与外村一致［见图 6.3（b）］。可是，钻石村的产出结构已经发生了变化，生产可能性边界变得更加陡峭。所以，对应于不变的无差异曲线，钻石村新的均衡会处于更陡峭的生产可能性边界和初始无差异曲线的切点 E” 上。

请注意，钻石村的新均衡 E” 点处于人口平衡线的左侧，该点处

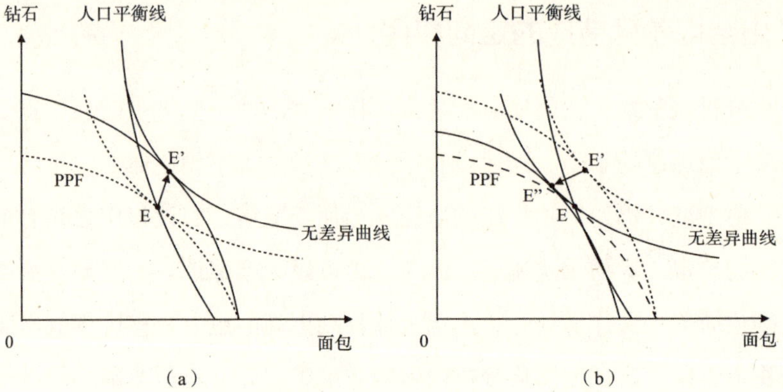

图 6.3　无摩擦移民下效用品技术提高后的均衡

死亡率高于出生率，自然人口变化率为负。按理说，当人口过度死亡时，生产可能性边界应该向外扩张，可是生产可能性边界一扩张，人均福利的提高又会吸引来新的移民。所以，钻石村内的人口其实是稳定的，只是其人口不断的过度死亡恰好被外村持续的移民填平。只要钻石村的产出结构不变，钻石村的人口就会不断凋零，而外村的移民也将持续涌入。涌入，死去，涌入，死去……钻石村就像一个漏斗一样不断吞噬着原住民和外村的移民。

与此同时，当外村移民持续涌入钻石村时，外村的生产可能性边界会向外扩张，它们的均衡会随之落到人口平衡线的右侧，出生率高于死亡率，其额外增加的人口恰好填补移民造成的空缺。为了使这个图不至于太缭乱，我假设钻石村外围有无数的村庄，因此每一个外村均衡右移的效应可以忽略不计，只是它们的总和恰好与钻石村左移的效应相互抵消。但是，如果我们分析的是一对大小相当、产出结构有异的经济，就必须正视外村均衡右移的效应。

需要指出的是，要出现人口漏斗，贸易必须存在摩擦。如果贸易完全无成本，那么均衡就会像 6.2 节的贸易模型所揭示的那样，钻石村内外消费点重合，没有人再有动机移民了。所以，贸易是对移民的替代。现实中，贸易和移民都有成本，所以真相处于两个模型之间。给定贸易存在成本，在效用品丰富的地区，效用品会比较便宜，而在生存品丰富的地区，生存品会比较便宜，贸易无法完全抹去这种比价的差别。因此，移民仍然有利可图。而给定移民的成本，效用品丰富的地区人均福利会高于生存品丰富的地区，移民也无法完全抹去人均福利的差别。

有人可能会说，移民的成本比贸易大多了。既然上一节的贸易模型证明贸易能够代替移民，移民就应该忽略不计。这是一种误解。贸易和移民的成本不可以做简单的比较。对一件商品来说，它值不值得流动到另一个地区，取决于运输成本与地区间差价的比较。而对移民来说，要比较的是移民成本和两个地区未来收入流的贴现总和之差。即使移民成本比货运成本贵一点儿，但是未来收入流的总和要比货物的价格高出若干个数量级，其两地之差一般也比物价之差高出若干个数量级。所以贸易很难完全替代移民，模型的结论对于上述极端假设的放松是稳健的。

总而言之，地区间产出结构的差异会导致持续的人口漏斗式的移民，这类移民的方向总是从生存品相对富裕的地区向效用品相对富裕的地区移动。效用品富裕地区的居民过度死亡，又靠来自生存品富裕地区过度繁殖的人口来填充。产出结构的差异越大，贸易越是困难，移民阻碍越小，这个漏斗就漏得越快。

社会文化差异造成的定向移民

地区间既存在产出结构的区别，也存在社会文化的差异。效用品偏好上存在差异的地区之间是不是也存在移民呢？移民的方向又是怎样的？

仍然假设初始状态下有无数完全相同的村庄，彼此间不能贸易，但移民没有成本（为简化模型所做的非敏感假设）。只不过，这次的故事里不再有技术的冲击，只有文化的变迁。想象一个村庄，那里的习俗本来和邻村一样，小伙儿求爱都只送姑娘一颗钻石。突然之间，那个村庄的社会风气有了变化，时兴送两颗钻石了。这个模型会变成什么样？你能自己画出这个模型吗？

如果你还没有开始自行推导，我建议你暂时别往下读，珍惜本节内容，当作最后的机会，拿出纸笔尝试一下自主探索。探索不出也没关系，尝试过失败过，才会有“愤悱”的感觉，学习起来事半功倍。

钻石偏好的强化，表现在图 6.4（a）中，就是无差异曲线变得更为平坦了。经济随之从 E 点移动到了 E’ 点。邻村人会不会眼红钻石村的生活呢？暂时还不会，因为 E’ 点对应的福利按照外村的无差异曲线，要低于当前外村的福利水平。不过，E’ 点在人口平衡线的左侧，所以当钻石村在生产计划上拿面包换取更多钻石时，人口下降了。人口下降的方式五花八门：有钱献出两颗钻石的小伙儿，在娶到姑娘后，没有足够的面包养那么多的小孩；没钱买两颗钻石的小伙儿孑然一身；姑娘们被父母的聘礼要求耽误，成了大龄未婚女青年……人口的下降导致生产可能性边界的扩张。倘若彻底禁止移民，钻石村会在人口平衡线上找到新的均衡。但是，现在允许移民，所以这个村庄的人口只要下降到 E” 点，外村人眼中这个村庄的福利水平就有了吸引力。移民开始涌入，钻石村的人口也不再下降。E” 点成了一个动态均衡。这一点处于人口平衡线的左侧，所以钻石村的死亡率始终高于出生率。同时，过度死亡的人口被持续不断的移民填补，这才维持了恒定的人口。

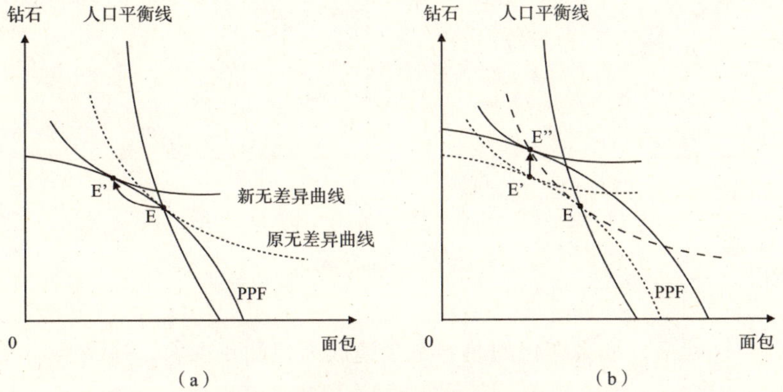

图 6.4　无摩擦移民下效用品偏好提升后的均衡

上面这段分析假设外村移民预期自己移民后会保持旧环境里的偏好，所以他们是用家乡的无差异曲线比较 E” 点和原来的消费点 E。如果他们预期自己的偏好会入乡随俗，那么移民将在文化变迁的初刻就发生（见图 6.5）。

如图 6.5（a）所示，外村人如果用钻石村的无差异曲线来比较钻石村文化变化后的消费点 E’ 和自己的消费点 E，E’ 的福利高于 E，所以预期自己会入乡随俗的外村人从一开始就会移民。移民的涌入使生产可能性边界萎缩，直到动态均衡 E” 点在新的无差异曲线下与 E 点福利相等。移民的流出会使外村的生产可能性边界扩张，处于人口平衡线的右侧（只是为了分析的便利，我们假设有无数个邻村，所以在图中不做额外标识）。

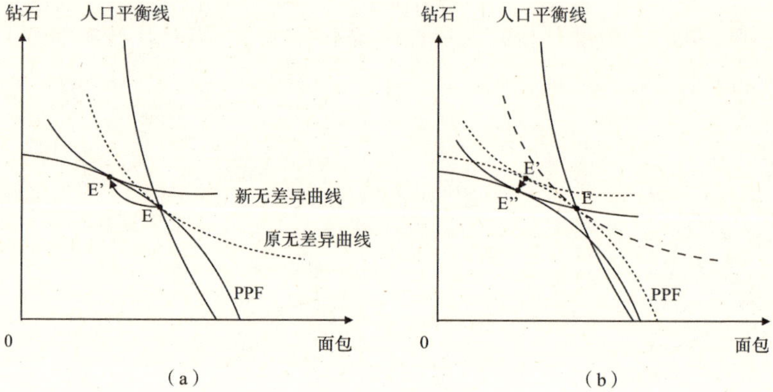

图 6.5　入乡随俗均衡

归结起来，社会文化的差异也会造成人口漏斗现象。移民会从艰苦朴素（偏好面包）的地区向奢侈淫靡（偏好钻石）的地区移动。俭朴地区的出生率高于死亡率，额外的人口以移民的形式持续填充淫靡地区过度死亡造成的空洞。在入乡随俗均衡中，钻石村人均拥有的钻石并不会增加多少，却会损失大量的面包。在移民无摩擦的条件下，对钻石村来说，钻石不再是免费的。即使有那么多该生未生、不必死已死的人付出了代价且持续牺牲，钻石村里的日子反而过得更惨。

古罗马和英国工业革命初期肮脏丑陋的城市生活，很大程度上也是开放贸易和移民的结果。这两个经济都有着极为便利的海运、河运条件，来自埃及等地的粮食支撑着罗马上百万主要由移民构成的人口。贸易和移民繁荣了整个国家，同时也约束着中心城市的人均收入。

但我们并不能因此就说贸易和移民不好。贸易会增加周边地区效用品的供给，移民能缓解周边地区的人口压力，所以周边地区的均衡人均福利会提高。我们只能说，在引入贸易和移民后，一个地区要真正实现人均福利的飞跃，只有两种途径，要么带动周围地区一起提高，要么切断移民的流入“独自翱翔”。但接下来的章节会说到，阻碍移民会妨碍绝对技术水平的进步，为国家的最终覆亡埋下伏笔。

对于上面的贸易、移民模型，读者可能有 3 点疑惑。

第一，为什么钻石村的新移民也像钻石村本地人那样爱好钻石，以至于没有足够的面包养孩子？

第二，为什么明知道钻石村是个人口漏斗，外村人还要往里钻？

第三，人口漏斗在现实中发生过吗？

先回答第一点疑惑。

想象你自己是个谔谔的“钢铁直男”，在时兴用两颗钻石求婚的钻石村里坚持只用一颗钻石。你的下场会怎么样？虽然你省下更多的面包钱，你和你的后代活下去的概率增加了，但是等等，你的后代？首先……你得有一个女朋友呀。

相亲时，女方不会说你善于过日子，只会说你是穷光蛋，你的基因留存下来的概率还是减少了。就像红杉树一样，给定别的树都长得那么高，选择长矮也许能给整片树林带来更多空隙，让阳光洒入，但对这棵树自身来说，它得到的阳光变少了，对它的生存繁衍不利。社会习俗是一种均衡，给定每个人都按照习俗的标准过日子，你按照习俗过日子一般来说也是最好的。如果大家共同协调，一起偏离这个习俗，也许可以改善社会整体的生存繁衍。但是在别人都没有改变的时候，一个人偏离社会习俗，只会降低他自己繁衍的机会[①]。所以，当移民进入钻石村时，只要他想在当地找媳妇，就得按照钻石村的方式来生活，该相亲相亲，该送两颗钻石就送两颗钻石。

这里有一个关键点需要注意。钻石和面包都是生存繁衍的手段，我一直把人的福利定义在这些商品上而不是繁殖目标本身。如果人类的追求不是作为手段的商品而直接是终极目标——繁衍本身，那么上面的移民模型就无法成立。

这就引出了第二点疑惑。生存品地区的人如果一心谋求繁衍，他们一旦预期自己将进入一个人口漏斗，谁还愿意移民到效用品地区？所以移民模型依赖于一个事实：尽管基因驱动人类享用商品是为了自身的繁衍，但人类的好恶只停留在商品层面，他们很少去刻意计算自己的繁殖机会并按照计算的结果来生活。

在一个孤立的经济里，爱好钻石能够增加自己繁殖的机会，所以爱好钻石还是爱好繁殖在行为上无从区分；但在可以移民的环境里，为了钻石而定居钻石村就是一种自杀行为，而这恰恰是人类一直在做的事情。

按照繁殖最大化来说，今天每个条件合适的男性最应该做的事情就是去捐献精子，可是真正这么做的人又有几个？果真去捐献精子的男性，大多数也不是为了传播基因，而只是奔着捐精的金钱补贴。

现代人收入远高于古人，足以养活十多个孩子，但是有几对夫妻

---

① 这么表述并不全面。也存在一些社会习俗的均衡，要求人们奉行与众不同的策略。最后的均衡可能是一定比例的人奉行 A 策略，一定比例的人奉行 B 策略。但后文讲到族群竞择时，你会发现，这并不影响这个社会以整体的策略组合参与族群竞择。

愿意生养不辍？

在大城市婚嫁、生育、抚养如此艰难，可是仍然抑制不了年轻人定居北上广深的热情。

有个段子说，单身博士的硕士班同学谈恋爱时，他的本科同学正忙结婚，高中同学在生娃，初中同学刚送孩子上托儿所，小学同学的孩子都已经上学了。教育延迟了婚姻和生育，但这仍未改变人们对学历的追求，越高越好。

所有这些现象背后都有一个共同的原理：人的基因在给人的欲望编程时，并没有直接把繁殖最大化编进程序，而只是零散地为一大堆东西设定了欲望的参数，决定其强弱缓急。正是这种编程方式使得工业化时期的英国农民心甘情愿地往城里跑，在那里无怨无悔地饱尝疾病和污染的折磨，结不得婚，生不得娃，在孤独中死去[①]。

---

① 生物学和人口学把这种持续造成基因替代的移民称为 source-sink migration（直译为“从源头到漏斗的移民”），对它的研究也形成了庞大的文献，但还没有人指明这种移民模式与社会效用品化程度（群己矛盾）之间的联系。生物学家把漏斗地区叫作“生态陷阱”（ecological trap），把生态陷阱的成因狭隘地描述为诱骗生物向低质量栖息地迁徙的认知陷阱（perceptual trap）：生物被一些表象特征欺骗，误以为漏斗区的生活更美好（Battins, 2004; Weldon & Haddad, 2005; Donovan & Thompson, 2001）。从这个狭隘定义出发，生态陷阱只被看作是急速环境变化的结果。环境变化过快，进化暂时还赶不上变化，才使认知陷阱发生。显然，这脉文献也陷入了我在缪尔森林旅行前曾经经历的思维盲区。研究者的思维还停留在望文生义的“适应度”概念上，忽略了群体适应度和个体适应度的矛盾，以至于把效用品窄化为基因进化中的误差和滞后。

定向移民的证据

第三点疑惑，人口漏斗在现实中发生过吗？有没有定向移民的历史证据？

100 多年前一个杰出的地理学家恩斯特·乔治·拉文斯坦（Ernst George Ravenstein）（1834—1913）写了一部伟大的著作《人口迁移律》（*The Laws of Migration*）。他用英国的人口普查数据总结了移民的许多特点。其中一个发现特别有意思。他统计了英国各个县当时的常住人口，以及全国范围内出生于这个县的人数。常住人口与本地出生人口之差可以叫作人口失衡量，人口失衡量与常住人口的比例可以称为人口失衡度。比方说，一个县目前住着 20 万人，但全国范围内出生于这个县的有 30 万人，说明这个县是一个人口流出县，人口失衡度记为 –50%。反之，如果全国范围内出生于这个县的只有 10 万人，它现在有 20 万人，就说明这个县是一个人口流入县，人口失衡度为 50%。按照我们上面移民模型的推论，工业县一般会是人口流入县，而农业县更可能是人口流出县。事实是不是这样呢？拉文斯坦的数据恰好允许我们检验这个假说。

拉文斯坦统计了各个县的农业人口，如果一个县的农业人口比例高于全国的农业人口比例，他就称之为农业县，否则就称之为工业县。图 6.6（a）中是样本中工业县的人口失衡度。29 个工业县中 23 个都是人口流入县。图 6.6（b）中是样本中农业县的人口失衡度，88 个县里 72 个是人口流出县。这个现象非常符合定向移民模型的推论。

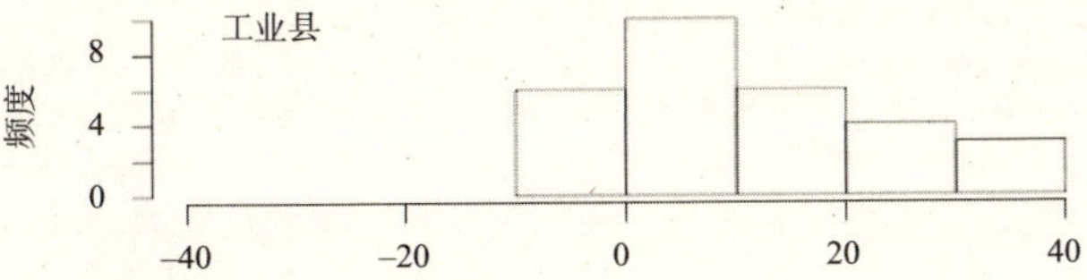

（a）

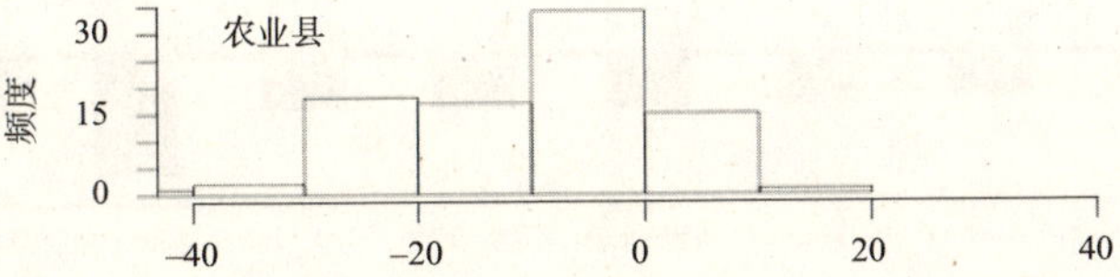

（b）

人口失衡度（%）=（常住人口 – 出生人口）/ 常住人口

图 6.6　英国人口失衡度

数据来源：Ravenstein（1885, p185~186）。

再举个例子。和布拉德福特·德隆一起教我经济史课的简·德弗里斯教授有一本著作《欧洲的城市化：1500—1800》（*European Urbanization, 1500–1800*）。书中统计了欧洲北部和地中海沿岸这两个区域城市人口的净增长率和自然增长率（图 6.7 和图 6.8）。人口净增长包含了移民的流入流出，而自然增长只算出生和死亡。1500—1800 年，大多数时候这两个地区的城市每年的人口自然增长率都在 –0.3% 左右，死亡率高于出生率。但与此同时，这些地区的净人口增长率是 0.3% 左右。城市人口得以扩张完全依靠周边农村每年相当于城市人口 0.6% 左右的持续移民。在城市和农村之间，城市就扮演了人口漏斗的角色。

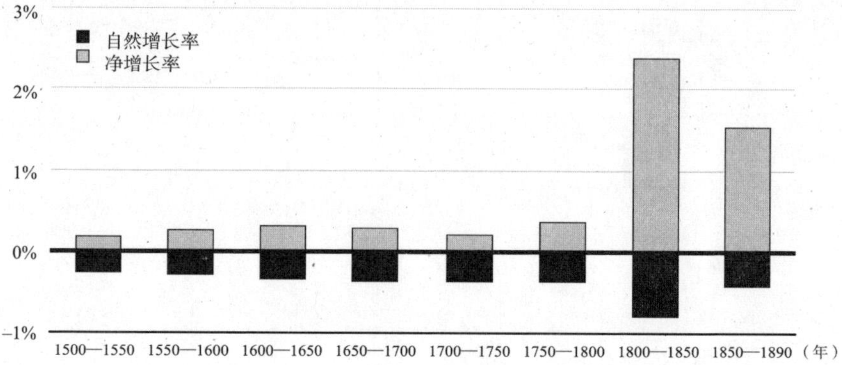

图 6.7　1500—1890 年北欧城市人口增长率

数据来源：De Vries（2006, p203~208）。

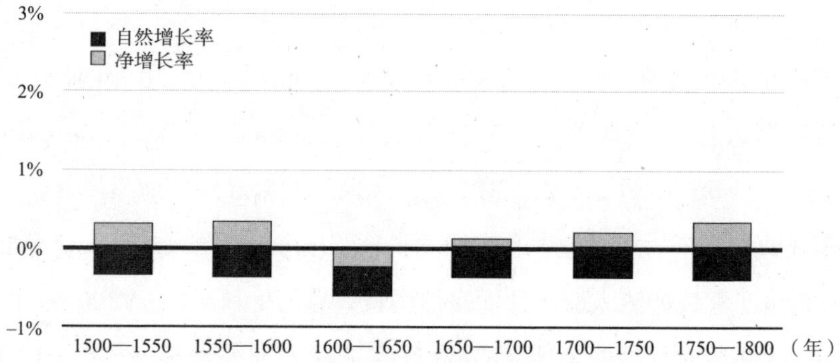

图 6.8　1500—1800 年欧洲地中海区域城市人口增长率

数据来源：De Vries（2006, p.203~208）。

图 6.7 背后还有一件有趣的事情。19 世纪上半叶欧洲北部城市的年人口净增长率达到了 2.4%，而与此同时，人口的自然增长率下跌到了 –0.8%。按照马尔萨斯理论，人口的自然增长率由人均收入决定，

当人口自然增长率下跌到 –0.8% 的程度时，城市的人均收入应该发生了严重的恶化（穷则死）。可是，一个人均收入严重恶化的地区为什么反而能每年吸引比以往更多的移民——达到了本地人口的 3.2%（2.4% + 0.8%）？这是马尔萨斯理论难以解释的。但在两部门的定向移民模型里，这恰恰是最自然的结果。19 世纪上半叶，在欧洲北部地区，城市的效用品技术快速增长，而农村的生存品技术也快速增长，城乡之间产出结构的差异趋于两极化，人口漏斗自然更深、更大了（读者可自行验证此结论）。

需要重点说明的是，上面举的两个例子，都是城乡间的移民，但是生存品富裕地区向效用品富裕地区的移民要比城乡移民的范围广阔得多。我拿城乡间移民来说明人口漏斗现象，只是因为城乡间移民数据较易获得而已。其实，在像亚洲、非洲、美洲那样的大陆上，到处都发生着生存品区向效用品区的移民。村庄与村庄之间，气候区与气候区之间，内陆沿海之间，大洲的两端之间，从几十公里的尺度到上万公里的尺度，大漏斗套着小漏斗，一圈漏斗叠着一圈漏斗，无时无刻不在发生着这样的移民。如果把效用品理论运用到动物界乃至植物界，那么只要你能清楚地指明对一种动植物来说何为生存品何为效用品，这种动植物也必然经历着从生存品区向效用品区的迁徙和替代，从陆地到海洋，概莫能外。

替代之后会怎样？这和马尔萨斯陷阱，或者说西西弗斯诅咒之谜，又有什么关系？下一章，我们就要揭开谜底。

本章小结

- ◆ 对平衡增长之谜唯一正确的解释——族群竞择——与人口漏斗有关。

- ◆ 在人口漏斗模型里，人们倾向于从产出结构和社会文化偏向于生存品的地区移民到偏向于效用品的地区。当两个地区都实现人口平衡的时候，效用品化的地区就成了一个人口漏斗。在那里，死亡率高于出生率，人口过度死亡，缺口就由生存品化地区的富余人口通过移民（和侵略）来持续填补。

- ◆ 近代人口数据中可以观察到人口漏斗现象。

第 7 章
木秀于林

旅途指南

在定向移民的基础上，只要让移民扮演知识传播者的角色，就会自然而然地得到族群竞择理论。

族群竞择

从效用品理论到人口漏斗，是水到渠成的一小步。但走完这一小步后的 3 年里，我对马尔萨斯陷阱的成因百思不解，却没有意识到答案就藏在人口漏斗里头。

我的思维一直局限在孤立经济的增长问题上，试图用抽象的数学方法为两部门间的平衡增长找出一个解释。这大概是经济学科班训练造成的思维定式。这一定式对别的问题管用，但在眼下这个问题上，它是一条死胡同。幸运的是，那天写博客时，我抱着彻底放弃的心理，反而意识到一个最简单的道理：技术和文化会随移民而传播。

人口漏斗模型告诉我们，移民是有偏向的。他们追逐更高的生活水平，而生活水平又取决于产出结构和社会文化的效用品化程度。所以，人们倾向于从产出结构与社会文化偏向于生存品的地区移动到偏向于效用品的地区。效用品地区就像一个人口漏斗一样，从周围吸收移民。而在漏斗的内部，人口死亡率高于出生率，只是借助于持续的移民才得以维持人口。伴随着这种定向的移民，技术和文化的传播当然也是有所偏向的，偏向于生存品的技术和文化容易传播开来，而偏向于效用品的技术和文化容易被局限一隅。

设想这样一种可能：即使效用品技术的增长在每一个地区都天然地快于生存品技术的增长（仅指趋势项，趋势项外还有随机扰动），但是生存品技术在传播上的优势能够抵消其在增长上的劣势，以至于从长期看，在世界范围内，生存品技术和效用品技术几乎就是平衡增长的。与之相呼应，在文化上，或许也存在这样的规律：即使每一个社会的文化都有越来越偏向效用品的天然倾向，但是在文化上相对倾向于生存品的民族更具有繁衍的优势，他们通过移民和战争不断淘汰骄奢淫逸的近邻，以至于从长期看，整个世界范围内，人类对效用品的偏好仍然是比较节制的。

上面的表述比较抽象，让我用具体的历史案例来说明。商鞅变法很大程度上是对秦国产出结构和社会文化的扭转：对商业的排斥抑制了效用品的消费；对农耕的鼓励则扩大了生存品的生产；强制要求兄弟分家，瓦解贵族，打击豪强，用爵赏鼓励人民“怯于私斗，勇于公战”——这是把社会资源从族姓间的竞争转移到国与国之间的战争中去。在介绍效用品理论的生物学基础时，我曾经说，效用品和生存品的区分，根植于个体与集体在生存繁衍上的矛盾。一个社会的“生存品化”，本质上就是抑制个体或者底层共同体（家族）间的竞争，而把资源投入上层共同体（国家）间的较量中去，即所谓“怯于私斗，勇于公战”。秦国人的生活困苦不堪，却于国家的崛起无妨。秦灭六国，一统天下，把生存品导向的制度强加给更广大的人口。

借助这个案例，让我们设想一种自然的演化过程：一个大陆上有若干个国家，每个国家的“效用品化”程度都有天然增长的倾向，同时又受制于相互独立的随机扰动[①]。如果国与国之间不发生相互影响，这些国家的效用品化程度和人均福利都会稳步提高，没有上限。马尔萨斯效应根本无从压制这种增长。但是，如果允许国家间相互竞择，效用品化程度越低的国家——但其文明程度和技术水平不见得更低——就越有可能淘汰效用品化程度较高的国家，并把自己的社会特征烙印到新的领地。这也许会使整个大陆的效用品化程度无从增长——只能说“也许”，因为在进一步的建模、求解和模拟之前，我们还不清楚这种竞择的力量有多大，能不能压制住天然的效用品化倾向。

和生物一样，国家、族群这样的组织也在相互竞争。它们身上所携带的特征影响着组织的兴衰存亡，又通过组织的命运影响着这些特征的命运。随着组织的浮沉生死，有些特征得以扎根扩散，有些特征被迫萎缩消亡。这个过程就是竞择。在对竞择的研究中，特征是比族群更重要的研究对象，就好比遗传生物学家关心的是生物的性状以及

---

① 如果要用数学公式表达，对任一国家 i 都可以用一个变量刻画它“效用品化”的程度。变量会随时间的流逝而变化，可以写作 $ds_i = g dt + \sigma dz_i$。其中 g 是各国共有的趋势增长率；z_i 是布朗运动项，$Var(\sigma dz_i) = \sigma^2 dt$。附录《技术竞择的双城模型》一节就使用了这一设定，并求得了两地区情形下均衡的解析解。

性状背后的基因。

产出结构和社会文化就是这样一组特征。它们受制于族群间的竞择，决定着族群的命运，进而影响自身的命运。一项技术、文化或制度能不能站稳脚跟并传播开来，既取决于它本身先进与否、魅力几何，也取决于它到底是生存品导向还是效用品导向。无孔不入的移民和作为极端移民形式的征伐会带来技术、文化和制度的更替，这种更替倾向于造成生存主义文明的扩张和效用主义文明的萎缩。

回到商鞅的例子中来。商鞅变法可以看作是秦国发生的一个随机扰动，它降低了秦国的效用品化程度，使秦国取得了竞择优势，并最终吞并了六国。中国整体的效用品化程度也随之下降。但是，国家统一之后呢？效用品化程度会转而持续增长吗？

在一个理想化的七国模型里，归于一统后的确会增长，但是真实世界里何止 7 个竞择主体。国家内部，族与族之间，村与村之间，家与家之间，或和平或暴力，随时都在发生着抑制效用品的竞择。如果一个村子在祭祀上投入了太多的资源，以至于生育不足，外部的移民就会逐渐渗透这个村子，最终把“淫祀”（过度祭祀）文化稀释掉。即使国家统一，这个过程也不会停止。

族群竞择是根治奢侈淫逸的苦口良药。“木秀于林，风必摧之。”古代的高福利社会就是独高的秀木，吹倒秀木的狂风正是移民与战争。使人口扩张的技术文化特别容易传播开来，使人口萎缩的技术文化往往局限一隅，渐至湮没无闻。最后，我们能够观察到的大多数技术都倾向于促进生存品的生产和消费，我们能接触到的大多数文化都含有刺激人口增长的目的。这与自然界的适者生存是同一个道理。基因如此，思想亦然（思想包括技术、文化和制度）。当整个世界都被生存品的技术和文化主导时，人类的生活水平距离温饱线当然不会太远。

有必要向读者说明的是，虽然族群竞择四个字容易勾起对战争的联想，但移民是比战争更为强大的竞择力量，强大到历史上很多看似板上钉钉的马尔萨斯式的社会变迁，其实都是和平的短距离移民的结果。润物无声，无坚不摧。

假想一片大陆，大陆上所有地区本来都相互隔离，各自处于不同的马尔萨斯均衡，人口保持稳定。可一旦允许移民，生存品地区就会向效用品地区持续地输送人口，并发生产业结构和社会文化的替代。这种替代会提高整个大陆的人口容量，同时降低大陆上的人均福利。从表面看，人口扩张，生活水平下降，整个大陆上发生的似乎是一个标准的从失衡状态恢复到马尔萨斯均衡的过程。

但实际上，所有的地区，从始至终，都处于非常接近马尔萨斯均衡的位置。富裕地区在高均衡，贫穷地区在低均衡。富裕本身并不是人口增长的原因[①]。真正导致人口扩张、福利下降的，不是马尔萨斯效应，而是定向移民下的族群竞择。除了极少数在战争、瘟疫等极端冲击下偏离马尔萨斯均衡的经济，绝大多数时候，我们在历史上所观察到的马尔萨斯过程——人越来越多，越来越穷——其实都是这个族群竞择过程所释放的假象。

这个过程的先决条件，并不是大陆整体的初始人均福利水平，而是大陆内部产业结构和社会文化的差异性。如果不存在差异，即使

---

① 这也是为什么那些表面上看完全符合马尔萨斯陷阱特征的经济，实证估计的马尔萨斯效应却非常微弱。

大陆的初始人均福利非常高，人口也不会增加，生活水平也不会下降。但只要差异存在，即使大陆的人均福利已经降到很低的水平，"马尔萨斯过程"的假象也不会结束，人口还将继续扩张，生活水平还将持续下降。哪怕濒临人类生存的极限，人类还可以通过生物演化的方式来进一步适应极贫的生活，降低新陈代谢水平，变得更矮，吃得更少，乃至在地域隔离条件下变成另一种生物。只要效用品还大于零，这种贫困化的族群竞择就没有下限。

人类历史并不是围绕马尔萨斯均衡在波动，而是每个地区内部天然的效用品化倾向在对抗着整体的族群竞择过程。这两支相互对抗的力量所取得的平衡，决定了整体的福利水平。这就是族群竞择理论对马尔萨斯陷阱的解释。

族群竞择是伪科学吗

曾几何时，族群竞择这个概念被认为是伪科学。最著名的批评来自理查德·道金斯 1976 年出版的科普名著《自私的基因》（*The Selfish Gene*）。书中有一个核心论点：个体不会为了群体的利益而割舍自己生存繁衍的机会。用红杉树打比方，就是说：尽管所有的树同时放弃高度能节约资源，滋养更茂密的森林，但是树不会这么做，因为对每一棵树而言，这么做的下场就是被自己的邻居抢去阳光，自己只能枯萎死亡。所以道金斯说，个体竞择必然压倒族群竞择，族群竞择不能用来解释生物现象。

但是，道金斯所批评的"族群竞择"其实是一个很狭隘的概念，和本书所说的族群竞择存在差别。在道金斯所分析的案例中，个体间的互动只产生一个纳什均衡[①]。在这种情况下，族群竞择即使存在，也没有力量把互动的格局从单一的纳什均衡撕扯开，牵向整体最优（顶多只有个微不足道的弹簧效应）。这就是道金斯所说的个体竞择压倒族群竞择。

但是，如果个体间的互动存在多个纳什均衡，那么在多个纳什均衡之间，就可能发生族群层面的竞择。哪个纳什均衡更有利于族群的生存、繁衍、扩张，它就更容易上升为更多族群的主导状态。

比方说，雄鸟在争夺雌鸟的芳心时，争奇斗艳是一个均衡，打架斗殴也是一个均衡。对雄鸟个体来说，给定其他雄鸟都在梳妆打扮，而雌鸟都是外貌党，那么把资源投入外表就是他的最优策略。可如果别的雄鸟都爱打架，雌鸟又青睐拳击赛的冠军，那么雄鸟就得舍命相搏。选美和拳击都自成一统，都是纳什均衡。个体竞择驱使每一个个体追逐共同的潮流，但决定潮流是选美还是打架的，却是族群竞择。假如有两个相邻的鸟群，一个鸟群比美，一个鸟群打架，打架的鸟群内斗太激烈，以至于鸟群凋零，资源耗尽，那么比美的鸟群就会渐渐侵占内斗者的领地，内斗文化也会随着种群的萎缩而消失。但如

---

① 纳什均衡是博弈论中的一个重要概念，因约翰·纳什证明了一定条件下此类均衡的存在性而得名。在博弈中，如果所有参与者都已选择了自己的策略，并且给定其他人的策略，没有人能通过改变自己的策略获得更高的回报，这种情况就叫作纳什均衡。纳什均衡是研究者对博弈结果的一种预测，它抓住了博弈的一个重要特征：参与者会把其他人的策略纳入考虑，并根据对他人行为的预期做出自己的最优选择。一场博弈可能存在多个纳什均衡。当存在多个纳什均衡时，研究者有时需要遵循纳什均衡之外的原则，在多个均衡中筛选出更准确的预测。博弈论中把这个过程称为精练（refinement）。族群竞择理论中对族群适应度的考虑就可以被视为一种具有现实基础的精练。

果打架鸟把“私斗”技巧运用到“公战”之中，内斗之余顺带着把比美鸟也消灭了，那么打架就会占据鸟文化的主流。这就是发生在多重纳什均衡之间的族群竞择。

当然，有时候个体的最优策略是在别人选美的时候打架，别人打架的时候选美，这时候，均衡往往表现为两种行为一定比例的共存。即使是这样，仍然可能存在许多不同的均衡，各自包含多种行为模式的不同比例，均衡与均衡之间依然存在着竞择。

在分析动植物行为时，之所以能忽略族群竞择，是因为多重均衡并不多见。即使有多个均衡存在，均衡的数量也屈指可数，而且，这些均衡在行为中的表达往往诉诸本能而非文化，以致均衡间的跳转需要较长时间的基因演化才能发生。即使有一种鸟存在两个纳什均衡——比美和打架，但这两个均衡可能只在上千年的进化尺度上并存，所以在较小的时间尺度上仍然可以忽略多重均衡。

但是，人类和一般的动植物不一样。人类能靠语言联结彼此，以文化指导生活。书写、礼制、宗教、司法等唯有人类才有的社会活动使人类社会可以支持无穷多个纳什均衡。基因和知识上几乎完全相同的人类族群，可以在同一个年代组织起法西斯主义、资本主义、共产主义、政教合一和君主专制这样政治、经济、军事、文化完全不同的社会。这在其他动物中是不可想象的，却在人类社会司空见惯。

人是文化动物。人喜欢什么，讨厌什么，做什么工作，为什么献身，文化和制度可以施加决定性的影响，而文化和制度的内容，又有着无穷无尽的可能。我们很难想象一群鸟儿通过叽叽喳喳的沟通协调出一个夏令时，并一年一度，四年一闰地在某一天共同调整作息。而足够复杂的语言使人类能在几乎一切事情上相互协调。通过沟通，人类中可以涌现出一批职业的法官和警察，来惩罚搭便车、开小差、违反规矩的人。通过沟通，人类可以发展出森严的等级制，甚至君叫臣死，臣非死不可，还要谢主子赐死。通过沟通，人与人之间能够相互传播对超自然的想象，走向极端的时候，还相互怂恿着一起为信仰献出生命。

骇人听闻的斯坦福“监狱”实验[①]和米尔格伦的“电击”实验已经揭示了这一点（如果你没有听说过这两个实验，不妨在网上搜一搜相关的介绍）。也许有人会说，这两个实验反映了人类天性的残忍和麻木。我以为大谬。除开几乎所有生物都具备的“自私”的特点外，人性的本相，只是它的社会性。社会性的一大体现就是服从权威的天性。这种天性使得人类能以无数不同的方式相互合作和斗争，从而拥有所有生物中最多的文化多样性和最大的组织灵活性。正是人类集体在文化上的多样和灵活，使他们能够应对多变的自然环境，站到地球生物链的顶端。人类享有如此多样灵活的社会性，自然也无法排除向法西斯堕落的可能。天使和魔鬼本是一个硬币的两面，社会性赋予人类做天使的能力，就无法排除做魔鬼的可能。

正因为人类社会有无穷无尽的多重均衡，而且均衡间的选择、迁移、跳转不必诉诸生物演化，可以在很短的时间尺度内发生，所以，唯有在人类社会，族群竞择的重要性与个体竞择并驾齐驱。把动物世界里的道理生搬硬套到人类社会，一味排斥所有的“族群竞择理论”，显然大错特错。

---

① 心理学界对实验结论的稳健性尚有争议（Resnick, 2018）。

本末之争

和自然选择一样，族群竞择本是无意识的过程，但人类对竞择环境的主动回应会进一步加强族群竞择的效果。

中国古代朝堂之上常有“本末之争”：是更重视农业（本）还是更重视商业（末）。舍本逐末，往往是被批判的一方。粗看，古人的本末观缺乏理性。鼓励商业发展，才能推动人均福利的提高。人均福利，难道不是经济政策的最终目的吗？

其实，古人并不傻。他们甘愿舍弃商业之末，是因为他们追求的首先是族群的生存和繁衍。在激烈的族群竞择中，生存品导向的经济政策能更有效地抵御外族的侵略。这不仅是农耕文明的取舍，连游牧文明也面临同样的权衡。《史记·匈奴列传》写道：

> 初，匈奴好汉缯絮食物，中行说曰：“匈奴人众不能当汉之一郡，然所以强者，以衣食异，无仰于汉也。今单于变俗好汉物，汉物不过什二，则匈奴尽归于汉矣。”

按照《史记》的记载，中行说是汉文帝时期的宦官，被派往匈奴作为和亲公主随从。中行说不愿接受任务，却被强行派遣。临行前，他撂下狠话：“一定要我去的话，我要做汉朝的祸害（必我也，为汉患者）。”到匈奴后，他就投降了老上单于，为老上单于所重用。用本书中的经济学术语来翻译中行说的见解就是：匈奴应该排斥汉朝的进口效用品，并维持自己原有的生存品经济模式。[①] 这有违个体的经济

① 排斥“汉缯絮食物”，也能节约外汇，以购买对生存更重要的战略物资。

福利，但在政治和军事上是极有见地的。

西方社会也有鄙视奢侈品的传统。18 世纪伟大的英国历史学家爱德华·吉本在传世名著《罗马帝国衰亡史》中这样评论古罗马帝国：

> 少数走运的宠儿，为了展示骄纵的心态，满足声色的欲望，对于他们的穿着、饮食、住所和摆设，莫不务求精美舒适、富丽堂皇。这种行为被冠以奢侈浪费的恶名，历代以来受到有道之士的严厉谴责。要是每个人只拥有生活的必需品，而能弃绝无用的冗物，将必有益于人类的德行和幸福。[①]
>
> 那个时代的人士，要想从安逸享乐的环境，发掘潜在的衰败腐化因素，根本是不可能的事。长久以来天下太平无事，加上罗马政府重视传统，慢慢使得帝国受到毒害，丧失原有的活力，人们的心智逐渐降到同一水平，天才的火花熄灭，就连尚武精神也消失无遗。欧洲的原住民生性勇武、体格强壮，西班牙、高卢、不列颠和伊利里亚给军团提供优秀的士兵，这才是君主体制的实际力量。[②]

吉本这些话说得对不对不重要，有趣的是他会这么看待历史。他的观点和中行说如出一辙，绝非偶然。前工业化时代能够在族群竞择

---

① 原文出自《罗马帝国衰亡史》第一卷第二章第十节，席代岳译，吉林出版集团出版。不过，吉本紧接着指出，奢侈消费也为工匠艺人提供了收入，如果消费的都是本国产品，可能反而有益，如果是外国进口品，就让人痛心疾首。

② 《罗马帝国衰亡史》第一卷第二章第十一节。

中生存下来的民族，它的精英阶层几乎必然抱有这样的历史观。从汉匈战争时期的匈奴到乔治王时代的英国，八竿子打不着的两个文明，概莫能外。

就连罗马人自己，何尝不是以同样的眼光解读历史？罗马共和国末期哲学家卢克莱修的哲理长诗《物性论》在总结社会发展史时是这么说的：

> ……使人的生命充满忧苦焦虑、使他们疲于战争的，在昔日是兽皮，今天是紫袍和黄金。在这方面，更值得责备的，我想是今天的我们：因为如果没有兽皮，寒冷就会折磨那些赤身的原住民，但是我们如果不穿那些镶着金丝饰以纹章的紫袍，也毫无害处，只要我们有普通人的衣服来保护身体。这样，人们永远在苦役中而毫无所得，把自己的年华消耗在无用的忧虑上面——这无疑是因为他还没有认识什么是占有的限度，还没有认识真正的快乐增加到什么地方就停止。正是这种想得到更好更多的欲望一步一步地把人类一直带到了大海深渊，并且从深深的水底把巨大的战争的浪潮激扬起来。①

但是，中行说、吉本和卢克莱修的经济发展观和马尔萨斯理论存在矛盾。第1章中，我曾说起马尔萨斯理论的一个推论：

> ……减税就更不好了。本来税收还能用在少数人骄奢淫逸的

① 《物性论》第五卷，方书春译，商务印书馆出版。

生活上，一旦减税，楼台宫阙都没有了。老百姓短期内日子红火些，但长期来看，人口的繁殖又会使人民重返贫困。减税并不能持久地提高人民的生活水平……

效用品是“免费”的。因为免费，所以不要白不要，拒绝等于犯傻。可是，中行说、吉本、卢克莱修却严厉地唾弃奢侈品。是不是因为他们没有学过经济学，不谙马尔萨斯理论，所以傻傻地把钱留在桌上呢？说他们傻，可为什么我们每个人都在直觉上更赞同他们的想法，而对“奢侈富国”的倡议感到不适呢？

无疑，马尔萨斯理论是一个反直觉的理论。因为它反直觉，所以我第一次接触马尔萨斯的理论时，有振聋发聩、惊世骇俗之感。

经济学理论家最热衷的就是推导出一些反直觉的结论来。面对这些结论，听众一开始可能会觉得被冒犯，但一旦被说服，恍然大悟，连呼过瘾，曾经的怀疑就转变成加倍的信仰。我作为一个学者，当然也希望赢得读者的欣赏，但诚实地说，所有反直觉理论的信徒都应该先浇自己一盆冷水。

那些反直觉的理论往往建立在一些隐藏的敏感假设上，只在狭隘的理论环境下成立。一旦有更超越、更大气的理论出现，蓦然回首，真正有道理的，可能还是当初被弃若敝履的直觉。就拿奢侈富国论来说吧。贵族骄奢淫逸好不好？按照马尔萨斯理论，没啥大不了的，反正不影响长期人均收入。但是你如果把族群竞择考虑进来，那就是生死存亡的事情了。为什么我们会觉得马尔萨斯理论反直觉？为什么我们的直觉会反感骄奢淫逸？不就是因为我们的直觉本身也是族群竞择的产物吗？我们的文化、思想乃至写入基因的喜恶，本就是鲜血凝成的智慧。我们不一定理解它们，但它们“理解”我们。

言归正传，还是说效用品的事。上面的讨论都把工商业当作效用品部门来分析，但如果工商业能帮助一个国家巩固国防，对外扩张，工商业反而会成为“本”，成为比农业更加“生存品”的生存品。

比如，重商主义是一种极力追求贸易盈余，以积累贵金属货币为目标的经济思想。斯密以批评重商主义闻名，但他也说，在制造业还不发达的时候，平时多积累贵金属对国防具有战略价值。如果部队要开赴国外（英国经常如此），物资从本国运输到前线成本太高，掠夺当地人民又嫌效率太低而且会激起民愤，最好的办法就是让军队带着轻便的金银或高附加值制造品在境外交换物资。要想在战时能够从容出兵，就得在和平时期多靠贸易盈余积累贵金属。[①] 你看，哪怕是重视商业，甚至以扭曲贸易政策和产业政策的方式来重商，归根结底也是为了族群的生存和繁衍。

中国古代统一王朝的军队打出国门的时候并不多。在国内作战，靠行政命令就能调集资源。即使出了国，国境之外是游牧区，商品经济不发达，军队带着钱也买不来多少东西，所以中国才有农本商末之说。倘若中国王朝也要依靠商业来换取战争资源，那么商业就会被尊奉为国家之本。南宋之所以努力发展海上贸易，也是因为海上贸易成了朝廷财政的命根，而贸易所挣的钱能转化为军队随身携带的购

---

① 亚当·斯密《国富论》（郭大力、王亚南译）第四卷第一章：“借土地原生产物的输出而进行费用浩大或旷日持久的对外战争是不相宜的。把大量原生产物运往外国以购买军队的饷给和食粮，费用太大……在商业和制造业不甚发达的国家……君主都努力累积财宝，作为预防不测事件的唯一手段。”但斯密这部分讨论的目的是想说明，金银财宝只是战备的次优之选，当制造业发达起来之后，高附加值制造品可以更多更好地交换资源，国家就不再有为战争预备金银的需要。

买力。

上述分析还隐含了这样一个道理。古代社会的长期贫困陷阱不仅仅是因为族群竞择淘汰了效用品导向的文明，更重要也更直接的原因，是各个文明面对激烈的族群竞择，主动抑制了效用品，宁可忍受贫苦的生活，也要顽强地生存下去。或者站在君主的立场上，就是宁可民穷，也要国强。秦灭六国固然是竞择的体现，而统一前的商鞅变法、更早的胡服骑射、吴起在楚国的变法、李悝在魏国的变法，莫不贯彻着主动求“穷”的逻辑。战国时期法家学派代表作《商君书》第二十篇《弱民》有云：

> 民弱国强，民强国弱，故有道之国，务在弱民。朴则强，淫则弱……民贫则力富，力富则淫……政作民之所恶，民弱；政作民之所乐，民强……民强而强之，兵重弱。故民之所乐民强，民强而弱之，兵重强。[①]

这种竞择压力下的主动求“穷”或许比竞择本身的影响更为深远。

黜奢崇俭的文化竞择

除了引导国家政策，族群竞择也影响着社会习俗。比如汉族古代忌杀牛取食。经济史学家赖建诚教授在《经济史的趣味》中解释道：耕牛是汉人重要的生产资料，忌杀牛取食可以保护农业生产。如果没

① 这段文字存在不同版本。这里采用的是“中国哲学书电子化计划”的版本。

有这些禁忌，人们为了炫富或满足口舌之欲，就会挤占宝贵的生存品资源。这些文化之所以能扎下根来，就是因为它们对效用品的抑制使族群在荒年犹能活命。那些没有这些禁忌的族群，尽管多吃了几口牛肉，却在竞择中凋零。

我最喜欢的文化竞择案例，是关于祭祀的悖论。对祭祀的投入意味着家庭口粮的减少。陵墓和祭礼所消耗的资源，本可以养活更多的人口。一个族群为悼念死者花费太多，就容易被祭祀文化更为简朴的族群替代。替代的方式可能是轰轰烈烈的战争，也可能是润物无声的移民。同样一份工资，外来打工者多买几个包子，本地人却兑换成了冥币，这种差别渐渐就体现为外来移民更高的生育率和更低的死亡率，最终本地的淫祀文化也将被稀释净尽。所以祭祀应该算是一种效用品。但目之所及，传统社会却多以淫祀为特征。这是为什么呢？

答案由浅入深，共有 6 个层次。讲清了淫祀问题，我们就能举一反三，理解人类文化的很多现象。

其一，祭祀占有的社会资源多不多，取决于观察者的参照系。我们用现代社会的眼光去看传统祭祀，当然觉得把家庭收入的 1/10 投入祭祀是巨大的浪费。但也许，如果没有族群竞择，祭祀能占用 1/5 甚至更高的家庭收入。就说复活节岛上的石像吧。这个社会的规模只有亚欧大陆上一个乡镇那么大（土地面积相当于游戏《塞尔达传说·荒野之息》地图的两三倍大，人口巅峰勉强上万），却建造了成百上千座巨大的石像，完成了亚欧大陆上可能凭借一个省的资源才敢负担的工程量。我们很难设想亚欧大陆上任何一个乡镇会在石像上耗费这么多人力。倘若真有哪个乡镇做这种事情，这个乡镇的居民恐怕早就绝种了。石像之所以出现在复活节岛上，正是因为这曾是一个与世隔绝的世外桃源，免于过分激烈的族群竞择（最邻近的有人定居的地方是西去 2 000 千米之外更小的皮特凯恩群岛）。只要没有内部的纷争，效用品文化就能比较长久地维持下去。复活节岛上内乱兴起之后，石像的建造也戛然而止。

其二，虽然祭祀作为效用品受到族群竞择的限制，但是家族内的个体在祭祀祖先上一掷千金，有利于巩固自己在家族内的地位。这是个体竞争的逻辑，有其存在的合理性。所以，族群竞择即使能限制祭祀，也无法彻底根除祭祀。

其三，祭祀文化的传播不仅发生在父母和子女之间，也发生在宗师和徒众之间、作家和读者之间、明星和粉丝之间、邻里乃至陌生人之间。在家庭以外的传播中，只要一种文化具备足够的魅力，即使它妨碍人口增长，也未必不能开枝散叶。比如，很多宗教都鼓励出家独身。这尽管限制了人口的增长，但号召“出家”的宗教比不号召“出家”的宗教能获得更专一的侍奉者[①]。（Iannaccone, 1994）

其四，祭祀这种效用品与华服美屋不同，并非“普世”效用品，而是一种“本地”效用品。不同地区间祭祀方式各不相同，祭祀这种效用品再多，也不会吸引文化圈以外的族群移民或者入侵。华服美屋这种每个民族都喜爱的“普世”效用品，其人均保有量会强烈受制于族群竞择，而烧香拜佛和求神问卜，只要信仰不一样，就很难引起文化圈以外人们的兴趣。

---

① 不过，鼓励男子出家的宗教很多，鼓励女子出家的宗教很少。这大概也是族群竞择使然。凭借怀孕和哺乳的能力，女性在人口增长上扮演了远比男性更重要的角色。鼓励女子出家的宗教，对族群人口的增长威胁过甚，如果多几个修女带来的额外传播优势不能压倒其对繁殖的负作用，那么这个宗教就会消亡。

这解释了古代世界一对有趣的矛盾：一方面，普通人的物质生活都很穷；另一方面，古人在宗教、节礼上又总是穷大方，而且祭祀的神魔鬼怪千差万别，祭祀的方式也千奇百怪。物质生活极单调，精神生活极多样。如果当初把祭祀这种“本地”效用品也算作财富，马尔萨斯可能压根儿不会提出马尔萨斯陷阱的假说——在一些宗教人士眼里，现代化还是一种倒退呢。我们今天郑重对待马尔萨斯的命题而不是那些宗教人士的命题，其实隐含的价值观是只把“普世”效用品看作生活水平的一部分，而忽略那些风味独特的“本地”效用品。

从研究的角度，我们可以把两部门模型拓展成一个三部门模型：一个生存品部门，一个“普世”效用品部门，一个本地效用品部门。本地效用品会维持在一个更高的均衡水平，但不会无限上升。模型的结果，将是比较丰富的精神生活和极其匮乏的物质生活，即较高的本地效用品、较低的“普世”效用品和温饱线上的生存品，与古代社会的面貌相一致。

其五，国家效用品和民间效用品不一样。民间效用品会吸引移民，但是君主消费的效用品，比如金字塔、紫禁城，并不是一个普通移民搬家之后所能企及的。所以君主的效用品能刺激入侵，却无法刺激移民，而民间效用品能同时刺激入侵和移民。因此，君主的效用品比较容易维持在一个较高的均衡水平。我们所观察到的淫祀现象，很多是专属于贵族和君主的。这个逻辑和上述本地效用品和“普世”效用品的划分很相似。我们同样可以把效用品划分为国家效用品和民间效用品。

福山（2008）曾经从贫富差距的角度，怀疑马尔萨斯效应主要作用于穷人的收入，而无法调节富人的收入，因此他推测，尽管占据总人口绝大多数的穷人的人均收入始终处于温饱线附近，但整个社会的人均收入在前工业时代仍然是持续稳定增长的。贫富差距也是两部门模型的一个应用——生存品是穷人的收入，效用品是富人的收入。福山的推论当然也符合产出结构定理的预测。但是，正如族群竞择机制束缚了广义的效用品那样，族群竞择也限制着贫富差距（社会内部的阶级斗争也可以看作族群竞择）。所以，福山关于人均收入持续上升的推论是错误的。

其六，祭祀既有效用品的一面，也有生存品的一面。眼下，中国的总和生育率处于较低水平。很多人都归咎于收入少、房子小、工作忙、医疗差，可是当代中国人的收入、房产、闲暇、医疗水平比清代的中国人如何？为什么清朝人在饥寒穷蹙中犹能保持较高的生育率，当代中国人却不行了呢？现在的中国普通家庭，大多数夫妻生三孩的意愿并不强烈。一个三孩以上凤毛麟角的社会，是难以维持人口的代际更替的。

不愿意生育固然有许多原因，我只谈一个少有人注意到的方面——祭祀文化的消退是如何降低生育意愿的。

祭祀的驱动力本质上是两种信念的组合：

作为长辈所持有的 A 信念：认为自己的生命会在死后以另一种形式延续，并且死后的生活质量受到祭祀的影响。

作为晚辈所持有的 B 信念：认为亡灵能够干预自己的生活，而自己通过祭祀可以寻求死者保佑自己。

一个人如果秉持 A 信念，为了死后的幸福生活，就会有强烈的生育动机，因为社会保障不管烧纸钱，所以这部分需求是社会保障所不能满足的。可是，万一孩子跳票，百年之后不给自己烧纸钱怎么办？在传统社会，父母不怕这一点，因为他们确信子女有动机靠祭祀寻求祖先冥冥之中的保佑，这就是 B 信念的价值。一旦人们对上诉两条信念中的任何一条淡漠了，生育动机都会受到破坏。

如果你认同我的观点，不难得出结论：祭祀文化，归根结底是一种强大的生存品。这种文化使汉族人历经苦难绝境，仍然生育不辍。人口的增殖反过来使文化扎根、传播，成为广大地域内共同的信念。[①]

与祭祀相似的文化现象还有很多。比如，一夫多妻制在贫富差距悬殊的社会，使有钱人能够留下更多的后代，财富被更均匀地投入后代的生产中，所以这种制度看似造成许多光棍，其实对人口增长也有一定的贡献（Tertilt, 2005）。当然，一夫多妻制使富人的遗产更为分散，本身也是抑制贫富差距的。再联想刚刚说起过的出家僧侣，也是一个道理。如果出家者多是贫穷男性，那么整个社会的人口增长率可能不减反增。

再比如，汉族重孝。但同样重要的夫妻恩爱，不见儒家设教，这难道不是很奇怪吗？传统社会的孝道固然有其积极的一面，但它鼓励父母对子女无限制的干涉和子女对父母无条件的服从。这种抹杀人与人合理界限的关系准则，使父母对子女产生不合理的预期，反而会导致极其紧张的家庭关系，妨碍了亲情的自然流露。

重孝的原因可能还是在族群竞择里。被催过婚的大龄青年们都知道，爸妈抱孙子的意愿比自己生孩子的意愿要强烈得多。一般来说，生育之事，媳妇所负担的成本是最大的，儿子其次，父母再次。剥夺

---

① 祭祖在其他民族的文化中也相当普遍并且贯彻着相似的信念。如果说其他民族的祭祖文化不如汉族那么突出，可能是因为宗教的强势：宗教势力和宗族势力相互争夺资源，前者在得势后倾向于破坏后者的文化基础。

媳妇的话语权，把婚配和生育的话语权交给公婆，尽管从社会福利的角度说是一种权力的错配，却能最大程度地鼓励生育。在文化和文化的角逐中，鼓励生育的文化，不管多么蛮横，往往能淘汰不那么鼓励生育的文化。

中国古代宗法制的其他特征，比如“同姓不婚”和“外婚制”，多半也拜族群竞择所赐。按照朱苏力教授在《大国宪制》中的解释，这类规则并不完全是为了排除近亲结婚，更重要的功能是削弱宗族和村落内部的性竞争，从而提升集体凝聚力（族内男女争风吃醋、十命九奸很容易瓦解宗族的凝聚力）。集体凝聚力在资源利用、抗旱抗涝、对外防御中具有压倒性的作用。在族群竞择的背景下，奉行同姓不婚和外婚制的宗族和村落会淘汰没有这种禁忌的宗族和村落。

辉煌的古代文明为什么没能持续

上述案例想必已经帮助你建立起对族群竞择的形象理解。现在，我们试着用族群竞择来理解文明的西西弗斯现象。为什么生活水平和人均财富在人类历史的大多数时候无法持续、稳定、无限地增长？马尔萨斯效应固然是答案的一部分，但更深刻的原因是族群层面的达尔文效应。

我们都很熟悉个体层面的适者生存。个体竞择争奇斗艳，会让性竞争的门槛越来越高，迫使人们少生优生，在提高社会人均收入的同时扩大贫富差距。然而，几十万年以来直到近代社会，族群竞择通过战争、瘟疫和移民总能一次次把人类拉回平等而贫穷的西西弗斯谷地。一个社会剑走偏锋、骄奢淫逸，就会有另一个社会来“收拾”

它。10 年打不败它，就用 100 年去打败它；战场上打不败，就用涓涓细流般的移民去渗透它、稀释它。

偶然的例外只发生在那些民富促使国富、国富又促使国强的时代。撇开这些例外，民富和国富之间、国富和国强之间关系微弱，甚至相互对立。欲使民富促国富、国富促国强，社会需要高度发达的政治制度和科技水平。在 1500 年以前，制度条件或许偶有早熟的例外，但技术条件尤嫌苛刻。在科技尚未成熟的时候，即使短时间内民富促国富，国富促国强，强国反过来又保护了富民，但这三者间的联系仍然过于孱弱。政局的波动、瘟疫的暴发能轻易打破这个脆弱的“富–强”循环。循环一旦被打破，重建就需几十年之久。历史哪肯给失败者几十年的余裕？“穷–疯”循环（内乱）和“穷–狠”循环（外敌）会来填补“富–强”循环留下的空白，先前的文明成就被荡涤一空。

赫梯、迈锡尼、古罗马、中国的宋朝，这些辉煌的文明为什么没能持续？原因固然多种多样，但有一个主题每一次都不曾缺席：战争与移民。赫梯、迈锡尼亡于来自北方的“海上民族”，西罗马帝国亡于西哥特人，而西哥特人是被东方匈人的入侵赶到罗马境内的。北宋和辽国打了 25 年的仗，依靠澶渊之盟维持了 100 多年的和平。辽国版图深入中原，也借澶渊之盟迎来了经济的腾飞，商贸繁荣，文明开化。开化或许能给国民以幸福，但在没有机枪的年代里无法保证战争的胜利。1115 年完颜阿骨打建立女真政权金国，1125 年金灭辽，金国顺势进攻北宋。两年之后，汴京（今开封）陷落，从此金国开始了对南宋政权的长期压迫。一个世纪后，新兴的蒙古人又灭了金国，继而灭了南宋。

海上民族、迈锡尼，匈、哥特、罗马，元、金、辽、宋，一条条族群竞择的食物链遵循着与现代战争迥然不同的规律：技术落后的族群似乎反而压制技术先进的族群。[①] 其实，所谓落后淘汰先进只是一个假象。上述案例的本质是俭朴淘汰奢靡，勇武淘汰纤弱，生存品文明淘汰效用品文明。是技术的相对结构而不是绝对水平主导了文明食物链的方向。如果剔除那些相对的结构性的因素，光考虑绝对水平的高低，技术先进的文明本来是有生存优势的。

在伊恩·莫里斯的社会发展指数中，连同现代社会，人类文明一

---

① 例外当然存在。历史上也充斥着“反向”征服：高技术族群占领低技术族群的土地，然后进行技术推广和文化渗透。案例包括新石器时代农耕文明的扩散、汉族在华南的拓荒、亚历山大开启的希腊化、罗马共和国时期的扩张、近代欧洲的海外殖民等。其实，光看技术的先进与落后，我们很难界定，在战争史上到底是落后征服先进者多，还是先进征服落后者多。两种情形的案例都不胜枚举。但族群竞择理论所关注的并不是技术的先进程度，而是技术的结构倾向。一个总体来说在技术上更加先进的文明，完全有可能在产出结构和社会文化上更加偏向于生存品，并因为这种偏向人民过着更加朴素的生活。比如，亚历山大远征波斯，也许是技术较先进文明征服技术较落后文明的一个例子，却不一定是效用品地区“反向”征服生存品地区。古希腊悲剧诗人埃斯库罗斯就在其戏剧《波斯人》中，称波斯人为“奢侈品的那些柔软的儿子”（希腊和波斯到底哪边生活水平更高，我们今天很难判断）。亚历山大所开启的希腊化，虽然伴随着技术的进步和文化的繁荣，却完全有可能是产出结构的生存品化和生活水平的贫困化。技术的绝对水平和相对结构，是两个维度的问题。我唯一需要担心的反例，是那些两个维度相互纠缠的个案，比如古罗马的扩张和近代欧洲的海外殖民。这些个案有没有可能上升到普遍的规律并颠覆族群竞择假说，我会在本书 12.3 节再详细讨论。我将论证，这些“反例”无法颠覆族群竞择理论，反而是对族群竞择理论的有益补充。

共只有四次明显的高峰（见图 5.1）。[1] 其中前三次高峰都终结于多米诺骨牌似的蛮族入侵过程，恐怕不是一种巧合。逝者如斯，文明的兴起和颠覆如波浪翻滚不绝。经济史学泰斗乔尔·莫克尔（Joel Mokyr）谈及人类文明在工业革命前的缓慢增长时这样写道：

> 中世纪和近代欧洲大多数富裕地区和城镇的兴起都可以归因于本地贸易的扩展和远距离商业的启动。这种斯密式增长[2]

---

① 人类文明的发展当然远不止四次文明高峰，我们之所以在指数中只观察到这四次，一是因为粗糙的数据只能让最显著的案例凸显出来；二是因为历史的真相蒙昧不明。中国古代王朝所得到的关注很大程度上受益于中国的复兴。如果中国一直积贫积弱，中国历史上的汉、唐、宋、元、明、清很可能会被看作是同一套制度的不同名字，不仅外国人这么讲，中国人也跟着这么讲。那罗马就会被捧作一个孤例，而我今天是绝对无法拿宋朝举例，来说明人类文明所错失的机会的。凭着些许的了解，我怀疑，在中东，在印度，在非洲，也涌现过许多类似古罗马和宋朝这样工商业高度发达的文明，其文明成就远超迈锡尼，甚至与罗马和宋朝不相上下，只是因为这些地区今天的落后，它们得不到充分的关注，甚至被人为歪曲。我并不是说儿孙一发达，祖先也都跟着显阔。历史学是实事求是的。古人是穷是富，不该和现代人扯上关系。我想说的是，人们对历史的认识和想象，受制于自己所处时代的面貌。很有可能，工商业文明尽管在时间上是罕见的，但在空间上却是普遍的。它在很多地区都曾星火明灭，绝非欧洲与东亚所独有。五十年后，如果中东、南亚和非洲的历史得以重构，经济学家和历史学家很可能会发现：他们对工业革命的解释必须涵盖所有这些前工业时代的案例，而这是目前流行的理论所无法做到的，却和本书的理论相互契合。

② 斯密式增长是指由贸易和生产要素流动带来的增长。斯密式增长本质上是贸易网络的生长，而贸易网络在现代经济学中不是被认为是最富弹性、韧劲和生命力的吗？怎么在古代史框架下，反而成了一个先进文明的阿喀琉斯之踵了呢？这个问题对理解西西弗斯陷阱至关重要，但它绝非族群竞择一个机制所能解释的，而且这个问题对于人类文明的未来也有深远的意义。所以，我会等到本书第 15 章和尾声部分再阐述我的见解。

带来可观的经济扩张，但它很容易受到政治和制度变化的冲击。斯密式增长经常被王朝和宗教战争打断，它本身甚至也成为战争的起因；许多武装冲突都是为了攫取财富，控制商路和自然资源。有些掠食性的国家会频繁地劫掠那些更富有、成功的经济体并榨取税收。这种负和博弈使之前的经济扩张归于虚无、倒退。

…………

在近代欧洲，许多经济成功的地区都眼看着战争侵蚀自己的财富。保护主义、重商主义和国家支持的私掠活动都在破坏着经济成功地区的繁荣。在16世纪上半叶达到顶峰的荷兰南部，遭到外国军队的蹂躏，还被远在马德里的国王课以重税。他们北部的邻居，荷兰共和国，由于好运和易守难攻的地形，幸免于这一厄运。但是他们的增长也在18世纪终结：国防支出造成庞大的政府债务，强邻的保护主义政策破坏了贸易和工业，内部的寻租活动又削弱了斯密式增长的活力。在16世纪经历强劲增长的德国南部，也被17世纪的战争打垮。中国曾经享有可观的经济增长（尤其在宋朝），但和经济增长伴随而来的是武装精良的半游牧民族的入侵。（Mokyr, 2018）

让我们先对本章的内容做一个小结。人类生活水平的变化曾如西西弗斯推石上山，轰然滚落，再上山，再滚落……直到工业革命，似乎才打破了宿命。这种徒劳的增长是单部门马尔萨斯理论所不能解释的。而在两部门框架下，达尔文式的族群竞择却可以解释这一现象：促进人均福利的效用品文化和技术难以传播开，甚至还会在移民和战争中被稀释、淘汰，而降低人均福利的生存品文化和技术随着人口的增长和移动，很容易占据统治地位。

以上是族群竞择理论的大概。但是，族群竞择理论要成立，有一个问题是绕不开的：个体间的竞争会使一个社会天然地向“效用品化”的方向发展。如果族群竞择软绵无力，那么人均福利终究还是会持续增长。人类是否陷于长期贫困，归根结底，取决于族群竞择的力量能否压倒个体竞择的力量。族群竞择，真有这么大的力量吗？

本章小结

- 在印刷术普及之前，移民是传播思想和技术的主要方式。因此，当人们从生存品化地区向效用品化地区移民的时候，生存品技术相对于效用品技术获得了传播上的优势。

- 如果生存品技术在传播上的优势能够压倒效用品技术在增长上的天然优势，就会发生平衡增长，出现马尔萨斯陷阱。这就是马尔萨斯陷阱的达尔文主义解释，或者说族群竞择理论。

- 本书使用的族群竞择概念，是指多个纳什均衡之间的竞择，和道金斯所批评的伪科学不一样。

◆ 农本商末、重农抑商的思想也是族群竞择的产物，反映了竞择环境下社会文化的主动求存。

◆ 人类社会许多文化特征都带有族群存衍压倒个体福利的痕迹。

◆ 族群竞择理论与古代文明的西西弗斯色彩相吻合。

第 8 章
竞择伟力

旅途指南

本章探讨族群竞择的稳健性，并提供族群竞择造成长期贫困陷阱的证据。

族群竞择的力量到底有多大，能不能压制效用品在技术进步上的潜在优势？计算机模拟揭示：微小的移民倾向就能产生巨大的力量，四两拨千斤似地牢牢压制人均收入的增长。而且，这个由模拟程序而来的数值结果也在数学模型中得到了诠释。

模型、案例和模拟都有了，证据在哪里呢？哪里去找百八十个拥有智慧生命的星球来检验族群竞择理论呢？当然找不到。天幸，2018 年《自然》杂志的一篇论文提供了一个来自生物界的近乎完美的证据。

族群竞择的计算机模拟

要知道竞择的力量大不大，最好的办法是用计算机来模拟世界历史。通过观察不同设定与参数下历史的走向，我们就能对竞择效应的强弱有一个直观的感受。

在计算机程序上构建一个 10 乘 10 共 100 个地区的棋盘样的世界。在每一个地区内部，生存品技术和效用品技术在每一单位时间内都有一个固定的增长趋势，但又各自受到独立的随机扰动。假设效用品技术的增长趋势是生存品技术的两倍，而人口的自然增长只受人均生存品的影响，函数设定沿用附录中的《代数版的两部门模型》。

我先把模拟的主要结果（见图 8.1）放到前边来，然后一一解释图中的四条曲线。这四条曲线是四种不同情况下单次模拟的结果，而不是多次模拟的均值。

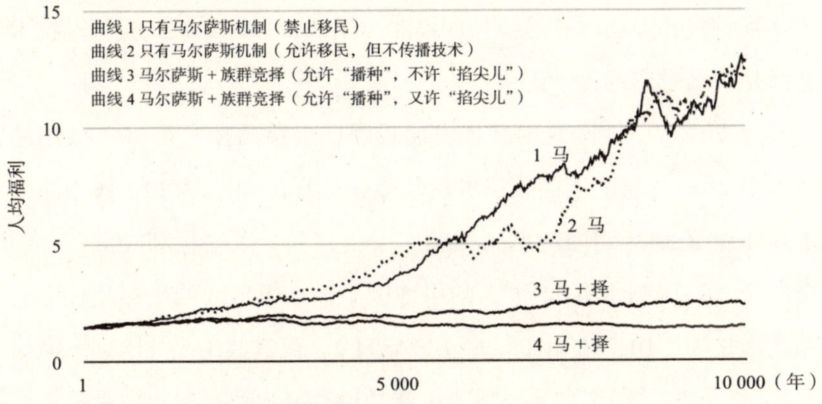

图 8.1　马尔萨斯机制和族群竞择共同作用才会抑制人均福利的增长

由图 8.1 中曲线 1 可见，如果地区间禁止迁徙，那么光靠马尔萨斯机制是不足以产生马尔萨斯陷阱的。由于效用品技术和生存品技术间增长率的不同，人均效用品和人均福利会持续稳定地增长。

图 8.1 中曲线 2 说明，如果允许移民，但是不允许移民传播技术，马尔萨斯陷阱也不会存在。各地区的技术结构仍然会自发地向效用品倾斜，效用品相对于生存品的比例仍将无限增长，所以，移民抢饭碗本身并不是长期贫困的原因。有些读者可能以为族群竞择是一个“反移民”的理论，并把这个理论和当代政治联系起来。这大错特错。一方面，族群竞择模型的适用性是有限的。工业革命之所以发生，就是因为时过境迁，模型的假设不再成立，所以族群竞择理论并不适用于现代世界。另一方面，曲线 2 允许移民，却毫不影响增长的趋势，这表明：即使讨论前工业时代的贫困问题，马尔萨斯陷阱也和移民本身——基因层面的竞择——没有关系。

要产生马尔萨斯陷阱，关键在于地区间的技术竞择：一旦允许技术相互替代，人均福利就会长期停滞（图 8.1 中曲线 4）。模拟对技术竞择是这么设定的：

比方说，甲地区效用品技术比较强，生存品技术是 10，效用品技术是 20；乙地区生存品技术比较强，生存品技术是 20，效用品技术是 10。乙地区因为产出结构偏向于生存品，人均福利较低，今年有两个人移民到本有 15 个人的甲地区。那么甲地区的生存品技术就随之增长为（$10 \times 15 + 20 \times 2$）/ $17 \approx 11.2$，而其效用品技术则下降为（$20 \times 15 + 10 \times 2$）/ $17 \approx 18.8$。也就是说，技术竞择对效用品技术具有“掐尖儿”效应，而对生存品技术具有“播种”效应。那些效用品技术冒尖儿的地区会因为涌入的移民而丧失技术优势（好比西罗马灭亡），而生存品技术落后的地区则会通过涌入的移民掌握先进的生存品技术（好比农业技术的传播）。

有人可能会对移民的“掐尖儿”效应不以为然。谁说来自“穷地方”的移民一定会降低富裕地区的技术水平？对移民的同化在历史上不也比比皆是吗？

的确，“掐尖儿”效应在温和的移民中不一定存在。但移民既有温和的时候，也有激烈的时候。激烈的移民，比如战争，往往伴随着文明的毁灭——掐尖儿。上述模型所泛指的移民，本来就包括战争，所以，模型中允许“掐尖儿”并无不妥。

可即使没有战争来“掐尖儿”，竞择仍然足以压制人均福利的增长——是不是掐尖儿，根本不影响族群竞择理论的解释力。为了说明这一点，我又模拟了一个没有战争的世界（图 8.1 中曲线 3）。这个世界里所有的移民都是温和的。移民会带来新技术。如果移民的技术比本地技术更高超，本地人就接受移民的技术，否则就保持本地的技术。也就是说，一个地区如果效用品技术发达，招来了移民，它的效用品技术不会退化，而那些生存品技术落后的地区却仍然得益于移民携带的更先进的生存品技术——允许“播种”，但不许“掐尖儿”。

图 8.1 比较了这四种情形下人均福利在一万年（从最早的农业革命至工业革命大约是一万年）中的变化。在模型的参数设定下，当只有马尔萨斯效应而没有族群竞择时（曲线 1 和曲线 2），全世界的人均福利在一万年中增长了近 10 倍。只有在引入技术层面的族群竞择后（曲线 3 和曲线 4），人均福利才走出了一条蜿蜒但毫无增长趋

势的水平线[①]（哪怕不许“掐尖儿”，结果也是如此[②]）。所以，这个超长期的贫困陷阱，与其说是“马尔萨斯陷阱”，不如说是“达尔文陷阱”。

值得注意的是，竞择在总体上并没有拖累技术进步，相反，它会加快世界整体的技术进步——存在族群竞择时的世界人口增长率远高于没有移民的情形（见图 8.2）。竞择的负面效果只是压制了人均福利的提高而已。

我最早在编写程序时，对结果并无把握，我能断定的是，光有马尔萨斯效应绝对拦不住人均福利的增长。但加上竞择后能不能压住增长，我对自己的猜想还没有多少信心，谁知模拟结果竟然完全符合理论的预测！紧接着我又发现，即使去掉“掐尖儿”效应，达尔文陷阱依旧稳若磐石。整个结果完美得让人震惊。

这个达尔文陷阱到底有多稳健呢？检验理论或模型的稳健性，最

---

① 如果整个世界越来越趋向于生存品化，人均福利从数值上说应该有持续降低的趋势，但是效用品的稀少有一个自然的界限——零。所以，我在模拟中假设：当效用品接近于零时，效用品技术的增长率会有一个反弹。这个力量与竞择相互平衡，才产生了人均福利的长期停滞。这个反弹机制类似于古尔德解释生物复杂性时所使用的醉汉回家的比喻：一面是墙（生物的复杂性有下限），一面空旷（生物复杂性上升），即使演化在复杂或简单两个方向上并无天然的倾向，但因为存在复杂性下限这堵墙，我们仍然会观察到复杂性上升的现象。在族群竞择理论中，效用品化程度一边面临天然的下限——零，一边又被竞择拦住，只能停滞在一个很低的水平上，由此产生了马尔萨斯陷阱。

② 不许“掐尖儿”的曲线 3 看似有微弱的增长趋势，但其实只是个假象。不许“掐尖儿”时，整个世界的人均福利最终会围绕一个比允许“掐尖儿”的曲线 4 更高的均衡水平波动，但模拟世界的人均福利初始值是按照曲线 4 的长期稳定水平设定的，所以曲线 3 先要往上走到自己的稳定水平，然后再围绕均衡波动，稳定之后并无增长趋势。图中亦可看出端倪。

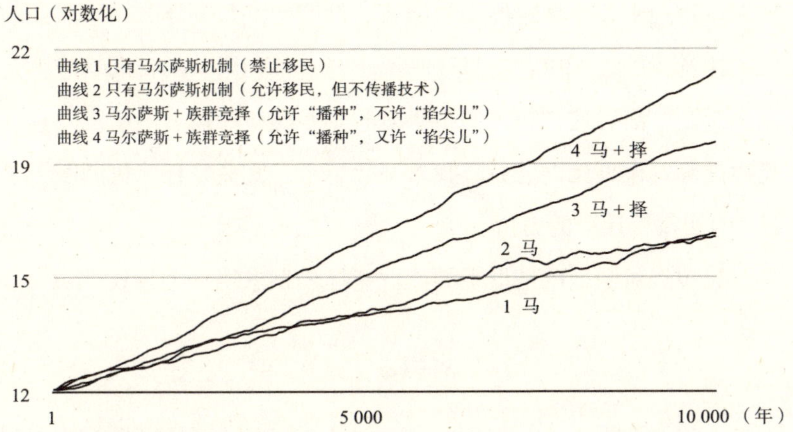

图 8.2　族群竞择虽然抑制人均福利，却加速技术进步，使人口更快增长

常用的办法就是改变模型的参数，看看结果是否仍然符合理论的预测。一个稳健的理论，其结果不应该依赖个别参数的巧合，而能在很宽广的参数范围下成立。

我检验了很多不同的参数，其中最重要的一个参数，就是移民的意愿。比方说有甲、乙两个相邻的城市，甲城市比乙城市人均福利高出整整一倍，所以人们从乙城市向甲城市迁移。迁移的速度就取决于移民的意愿。如果在这么大的福利差距下，乙城市的人口每 10 年还是只有 1% 的人移民到甲城市，这移民意愿总不算高吧？我的模型里初始设定的移民意愿就这么低，毕竟，假设越苛刻，模型的成功就越有价值。

我本以为这个参数已经逼近达尔文陷阱的极限，后来却惊异地发现，即使把移民意愿再调低 10 倍——每 10 年只有 1‰ 的人在福利两倍之差的相邻地区间移动——达尔文陷阱依然固若金汤。要知道，这个参数一旦变成 0，竞择机制将完全关闭，一个仅有马尔萨斯效应的世界，将迎来持续稳定的福利增长。谁能想到只要那么一丁点儿的移民，让竞择的潘多拉魔盒打开一丝小缝，福利增长的长期趋势就会被完全压制。面对这样完美的结果，我第一反应是模型出错了。直到反复检查确定模型无误之后，我才开始思考：究竟是什么机制赋予了竞择“四两拨千斤”的力量。

我曾经对两地区情形下的族群竞择模型求得一个公式[①]：

$$S = k\omega^{\frac{1}{3}}\left(\sigma^2\right)^{\frac{2}{3}}$$

S 表示竞择力，代表竞择对这个只有两个地区的世界人均福利的压制作用（负面影响），k 是一个常数，σ^2 是各地区技术增长扰动项的方差，而 ω 就是移民参数。宽泛地讲，移民意愿就包含在 ω 这个参数之中[②]。

这个公式的自变量只有两个，σ^2 和 ω。如果方差 σ^2 为 0，技术进步不存在扰动，那么全世界的技术结构将会同步变化，始终保持一致，当然也就不存在移民，也不会有竞择来压制福利增长，S=0。如果移民参数 ω 为 0，移民停止，竞择自然也无从谈起。所以，这两个自变量出现在这里，并不令人意外。

值得注意的，是移民参数 ω 的指数，1/3。如果令 $a = k\left(\sigma^2\right)^{\frac{2}{3}}$，把方差视为常数，只考虑 S 和 ω 的关系，上述公式可以写成一个幂

---

① 见附录《技术竞择的双城模型》。

② 这个代数模型和模拟所使用的模型是不同的。代数模型为求解之便，假设了移民的瞬时性，因此代数模型中的既是移民参数，也是人口增长率对人均生存品的反应参数（新生的人口盈余立刻以移民形式外溢）。模拟所使用的模型是区分这两个参数的。此处的讨论只是借代数模型对模拟模型的结果做一个直觉式的诊断。

函数：

$$S = a\omega^{\frac{1}{3}}$$

计算机模拟中，微小的移民意愿之所以也能带来巨大的竞择力量，就是因为图 8.3 中这个幂函数的形状：当 ω 靠近 0 时，竞择力量 S 的变化是最为陡峭的。微小的 ω ，只要不是 0，就对应着不小的竞择力度。

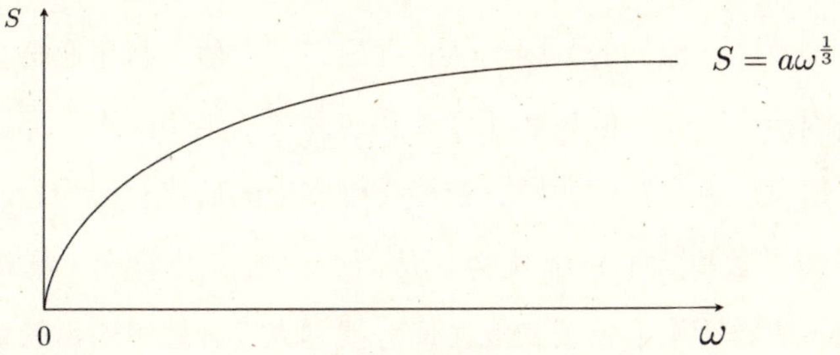

图 8.3　幂函数

为什么 S 与 ω 的关系，是以 1/3 为指数的幂函数关系呢？这是因为模型的两个特点：其他条件不变，移民数量随福利的差距而线性增加；技术赶超的速度随技术差距线性增加。有这两个“线性增加”叠加在一起，就会计算得到 1/3 这个指数[①]。移民竞择对福利增长“四两

① 这两个假设在现实中可能不成立。如果相关变量的关系并非线性，这个曲线的形状就可能会略有不同。更有甚者，如果两个地区间技术差距实在太大，技术交流就可能发生彻底的绝缘。政治学家罗伯特·阿克塞尔罗德 1997 年在《冲突解决杂志》上发表了一篇很有趣的论文，他假设不同地区间文化差距越大，文化的学习和仿照就越慢。在这种情况下，人类社会会割裂成一个个文化板块。我们的问题，是可以借鉴这个结论的。

拨千斤”的力量就从这里头来。

直觉上可以这样解释：如果移民参数 ω 很小，那么地区间的技术结构和人均福利的差距就会变大，福利差距使移民增加，而技术差距使学习加快。这两个效应部分地补偿了移民意愿本身的不足，使得竞择力量 S 对 ω 的反应打了两个折扣，不会因为 ω 减小而变得太小。打完折扣，这个指数就成了 1/3（1−2/3）。我称之为“补偿效应”。

补偿效应也发生在其他社会经济过程里。相互类比可以帮助我们理解这一效应的运作机制。比如，有些民族长期禁止与外族通婚，但因为补偿效应，他们的基因仍然和外族高度近似。禁止通婚会使本民族的基因偏离外族，但只要还没有实现彻底的生殖隔离，那么数代之间，哪怕发生极个别的通婚，跨族交配产生的后代会因为异族间的基因差距而具备更大的混血优势，从而产生更多的后代。越是禁止通婚，偶尔通婚所生下孩子的混血优势就越大，补偿了通婚的稀少。族群间文化和技术的流通，和基因的交流有着相似的规律。不管人们多么依恋家乡，多么厌恶模仿，只要移民和学习还有微弱的可能，竞择的力量就足够强大，牢牢地把人类文明钉死在达尔文陷阱之中。后面讲到效用品大爆炸时，补偿效应还会扮演一个重要的角色。

介形虫生殖器的马尔萨斯陷阱

族群竞择理论的模型、应用和模拟都有了，那么证据在哪里呢？最理想的证据当然是找来 100 个左右独立演化的拥有智慧生命的星球。其中一部分做对照组，只有马尔萨斯效应，没有达尔文效应；另一部分做实验组，两个效应都有。然后看这些星球的社会发展史是不是存在马尔萨斯陷阱。如果实验组和对照组没差别，那么族群竞择理论是错的；如果实验组的贫困陷阱发生率显著高于对照组，那么证据就支持了族群竞择理论。

可是，收集这种证据的难度比较大。100个拥有智慧生命的星球倒还好办——或许一万年后能找到——最难的是控制一个社会只有马尔萨斯效应而没有达尔文效应，这是“上帝”都办不到的事情。

好在，理论上说，还有第二种证据：如果我们能在本星球的人类历史中，找到百八十个独立演化的文明，比较它们效用品化的程度，然后看是不是越效用品化的文明越容易灭绝，那至少验证了族群竞择的机制。

可是，上哪儿去找百八十个独立演化的文明呢？就算找到了那么多文明，它们各自的文化千奇百怪，我们该怎么度量它们效用品化的程度呢？是比裙子长度还是比耳环大小？各文明历史上效用品化的程度若有变化，该如何处理？

至于文明的灭绝概率那就更没辙了。要估算灭绝概率，至少得知道文明从诞生到灭绝的延续时间，没有灭绝的文明压根儿就不能进入样本。选做样本的文明还得有足够的考古证据来说清它的诞生时间，而且，这样的样本至少需要几十个……

面对这么多困难，我曾经一直以为，检验族群竞择理论在现实中是不可能做到的，至少在我有生之年不可能实现。谁知，2018年5月，我读到一则学术快讯，介绍《自然》杂志最新发表的一篇论文（Martins et al., 2018）。苍天垂怜，那篇论文竟然给族群竞择理论提供了一个来自生物界的近乎完美的证据，恰好能把上面所有的问题都完全解决。

我曾经介绍过效用品的生物学含义。效用品是个体竞择与集体竞择利益相左的产物。在两性繁殖的物种中，这种矛盾最集中的体现就是性选择现象。我们说效用品化的族群更容易湮灭时，对应到生物学的语境，就是说性选择过于激烈、在性竞争上投入过多资源的物种更容易消亡。《自然》杂志的这篇论文在一类极不起眼的生物身上恰好发现了这个现象。

研究者收集了白垩纪晚期 93 种介形虫物种的化石，比较这些物种存衍的时长，又计算了各种介形虫雄雌体态的差异，发现雄雌体态差异越大的介形虫物种，其存衍时间越短，或者说灭亡概率更高。按照拟合的模型，体态差异最大的介形虫物种灭绝率能比体态差异最小的介形虫高 10 倍。

之所以研究介形虫而不是其他物种，是因为研究介形虫有一项特殊的优势：直到今天，世界上还有几万种介形虫。通过研究当代的介形虫，科学家清楚地知道雄雌体态差异的来源。雄性介形虫为了包裹生殖器，体型比雌性更加修长。更大的雄性生殖器能储存更多精液，使射精更为有力，但是这种生殖器大小的竞争只在同一物种内部对个体间的竞争有用。把资源投入生殖器上，有利于雄性个体的繁殖，但对本物种来说是一种囚徒困境式的无谓损失。所以，科学家可以用雄雌体态的差异来度量一种介形虫在物种内部性选择竞争的激烈程度（物种一旦形成，体态将高度稳定，参见本书第 15 章对间断平衡说的介绍），而灭绝概率随体态差异的显著增加就反映了个体竞择与集体竞择间的激烈矛盾。

如果把一个个介形虫物种比作不同的文明，把雄性生殖器比作器物玩好，那么介形虫在雄性生殖器的大小上也处于一个“马尔萨斯陷阱”——整个介形纲平均尺寸的长期停滞。如果介形虫里有一个小虫问道：为什么我们的生殖器没有变得越来越大？任何严肃的答案都不会和马尔萨斯效应扯上关系。值得一提的原因只有一个，就是族群竞择，或者说物种间的自然选择：那些在雄性生殖竞争上过度投入的介形虫“文明”更容易灭绝，所以剩下的介形虫在雄雌体态差异上都不会太出格。

在介形虫的例子里，任谁都看得明白，生殖器大小和族群竞择紧密相关。为什么在考察人均收入的演化规律时，马尔萨斯和两百年来成千上万的学者偏偏忽视了这一点呢？归根结底，在没有效用品理论时，我们连经济福利的生物学基础都说不明白，怎么可能洞察文明演化背后的生物学规律。

不过，“10倍”仍然低估了介形虫物种间灭绝概率的真实差别。一个物种之所以性选择激化、发展出过度的雄雌体态差别（效用品化），本来就是因为这个物种的生活环境缺乏天敌，自然选择压力较轻。尽管拥有这样优越的环境，那些性选择更激烈的物种灭绝概率还是高出一大截。显然，这些物种一旦脱离缺乏天敌的桃花源，和其他物种在相同环境中公平竞争，其真实灭绝概率的上升幅度会远远超过10倍。

马尔萨斯机制——被高估的平凡解

在这本书里，我有时候会采用一个听起来不够精确的表达，“族群竞择才是马尔萨斯陷阱的真正原因”，而不是“马尔萨斯机制和族群竞择机制共同导致了马尔萨斯陷阱”。其实，前一种说法反而比后一种说法更加合理、更加精确。拿介形虫的生殖器来打比方，就能很清楚地说明这一点。

马尔萨斯机制的出发点是“资源的有限性”：因为资源有限，繁殖无限，所以个体用度有节。族群竞择机制的出发点是“异质性下的竞争”：一些特征在竞争中淘汰另一些特征。

对陷阱的发生来说，马尔萨斯机制固然不可或缺。丢开马尔萨斯机制，相当于资源无限。无限资源下介形虫狂生滥长，身体各部分的尺寸自可以无边界地扩大。所以，就算是介形虫的生殖器，也可以说是马尔萨斯机制和族群竞择机制共同作用的结果。但是，在介形虫的案例里，马尔萨斯机制显然是一个“平凡解”（方程之解和现象之解释当然是两个不同的概念，此处只是比喻），而族群竞择机制才算一个深刻的答案。

学过大学数学的读者应该都接触过平凡解这个概念。比如费马大定理一般是这么表述的：当整数 $n>2$ 时，关于 x, y, z 的方程 $x^n+y^n=z^n$ 没有非平凡解。为什么不说没有整数解？因为很显然，$x=y=z=0$，或 $x=1, y=0, z=1$ 都是方程的解，只是这些解平凡而无趣，网络用语又叫“抖机灵”，你不能“抖个机灵”就说自己推翻了费马大定理。所以，在费马大定理的表述中，数学家把正整数以外的解称作平凡解。数学家只关注非平凡解的有无，只有非平凡解才具有深刻性，才有研究的价值。

介形虫生殖器的案例里，马尔萨斯机制——资源有限——就好比这样一个平凡解，平凡到一望即知，没人会觉得有必要多提半句。多提半句都有“抖机灵”之嫌。

人类生活水平的高低在原理上和介形虫生殖器的大小是相通的，

因此马尔萨斯机制对于解释人均收入的持续低下，其实也是个“平凡解”。两百多年来，马尔萨斯理论之所以被误认为“不平凡”，是因为话题的特殊性。在没有族群竞择理论的时候，我们压根儿不知道非平凡解的存在，用这么平凡的一个机制解释这样宏大而神秘的一个现象，会给人一种惊喜的错觉。就好像在介形虫生殖器的案例里，如果我们完全不懂进化论，更不懂族群竞择，现在突然有人提出用马尔萨斯机制来解释生殖器尺寸的长期短小，人们尽管会觉得哪里不对劲，但一样会感到满足甚至惊喜。只有等明白了进化论，明白了族群竞择，反过来看马尔萨斯机制，才会恍然大悟。马尔萨斯机制不是没作用，也不是作用小——毕竟资源有限性的作用，怎么强调都不过分，而且族群竞择机制还是通过马尔萨斯机制来发挥作用的——但马尔萨斯机制就是个平凡解。

人均收入问题和介形虫问题如出一辙。前文中我们曾经做过一个思想实验。在一片辽阔的大陆上，假设大陆上每一个村庄都处于马尔萨斯均衡状态。按照马尔萨斯理论，这个大陆既然处处都在均衡之中，人口就不再增长，人均收入也不会因为马尔萨斯效应而下降。但族群竞择理论预言，即使整片大陆时时处处都处于马尔萨斯均衡，人口仍然会增长，人均收入仍然会因为马尔萨斯效应而下降。为什么呢？

这是因为村庄之间有可能存在产出结构和社会文化的差异，使不同地区的生活水平存在高低错落。于是，人口漏斗效应会把生存品导向的技术和文化扩散开来，把很多地区的均衡拉低——它们不是在向均衡回归，而是均衡本身在改变位置。由此，整片大陆的人口进一步扩张，人均生活水平进一步下降。

表面上看，人口扩张，生活水平下降，是马尔萨斯机制在发挥作用，但真正驱动这一变化的其实是达尔文机制。有些古代社会的人均生活水平明明已经很低了，但人口仍在增长，人均收入仍在下降，马尔萨斯陷阱似乎深不见底（可能清朝中期就处于这样一个状态）。学界普遍将之解释为社会整体向马尔萨斯均衡的回归，这往往是错误的。深不见底，那就不是一个固定的均衡。真正的原因，其实是族群竞择在持续地拉低均衡位置，与此力量抗衡的是自个体竞择而来的效用品化倾向。马尔萨斯机制是表，达尔文机制是里。马尔萨斯机制是钟表的指针，达尔文机制则是钟面下驱动指针的齿轮。

我们在向成年人解释钟表原理的时候，不会仅仅停留在时针、分针间的关联，而会介绍钟面后的齿轮是如何咬合、传动的。同样，在马尔萨斯机制的外表下，达尔文机制才是长期贫困陷阱的真正原因。真正原因不代表唯一原因，我指的是“深刻的非平凡解”。

其实，上述定位仍嫌保守，因为，连马尔萨斯机制本身也是族群竞择的结果。生育率随资源的丰歉如何变化，既有生理的节制，更有文化的影响。什么样的文化能成为主流，得通过族群竞择的筛选。当灾异降临，人口锐减，以致人均资源膨胀之时，如果一个族群反而约束自己的生育，岂不是自取灭亡？竞择中留存下来的文化，几乎都是符合马尔萨斯机制的“马尔萨斯文化”：穷时少生，富时多生。穷的时候人多地少，个体之间近乎零和博弈，你多一口我就少一口，你多生一个，家里村里可能就得多死一个甚至两个，所以对整个族群来说，生育上节制一点儿对整个族群的人口不会有太大的影响。富的时候，生育给族群带来的是人口的净收益，所以生存主义导向的文化会要求人们在富的时候能生则生[①]。是族群竞择让马尔萨斯文化在诸多可能的生育文化中脱颖而出，而那些越富越少生的“逆马尔萨斯文化”则注定消亡。所以，达尔文既超越了马尔萨斯，也包含了马尔萨斯。用达尔文代替马尔萨斯，不亦宜乎？

我揣测，80% 的读者读到这里，应该已经信服了新理论：前工业时代人均福利长期停滞的真正深刻的原因并不是马尔萨斯机制，而是族群竞择。但是，肯定还有一小部分读者无法展颜。他们之所以纠结，是因为在方法论上有疑问。一个新理论要代替旧理论，应该能预测（解释）旧理论无法预测（解释）的事实。卡尔·波普尔的这一思想，经弗里德曼发扬光大，在经济学界深入人心。那么，族群竞择理论能不能预测新的事实，来颠覆传统理论呢？下一章，我们会从方法论的角度剖析新理论对旧理论的颠覆与超越。它将带给我们一个更加高屋建瓴的视角来理解马尔萨斯陷阱问题。

---

① 有意思的是，现代文明似乎兴起了一种“逆马尔萨斯文化”，富裕社会反而生得少。这是不是否定了族群竞择呢？其实不然。人类长期处于贫困，所以积累了大量在贫困条件下占据优势的基因和文化特征。突然转入富裕状态，这些特征就不再适用，内心里潜藏、没来得及被大自然淘汰的第六天魔王（据说是淘气出格而又雄才大略的织田信长的自称）就苏醒过来了，人类行为很可能会普遍地背离自己或集体的生殖利益。俗语里把出格的行为叫作“吃饱了撑的”（既包括出格的恶行，也包括惊人的善行）。富人比起穷人，他们的行为更难用“人性”和“本能”来预测，从十恶不赦到普度众生，往往都出自富人。但生育文化终将逐渐适应高收入环境。人类也许会发展出一些宗教、法律、科技的办法，让马尔萨斯机制在高收入阶段重新成立。未来世界的人种构成、主流的制度形式，将在很大程度上取决于哪个国家、哪种制度能最有效地在富裕条件下重建马尔萨斯机制。

本章小结

- 计算机模拟确认：单靠马尔萨斯效应是不足以产生马尔萨斯陷阱的，要靠马尔萨斯效应和达尔文效应两个效应共同作用，才能压制人均福利的持续增长。

- 因为“补偿效应”，一丁点儿族群竞择就能对人均福利的增长产生巨大的抑制力量。

- 介形虫化石为族群竞择理论提供了近乎完美的证据。

- 对马尔萨斯陷阱之谜来说，马尔萨斯理论只是一个平凡解。

第9章
辨伪之道

旅途指南

按照卡尔·波普尔和米尔顿·弗里德曼的方法论，新理论必须具有可证伪性，并且能够预测或解释旧理论无法容纳的现象。族群竞择理论符合这一原则吗？本章将从方法论的角度确立族群竞择理论对马尔萨斯理论的替代。其中的论证可能会颠覆你对科学方法论的理解。

假设无关论的迷思

我在博士学习的第5年时，恩师钱颖一教授有一次来伯克利，约我去旧金山湾边一起散步，聊聊我的研究进展。当时，我刚把马尔萨斯陷阱和人口漏斗联系在一起，还没有做数学模型和计算机模拟，对新理论的认识还在比较肤浅的阶段。钱老师锁着眉头听我说了一个小时，仍然没有信服我对马尔萨斯陷阱的新解释：“你的理论要代替马尔萨斯理论，总要告诉我你的理论能预测什么新的现象，或者有什么现象是马尔萨斯解释不了而你的理论能够解释的吧。”

这恰是我当时的困惑。要推翻一个理论，就得在方法论上依循理论更替的惯常程序。按照波普尔在《科学发现的逻辑》(*The Logic of Scientific Discovery*)里的说法，科学是在证伪中发展的。每一个理论都只是尚未被证伪的假说。而一个新的假说要代替旧的假说，成为人们暂时接受的新理论，就得找出至少一个现象，与旧假说不符而能为新假说所包容。是所谓证伪。

比如爱因斯坦的相对论要代替牛顿的力学体系，就得预测或解释一些牛顿体系无法预测或解释的现象。波普尔说，科学命题之所以科学，在于它要求每一个新理论的提出者都提供“可检验的假说”，告诉人们，在发现什么证据后，这个理论将被承认是错的。爱因斯坦就设想了至少三个可能证伪广义相对论的实验来检验理论的假说，其中一个是：光波在太阳附近的偏折将大于牛顿力学预测的程度。亚瑟·爱丁顿在1919年借观测日全食的机会完成了这个实验。观测结果证否了牛顿力学的预测，而未能推翻爱因斯坦的假说，由此确立了广义相对论的地位。

效用品理论的确也有一些假说可供检验，比如大麦与小麦在“存效比”上的巨大差别，又比如欧洲北部城市人口加速净增长时自然增长率的不升反降。这些都说明两部门比单部门更为合理。可是，这些证据所支持的是理论的假设——两部门的存在及其重要性，它们并没有涉及理论的结论——马尔萨斯机制不足以导致马尔萨斯陷阱。

新理论的假设比旧理论更符合现实，并不能挑战旧理论的有效性。要验证理论的结论——是族群竞择而不只是马尔萨斯机制造成了马尔萨斯陷阱——我们得有足够的星球，各个星球都有独立演化的文明。其中还能划分出一个“对照组”，对照组里的星球文明，只有马尔萨斯机制而没有族群竞择。有了这些样本，我们再去观察平均生活水平在各个星球上演化的历史，才能判断马尔萨斯理论错误与否。

正如上一章说的，就算我们找到了那么多星球，也没有办法控制一个文明只有马尔萨斯机制却没有族群竞择发生。这是“上帝”都无法操作的实验。所以，按照波普尔的标准来说，马尔萨斯理论是不可证伪的。

波普尔说不可证伪的理论不属于科学范畴，难道马尔萨斯理论压根儿不是科学？反过来说，是不是因为它不可证伪，我们就得接受它，信仰它，永远无法挑战它？

诡异的是，我明明能确定马尔萨斯理论是错的。我所依据的逻辑也是严丝合缝的：两部门的假设比马尔萨斯的单部门设定更符合现实，一旦接受两部门的假设，马尔萨斯陷阱必定依赖部门间的平衡增长，而马尔萨斯理论显然不能解释平衡增长。有了更合理的假设，难道不是理论的进步吗？

还真不是。

经济学前辈宗师米尔顿·弗里德曼在发表于1953年的经典论文《实证经济学方法论》（*The Methodology of Positive Economics*）里说：判断一个理论的好坏，应该只看预测的准确性，而不看它的设定多么符合现实，甚至，弗里德曼还说假设越偏离现实越好。如果两个理论都能准确预测——比如都能解释马尔萨斯陷阱——那么，更简单的那个理论胜出。

弗里德曼的观点实在太重要了，请允许我再重复一遍。弗里德曼认为，评价一个理论，只需要看它的预测能力，至于假设，首先，它不重要；其次，越偏离现实越好；最后，相对简单者胜出。

你很可能听说过弗里德曼的方法论。有些经济学原理课的教授会在第一节课上就向学生灌输上述思想：不能仅仅因为一个理论的假设“不现实”，就否定这个理论。这条原则维护着几乎所有经济学理论的基础。比如，很多人质疑经济学“理性人”的假设。在有些宏观模型里，每个个体都能完美地计算出经济的均衡，而模型的构造者自己可能是用计算机迭代了三天三夜才求解出了这个均衡解。这种假设显然不符合事实。从荒谬假设出发构造的理论还是好理论吗？按照弗里德曼的说法，假设是否合理，根本不重要。阿曼·阿尔钦曾用“傻子开店”打比方来说明理性人假设的合理性。如果店开在路边才有生意，但是一堆开店者都是傻子，漫山遍野随机选址，远离路边的店都倒闭消失了，在路边的店才能生存下去，最终店址的分布和理性人开店也没有什么差别。这种情况下，假设店主理性，对较为长期的分析来说无伤大雅。弗里德曼认为，理论只要管用（预测准确）就行了。如果假设店主理性比刻画以成千上万种姿势花样犯傻的店主更为简单，那么理性人开店模型就是一个更好的理论。

假设人人自私固然有错，假设每个人都有完美的计算能力和博弈论知识则是错得离谱，但由这些假设推导出的经济学理论仍可以是正确的、成功的理论。弗里德曼方法论，几乎被当作鉴别“民科”[①]的首要标准。在有些经济学家眼里，只有民科才会强调假设的重要性，只有民科才会批评经济学的假设不现实。正是在这种气氛中，弗里德

① 指偏执于某种自许的成就却缺乏科学素养的科学爱好者。——编者注

曼说假设越离谱越好。理论是对现实的简化。简化，就是做出不符合现实的假设。要是假设完全符合现实，那现实本身就是解释自己的模型，还要理论做什么。

我在本科时，恰好读过波普尔和弗里德曼的著作。张五常教授的《经济解释》也对他们的思想有过精妙的阐发。这些书在我心底种下了对“可检验假说”的崇拜。要挑战一个理论，要么挖掘出新的事实来颠覆旧理论的预测，要么比旧理论更简洁。我不曾想到，这些方法论的教义竟也有彻底崩塌的一天。

和钱老师谈话过后，我为了能说服他，加快了研究进度，很快就完成了计算机模拟和数学模型的构建。我越来越清楚地看到，自己的理论是正确的，马尔萨斯的理论是错误的。可是，为什么我能够如此确信马尔萨斯的错误，却无法通过弗里德曼的方法论说清楚马尔萨斯为什么错？渐渐地，我怀疑弗里德曼是错的。

本书读者可能有一半以上都接受过“可检验假说教”的洗礼，看到我说弗里德曼错了，难免心头一怔。我理解这种冲击感，因为我也曾经历过这样的冲击。大师不是神仙，大师也犯错，和凡人的区别只是他们犯的错更加隐蔽、深刻、重大。对他们的更正和超越也因此有了更深远的意义。读书能读到与自己观点相合的说法，固然乐在其中；但反过来，能把自己确信多年的成见彻底扭转，岂不更加美妙？接下来，我会郑重而仔细地剖解弗里德曼的错误。

弗里德曼的《实证经济学方法论》只是树了一个稻草人当作靶子。这个稻草人就是那些纯粹以假设符实与否来评判理论优劣的民科。弗里德曼成功地驳倒了民科，但是，这并不意味着弗里德曼自己就是正确的。

的确，合乎现实的假设，并不能使一个理论更优秀，但是假设不符合现实可能影响理论的有效性。注意，这种影响只是可能发生，而非必然发生。是否影响理论有效性的关键，在于那些偏离事实的假设是否具备“稳健性”。一个理论的确可以包含虚构的假设，但每一条虚构的假设都必须是稳健的。什么叫稳健？如果修改一条假设，在使之接近现实的过程中，本来准确的理论预测开始偏离了事实，那么就可以断定，这个假设是不稳健的，这个理论对现象的解释是错误的，或者至少是不全面的。反之，假设就是稳健的。弗里德曼错就错在完全忽略了假设稳健性的要求。

举个最直白的例子。假如有个科学家观察到一个物体在水平粗糙表面做匀速直线运动，他假设这个表面是完全光滑的，于是得出结论：没有外力在运动方向上推动物体。显然，这个结论是错误的，这个物体分明受到摩擦力，要匀速直线运动，必有与摩擦力相反的外力作用。但是你怎么用弗里德曼的方法论去反驳他呢？

没有办法。首先，这个科学家的逻辑是自洽的。在表面光滑的假设下，匀速直线运动的物体确实没有外力作用。你也许会说，这个科学家明知道表面是粗糙的，还假设它光滑，是无理取闹。可是弗里德曼说了，假设正确与否不重要，假设越荒谬越好。没有哪个经济学家真的相信人是完全理性的，但这并不妨碍他们继续做这样的假设。

这个科学家的结论之所以错，其实是因为违反了假设的稳健性。一旦放松光滑表面的假设，使之接近现实（承认粗糙表面），结论立刻发生了变化，所以原来的理论一定是错的。

相反，“傻子开店”的例子里，理性人假设之所以无伤大雅，是因为即使你放松这条假设，允许店主是傻子，允许他们随机开店，在优胜劣汰下，店址的长期分布也和理性开店相差无几。所以在“傻子开店”的例子里，理性人假设是稳健的。

再拿弗里德曼自己的研究做例子。弗里德曼受诺贝尔经济学奖表彰的成就中，有一项是他对经典菲利普斯曲线的反驳。威廉·菲利普斯在 1958 年根据英国 1861 年至 1957 年的宏观经济数据，发现货币工资变动率和失业率之间存在着负相关关系。在美国，同样的关系直到 20 世纪 60 年代也成立。可是，弗里德曼在 20 世纪 60 年代末指出，由于适应性预期的存在，通胀率和失业率的相关性在长期中会消失：一旦人们预期到更高的通胀，并随之改变经济决策，政府就无法通过扩张的货币政策刺激经济，降低失业率。

弗里德曼所做的，正是对假设的修正。旧理论忽略了预期的调整，而弗里德曼允许预期的变化，他的假设更符合现实。可是截至 20 世纪 60 年代末，当滞胀还没有发生的时候，他凭什么相信自己的理论更胜一筹？按照他自己的方法论，假设是否符实并不重要，只看预测的有效性。在 20 世纪 70 年代以前，菲利普斯曲线和现实吻合得非常好，不考虑预期变化的旧模型也比弗里德曼的新理论更简单，按照弗里德曼的方法论，他自己的理论才是该被淘汰的那个。

其实，弗里德曼恰恰是从假设的稳健性出发挑战了菲利普斯曲线。菲利普斯曲线把预期的变化从模型里剔除了，可一旦把适应性预期放到模型里头，原有的结论就发生了变化。所以，只要证明适应性预期的假设更符合现实，就知道菲利普斯曲线是错误的。至于 20 世纪 70 年代的滞胀进一步验证了弗里德曼的先见之明，只是锦上添花而已。

敏感假设务必符合事实

钱颖一老师问我如何证伪马尔萨斯理论，这没有问错。但是，在经济学里（可能在其他学科也成立），理论的更新换代其实有两条途径。一条是证伪：通过挖掘新的事实去挑战旧假说。另一条路，是找出旧理论中隐含的非稳健假设，并从逻辑上证明：一旦放松这条假设，理论预测就会偏离事实。

这两条路径并没有高下之分。第二条路和第一条路一样难走。每一个经济学理论都有一组假设，这些假设之所以存在，一般来说就是为了简化模型，使模型可解。一旦放松它们，模型还会那么容易求解吗？但是，为了证明放松假设后理论会偏离事实，又必须加以求解。

更要命的是，别看大多数经济学理论在表述时都会列出一串假设，似乎只要按排列组合放松这些假设就能穷尽理论的一切可能性。可实际上，一个理论所涉及的假设可能数都数不过来，列出来的显性假设只是冰山一角。旧理论的提出者很难讲清楚自己做了什么隐含假设，更难讲清其中哪些是稳健的，哪些是不稳健的。菲利普斯绝不会说自己假设不存在适应性预期。他倘若意识到了这个问题，不就等于把弗里德曼的批判工作一并完成了吗？所以走第二条路的真正难点，是把旧理论中没有明说的那些假设说出来，识破它们的非稳健性。这一工作，不仅依赖理论推演，对实证工作也有要求，因为挑战者还必须证明新的假设更符合现实，只有符合现实的替代性假设才称得上是对原假设的放松。波普尔说理论永远无法证实，因为潜在的可资证伪的事实是未知的、无限的。同样，从假设的角度看，理论依然无法证实，因为潜在的非稳健假设也是未知的、无限的。

虽然大多数经济学家受到波普尔和弗里德曼的影响，一说起理论的更新换代，就爱念叨可检验假说，但他们自己的工作，绝大多数都是沿着第二条路径展开的。倘若一意孤行坚持弗里德曼的方法论，可能95%以上的经济学研究都要被判定为“伪科学”，包括弗里德曼自己批判菲利普斯曲线并获得诺奖的论文。退一步说，就算是找到了新事实，“证伪”了旧理论，新理论就能冒头吗？物理学里的置信度标准动辄达到99.999 9%，而经济学里，99%就是烧高香了，以这样的置信度真的足以支持一个新理论吗？何况，围绕几乎每个经济学理论，都能拼凑出一大堆临时性的补充解释，实在说不过去了，还能说数据质量有问题。总之，真的要靠新事实去颠覆一个旧理论，哪怕不是绝无可能，也是凤毛麟角，要按照这个方法论去推动学科发展，经济学将寸步难行。

所幸，我们还有第二条路可走，而这恰恰是几乎所有经济学家不知不觉都在走的路。参加数学建模大赛，我们都知道写完一个模型后，要做参数稳健性检验。改变参数设定，看看模型的结果会不会有大的起伏，如果变化不大，我们会对自己的模型更有信心。参数也是一组假设，如果假设不重要，我们何必操心参数变化后结果是否稳定？我们这么做，就是为了检验假设的稳健性，好给自己的理论增添可信度。

更形象地说，证伪和稳健性检验组成了科学进步的双车道。一条道堵了、慢了，换一条车道开；另一条车道堵了、慢了，再换回原来的车道开。无论是左车道还是右车道，能到目的地就是好车道。

用新的事实去“证伪”一个理论，归根结底也只是发现假设非稳健的一种方式而已。证伪了，无非是让你知道，肯定有哪个隐含假设出问题了。要是你可以绕开证伪的过程，直接找到那个出了问题的假设，不是更好更快捷吗？如果一定要在两条车道之间分一个主次的话，显然，稳健性检验才是主车道，证伪只是一条辅助车道，甚至从实用性来说，只是高速公路的路肩——紧急情况下才偶尔使用。

但是，波普尔和弗里德曼偏偏把辅助性的路肩当成了唯一的车道。在他们的影响下，经济学界对可检验假说的追逐流于仪式化。它能增加参与者的神圣感，却和实用无关。甚至，由于波普尔把可检验假说的有无抬升到判定伪科学标准的高度，导致许多新的学科分支蒙受不白之冤。① 本来可以百花齐放的经济科学，因为方法论的教条，受到了桎梏。更可笑的是，它还开了一道双重标准的口子，挑战别人的理论时都拿假设稳健性说事，自己被人攻击时又躲到弗里德曼方法论背后，高喊“假设不重要”，给理论套上无敌光环，颠扑不破。

我读过一些反驳弗里德曼方法论的文章，其中不乏经济思想史专家之作。它们大多只是不痛不痒地说“完全不看假设也不好”，轻描淡写，仿佛接不接受弗里德曼的方法论只是个人口味问题似的。其实，弗里德曼的方法论之所以带来恶劣影响，归根结底是因为他错了。我曾经是“可检验假说教”的忠实信徒，经历过，才知其中的弊端。那些方法论专家的模棱两可，并非出于笔调的谦逊，而是没有把问题想透彻。

---

① 理查德·塞勒（2015）的《“错误”的行为》描述了行为经济学早期发展中遇到的许多不解和排斥。今天回头看，当年经济学界普遍的执迷不悟已经到了荒谬可笑的程度。这种执迷的一大根源，正是波普尔和弗里德曼的错误方法论。可惜，我们今天虽然接受了行为经济学，却没有肃清错误方法论的影响。后人“笑”之，而不鉴之，亦使后人而复“笑”后人也。

回过头来看马尔萨斯理论。按照弗里德曼的方法论，的确挑不出什么毛病。哪怕挑出了毛病，也总能找些补充解释糊弄过去，或者对反例数据的质量挑刺。油浸泥鳅，滑不留手。

但是，可以确定无疑的是，马尔萨斯理论隐含着一条不稳健的假设：个体和集体之间没有生殖利益的冲突（详见第 3 章）。这个假设显然不符合现实。一旦把这个假设放松，引入个体和集体之间的矛盾，经济的两部门性就会凸显，仅仅依靠马尔萨斯机制就不足以抑制人均福利的增长。所以，这条假设不仅偏离了现实，而且是不稳健的关键假设。因此，不论马尔萨斯陷阱的真正原因是什么，马尔萨斯机制肯定不是故事的全部。挑战马尔萨斯，逻辑推理足矣，根本不需要 100 个外星文明。

我是被自己的研究逼着，挑战了自己信奉 10 年之久的方法论。在我之前，当然已经有许多学者在研究一些基础性问题的时候经历过相同的思维过程，并看到了弗里德曼方法论的病根所在。后来，我在读当初提出索洛增长模型的那篇文章时发现，索洛在开篇第一段，恰好讲了这个问题（我对原文作了意译）：

> 所有理论都依赖某些偏离事实的假设，这才成其为理论。理论研究的艺术在于抓住那些最根本的简化假设，而最终的结果又不依赖这些假设。那些结果所特别依赖的假设叫作“敏感”假设。敏感假设务必符合事实。如果理论结果完全受一条敏感假设所主导，那么只要这个假设可疑，理论就是可疑的。（Solow, 1956）

索洛的论文发表于1956年，他一定读过弗里德曼1953年发表的《实证经济学方法论》。我猜测，索洛这段话表面上是在批评哈罗德-多马经济增长模型，其实是在反驳年长12岁的弗里德曼。

与我同辈的年轻学者很少完整经历过对弗里德曼的信仰与质疑，听到我反驳他老人家，有时候还会流露出“不幸遇到民科”的表情，而老一辈学者往往会心一笑，充满赞许，毕竟，这是贯穿他们学术人生的一段公案。我在北京大学经济学院量化历史年会上汇报自己的研究时，有一位年轻听众就提问，为什么仅仅质疑马尔萨斯理论的假设，就能动摇整个理论？他的问题，本质上就是弗里德曼方法论之问。我为他做了解释，还加了一句：“弗里德曼是错的。”提问者尚在错愕，观众席里乔尔·莫克尔教授一听此言，笑容怒放，连连猛拍桌子。莫克尔是当今经济史学界之执牛耳者，后来他还把我的论文选入了美国西北大学研究生经济史课的必读文献。

族群竞择理论是一个套套逻辑

如果今天有人问我：“你有什么证据证明马尔萨斯的解释一定错了？”我会告诉他：“这其实不需要证据。”如果他接着问：“那你又有什么证据支持你的解释？”我会说：“介形虫案例已近乎铁证，但就族群竞择抑制效用品这一点，即使没有证据也依然成立。”

我们没有第二个星球来证伪马尔萨斯理论，当然也没有第二个星球来检验族群竞择理论。所谓的检验，并不是“证实”，因为我们永远无法证实一个理论，只能去尝试证伪，而“暂时未证伪”，就是检验的本质。但是，我在博士学习的第六年用一年时间想明白了一个道理：如果要证明族群竞择是马尔萨斯陷阱唯一或唯二的原因，那是绝对无法证明的，也是错误的——本书第三部分还会讨论造成马尔萨斯陷阱的第三个机制，刘慈欣机制。但族群竞择抑制人均效用品这一点，却根本不需要验证，因为这句话是一个重言式命题（tautology），或者用张五常教授的话说，叫作“套套逻辑”。

看过《经济解释》的读者，一定对其中有关套套逻辑的章节印象深刻。套套逻辑是指“四足动物有四只脚”这样一类命题：它们的结论已经包含在定义中了。从定义出发，完全可以用逻辑推理和数学计算把结果推导出来。它们不能被证伪，是因为它们根本不可能错。张五常教授厌恶重言式命题，认为它们看似叠床架屋，其实什么都没说。

对重言式命题的批评，是与波普尔和弗里德曼的方法论一脉相承的。波普尔认为科学的标准是可证伪性，只有命题可证伪，才能纳入科学。上帝存在无从证伪，因为我们没有技术去证伪这个命题；重言式命题也不能证伪，因为它们压根儿错不了。出于对可证伪性的尊崇，重言式命题被认为不是科学，应该排除在经济学外。

但是，由数学证明而来的定理，无一不是重言式命题，难道都没有价值吗？四足动物有四只脚，这种命题当然可笑，可是同样是重言式命题的哥德尔不完备定理，也很可笑吗？重言式命题好还是不好，应该具体命题具体分析，不能因为它们是重言式命题，就一棍子打死。那些在逻辑上实现了巨大飞跃，结论出人意料的重言式命题，往往是科学史上的瑰宝。

一条经济学理论，无非是一组假设下由逻辑推理得到的结论。重言式命题正是理论的逻辑部分。逻辑本身只要自洽，就错不了。但逻辑只有与假设结合起来，才能应用到现实中去。而逻辑一旦与假设相结合（广义的假设也包含理论应用的场景），因为假设可能错，场景可能不合适，所以理论也有了错误的可能，这才使理论有了可证伪性。但证伪并不是要推翻逻辑，而是对逻辑在一个具体场合的应用提出疑问。张五常教授也说他所推崇的科斯定理就是套套逻辑。要证伪科斯定理是没有意义的，因为它赖以实现的条件，在现实中根本不存在。科斯定理只有与具体的不完美的现实环境相结合，才能得到可检验的假说。但我们不能因为科斯定理是重言式命题，就否认它巨大的科学价值。[①]然而，张五常教授没有说明为什么科斯的套套逻辑在他眼中是经典，晚辈众生的套套逻辑就是渣滓。其实，张五常教授是把对套套逻辑的推理和检验混为一谈了。

科学的进步，由三个阶段组成。第一阶段是"纯理论"，是（套套）逻辑的丰富和发展，理论家不断推出新的定理。第二阶段是"应用理论"，是逻辑与不同假设、各种情境相结合，得到一批假说，以解释具体的现象。第三阶段是"实证"，即通过证伪或者对非稳健

① 方绍伟（2018）把经济学理论区分为参照型、解释型和政策型三种。类似科斯定理和内生增长理论这样的参照型理论的旨趣并不在于解释、预测具体现实。这些参照型理论连稳健性（当假设趋近现实时，看预测是否偏离现实）都无从检验，所以对理论中的假设不必抱有稳健性的要求。而一旦去拓展参照型理论，赋予它解释型和政策型的含义，或者当理论本身就是解释型、政策型理论的时候，稳健性的要求就产生了——非敏感假设仍然可以脱离现实，但敏感假设必须符实。弗里德曼错，是因为他所讨论的显然只局限于解释型、政策型理论。解释型、政策型理论绝不适用参照型理论的"免责条款"。参照型理论就好比虚构小说。我们可以评价小说写得美不美，逻辑是不是顺畅（自洽），是不是让人若有所感，获得启迪（套套逻辑自有其价值），但我们不会批评虚构小说是假的。可要是写完了小说，作者说这就是历史（参照型理论变成了解释型、政策型理论），那就有可证伪性一说了，我们就得去检验小说里的事到底是真的还是假的。

假设的挖掘，去推翻应用理论发展出来的假说。这三个阶段周而复始，就是科学进步的本质。

当我们推翻旧假说的时候，只存在两种可能：第一，逻辑不自洽；第二，假设不稳健。如果是后者，那就再回到第一步和第二步，放松假设，在更一般的情形下寻找新的逻辑来解释现象。

回到族群竞择理论。族群竞择抑制人均效用品消费，这个命题骨子里是一个套套逻辑。为什么呢？因为，均衡人均收入在马尔萨斯条件下的增长，本质上是效用品的相对丰富，而效用品的定义，就是那些满足个体生殖利益而以集体生殖利益为代价的东西。现在我们要解释为什么存在马尔萨斯陷阱，也就是人均效用品长期低下之谜。既然效用品是这么定义的，那么什么因素会抑制效用品呢？当然是体现集体生殖利益的那个大背景，也就是族群竞择。只要你接受了这里的定义，逻辑就会引着你到达这个结论。

这个结论不见得解释了马尔萨斯之谜的全部。也许，族群竞择加上马尔萨斯机制，也仍然不足以抑制人均收入的增长趋势；也许，还有其他一些因素在起着作用。但是，只要个体和集体之间存在矛盾，那个抑制个体生殖竞争的机制，不就是集体间的生存斗争吗？因此，我们至少可以确定，族群竞择一定对效用品的长期低迷发挥着影响。

实证工作可以帮助我们厘清这个效应在现实中的大小，却不能推翻这个逻辑。如果我真的申请一笔几百万美元的经费，十年八载，上天揽月，下海捉鳖，跨星球，跨物种，搞来百八十个样本，就为了跑个回归、测量一下显著性：你看，族群竞择真的能降低人均效用品……那才真落得张五常教授的骂：套套逻辑你去验证它干吗？骂得该。张五常教授关于套套逻辑的直觉完全是正确的，但他混淆了一点：该骂的不是套套逻辑本身，而是对套套逻辑的实证检验。

说四足动物四条腿显得傻，充其量只是逻辑链条太短而已。费心劳力去验证四足动物四条腿，才是真的蠢。推导套套逻辑的，只要结论出人意料发人深省，就是筚路蓝缕的先驱者；检验套套逻辑的，无论流了多少汗费了多少钱，都是装模作样的“划水”党[①]。

我之所以说“族群竞择抑制人均效用品”有证据但不需要证据，道理就在这里。哪怕没有介形虫的证据，这个命题依然成立。它是一桩新生的知识，却属于人类知识中最可靠的那一类。其成立与否，不取决于证据，不取决于你我的信心，而是压根儿没有出错的可能。与其说它是一条符合经验事实的定律，不如说它是一条主宰了人类历史的定理，一条隐藏在纷繁世象背后的数理法则。

本章小结

- 明明知道马尔萨斯理论是错的，却没法用弗里德曼的方法论去判别它的错误。为什么？原来，弗里德曼的假设无关论是错的。

- 假设可以偏离事实，但偏离事实的假设绝不能是敏感假设。敏感假设务必符合事实。这就是理论的稳健性要求。如果修改一条假设，在使之接近真实的过程中，理论预测偏离了正确值，那么这个假设就是一条敏感假设，这个理论一定是错误的或者是不完全的。

- 族群竞择理论其实是一个套套逻辑，压根儿就不可能错。

① 指偷懒、出工不出力的人。——编者注

第三部分

鱼跃

第 10 章
公论之弊

旅途指南

本书第一部分《静水》从两部门马尔萨斯模型中引出了平衡增长之谜。第二部分《流深》用族群竞择理论解释了平衡增长，进而解释了马尔萨斯陷阱。在第三部分《鱼跃》，我们将探讨更加激动人心的话题：现代经济增长是如何开启的，以及我们会不会重返黑暗时代，再度经历文明的崩溃、技术的停滞和生活水平的倒退。围绕现代增长的起源，已有无数学者基于马尔萨斯理论进行过建模。本章将介绍其中 4 个具有代表性的模型，并指出它们的不足。

大一统增长理论

你还记得克拉克教授信手绘制的那幅世界人均收入变化图（图 1）吗？长期的经济停滞之后是拔地而起的稳健增长。对这个现象，斯坦福大学经济学教授查尔斯·琼斯曾做过一番生动的形容：

> 生活水平的极速增长是过去一个世纪的标志。今天统计到的美国人均 GDP 是 125 年前的 10 倍。如果考虑每年一个百分点左右的统计缺漏，增长幅度很容易就能超过 30 倍。同样惊人的是，这样的急速增长是在很短的时间内取得的。保守估计，人类 100 万年前就在进化上和其他灵长类动物分道扬镳了。假想这 100 万年的时间轴恰是橄榄球场的长边（120 码，约 109.7 米）。在这根时间轴上，直到一万年前的农业革命前，人类都过着狩猎采集的生活——整整 99 码（约 90.5 米）。罗马帝国的辉煌发生在距离底边还有 7 英寸（约 18 厘米）的地方，工业革命在离底边还有 1 英寸的地方开始。生活水平持续而巨大的进步发生在很短的一段时间内——相当于这橄榄球场底边放着的一个高尔夫球。（Jones，2001）

在数学上，加速变化完全可能是指数增长的结果。比如 $y=1.000\ 1^t$ 这个函数，可以解读为每年增长万分之一，增长 t 年之所得。y 从 1 增长到 2，需要指数 t 从 0 增长到 7 000 左右（7 000 年翻一番），而 y 从 2 增长到 3，t 只要再增加 4 000 左右（再过 4 000 年），y 从 3 增长到 4，t 只要再增加 3 000……在指数增长下，实现同样幅度的增长所需要的时间越来越短。这是一种加速变化。那么，现代经济增长是不是指数增长的结果呢？

答案是否定的。我们不谈人均收入，先来看一下世界人口的变化。世界人口数量从 10 万增长到 100 万，用了 100 万年；从 100 万到1 000万，用了30万年；从1 000万到1亿，用了3 000年；从1亿到10亿，用了2 000多年；而从10亿到今天的70亿[①]，只用了200年。如果人口按固定指数增长，那么上述每一轮约10倍的变化都应该耗费相同的时间。以最初的速度100万年增长10倍来计算，人口数量从10万涨起本来还需要再过350万年才能达到70亿。所以，世界人口是一种变指数增长，指数本身有增长的趋势。

工业革命前后，人均收入的变化比人口的变指数增长更为惊人。工业革命前，技术进步的果实被人口的增长吞噬，人均收入几乎没有增长的趋势。工业革命后，技术进步不仅带来人口的爆炸，还带来了人均收入的提升。人均收入打破上百万年的无趋势波动，以超越历史上人口最高增速的速度增长，这种变化绝不是复利效应所能概括的。

图10.1用一个示意图表现了人均收入增长与指数增长路径的差别。人均收入的增长路径存在一个尖角——拐点。就像水到100摄氏度变成水蒸气，到0摄氏度又会结冰一样，人类社会在拐点前后似乎经历了某种“相变”。出于和物理学家相似的追求，经济学家也需要一个模型来解释这个拐点（“相变”）。

经济学界对这一拐点的解释和建模本来已经尘埃落定。研究者们普遍接受了这样一个思维框架：马尔萨斯模型可以解释拐点前的停滞，索洛模型可以描述拐点后的增长[②]；经济学家所要做的，只是像普朗克黑体辐射定律统一短波公式和长波公式一样，构建一个既包含马尔萨斯模型，又包含索洛模型的统一模型，把这两段历史串起来。

---

① 2022年11月15日，世界人口数量突破80亿。——编者注

② 罗伯特·索洛于1956年发布的经济增长模型是经济增长理论的一个基准模型。

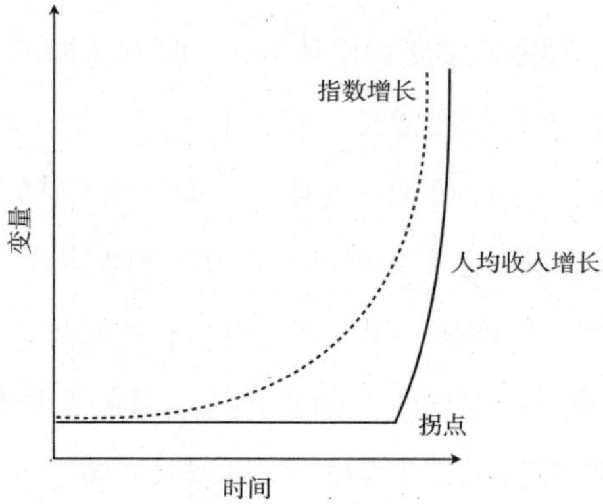

图 10.1　指数增长无法拟合带有拐点的变量变化

在经济学的增长理论文献中，这样的理论叫作“大一统增长理论”（Unified Growth Theory）。如果把工业革命前的历史称作马尔萨斯时代，把工业革命后这两百年称作索洛时代，大一统模型的目标就是讲清楚人类社会是怎么从马尔萨斯时代过渡到索洛时代的，或者说，在模型里，均衡是怎么从马尔萨斯状态跃迁到索洛状态的。这一脉文献几乎所有的创新工作都只围绕中间的“铰链”展开，而把铰链两边的结构视作当然。

本章将会介绍 4 个最具代表性的“大一统增长理论”，这 4 个理论都用马尔萨斯模型来描述拐点前的世界。可是我们现在已经知道，马尔萨斯效应并不是马尔萨斯陷阱出现的真正原因，打破一个次要的瓶颈并不能解释现代增长的起源。所以，这些基于马尔萨斯模型的大一统增长理论不可能是问题的真正答案。

在此，我想做两点说明。

第一，本章有很多的技术细节，内容颇为细碎。如果你不是学界中人，对围观学术争论兴趣不大，不妨跳过本章剩余内容，直接从下一章读起。这丝毫不会影响对后续章节的理解。但如果你自己就是一名经济学研究者，本章作为一篇少有的剖开建模细节的批判型文献综述，读来会很有趣。

第二，本章评点的论文皆出自名家之手，其中不乏诺奖得主和有望靠这些论文拿诺奖的学者。倘若本书最后影响了学界对这些论文的看法，我希望前辈们能看淡名利之失。这当然对谁都不容易。但果真热爱学问，真知岂不比我们自己的自尊心更重要吗？我没有任何贬低这些作者的意思。科学毕竟是在反复试错中前进的。对于本书的错误，我也欢迎与本章类似的就事论事、不做人身攻击的批判。

琼斯（2001）

我要介绍的第一个大一统增长理论来自斯坦福大学宏观经济学家查尔斯·琼斯教授 2001 年发表的论文（Jones, 2001）。前文中那段橄榄球场和高尔夫球的比喻就来自这篇文章。在第 1 章介绍马尔萨斯模型时，我用过一幅出生率曲线和死亡率曲线交叉的图。琼斯论文的思路也可以用一张类似的图来归纳。

如图 10.2，当人均收入较低时，出生率曲线向上倾斜，死亡率曲线向下倾斜，这两条曲线的交叉就产生了一个马尔萨斯均衡（静态均衡 M）。但是，在人均收入较高的阶段，社会中有可能出现“越富越少生”的现象，出生率曲线向下倾斜，甚至重新低过死亡率曲线，社会进入了人口负增长的阶段。从图上可以看出来，如果一个社会有机会在人均收入上越过非稳定均衡 N，那么即使没有技术进步，人均收入也会依靠人口的衰减自动提高，也就是说，社会有自动偏离 N 点的趋向，所以 N 点被称作非稳定均衡。

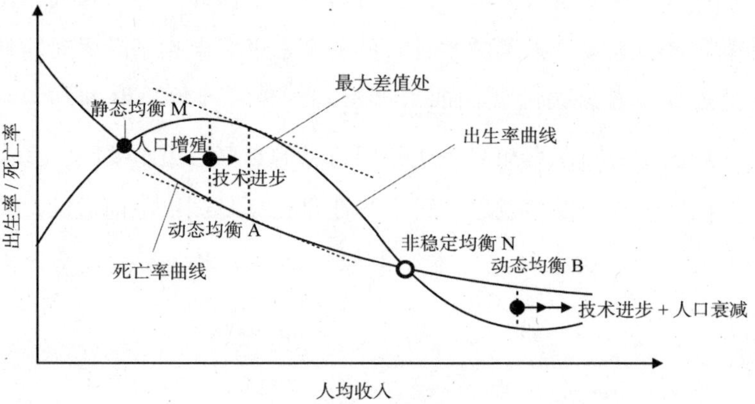

图 10.2 越富越少生

那么，一个社会有没有办法越过 N 点呢？还真有个办法。还记得第 1 章中介绍的“弹簧效应”吗？持续稳定的技术进步像拉弹簧一样把均衡从 M 点拉开，维持在动态均衡 A 的某个位置上。技术进步与人口的增长从相反的方向影响人均收入。两力平衡，决定了均衡 A 的位置。

只要技术进步足够快，把“弹簧”扯过了出生率与死亡率的最大差值处（人口在此处达到极限增长率），人均收入进一步的增加就只会降低人口增长率。因此，这个与人口极限增长率相匹敌的技术进步率是一个临界点。技术进步率一旦高于这个水平，人均收入就会持续增长，直到越过非稳定均衡 N，然后人口的衰减还会进一步助力人均收入的提高。

当然，出生率曲线有可能在更高的人均收入处重新与死亡率曲线相交，构成第二个静态均衡。但那时，两条曲线间的空距已经非常狭小，人口的缓慢增加已经无法阻止技术进步对人均收入的拉升。

可是好端端的，为什么技术进步率会超过上述临界点呢？琼斯教授利用的是技术进步的规模效应：技术进步随人口的扩张而加速。技术者，观念也。观念不比苹果，你有一个苹果，我有一个苹果，我们交换了苹果，仍然各有一个苹果；而你有一个观念，我有一个观念，我们交换了观念，就各有两个观念。当更多的人参与知识的发现和交换过程时，知识的迭代就会快马加鞭。经济学家把这种机制叫作“内生增长”（Romer, 1990）。

说到内生增长，2019 年诺贝尔经济学奖得主迈克尔·克雷默曾指出，既然马尔萨斯时代的人口增长率近似于经济增长率，而经济增长又源于技术进步，那么世界人口的变指数增长（指数本身随人口的增长而增长）恰好印证了技术进步的规模效应——技术进步随人口的扩张而加速（Kremer, 1993）。克雷默教授还据此推断，如果几片相互孤立的陆地拥有相似的资源密度，那么面积更大的陆地上的文明就会发展得更快，而在马尔萨斯条件下，这意味着更加稠密的人口。在大航海沟通全世界以前，亚非欧和南北美洲长期没有来往，澳大利亚更是孤悬海外。果然，截至 1500 年，亚非欧的人口密度（4.85 人 / 平方公里）高于南北美洲（0.36），南北美洲又高于澳大利亚（0.026）。[①]

随着世界人口的扩张，更多的人开始参与研发，技术进步率很自然地就会随着人口的增加而提高。[②]一旦提高到超越临界点的水平，人均收入的持续增长就成了水到渠成的事情。这就是琼斯模型对现代经济增长起源的解释：内生增长 + 人口转型。需要注意的是，我在转述琼斯模型时做了大幅的简化和修改，以对接本书之前的内容。所以，想要学习这个模型的读者应该去读他的原文。

盖勒和韦尔（2000）

绝大多数大一统增长理论都把人口转型放在中心位置。人口增长率随人均收入先增长后下降，是这些模型产生转轨的主配方。大一统理论家的工作就像是设计地雷，引爆的方式、引信的布局、外壳的形状五花八门，但使用的炸药——人口转型——完全相同。

在琼斯模型中，之所以发生人口转型，是因为有钱人养孩子要舍弃更丰富精彩的娱乐。人们耽于享乐，越富越少生（用经济学家的术

---

① 克雷默的样本还包括比澳大利亚更小的塔斯马尼亚岛和弗林德斯岛，其人口密度依次更低。但这个仅有 5 个样本的回归其实有人为筛选样本之嫌。比如前文提到的复活节岛，其面积为 160 多平方公里，还不到弗林德斯岛的 1/8，巅峰期人口数量却达到 10 000（尽管这不是 1500 年的情形），人口密度比亚欧非大陆还要高出许多倍。但复活节岛就不在样本中。其实，在内生增长机制之外，还有一些机制也能够造成陆地大小与人口密度的正相关性。数据存在筛选嫌疑，样本还只有 5 个，这个回归虽然夺人眼球，却不足以作为内生增长理论的证据。

② 琼斯模型中还设置了一个制度变量，这决定了多大比例的人口会参与研发，以加快技术进步。琼斯用这个变量来解释“为什么是英国而不是人口更多的中国和印度更早进入工业时代”。

语来说，这叫作“子女与消费的替代弹性大于1”)。

人均收入是用收入除以人口，所以收入上升和人口下降都能够提高人均收入，而上述机制只限制了人口而已。如果嫌这个机制还不够分量，除了享乐和生育之外，人们还有第三种花钱的渠道，它不仅能挤占生育的资源，还能促进收入增长，分子、分母一箭双雕，对人均收入的拉升作用就更大了。这个渠道就是教育投资。

紧接着，我要介绍的两个大一统增长理论正是为了把教育这个砝码也摆上天平。

父母希望孩子卓有成就，但是资源有限，孩子的数量和质量（教育投资）之间有一个权衡取舍。这就像20世纪七八十年代生态学里流行的r/K策略的比喻一样。遵循r策略的生物生一大堆孩子，但亲代对子代不做什么投资（类似鱼产子）。遵循K策略的生物生的孩子很少，但亲代对子代的投资很多。[①]

是r还是K策略当然也有程度之分。尽管人类是一种极端K策略的动物，但是，人也可以选择生10个孩子，让他们整天在泥里滚，或者只生一个孩子，天天逼着他弹钢琴。在马尔萨斯时代，大多数人选择了前者，但长到成年的孩子寥寥。而在工业时代，越来越多的家庭倾向于选择后者。为什么会发生这种变化呢？

布朗大学的两位经济学家沃迪·盖勒和戴维·韦尔认为，因为教

---

① 用r和K代表两种生育演化策略的说法来自数学建模爱好者都很熟悉的逻辑斯蒂方程：

$$\frac{dN}{dt}=rN(1-\frac{N}{K})$$

其中N是生物的数量（比如一个池塘里鱼的数量），r是最大增长率（代表繁殖能力），K是环境的承载力（代表利用环境的能力）。

育的回报上升了（Galor & Weil, 2000）。盖勒是大一统增长理论领域最著名的学者。在经济学界，说起大一统增长理论，一般来说都是特指他的理论。我曾多次提及他和阿什拉夫合写的检验马尔萨斯理论的实证论文（Ashraf & Galor, 2011）。那是他宏大研究计划的一部分。可以说，在所有在世的经济学家中，他的研究范围和本书最为接近，但是本书的结论与他的截然不同。

在盖勒和韦尔的模型中，教育回报的上升依然是内生增长的结果：人口扩张后，技术进步加快，旧技术的淘汰也变快了，为了让孩子赶上新的技术前沿，父母在子女教育上就会投入更多的资源。教育的投入挤占了对子女数量的投资，人口转型随之发生。与此同时，教育提升了人力资本，加快了技术进步的速度。人们因技术进步而投资教育，教育投资又带来技术进步，这个正反馈过程解释了为什么转轨一旦发生，技术进步和人口转型会如此之快。

在经济学上，存在正反馈过程的系统中往往存在多重均衡。那么，能不能把工业革命理解成一个多重均衡系统中两个均衡间的跃迁呢？盖勒和韦尔向着这个目标，构建了一个由人口自然增长触发转轨的多重均衡模型。模型的思路可以用两条曲线的互动来概括，其中一条曲线叫作增长曲线，函数为：

$$g_{t+1} = g\left(e_t; L_t\right)$$

函数中，e 代表父母在一个孩子的教育上花费的平均时间，g 代表技术的增长率，L 代表劳动人口（不妨视为人口数）。下标 t 和 $t+1$ 表示世代。技术进步来源于人力资本，人力资本来源于教育和人口基数。每一代的技术增长率是上一代教育投入和劳动人口的函数，并且随教育投入和劳动人口的增加而提高。

另一条曲线叫作教育曲线，函数为：

$$e_{t+1}=\begin{cases}0 & if \;\; g_{t+1}<\hat{g}\\ e\left(g_{t+1}\right) & if \;\; g_{t+1}\geqslant\hat{g}\end{cases}$$

每一代的教育投入取决于技术进步率。技术进步率越高，知识更迭的速度就越快，人们的教育投入就越多。

盖勒和韦尔对教育曲线做了一个假设：当技术进步率低于某个正值 $\hat{g}$ 时，父母对子女教育花费的时间为零。在这个假设下，教育曲线在图 10.3（a）的纵轴上有一个正的截距项，曲线是从 $\hat{g}$ 点出来向外长出去的。长出去后，这个教育曲线之所以向上翘起，是因为技术进步率越高，教育投入越高；曲线向下凸出，是因为教育的边际成本递增（教育曲线对应的函数是一个凹函数）。教育曲线下方的增长曲线则向上凸起，是因为教育贡献于技术进步的边际效应递减。

图 10.3 的（a）（b）（c）三张图，就呈现了盖勒和韦尔的模型最主要的结果。当人口还很少的时候（近似于 0），这个世界就处于（a）图的场景。因为人口太少，所以增长曲线的位置比较低，还没有与教育曲线相交。此时的均衡在增长曲线与纵轴的交点上。要明白为什么这一点是均衡，只要假想一下，如果这个世界不处在这个均衡，而享有一个高于 $\hat{g}$ 的技术进步率 g_0，那么会发生什么呢？沿着教育曲线，我们找到了 g_0 所对应的人均教育投入 e_0，而在 e_0 这个教育水平下，按照增长曲线来看，下一代的技术进步率 g_1 会比 g_0 低，更低的 g_1 又对应于更低的 e_1 ……最终这个动态系统收敛于增长曲线与纵轴的交点。所以，这个交点是模型唯一的稳定均衡。

盖勒和韦尔假设，即使人们对子女教育不做任何投入，凭着庞大人口的自然探索，社会也会发生缓慢的技术进步。在这种技术进步的推动下，人口会慢慢地增长，人口（劳动力）是增长曲线的一个外生变量，所以增长曲线也随之向上移动，渐与教育曲线相交［见图 10.3（b）］。两线相交之后的模型存在两个稳定均衡（实心圆点）和一个非稳定均衡（空心圆点）。此时，如果出现一个巨大的科技或文化冲击（让人联想到科学革命、宗教革命、印刷术革命，等等），使得技术进步率或平均教育投入一下子跃升到空心圆点的右边，那么模型就能从低均衡跳跃到高均衡里。

不过，即使上述跳跃没有发生，由于人口的继续扩张和增长曲线的继续上移，增长曲线与纵轴的交点终有一天会高于 $\hat{g}$［见图 10.3（c）］。此时，原来多重均衡中的高均衡成了模型里唯一的均衡。模型里的世界会飞快地从原来纵轴上的位置扑向新的均衡。在这个过程中，技术进步率猛然提高，人均教育投入从 0 急速上升到一个很高的水平。结合盖勒和韦尔的其他设定，技术进步率和教育投入的这种变化，也会带来生育率的变化和人均收入的上升。

总结起来，这个模型和琼斯模型都利用了多重均衡机制。而触发均衡跃迁的，都是人口这个变量和内生增长这个机制。人口在低均衡的稳态上保持变化，当变化积累到一定程度时，均衡的跃迁就开始了。骨子里，这两个模型拥有完全相同的思路，但是盖勒和韦尔的模型更为精致。引入教育这个变量，在一定程度上解释了转轨后技术进步的来源和技术进步在转轨后猛烈的加速。相比之下，在琼斯模型里，技术进步在转轨后的加速完全依赖于人口的扩张，等到人口开始负增长，琼斯模型中的技术进步也将放缓。盖勒和韦尔的模型似乎和现实拟合得更好。

但是，很少有人注意的是，盖勒和韦尔的模型极端依赖于教育曲线在纵轴上的正截距项。这个假设的现实含义是，当技术进步率低于某个正值 $\hat{g}$ 时，父母在每个子女教育上花费的时间为 0。如果放松这个假设，模型会如何变化呢？

我画了图 10.3（d）。在这张图里，我假设，即使不存在技术进步，父母仍然会在子女教育上花些许时间，比如每天半分钟——非常保守的假设，毕竟，连大猩猩每天教育子女也不止半分钟啊。如此微小的改动，却让模型原有的结论荡然无存。如图所示，在新的假设下，这个模型从一开始就只有一个均衡——高教育投入、高技术进步率的现代均衡，根本不存在什么马尔萨斯阶段。

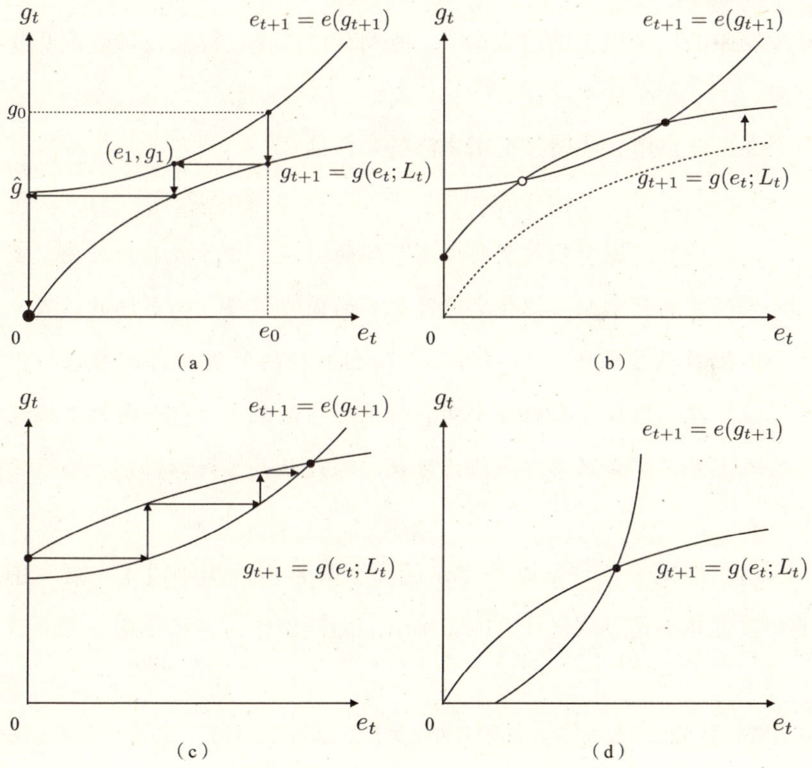

图 10.3　盖勒和韦尔的大一统增长理论

那么盖勒和韦尔为什么会做这个假设呢？在最初发布这个模型的论文里，他们说：

> 为确保存在一个为正值的 g_{t+1}，以使人们选择的教育水平为0，假设……（To ensure the existence of a positive level of g_{t+1} such that the chosen level of education is 0, it is assumed that...）

说白了，这篇论文是以教育曲线正截距为目标，反过来去假设函数形式的。假设这么个东西，就是为了得到多重均衡。论文的核心结论是假设出来的，而不是推导出来的。我翻阅了盖勒在后来的岁月里陆续发布的这个模型的改进版[①]，他没有对这个关键假设做过说明或订正。

在第9章里，我曾经引用索洛的一段话：

> 所有理论都依赖某些偏离事实的假设，这才成其为理论。理论研究的艺术在于抓住那些最根本的简化假设，而最终的结果又不依赖这些假设。那些结果所特别依赖的假设叫作“敏感”假设。敏感假设务必符合事实。如果理论结果完全受一条敏感假设所主导，那么只要这个假设可疑，理论就是可疑的。

这段话用来批评盖勒和韦尔的模型真是再恰当不过了。现实中，子女教育并不是近现代才有的新鲜事。而模型中，父母哪怕一天只教

① 围绕这个模型，盖勒写过书和综述性论文，如Galor（2011）。

育孩子半分钟，模型的结论都会瓦解。这个不符合事实的敏感假设已经判定了整个理论的死刑。

盖勒和莫阿夫（2002）

2002年，盖勒又和奥马尔·莫阿夫（Omer Moav）发表了一个进化论版的大一统增长理论。在这篇论文中，盖勒和莫阿夫把对教育的重视程度视为基因的表达，说工业革命就起源于基因的变化：在漫长的马尔萨斯时代里，人类在基因上变得越来越重视教育，对教育的重视程度积累到一定的程度，转轨发生。这个模型仍然依靠多重均衡机制，只是那个缓缓变化并最终引爆转轨的隐变量，从人口变成了人类的基因。

虽未明言，但这篇论文可以被看作对前一篇论文正截距假设一个针对性的补丁。马尔萨斯阶段的人均教育投入终于被允许是正值，而与此同时，教育曲线和增长曲线还能够多次相交，产生多重均衡。这是怎么做到的呢？

盖勒和莫阿夫假设世界上有两类不同基因的人：r策略人（比起孩子的质量或教育，相对而言更重视孩子的数量）和K策略人（比起孩子的数量，相对更重视孩子的质量或教育）。起初，这个世界上只有很少的K策略人，其他都是r策略人。盖勒和莫阿夫仍然沿用前一篇论文的框架，两类人的差别体现在教育曲线不一样。如图10.4（a）所示，r策略人的教育曲线仍然与纵轴相交，有一个正截距$\hat{g}$：在技术进步率为0的时候，他们不做任何教育投入。而K策略人的教育曲线与横轴相交，即使技术进步率为0，他们也会做一定的教育投入。整个社会的教育曲线作为这两类人的加权平均，就取决于社会上 K 策略人的比例 q：

$$e_{t+1}\left(g_{t+1},q\right)=qe^{K}\left(g_{t+1}\right)+\left(1-q\right)e^{r}\left(g_{t+1}\right)$$

10.4（a）图中的实线就是这个社会的教育曲线，因为 r 策略人在技术进步率小于 $\hat{g}$ 时不做任何教育投入，整个社会只有 K 策略人投资教育，而技术进步率一旦超过 $\hat{g}$，两类人会一起投资教育，所以这个总体教育曲线在 $\hat{g}$ 处有一个尖角。

现在引入增长曲线，如 10.4（b）图所示。一开始，模型只有一个均衡，就是图中的实心圆点。盖勒和莫阿夫假设，当重视教育的 K 策略人比例很低时，教育的回报将足够高，以至于尽管 K 策略人对生育的相对欲望低于 r 策略人，K 策略人留存下的后代仍然高于 r 策略人（这个假设极为关键）。因此，K 策略人的比例会渐渐上升，整个社会的总体教育曲线会向右移动，最终如 10.4（c）图所示，使尖角转移到了增长曲线的右边。尖角掠过增长曲线的那一瞬间，就是模型的临界时分。在这个时点，模型发生了均衡的跃迁。刹那间，不重视教育的 r 策略人也开始热心于教育。他们的参与使得社会的平均教育投入猛然提高，技术进步率随之上升。

按照盖勒和莫阿夫的这个模型，人类过去之所以陷于马尔萨斯陷阱，是因为进化尚未充分，仍然保留着原始社会的许多脾性。后来，漫长的岁月改变了英国人的天性，越来越多的人开始看重子女的教育，转轨的条件才臻于成熟。如果这个理论成立，移情改性的蛰伏期又必须在漫长的农业时代里达成，那么世界上那些进入农业社会较晚的民族将很难实现现代经济增长。

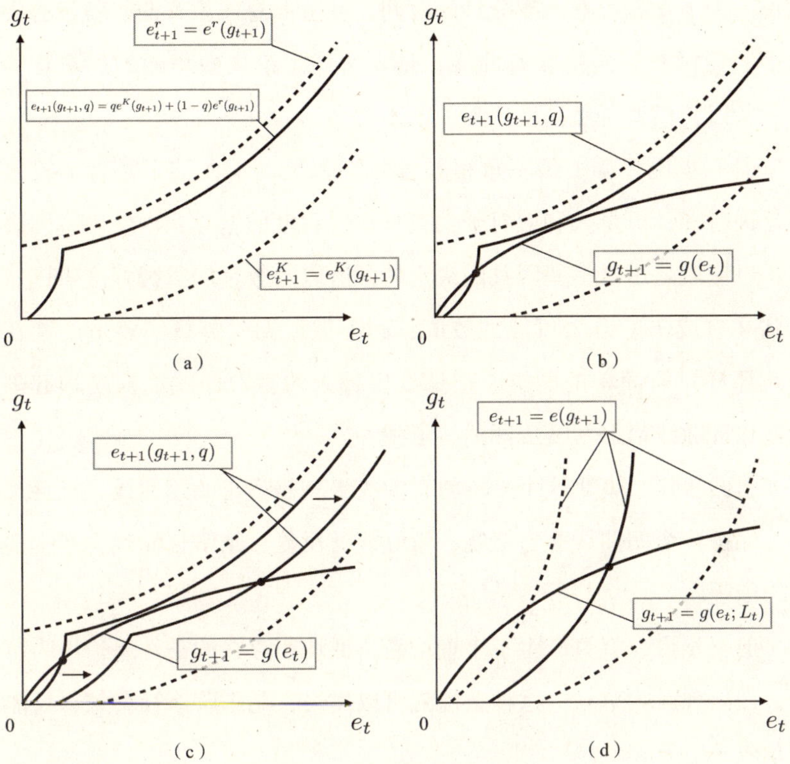

图 10.4 进化论版大一统增长理论

粗看，盖勒和莫阿夫的确放松了前一篇论文中不合理的敏感假设。马尔萨斯社会里也有了琅琅读书声。可是，为了修正这个错误，新的进化论版大一统增长理论其实犯下了更多更严重的错误。

首先，凭什么社会中绝大多数人一开始都是 r 策略人，而 r 策略人在技术进步缓慢的时候不做任何教育投入？为什么不能更合理地假设两类人都做教育投入，只是投入有多少之分呢？如图 10.4（d）所示，一旦我们允许占人口绝大多数的 r 策略人在技术进步率为 0 时仍然每天为子女教育花上半分钟的时间，社会的总体教育曲线就没有尖角了。而没有尖角的教育曲线，是无法产生论文中华丽的多重均衡的。所以，模型仍然高度依赖一条不合理的假设。

退一步说，哪怕最不重视教育的家庭果真不在孩子教育上投入半分钟时间，可是人和人对子女教育重视程度的差异，即使由基因决定，也应该是由众多基因共同决定的，所以对教育的重视程度应该从低到高有成千上万个可能的数值，而不像孟德尔豌豆实验里的紫花、白花那样只有简单的两类。把那么多种人的教育曲线加权平均起来，如何保证曲线恰好就变成凹曲线了呢？

退两步说，就算这个平均教育曲线果真是离奇的凹曲线，社会又怎么保证这个凹曲线弯弯绕绕，恰好能够反复穿越增长曲线，产生多重均衡呢？

退三步说，就算产生了多重均衡，低均衡存在的条件恐怕极为苛刻，一出现风吹草动，这种条件就可以失去，马尔萨斯社会怎么还能维系成千上万年？

以上 4 条敏感假设，每一条都极端牵强，可是模型的有效性却偏偏依赖于这 4 条假设同时成立。所以，这篇论文中两类人的划分，表面上是简化模型的常规套路，其实是为了产生多重均衡才做的特殊设定，这又是不折不扣的敏感假设——结论是假设出来的。

这篇论文的敏感假设还不止于此。模型为了产生所需要的动态，假设优生优育的 K 策略人最终存活下来的孩子反而比生育至上的 r 策略人还要多。也就是说，只要你奉行K策略，那么孩子不仅质量高，数量也多。

倘若论文多提一句，少生几个儿子，就能给每个儿子多分些遗产，以至于孙子的总数量反而更多，这种说法尽管离谱，好歹还有一套说辞。可是论文为了让 K 策略在演化中渐渐占据上风，直接就假设奉行少生优生的 K 策略人的儿女反而更多。在不同的物种和种群之间，我尚能勉强接受这种可能性，毕竟大千世界无奇不有。但是这样的事情居然发生在同一个种群内部，而且延续了上万年甚至几十万年。在这么长的岁月里，r 策略的人根本没有在数量和质量间权衡取舍，而是在彻彻底底地自杀。这样的基因，不早该被淘汰了吗？怎么论文里又假设它长期占据主导位置？

论文是这么辩解的：之所以 K 策略人孩子更多，是因为物以稀为贵，在 K 策略人非常少的时候，教育回报一定极高。这种假设在经济学文献中比比皆是，一般是为了模型求解的便利，只要这类假设不成为关键的敏感假设就无伤大雅。可是在这篇论文中，这个假设显然主导了结论。就算退一万步接受了这个假设，那么当 K 策略人渐渐多起来后，怎么 K 策略人的回报还是这么高，他们的比例怎么还是在增长呢？盖勒和莫阿夫也承认，K 策略人的比例最终会随着教育回报的下降而下降。但是，他们假设，这必须发生在转轨之后——如果发生在转轨之前的话，那么均衡的跃迁就无法发生了。可是，为什么进化的逆转或者说正常化一定会迟至转轨之后才发生呢？按照作者的看法，在现代社会，r 策略人已经开始重新占据上风。难道工业革命被推迟 300 年的话（从农业革命后 1 万年变成农业革命后 1.03 万年），人类就彻底丧失工业革命的希望了？所以，这又是一个敏感假设。

理论家的复杂模型往往最后会被打包成一个简短结论，像一个基因片段一样，嵌入其他研究的“DNA”（脱氧核糖核酸），在学术著作的相互引用中获得生命力与影响力。盖勒和莫阿夫的模型论文发表在经济学界顶尖的期刊上，也顺理成章被打包为一条核心信息：富人的自然选择优势为工业革命准备了基因条件。这条信息悄悄地潜入了本书反复提及的 *A Farewell to Alms*，并随此书的畅销而广泛流传。克拉克教授的书其实就是盖勒和莫阿夫理论的实证版（克拉克教授也在书中的一条脚注里说明了这一点）。克拉克教授想用英国的遗产数据来证明，历史上确实存在那么一段时间，英国富人的孩子比穷人的多，所以富人的基因会不断扩散开来。对这个其实不算稀奇的事实，克拉克教授实有过度解读之嫌。要用基因演化来解释转轨，财富对生育的影响必须大到极端离谱的程度（人们拥有稍微多一点儿财产，就会多生很多孩子——对应的生育率曲线必须近乎笔直地向上走，这完全不符合事实）。

A Farewell to Alms 出版后，在学界受到广泛而激烈的批评。批评集中在两点。第一点我曾经说起过。经济史学家们不满于克拉克教授用一个简单的马尔萨斯模型囊括整个古代史，更看不惯他所谓的"人类历史上只发生了一件事，即 1800 年前后开始的工业革命"这一说法。批评者的情绪我可以理解，但是正如前文所言，他们没有触及问题的本质——马尔萨斯理论压根儿就是错的。

而最令同行们齿冷的是第二个问题：用基因演化解释工业革命。客观地说，克拉克教授本来只是想借盖勒和莫阿夫的理论成果来升华自己实证研究的价值。但由于二战中犹太人大屠杀的痛苦记忆，把社会经济成就和基因差异联系在一起是美国社会科学界禁忌中的禁忌。克拉克教授如此立论，学术界能不炸了吗？

但是，批评者在第二个问题上也没有批评在点子上。给人贴种族主义的标签很容易，但标签是不能根除种族主义的。种族主义之恶，首先是因为它在学理上是错误的。绝大多数批评者没有指出的是，克拉克教授论点背后的盖勒和莫阿夫模型其实压根儿就是错的。克拉克教授的实证或许没什么问题，但实证的意义被严重夸大了。富人死得少、生得多这个事实，即使夸张 10 倍，也不能支持盖勒和莫阿夫的理论。克拉克教授给盖勒和莫阿夫的错误模型背了锅。

汉森和普雷斯科特（2002）

我下面要介绍的第四个模型来自宏观经济学家加里·汉森（Gary Hansen）和 2004 年诺贝尔经济学奖得主爱德华·普雷斯科特（Edward Prescott）在 2002 年发表的论文。论文的名字很短，叫《从马尔萨斯到索洛》（Malthus to Solow）。这篇论文是这么建模的，经济中存在两种技术：一种叫作马尔萨斯技术，这种技术使用劳动力、资本和土地来生产；另一种叫作索洛技术，这种技术只使用劳动力和资本，不使用土地进行生产。两种技术都在提高，各有恒定的技术进步率。人们每时每刻都自由地决定使用哪种技术进行生产。模型的设定就这么简单。

当人口还很少，两种技术都很粗糙的时候，人们只用马尔萨斯技术进行生产。毕竟，只有马尔萨斯技术才能利用起现成的土地。用这种技术进行生产的世界也表现出马尔萨斯经济的特征——人均收入停滞，技术进步带来的好处都被增长的人口所吞噬。

但是，土地是有限的。随着人口的增加和索洛技术的进步，马尔萨斯技术的相对回报渐渐落后于从未被使用的索洛技术。于是，开始有人转而使用索洛技术，他们的生产不再依赖土地这种固定的资源。因为劳动力和资本可以人为创造，增长永无止境，所以随着技术进步，索洛技术吸引了越来越多的人，最终整个经济迈入索洛时代：技术进步带来人均收入稳定而持续的增长。

这个模型很有洞察力地表明：马尔萨斯增长模式与索洛增长模式最主要的差别，在于自然资源的约束（导致规模收益递减，人多就穷）。如果自然资源在社会生产中占据显赫位置，经济涨着涨着就会碰到天花板。但如果人类可以通过劳动力和资本的组合完成大多数产品的生产，经济增长就没有这个天花板。

这个模型的拐点产生方式是"跳车"。比方说，你骑车去上班，骑到半路一看表，上班要迟到了，马上给老婆打电话，让她从家里出发，开车到半路，把你接上，然后开车去公司。打完电话后，你仍然在骑车（马尔萨斯牌自行车），老婆在后面开车追你（索洛牌轿车），一直到把你追上。然后，宏观上一看，哦，你在老婆追到你的那一瞬间，行进速度猛然提升。汉森和普雷斯科特的模型就是这样一个机制。

可是，这个模型并没有解决任何有关现代经济增长起源的问题。在成千上万年中没有一个人使用的索洛技术是怎么自发进步的呢？用开车接人打比方的话，就好比你等来了车，一瞅，车上空无一人，"幽灵"把车开来了。

汉森和普雷斯科特的这篇文章也产生了不小的影响力，很多大一统增长理论都以他们的模型为基础进行了扩展，使该理论变得越来越精致。但是，这一脉文献存在方法论上致命的局限——满足于拟合而非解释。

在经济学理论家中，存在着一种风气：建个模型，不用来解释任何事情，只追求模型对现实数据的拟合有多好。追究起来，他们就拿弗里德曼的话做挡箭牌——理论好不好，只看预测准不准。

科学的使命在于解释世界。只有解释了一个现象，明白了背后的道理，我们才能把握理论的适用范围。汉森和普雷斯科特所追求的却是拟合数据，而非解释现象。后续的那些论文也只忙于拟合更多的数据，把数据拟合得更好。可是，你把数据拟合得再好，却不做解释，理论又有什么用呢？

有些人会辩解，解释不就是拟合吗？没错，解释也是一种拟合。但拟合并不一定是解释。只在弗里德曼方法论里兜圈圈，很容易陷入“一切都是拟合，天下无所谓解释”的迷思，因为这恰恰是该方法论的一个自然推论。但在实践中，解释和拟合是不一样的。追求解释的人会关心模型设定的现实含义，会去检查关键敏感假设是否符合现实。拟合并不管“黑箱”里的实际构造，当环境发生结构性改变的时候，拟合模型往往会失效。2008 年全球金融危机后，宏观经济学因其失败而饱受诟病。失败的一大前兆，正是这门学科在危机发生前的几十年里，越来越陷入对拟合的执迷，而昧于解释。

以上，我介绍了 4 个大一统增长理论。我把它们挑出来，并不是特意找来一些有缺陷的作品来反衬自己理论的成功。经济学界很少有人会公开谈论他人研究的错误，一般都是引而不论，论而不驳。所以，我本来依靠匆匆一瞥的印象并不清楚它们的缺点，但直到工作后，为了讲课才从相关文献中挑出这 4 篇最具名望、最有代表性的论文，我在备课过程中发现它们存在上述问题，在解释现代经济增长起源的问题上无可堪用。

无可堪用不只是因为那些硬伤。大家有没有注意到，这4个理论从来不提古罗马的辉煌与毁灭，从来不提古代中国经历的繁华与衰落，从来不提威尼斯、佛罗伦萨与荷兰的闪耀与沉寂。人类文明史在近代以前的跌宕起伏全部被抹平，只要熬到一定的人口数量，或者基因进化到一定程度，或者等来索洛号幽灵专车，现代经济增长就能像魔术般开启。

就说琼斯模型和盖勒的两个模型吧。他们把人口数量达到一定水平看作引爆转轨的条件和原因。可是，18世纪的中国和印度比英国拥有更多的人口，难道中国和印度也站在工业革命的门槛上了吗？为什么中国在经历了康雍乾三朝的人口急剧膨胀后，不仅没有开启工业革命，反而人均收入下跌了呢？爱尔兰和英国如此邻近，而且土豆为主的饮食特点使17世纪的爱尔兰人口倍增，为什么爱尔兰反而变穷了呢？即使在当代社会，还有许多人口稠密的国家处于前工业化社会，为什么它们迟迟无法开启经济转型？

这些研究者当然也意识到了这个问题。盖勒的对策是突出教育的作用。光人多还不行，还得有文化，能做研究。琼斯的应对是给模型添加一个制度变量，用来决定参与研发活动的劳动者比例——（知识）产权保护得越好，参与研发的劳动者就越多，技术进步就越快。按照这个逻辑，英国在工业革命中捷足先登，得感谢1623年的《垄断法》确立起了专利制度（North & Thomas, 1973）。

但实证研究表明，专利对英国工业革命的“伟大贡献”只是理论家的想象而已。研究知识产权的经济史学家佩特拉·莫泽（Petra Moser）在考察了1851年伦敦世博会、1876年费城世博会、1893芝加哥哥伦布纪念博览会和1915年旧金山巴拿马万国博览会的产品展览和获奖数据后总结道：

> 历史证据表明，在有专利法的国家里，大多数创新发生在专利系统之外。没有专利法的国家在创新的数量和质量上和有专利法的国家不相上下。即使在专利法现代性程度较高的国家，如 19 世纪中叶的美国，大多数发明家都不使用专利，而诉诸其他方式。保密是保护知识产权的核心机制……（Moser, 2012）

教育、专利、产权保护……这些补丁充其量只能用来拟合更多的事实，它们自己都不见得是事实。

在核心机制上拿人口说事儿，不是因为他们真的发现人口有多么重要，而是因为增长理论家的数学工具只适合处理这类大而化之的变量。同样的原因，研究者只在多重均衡的路灯下找钥匙，他们不知道多重均衡之外还有什么机制能产生拐点。他们手中握了把榔头，看什么都是钉子。

200 多年来，已经有许多国家跟着英国跳上了工业化的列车。有了那么多成功的先例，人们仍然说不清一个现代社会的穷国如何变富。凭什么一个人口转型的模型，顶着那么多明显的反例，却被认为能解释英国工业革命？

病根儿之一还是马尔萨斯理论。马尔萨斯理论所设想的增长约束全都是男欢女爱、生老病死——对照两部门模型，传统模型只能对付三维比较静态分析中有关人口平衡线的一维。于是，大一统增长理论也跟着在这个圈圈里打转，翻着花样儿点人口转型这个炮仗。马尔萨斯理论一倒，所有以马尔萨斯理论为基础的大一统增长理论当然跟着全错。

本章小结

- ◆ 经济学界把志在统一前工业时代增长模型和工业时代增长模型的理论称为大一统增长理论。大一统增长理论的一般思路是，用多重均衡间的均衡跃迁机制整合马尔萨斯模型与索洛模型。但因为马尔萨斯模型没有抓住前工业社会经济停滞的主因，现有的大一统理论对现代经济增长起源的解释必然是错误的。

- ◆ 盖勒团队的两个大一统增长理论都严重依赖失实的敏感假设。

第11章 星火燎原

旅途指南

上一章4个模型所代表的大一统增长理论有着致命的局限，不可能是富种起源的真正解释。从这一章开始，我将从族群竞择理论出发，为现代增长的起源提供4个新的机制：贸易替代移民、知识媒介的改变、效用品大爆炸和制度竞择中因生存余地扩张而带来的竞择角色反转。

最高最大最厚的云

该提出我们的新解释了。

因为我建议非专业读者跳过上一章内容，所以在这里，请允许我再度说明新理论所面临的挑战。新理论要代替的不只是上一章的4个模型，还是它们所代表的一整类模型。这类模型有两个共同点：第一，都把马尔萨斯机制看作贫困陷阱的原因；第二，都使用多重均衡来制造剧变，用一个缓慢累积的隐变量触发均衡的跳转。

这两点束缚了大一统增长理论的想象力。如果没有意识到平衡增长之谜，那么一个学者是很难跳出第一个思维陷阱的。而经济学在多重均衡外几乎没有其他产生剧变的方式，又导致学者陷入第二个思维陷阱。

经济学文献的后续发展也许能弥补盖勒两篇论文中的硬伤，能给汉森和普雷斯科特的拟合模型添上“微观基础”，但只要还受制于这两个思维陷阱，就不可能接近富种起源真正的答案。

本书第二部分已经揭示，启动稳健增长的真正瓶颈是族群竞择，而不是马尔萨斯机制。怎么打破族群竞择，才是大一统增长理论真正应该回答的问题。

为什么多重均衡不太可能是问题的答案呢？首先，多重均衡模型的核心条件是变量的不稳定性：一旦越过某个门槛，它就会触发自我加强的正反馈机制。当你把这套正反馈机制植入模型的时候，我们需要留意：能够触发均衡跃迁的将不仅仅是模型中的隐变量，还包括各种各样的外在因素，所有这些都可能意外“走火”。

每个理论都提出一套多重均衡，每增加一套多重均衡就增加一组不稳定机制。人们有钱了，不想生娃了，均衡跃迁；给孩子每天补课10分钟，均衡又跃迁……10个理论就是10种不稳定性，后面还有上百种相似机制排着队，任何一个风吹草动都能打破陷阱，它们彼此之间还没有任何互斥关系，属于“并联电路”。抱着那么多干柴，为什么马尔萨斯陷阱还能在两百多万年“火星四溅”的人类历史里稳若磐石，直到距今两百年前才燃起熊熊烈火？

此外，人类文明有过那么多起伏，无论是生育行为、教育行为，还是工商业发展，都曾在 1800 年以前取得长足的进步。按照多重均衡的特性，导火索早该被点燃了，再加上正反馈机制的放大作用，为什么要等到 19 世纪才能启动持续稳定的经济增长呢？

所以，这些大一统增长理论其实对历史事实施加了很牵强的假设：古代是低均衡，现代是高均衡，所以古人的行为方式必须与现代人有所不同——古人不懂得富而少生，古人不重视子女教育，古人不追求商业成功，古人不懂遵纪守法，古人耽于暴力取胜……而在本书的西西弗斯增长观下，历史不是线性演进的。富而少生、重视教育、商业文化、司法实践、和平与治安，都曾在漫长的文明史上反复出现过、发展过、消失过、恢复过。富种起源不是因为某种人类行为发生了从无到有的变化，而是因为这些行为的持续性和传播性发生了从弱到强的逆转。这与多重均衡惯常描述的变化有着本质的不同。

经济增长好比云开日出：太阳本来就在天上，只是被乌云遮盖。过去，破云而出的太阳被误以为史无前例的新事物，学者们纠结于太阳是怎么凭空出现的。解释太阳，这是一个多么艰深的伪问题。本书的目标小多了——我只解释乌云，描绘乌云从存在到消失的过程。

阻隔阳光的乌云当然有很多，直到今天还有不少社会笼罩在各种乌云之下，我只分析其中的一朵：族群竞择。

乌云有层次之分。举头不见太阳，可能是因为有好多层乌云同时遮挡住了阳光。于此一时一地而言，这几层乌云之间并无重要性的差别。如果一定要分出个急缓，那么最底下的乌云影响最为直接。但是，在文明史的尺度上，如果有那么一层乌云，虽然位置最高，匿身诸云之端，但它最大、最厚，持续时间最长，那么毫无疑问，这层乌云才是最重要的一层。即使所有下层的小朵乌云都散尽，人们也看不见太阳，而一旦这层最高最大的乌云消失，阳光照临大地就是迟早的事。族群竞择，就是这样一层乌云。

过去 500 年间，族群竞择这朵乌云是怎么消散的呢？

让我们回到族群竞择理论。既然这个理论解释了贫困陷阱，那么要理解陷阱的终结，我们所要做的就是找出理论中发生变化的部分：有一些假设随着时间的推移不再成立，于是，遏制增长的力量或松弛或逆转，使增长的潜力得以迸发。这样的新机制，我一共找到了 4 个，按照重要性从小到大排列：一是贸易代替移民，二是知识媒介的改变（书籍代替言传身教），三是效用品大爆炸，四是制度竞择。

第一，贸易代替移民。我们在人口漏斗模型里看到，贸易是可以替代移民的。过去几个世纪，随着交通的改善、物流的进步，贸易量急剧上长升，其他给定条件不变，从生存品地区走向效用品地区的定向移民会减少。[①] 移民的减少会削弱族群竞择的力量，使达尔文陷阱变浅。

第二，知识媒介的改变。族群竞择理论假设移民是跨地区传播知识的主要方式。这个假设在谷登堡改进活字印刷术前基本成立。农业技术的传播曾经极度依赖移民。以新月地带为中心向外扩展，直到欧洲北部，基因传到哪儿，技术就传到哪儿。而到了工业时代，尽管欧洲人口的增长率在工业化初期显著高于其他地区，欧洲还完成了对美洲的殖民，但像中国、日本、韩国这些国家最后并未经历人种的更替，就掌握了西方的技术。归根结底，这是因为技术的传播已经有了新的

① 定向移民是增是减尚须实证，此处只是说在其他条件不变的前提下，贸易量扩大在理论上所能带来的效应。

媒介——书籍。所以，欧洲以外的人可以学习西方技术，反过来挡住西方的殖民。由此，技术传播和基因传播之间的关联被切割开了。

诚然，15 世纪的印刷术革命解放了思想、改革了宗教、传播了科学，但论及印刷术对经济增长的贡献，我们还得留心上面这个间接机制。在没有多少书籍的时候，知识传播主要依赖移民，而移民传播知识一般会偏向生存品，从而拉低整个世界的人均收入；但书籍的流传不存在这种偏向——无论学工、学农、学商，只要经济回报高，人们都愿意学，所以印刷术普及之后，族群竞择的前提（移民的定向性）被进一步削弱。这也是让人类文明得以摆脱达尔文陷阱的一个机制。

这个机制听起来还是有点儿抽象。为了理解它，我们不妨做一个有点儿疯狂的思想实验：设想，如果近代西方的技术、文化和制度都不能写在书本上，知识的传播必须和基因传播挂起钩来，西方人以外的人种怎么都学不了，那会发生什么？无疑，学习能力的差异将使西方人和其他人变得像两个物种。就像我们的智人祖先淘汰尼安德特人一样，西方的殖民潮将汹涌不息，最终奴役并淘汰所有被封印了学习能力的非西方民族。而且，这对统治世界的西方人也不见得是好事，因为在这个过程中，西方社会中那些偏向生存品的技术、文化和制度更容易在殖民狂潮中占得先机——技术上是枪炮、病菌与钢铁，文化上是社会达尔文主义，制度上是军国主义加奴隶制。几百年后，工业化或许能席卷全球，但人类的平均生活水平恐怕不会有什么起色。[①]

① 现实中的西方崛起在一定程度上也具有上述特点，这并不让人感到意外。正如族群竞择模型所揭示的，技术、文化和制度的传播是有所偏向的。我们要解决的理论难题是：到底是什么机制稍稍挽回了这种偏向，使西方文明的传播最终喜忧参半，或者说三分忧、七分喜？我这里介绍的 4 种机制就发挥了改良作用。

上面这两个机制都来自理论假设的放松。随着时间流逝，现实逐渐偏离了假设，根据原有假设得到的结论也就跟着发生了变化。所以，在评论当代社会时，我们不能照搬族群竞择理论，尤其不能轻佻地指责外来移民阻碍经济增长。这一论点即使在古代社会都不见得成立，[①] 放在知识与物流高度全球化的今天则更是迂阔。

效用品大爆炸

接下来要介绍的第三、第四个机制都来自竞择的角色反转：竞择从一支遏制人均收入增长的力量变成一支促进人均收入增长的力量。一种技术、文化或制度，到底是生存品还是效用品，并不是一成不变的。

很容易想到，当一种效用品变成生存品时，竞择会摇身一变，转而促进它的传播。如果这件东西对人均收入贡献巨大，竞择角色的反转就可能会带来生活方式的剧变和人均收入的陡增。而且，我在数学模型和计算机模拟中还发现了一个奇妙的现象：当一种技术或文化因环境变化从效用品渐变为生存品时，在它转换身份的一瞬间，它会爆炸式地传播开来，产生与其属性的渐变速度完全不成比例的巨大影响。所以，我把这第三个机制称作效用品大爆炸。

为什么会出现这个爆炸式的传播效应呢？第 8 章曾经介绍过一个"补偿效应"：当移民意愿变小的时候，地区间的差距随之增大，这会带来更多的移民，从而补偿移民意愿的减小。所以，微小的移民意愿

① 我们在古代案例上也要区分总量和人均、长期和短期、相对优势和绝对优势的差别。

也能产生巨大的竞择。在两地区的竞择模型中，这个补偿效应可以表示成一个公式（推导过程见附录《人口漏斗模型》）：

$$S = a\omega^{\frac{1}{3}}$$

S代表竞择力，表示竞择对世界范围内人均福利负面影响的大小，ω是移民参数。一项技术或文化越有生存品的特点，它所对应的ω在正数范围内就越大。反过来说，一项技术或文化如果是效用品，受族群竞择压制，就可以表示为$\omega < 0$，负得越多，效用品的特征就越突出。补偿效应导致竞择力函数$S(\omega)$呈S形，且在$\omega = 0$附近取得最大的变化率。

社会环境的变化推动ω的变化。如果ω的变化不越过零点（本来是负的，变化后还是负的；或者本来是正的，变化完还是正的），那么由于$S(\omega)$函数S形的特点，只要ω离零点够远，此类变化所带来的竞择力的改变就会非常微小，难以被察觉。可是，如果ω的变化恰好越过了零点，从正到负（从生存品变成效用品），或者从负到正（从效用品变成生存品），那么竞择力将发生巨大波动。本来扩张中的技术文化，会突然萎缩淘汰；本来受制于族群竞择的技术文化，又会被竞择裹挟着向五湖四海传扬。后者就叫作“效用品大爆炸”，这是补偿效应带来的一种奇妙现象。

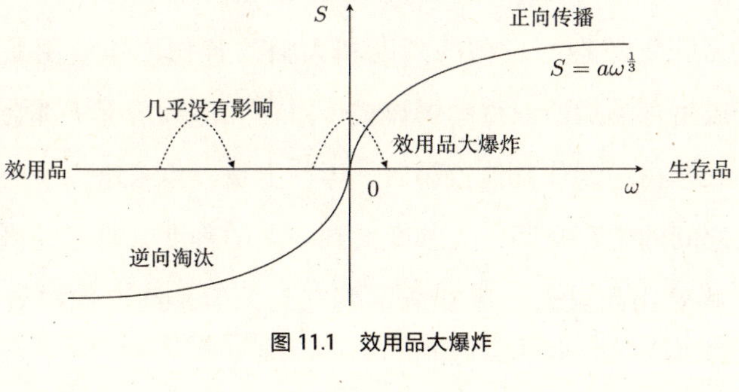

图 11.1 效用品大爆炸

为了建立更形象的理解，我还是从生物界的例子开始解释。我们曾经多次聊起红杉树的高度，说它是一种效用品，是个体竞择的工具。族群竞择不是能抑制效用品吗？为什么红杉树还能长那么高，打破了树木高度的“马尔萨斯陷阱”？

原因正是效用品大爆炸。本来用于个体竞择的效用品——高度，不仅帮助红杉树和其他红杉树竞争，还帮助红杉树这个物种遏制其他植物的生长。其他植物长不到红杉树的高度，抢不到阳光，所以红杉树林里其他植物寥寥无几，红杉树之间只有泥地和苔藓。这一大片泥土的营养全被红杉树垄断。高度摇身一变，成了红杉树的生存品。

人类的大脑可能也是效用品大爆炸的产物。人脑的容积比相近体重的哺乳动物高出一倍以上，可是这个器官消耗不菲：大脑仅占体重的 2%，却要消耗 20% 左右的能量、氧气和供血。只是因为人类社会的激烈“宫斗”不利于头脑简单的人，个体竞择才逼人们负担起大脑这个昂贵的效用品。可是，如果自然选择只停留在这个层次，人脑本来是大不到哪儿去的。但尔虞我诈不仅发生在部落内部，也发生在部落之间，甚至体现在围猎其他物种的集体策略之中。足智多谋的部落得以扩张，蠢笨的部落日渐萎缩。在大脑飞速扩容的几百万年时间里，族群竞择是一支与个体竞择同向作用的力量。效用品一度变成了生存品，于是大脑的容积像红杉树的高度一样节节高升。

但是，我仍然把红杉树的高度和大脑的容积称作效用品，因为，效用品变成生存品后所取得的爆炸式传播在大多数情况下都会遭遇一个瓶颈。红杉树遏制住其他植物后，再往上长，争来争去争的还是红杉树彼此之间的生存空间。大脑变大到一定的程度，难产的概率陡然增高。这些效用品虽然一度变成了生存品，但最终又回归效用品的本色。

总之，族群、物种内部用作个体竞争的工具，如果恰好也能用作族群和族群之间、物种和物种之间集体竞争的工具，那么这种工具就有机会发生效用品大爆炸。

人类历史上许多剧烈变革的背后，也有效用品爆炸的影子。

城邦间的长期战争使古希腊人知兵善战，这种军事能力如果只用于内战，对希腊人来说就是一种约束人口的效用品。但在马其顿联合希腊诸邦后，军事能力不再被用于内耗，而是被投入亚历山大的远征，效用品就变成了生存品，开启了以军事殖民为先驱的希腊化时代。成吉思汗统一蒙古各部落后，蒙古的对外扩张也是这个意义上的效用品大爆炸。

历史上比元的扩张影响更加深远的效用品爆炸，就要数工业革命了。如果把工业革命也看作一场效用品大爆炸，爆炸的主角至少包括下面两件效用品：识字率、制造业。

识字率的逻辑很简单。新教改革后，大众识字本来是为了阅读《圣经》（效用品），但在社会环境变化后，识字率的提升使科学得以普及、民族意识得以觉醒，服务于国防、殖民和对外征服，效用品就成了生存品。

至于制造业，我曾提到亚当·斯密解释重商主义的一个假说：以制造业获得贸易盈余，并在和平时期多积累金银，有助于战时轻装远征。这是制造业从效用品转变为生存品的逻辑之一。其实，历史上的帝国和城邦但凡在制造业上略有所成，一定都是做对了一件事情，那就是打通了由民富致国强的循环。把制造业发展起来不稀罕，稀罕的是把制造业的发展成果转化为维护统治、增强军备的工具。这件事情曾经千难万难，直到人类掌握了青铜和铁的冶炼技术，制造业的国防价值方得浮现。技术先行，辅以重商主义制度，才偶然出现那么几个国家，它们的制造业变得不那么像“效用品”，而更接近“生存品”。这才有了文明的昙花一现。

从制造业到国防，由富致强，因强致富，这一循环最终得以巩固，还要依靠热兵器和化石能源（煤、石油、天然气）的大规模使用。阻碍市场统一的割据势力被火炮碾为齑粉，摩托化部队的远程机动盖过了骑兵部队，步枪射手所需的训练时间只有长弓手、骑射手的1/10；机枪的火力把人勇、马快、刀尖、弓强的优势一笔勾销……在新技术条件下，政权要活下去，就得有枪有炮并学会使用化石能源。

理论上说，不考虑族群竞择，人类本有很多种方式来增加效用品消费。但绝大多数效用品就像复活节岛上的石像一样，只是趁着短暂的资源过剩和族群竞择的松弛，局限一隅，小打小闹。一种效用品要对人类社会产生颠覆式的影响，必须具备生存品的属性，得把族群竞择这一敌对力量争取到自己这边来才行。

使人类走上富裕道路的并不天然是工业。《魔戒》中夏尔小镇里的霍比特人，也拥有一种富贵的活法。但现实中能把举国致富这条路走长远的方式，人类至今也只摸索出工业革命这一个，而不会是石像革命、衣冠革命、绘画革命，更不会是性文化革命、致幻剂革命。石像、衣冠、绘画都能提高生活水平，我们甚至可以从科幻的角度想象一个具有高度石像文明的智能物种。现实中的人类社会之所以没有出现这样的场景（孤悬海外的复活节岛除外），就是因为它违背了族群竞择的基本原理。

明白了这个道理，我想借此稍做扩展，谈一谈游牧文明对社会发展的影响和贡献。有些读者读到本书第二部分的文明食物链，以为我是在批判游牧文明的破坏性。其实，我对耕牧之争是从三个角度来看待的。

首先，游牧文明的确阻碍了农耕文明的经济增长。这是族群竞择理论留给我们的最浅显的一层启发。

渐深一层想，族群竞择理论告诉我们，即使没有西伯利亚大草原这个地缘大锤，农耕文明内部也有其他形式的族群竞择来限制人均收入的增长。和平的短距离定向移民有着不逊于战争的威力。所以，游牧文明对农耕文明社会发展的阻碍作用并没有表面看起来这么严重。

再往深处思考，族群竞择理论还启发我们，耕牧地区间的战争可能对文明形态发挥了过滤器的作用。效用品增长就其形式而言本有无穷可能，农耕区的繁荣，绝大多数形式都华而不实，富而不强。套用《论语》的一句名言来说，不"强"而富且贵，于"国"如浮云。浮云不可久恃，岂怪暴雨无情？在游牧与农耕两种文明的冲突中，人类自相残杀，头破血流，跌倒了再爬起，在斑斑血泪中反复实验、摸索，才最终找到那条既富且强的富种突围之路。舞榭歌台，风流总被雨打风吹去。只有制造业，在一定的技术条件下，加上政治司法改革，才最终串联起富强循环，从此绝尘而去。

古人富过吗？他们富过。古人有没有发生过富而少生的生育革命？他们发生过。而且，古人一个部落、一个城市地富过，少生过，不是一次两次，而是成千上万次，几十万次，上百万次。为什么富过，少生过，他们仍然没法跃迁到大一统增长理论多重均衡模型的高均衡上去呢？因为马尔萨斯机制并不是瓶颈，族群竞择才是瓶颈。人类摸索了成千上万年，尝试了无数的效用品，才最终找到了那扇窄门，像红杉树以高度垄断阳光一样，用一场效用品大爆炸统治了生态。

不过，也和红杉树的高度一样，人类社会的效用品在变成生存品并实现爆炸式传播之后，一般还会变回效用品。无论是古希腊人还是蒙古人，他们的扩张总有一个极限。疆域稳定之后，打什么仗都算是内战。所以，军事技术在更大的地域范围内，终究会从生存品恢复为效用品。工业革命也不例外。欧洲人曾靠制造业和识字率征服世界，可是短短两三百年之后，到琼斯和盖勒的大一统增长理论里，这两件宝贝又重新变成了效用品，反过来抑制人口增殖。要不是因为新的知识媒介（书籍、互联网）切断了技术文化与基因竞择的关联，人口转型本将宣布工业文明的大限。

多层竞择

效用品理论为了简化分析，只把效用品定义在个人和集体之间的利益冲突上。但人类社会包含许多层级——国、省、县、乡、村、户、个人，每两个相邻层级间只要有生存繁衍的利益冲突，我们就可以区分出属于各自层级的生存品和效用品来。所以，广义上说，效用品理论所描述的，其实是低层级竞择和高层级竞择的冲突。一种文化、技术或产品，对村庄来说可能是生存品，到了乡、县这两级可能就成了效用品，但到了省和国家这两级也许又变成了生存品（回忆一下效用品的定义：有利于个体存衍，但是对集体存衍有碍之物。照搬到这里，就是有利于村庄存衍，但对乡、县存衍有碍之物）。这个东西最终普及到什么程度，就取决于两种力量在各级的总和谁强谁弱。

有时候，大共同体的存衍利益可能与小共同体有矛盾，却与底层的个体相一致，于是小共同体的效用品反倒在大共同体那里变成了生存品。举例来说，欧洲的个人主义传统在很大程度上来源于基督教会的自利行为。一个教徒死了，他的遗产是留给家族还是捐给教会呢？要是捐给了教会，怎么避免家族势力闹上门呢？这就有赖于教会平时的思想教育。为了得到更多的遗产，教会鼓励人们摆脱家族的控制，追求独立的财产权。[①]这倒不见得是哪个教士的精心算计，因为教会之间也在竞争，在优胜劣汰中存活下来的当然是那些更善于吸收资源的教会。[②]

国家和门第的互动也有着相似的逻辑。为了获得更多的资源并投入国家间的竞争，政府会刻意打压门第和家族势力。[③]有一种观点认为，个人相对于家族的独立性是一个民族启动现代经济增长的关键条件。如果光看个人与家族之间的互动，个体独立性作为一种效用品似乎永无出头之日。但是，随着社会的发展，出现了国家和教会这样凌驾于家族之上的社会组织，它们的利益与家族利益相抵牾。如果国家间竞择的激烈程度超过了家族间的竞择，社会文化就会重国家、轻族

① 相关内容可参考福山 2011 年的作品，中文版《政治秩序的起源：从前人类时代到法国大革命》，第 16 章《基督教打破家庭观念》，毛俊杰译。试摘录一节："西欧女子相对较高的地位也是教会追求自身利益的意外结果。寡妇若在家庭团体内重新结婚，会将财产归还部落。教会尽量使之难以实现，所以她本人必须拥有财产。女子有权拥有和处置自己的财产，对教会大有裨益，无子女寡妇和老处女变成了捐献的一大来源。女子有权拥有财产破坏了单传原则，从而敲响了父系宗族的丧钟。"

② 对宗教间和教会间竞争策略感兴趣的读者，我建议阅读赖建诚、苏鹏元的《教堂经济学：宗教史上的竞争策略》，上海格致出版社出版。

③ 历史学家秦晖教授的《传统十论》围绕这一话题有过精彩的论述。

姓，使原子化的个体依附于国家，获得相对于家族的独立性。在这个案例中，高层组织的集权实则扮演了效用品爆炸的导火索。

这就是所谓的多层级族群竞择（Multi-level Group Selection）。

休眠火山悖论

上面介绍的是受族群竞择理论启发而得出的三个新机制，它们可以部分解释现代经济增长的起源。但是，这三个机制比起接下来要介绍的第四个机制，只能算次要的贡献者。

第四个机制和效用品大爆炸一样，也依靠竞择的角色反转，但是促成反转的方式完全不同。它是一种几乎只在制度竞择中才会发生的内生的临界现象，所以我称之为制度竞择机制。

说到制度竞择，很多人都觉得是陈词滥调。“这还不简单，好制度带来经济增长，经济增长促进制度传播，正反馈过程嘛。”的确，自达尔文发表《物种起源》以来，竞择的思想早已渗透进成千上万的对社会制度的研究，尤其在经济增长的制度主义解释里，到处都有这种思想的影子。但是，这类研究有一个共同的未解之谜，我称之为休眠火山悖论。

1993 年，我的博士论文导师布拉德福特·德隆和他当年的哈佛室友安德烈·施莱佛发表了一篇论文——《君主与商人》（Princes and Merchants）。德隆和施莱佛发现，公元 1000 年到 1800 年间，专制君主统治下的欧洲城市比其他欧洲城市（比如议会统治下的城市）的人口增长率更低。德隆和施莱佛用专制君主的掠夺性来解释这个现象。

虽然这一解释与事实存在出入，[①] 但他们发现的现象仍不失为制度主义增长观的有力证据。不过，这一现象也引出了一个问题：既然专制君主妨碍（城市）人口增长，为什么直到近代以前，君主专制在全世界仍然占据主导地位而没有被更早地淘汰呢？

我再举一个例子。1974 年诺贝尔经济学奖得主哈耶克在其最后一部著作《致命的自负》里，通篇都在讲制度竞择（书中称作演化）。他认为，自由市场经济作为一种"自发秩序"是人类社会成千上万年去芜存菁，在竞择中打磨出的一套制度，所以我们应当对它抱有敬畏；而计划经济自负理性，背弃了自发秩序，所以必然失败。但是，哈耶克没有解释，既然自发秩序那么好，还陪人类文明演化了成千上万年之久，为什么人类文明直到两百年前才迎来真正的腾飞？[②]

这个悖论在 2012 年出版的吸引了众多关注与批评的《国家为什么会失败》（*Why Nations Fail*）一书中也有体现。作者德隆·阿西莫格鲁和詹姆斯·罗宾逊教授为了论证包容性制度[③]的好处，使用了大量古代社会的例子，并试图说明：国家一旦开放政治参与，经济就腾飞；一旦封闭参政渠道，经济就陷入停滞和崩溃。且不说作者对历史的概括是否符实，对政治参与的定义有无褊狭，他们用古代案例讨论增长就已经和马尔萨斯陷阱相矛盾：如果古代社会也有好制度，足以启动制度与增长间的正反馈循环，那么人类文明岂不早该摆脱马尔萨

---

① 从历史数据看，非专制政权并不比专制政权更加"轻徭薄赋"，放松专制甚至是增税的一种手段。

② 还值得一问：如果硬要说马尔萨斯陷阱是由于大大小小的统治者不约而同地陷入"致命的自负"，人为地扼杀了下金蛋的"自发秩序母鸡"，他们的"自负"不也是制度演化的结果吗？这岂不也成了值得敬畏和尊重的制度选择吗？

③ 包容性制度在其书中一般被定义为开放政治参与和市场准入的自由市场经济。

斯陷阱了吗？

我把这个悖论称作休眠火山悖论。他们整天说火山怎么活跃（制度与增长间的正反馈），可为啥火山就没有喷发呢？

在一次邮件交流中，罗宾逊教授对我说，他和阿西莫格鲁都认为马尔萨斯陷阱不存在，所以在书里从来不提马尔萨斯。罗宾逊教授虽未明言，但从他的研究履历看，他之所以否认马尔萨斯陷阱，就是为了回避休眠火山悖论。倘若马尔萨斯陷阱存在，古代社会不可以有经济和制度间的正反馈，他们书中的理论不就错了吗？于是，他们索性说火山压根儿就没有休眠，自始至终就是一座活火山，一直在喷发。

我理解前辈学者们被迫"掩耳盗铃"的苦衷，我相信他们也早就认识到了这个悖论。虽然人们不敢明说，但一般的处理方式无非下面三种。第一种方式就是阿西莫格鲁和罗宾逊的做法，索性否认马尔萨斯陷阱，或者压根儿不提马尔萨斯。第二种方式是把"好制度"的出现时间推迟到近代，把某项制度说成增长的必要条件，而且它是史无前例的新发明，天不生某某，万古如长夜。第三种方式是淡化制度和增长的关系。谈制度就少谈增长，谈增长就少谈制度，或者顾左右而言他，自矜对宏大叙事不感兴趣。这三种应对无一例外都是鸵鸟方案，严重折损了制度主义增长观的说服力。

其实，我认同制度对增长的价值。但是，制度主义增长观有两个问题还没有得到妥善的解决。第一是意识形态的偏见，学者们的思想受美苏冷战的影响太大，对"什么是好制度"的认识比较片面。第二就是休眠火山悖论。

制度主义增长观要获取应得的尊重，就得解决这两个问题。第一个问题我将在第 13 章中稍做分析。本章接下来则要用一个新模型来解决第二个问题。可喜的是，当年我为解决休眠火山悖论而尝试的这个模型，竟在不经意间也为现代经济增长的起源提供了一个全新的解释。

制度竞择模型

接下来，我会描述一个结构非常简单的计算机模拟模型。众所周知，当模型难以获得解析解时，数值模拟是一种替代性的求解方式。

想象一个 20×20 的共有 400 个方格的棋盘状世界，棋盘内的上下边界、左右边界各自连通，每个格子是一个地区。这里只有两种制度，斯巴达制和雅典制。每个地区都有一个随时间变化的适应度 F。适应度的表达式非常简单：

$$F = ME$$

M 是乘数。实行斯巴达制的地区乘数高，M=1；实行雅典制的地区乘数低，M=0.8。但是，雅典制地区的经济规模 E 每期增长 2%，斯巴达制地区没有增长，所以雅典制地区也叫作成长区，斯巴达制地区叫作停滞区。

上述设定也许对雅典和斯巴达持有偏见。幸而就模型的需要来说，我们不必过度联系希腊历史，只要把雅典和斯巴达当作“小明”和“小红”这样的代称就好了。我采用雅典、斯巴达这组代称，是因为人们对这两个概念就算有偏见也近乎“普世”偏见，这早已成为人类历史核心叙事的一部分。用雅典指代低乘数、高增长的文明至上主义，用斯巴达指代高乘数、低增长的生存至上主义，读者能够很形象地把握这对概念。

适应度 F 是乘数 M 和经济规模 E 的乘积，它度量的是一个地区保有并传播自身制度的能力。每一期（大约对应着现实中的 10 年），每个地区都有 1‰ 的概率自发突变到另一种制度（400 个地区加总起来，突变并不罕见）。

同时，地区和地区之间存在制度的竞择。我们让计算机程序在每一期突变结束后随机抽取 $\mu \times N$ 个地区，允许重复抽取。μ 是竞择激烈程度的度量，称作竞择力度系数，N 是地区的总数。在基准模拟中，$\mu = 100\%$，N=400，所以基准模拟每期抽取 400 个地区。我们对每一个被抽中的地区，随机挑选它 4 个相邻地区中的一个，让前者以下述概率采用后者的制度：

$$P = \frac{F'}{F + F'}$$

其中 F 是前者（被抽出来遭受制度传染的地区）的适应度，F' 是后者（相邻的输出制度的那个地区）的适应度。比方说，一个地区被抽中，它的适应度是 60，我们再抽取处于它东西南北 4 个方向之一的一个相邻地区，适应度是 40，那么前者采用后者制度的概率就是 40 /（60+40）= 40%。如果两个地区的制度本来就一样，那么什么变化都不会发生。如果制度不一样，它们才会按照这个概率发生制度传染。

雅典制使适应度的水平下降 20%，却有 2% 的增长率加成。20% 的乘数罚值是一个静态效应，或者叫“水平效应”；而 2% 的增长率加成是一个动态效应，或者叫“增长效应”。按照这组参数，不出 10 期（100 年），雅典制在增长上的好处就能盖过它在水平上的劣势。

在经济学里，增长效应一般来说总能在中长期碾压水平效应。但是，这个模型多了一个变数：地区和地区之间存在竞择关系。那些牺牲短期利益、追求千秋之利的制度会不会过早夭折，以至于根本来不及发挥增长潜力呢？

粗看，竞择不太可能产生多大影响。毕竟，任何一个雅典制地区，只要10期就能站稳脚跟。这个过程中，它还有很大的概率把自己的制度传播开来。400个地区，那么多试验机会，只要有一个熬过蛰伏期，增长效应就能压倒水平效应。所以，最初，我对模拟结果并不抱多大的期待，只把它当作一次编程练习。

可是，模拟结果超过了我事先可能有过的一切想象。图11.2展示了两段典型的“模拟历史”，模拟了15 000期的历史。曲线所标记的是成长区比例随时间的变化，其中黑色实线是竞择力度 $\mu = 100\%$ 时的模拟历史，灰色虚线是 $\mu = 20\%$ 时的模拟历史。初始的成长区比例都设定在5%。其实，5%这个参数并不重要。哪怕把初始成长区比例设为95%，黑色实线的走势也没什么不同——成长区比例会迅速砸底，同样陷入长期低迷，再到10 000期左右突起震荡。

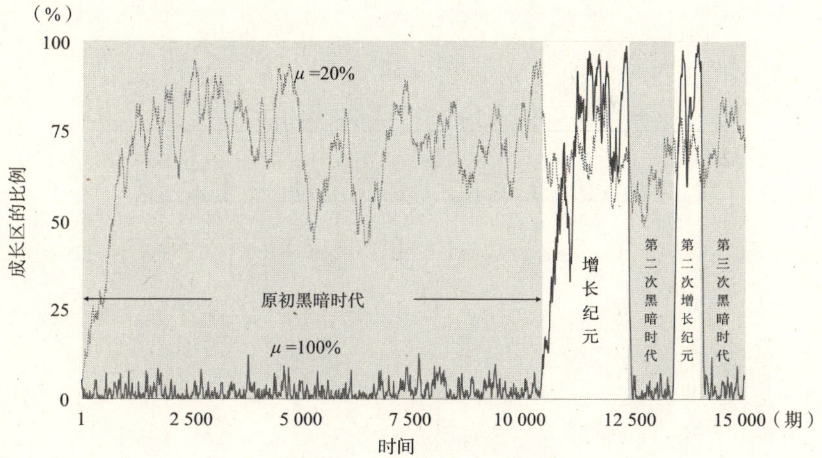

图11.2　雅典制地区比例随时间变化图

低竞择力度下（$\mu = 20\%$）的模拟历史平平无奇。增长效应很快就压倒了水平效应，雅典制占据主导地位后，成长区比例开始高位震荡。

高竞择力度下（$\mu = 100\%$）的模拟历史却涌现出三个极为诡异的现象：

（1）10 000 期以前，成长区比例长期低迷。

（2）在长期低迷后，成长区比例突然猛涨。

（3）增长高峰后，成长区比例又出现断崖式下降，历史在此后似乎进入了两极震荡。

模型中，经济增长完全来自雅典制地区，所以伴随着成长区比例的变化，整个世界的经济增长也经历了“长期停滞—爆炸式增长—断崖式下跌—再停滞—又猛涨—再崩溃……”（图 11.3）。停滞和增长的阶段性是如此明显，以致能清晰地划分出“原初黑暗时代”“增长纪元”“第二次黑暗时代”“第二次增长纪元”“第三次黑暗时代”……

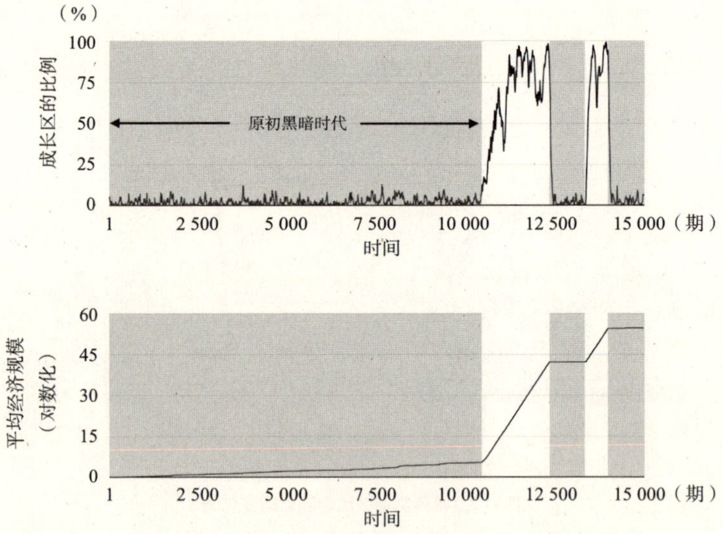

图 11.3　平均经济规模随成长区比例的变化而变化

我以相同的参数（$\mu=100\%$）模拟了 10 000 次历史，随机抽取 10 个样本，截取其 20 000 期以内的数据，呈现在图 11.4 中。这 10 个样本基本都体现了上述三个特点。如果把成长区比例第一次达到 25%（$T_{25\%}$）视为转轨的开始，把转轨开始后 1 000 期以内这个比例第一次达到 50%（$T_{50\%}$）视为转轨的成熟，我统计了这 10 000 次模拟转轨开始的时点和转轨成熟所需要的时长。

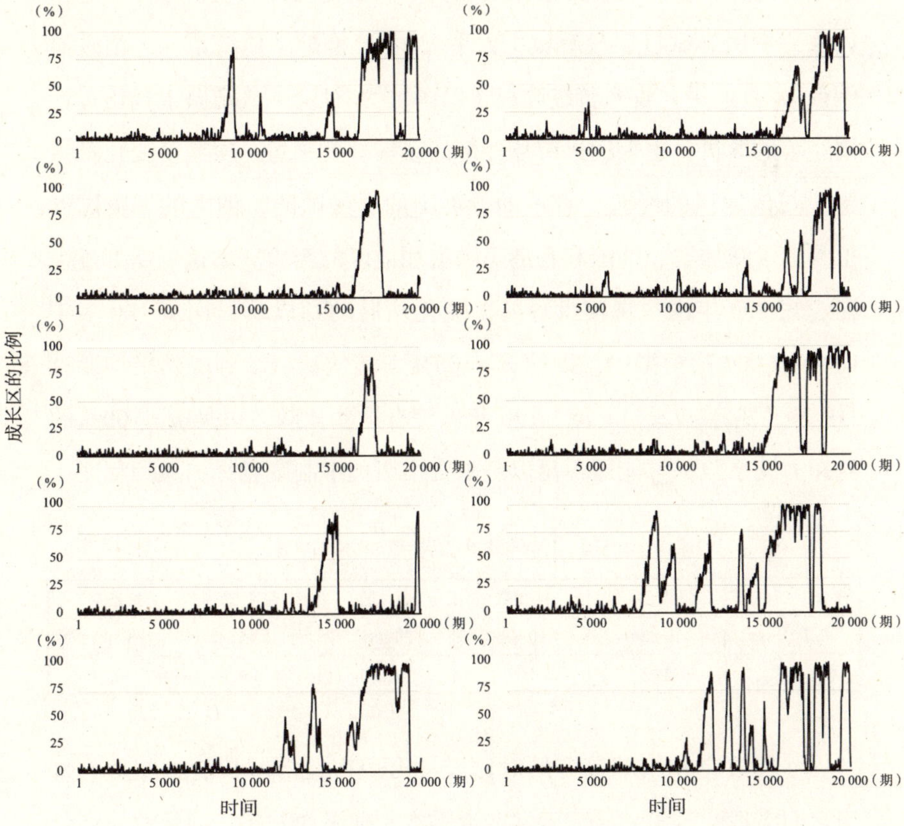

图 11.4　10 000 次模拟中随机挑选出的 10 个样本

如表 11.1 所示，漫长的黑暗时代和急速的转轨是高竞择力度下模拟历史的普遍特征。说是高竞择力度，但模拟所用的系数 $\mu=100\%$ 可能仍然低估了制度竞择的激烈程度。真实世界里制度的扬弃和传播实属家常便饭。苏俄兴起于一战，经过短短 30 年左右的建设和战争，国家威望在二战后臻于顶峰。先后有超过 50 个国家受苏联影响自称社会主义。但短短半个世纪后，苏联解体，原加盟国几乎全部抛弃旧体制，转而以西欧和美国为制度样板。再看中国。近代以来，中国尝试过宗教政权（太平天国），推翻了传统帝国（清政府倒台），有过买办资产阶级政权（民国），在社会主义道路上经历过计划经济的曲折，也采用过市场经济的政策。几乎每一次制度变化都借鉴了其他地区的经验：日本的、英国的、法国的、俄国的、美国的，也参考了新加坡、韩国和香港等国家和地区的经验。而这一切都发生在短短 200 年内。真实世界的工业化从启动到成熟只用了 100 多年。而在 10 000 次模拟中，即使 $\mu=100\%$，转轨从启动到成熟平均耗时 119 期（$T_{50\%}-T_{25\%}$），合 1 190 年。综合这些比较，可见 $\mu=100\%$ 的竞择力度系数，可能还不足以刻画真实历史中制度竞择的激烈程度。

表 11.1　10 000 次模拟历史转轨时间的统计

	均值	中位数	最大值	最小值	标准差
$T_{25\%}$	10 826	10 678	24 985	1 654	3 309
$T_{50\%}-T_{25\%}$	119	107	533	15	62

增长效应和水平效应的对比经常出现在经济增长的模型里。每当它们出现的时候，研究者常会近乎本能地添加一句：增长效应将会碾压水平效应，尤其在研究者关注的效应恰好是增长效应的时候。但

是，上面这个模拟告诉我们，一旦把竞择引入模型，水平效应会反过来碾压增长效应。孤立地看，增长效应只要 10 期就足以盖过水平效应。但一引入全局范围的竞择，水平效应压制增长效应的时间反而高出 3 个数量级。

水平效应碾压增长效应本已大出我之意料。更奇怪的是，在这 10 000 次模拟中，增长效应每次都能打破水平效应的压制，而且一旦转轨启动，成长区就会迅速蔓延。

你的脑海里想必已经浮现出克拉克教授画的那幅图——人均收入在 1800 年左右发生的近 90 度拐角（也适用于全世界经济总量、人口等指标）。是的，如果给模型“穿”上人口、GDP 这些“皮肤”，这些指标会在每一次模拟中都走出和现实历史高度吻合的轨迹——漫长的停滞后是爆炸式的增长（图 11.3）。仅有的区别在于，模拟历史里的增长纪元到后来会戛然而止，让位于第二次黑暗时代；而现实世界中，这暂时还没有发生。暂时没发生不代表永远不会发生。毕竟从工业革命算起，人类进入增长纪元只有区区 20 期（200 年）而已。如果把哥伦布发现新大陆的 1492 年作为转轨发力的起始点，至今也只有 500 多年。

这种相似性让人不寒而栗。这个模型和真实历史有关联吗？若有关联，那第二次黑暗时代是如何发生的？人类文明真的会崩溃吗？要回答这一系列问题，就要搞清楚模型的机制，从机制上寻找和现实世界的联系。不明白背后的机制就拿模型来套历史，就好比用花开花落来解释王朝兴衰。比喻偶中，好似占卜时的侥幸应验，不能当真。但如果搞清楚了机制，发现机制和现实有关联，那么无论这个模型的预测多么令人憎恶，人类也不能讳疾忌医。

历史的时钟

要理解模型的机制，不妨从一个更令人吃惊的现象切入。

图 11.5 是这 10 000 次模拟中成长区比例首次突破 25% 的时点的频度分布图。转轨开始的时点呈钟形分布。这是很奇特的一个现象。如果这个频度分布图左高右低，说明转轨本身没有规律可循，历史上每时每刻发生转轨的概率都差不多（类似于无记忆的指数分布）。但它偏偏是钟形分布的。也就是说，当历史发展到某一个时点，转轨的概率会出现显著的高峰。

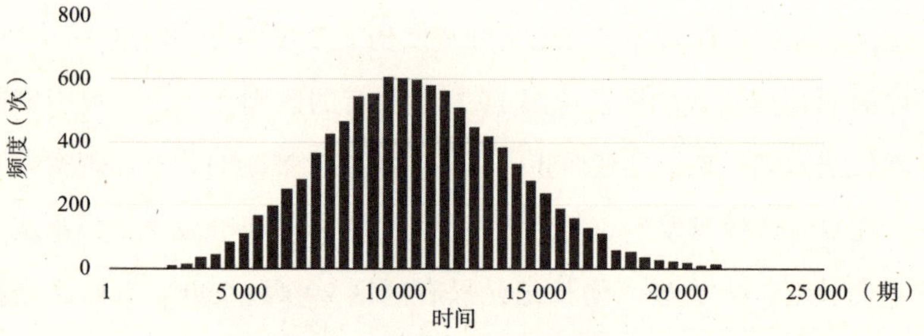

图 11.5 10 000 次模拟历史成长区比例首次达到 25% 的时间的频度分布

挑图 11.4 里任何一段模拟历史来看，在漫长的黑暗时代里，成长区始终只有几点暗夜流萤，仿佛什么都没有发生，什么也不会发生。但是钟形分布意味着，在万马齐喑的表象下，有一个历史的时钟在嘀嗒嘀嗒、不紧不慢地走着。到某一个时点，量变引发质变，转轨发生。这时钟究竟是什么？这积聚的量变又是什么？

我还记得自己第一次运行制度竞择的 Matlab（科学计算软件）程序时，不知道程序要跑多久，我就把运行时间设为 1 000 期。一期

10 年，10 000 年难道还不够吗？结果，水平效应把增长效应压得死死的。我吃了一惊，这和教科书上说的不一样啊。

因为单次模拟用时并不长，我就把运行时间逐渐调到上万期。这时，我第一次看到了转轨——近 90 度的拐角。我压根儿就没把这个结果当回事，还以为是迭代上万次后，有些数值偏离了合适的范围，产生了程序错误。一个 10 000 期运行下来都四平八稳的程序，如果不是出了错，怎么可能突然之间发癫似地开始震荡？

等反复校对了代码、数据，并确认程序没有出错后，我再联想到这些图形与真实历史的契合，那种震惊无以名状。当初发现族群竞择理论时，我都不曾有过这么强烈的恍惚感。

后来做 10 000 期模拟时，电脑跑了一天一夜。模拟前，我以为会看到转轨时间的指数分布，还摩拳擦掌准备在论文里用一个章节汇报这个结果，连标题都想好了，叫“历史是无记忆的”（如果转轨在每时每刻发生的概率都相等，亦即转轨的发生与转轨前的历史无关，那么转轨时间呈指数分布，历史表现为无记忆性）。等程序运行结束，汇报钟形分布时，我惊呆了——这事邪门儿。历史哪里是无记忆的。历史有记忆，而且记得很深很牢，才会出现钟形分布。可是，历史是怎么进行记忆的呢？那台深藏在静滞表象下嘀嗒嘀嗒的时钟到底是什么？

为了回答这个问题，我画出了成长区在适应度上的相对排名随时间演变的过程，尤其是转轨前后所发生的变化。我把每个成长区都标作一个黑点，令停滞区留白，按照适应度给所有地区排名，从高到低纵向排列，再按时间顺序呈现在横轴上（如图 11.6 所示，为了图示效果，我把模拟中地区的数量从 400 个减少为 100 个）。反复实验后，我发现每一次转轨都可以被准确地指出其发源地。在转轨发生前，在接近排名中上的位置，会出现一个黑点，走出一条斜向上的蚯蚓线。黑点代表成长区，在蚯蚓线起步的时候，它的经济总量已经接近较高位置，但由于雅典制的乘数折扣，它的适应度暂时还没有登顶。不过，因为它已经有了足够的经济实力，在紧接着的一段时间里，它一直幸运地保持着自己的制度。雅典制带来经济增长，于是这个地区的适应度排名稳步上升，渐臻顶峰。这时，图上会紧跟着出现第二、第三条蚯蚓线。转折就此水到渠成。刹那间，黑点（成长区）如同舞台上降落的幕布一般几乎占满整个纵列。大多数地区一窝蜂地转向雅典制。

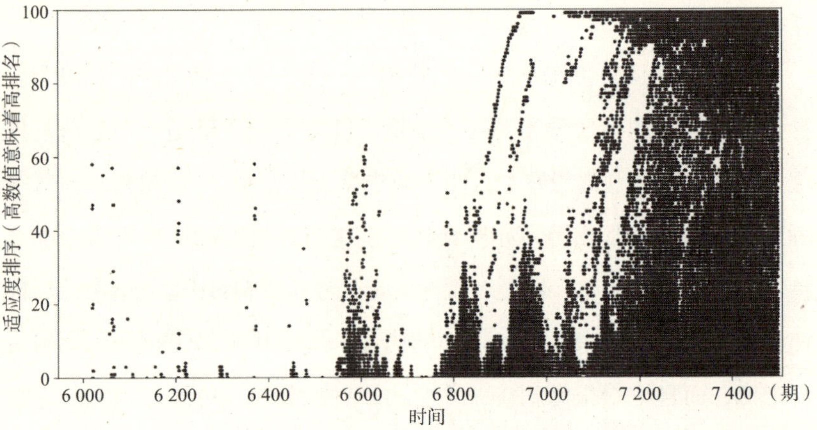

图 11.6　转轨前夕频繁出现的蚯蚓线

这些蚯蚓线揭示了转轨发生的原理。转轨的关键是出现这么一个雅典制地区，它的经济足够强大，以至于即使背负上乘数折扣，它的适应度也高出周围地区一大截。这样才能保证它去影响别人的制度，而不是被别人影响。蚯蚓线阶段就是这个地区走向文明巅峰的冲刺阶段。在它冲刺的时候，世界范围的转轨没有马上到来，因为它的力量在冲刺初期还不足以动摇整个世界，它需要静待时日，韬光养晦。第二、第三条蚯蚓线的出现则是受到第一条蚯蚓线的影响。它们的集中出现并非偶然。最初的领先地区在释放它的影响的过程中，会把其制度传播给一两个本来就足够强大的经济体。它们之间并不一定相邻，中间隔着的地区会被最早的“开化”地区影响，倒向雅典制，它们与继起者之间的互动，会使后者也转向雅典制。由此，在成长区的包围下，继起者的冲刺就比第一个吃螃蟹的地区轻松许多，它们更不容易夭折。所以蚯蚓线要么不出现，一出现就扎堆，扎堆起来就天翻地覆，引爆大半个世界的转轨。

如果用一个成语来形容，那就是“星火燎原”。

我第一次看见接二连三的蚯蚓线时，脑海里冒出了三个国家：英国、法国、德国（图 11.6 中 6 600 期前后还有一个壮志未酬的“荷兰”）。如果把上述过程与真实历史对接，毫无疑问，英国就是那最初的星火。英国经过数百年的冲刺，综合国力达到世界第一，率先开启工业革命。英国的制度、文化、技术传播到法国、德国、美国、俄国、日本……整个世界随之迈入了工业时代。

为什么转轨呈钟形分布？要回答这个问题，我们可以从转轨的触发条件倒推回去。转轨的导火索是出现一个成长区，这个成长区相对于其他地区，实力足够强大，以至于能在 10 期、20 期左右的冲刺阶段挺过乘数上的罚值，最终登顶，并以遥遥领先的适应度去激发整个世界的跃迁。10 000 期模拟，走到这一步，最短要 1 654 期的时间，最长用了 24 985 期。为什么模拟的起始阶段无法出现这样一个地区呢？这是因为，在模拟历史的第一期，各个地区的经济实力按照假设完全相等。在一个高度均匀的世界里，成长区的乘数劣势更加致命，所以成长区很难通过危机四伏的冲刺阶段。

星星之火的冲刺什么时候才变得安全？得等到地区间经济实力相差悬殊的时候。相差足够悬殊，那么只要出现一个经济实力很强的地区，因为突变或者传染而选择了雅典制，这个地区就很有希望通过冲刺阶段，最终星火燎原。

我计算了图 11.2 那次模拟历史中地区间经济规模的基尼系数，观察它怎样随时间变化。如图 11.7 所示，当整个世界万马齐喑，成长区比例在 10% 以下显得若有若无的时候，地区间经济规模的差异却在稳步增长（基尼系数度量了这种差异的悬殊程度）。最终，转轨发生在基尼系数 0.75 左右。我又用 10 000 次实验的数据考察了转轨发生率和转轨前基尼系数的关系，果然发现转轨概率随基尼系数的增加而上升。当基尼系数处于 0.5 以下时，几乎不可能发生转轨，基尼系数到 0.5 以上才会出现这种可能。

人类在进入农业时代以前，因为生产方式和生产效率的局限，只能以部落形式维持集体生存，部落的规模很难超过千人。在这种条件下，不同政治实体间经济规模的基尼系数必然保持在一个很低的水平，所以社会不可能靠不平等的积累来触发竞择效应的逆转，进而打破贫困陷阱。

农业的发展为政治实体间基尼系数的暴涨提供了技术条件。人类这个物种虽然已有上百万年的历史，但其中真正有机会突破贫困陷阱的，只有农业革命以来短短的一万年。而且，不平等的累积从理论上说还需要几千年的时间。在模型里，一个地区的经济实力完全取决于历史上它处于雅典制下时间的总和。所以，一个缺乏文明传统的地区不可能突然变成“工业化的灯塔”。出现星火的地区一定是扛得住周

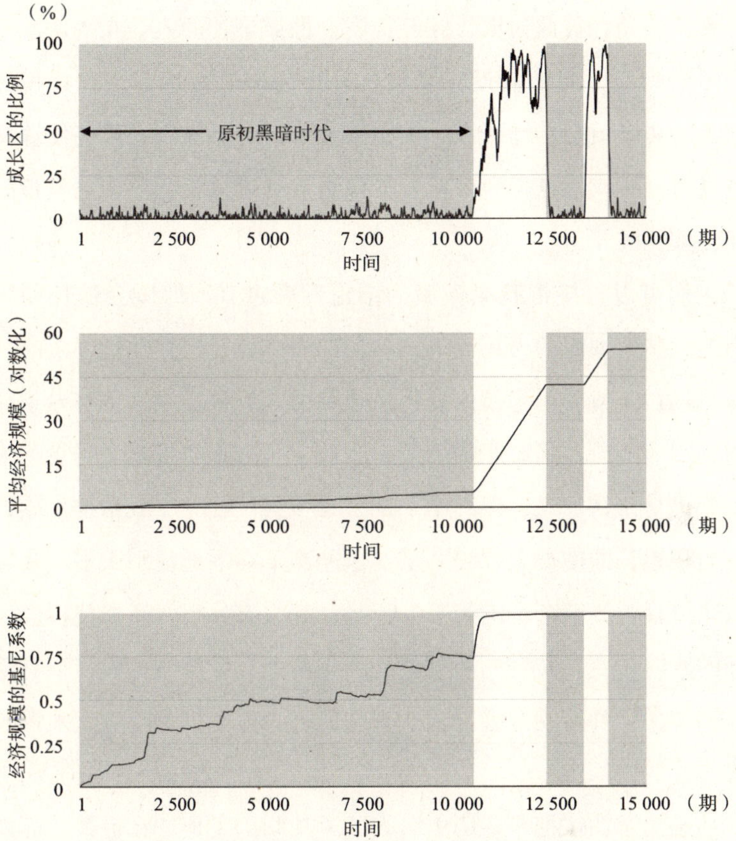

图 11.7　模拟历史中地区间经济实力的基尼系数稳定增长

围族群负面影响的大国。

更抽象地看，基尼系数所反映的是实力领先的那些政权的生存余地。竞择的角色要发生反转，得让这部分政权有试错的空间。

为了帮助读者进一步理解这个逻辑，我再用人际关系来打个比方。想象一个“乌眼鸡社会”[1]，在这个社会里，几乎所有人都锱铢必

---

① 《红楼梦》第七十五回：“咱们倒是一家子亲骨肉呢，一个个不像乌眼鸡似的，恨不得你吃了我，我吃了你！”

较、蝇营狗苟，彼此讨厌，相互提防。慷慨谦让的人会在一次次交往中吃亏，但是，我们假设，如果这种行为能够保持下去，日积月累，慷慨者的美名就会传播开来，吸引来合作者与追随者，最终使慷慨者变得富有且强大。这样一个社会如果被放到计算机程序中去模拟，将会如何演化呢？

我们可以直接把制竞模型的结论照搬过来。慷慨会被长期压制，因为绝大多数慷慨的人还没等到名扬四海，就已经在浊世中沉沦，或者破产死亡，或者因绝望而变得世故圆滑。但社会风气仍有希望陡然一清，因为随着贫富差距的加大，会产生一群物质贵族。尽管绝大多数贵族仍是鼠目寸光，但其中个别人难免会"变异"成精神贵族，凭着物质积累，即使被人"咬"了，也能满不在乎地任别人多"咬"几口，坚持日久，渐渐誉满天下。于是，好人有好报，竞择使社会风气向好的方向转变。转变的关键就是领先者生存余地的扩大。只有生存余地够大，那种短期有害、长期有利的行为才能挺过压迫，发挥长期优势。

鸡汤文学往往把一些历史名人的成功归因于他们在道德方面鹤立鸡群。你有没有想过，如果道德这么有用，竞择岂不该让所有人都变成有德君子吗？为什么道德行为还会在社会上显得卓尔不群呢？从制竞模型看，这正是水平效应压制增长效应的体现。当然，社会中还有其他重要因素影响着道德风气的演进。我以这个人际关系的演化模型为例，并不是说社会真的符合这个模型的描述，而是因为它特别生动形象，有助于我们理解制度层面的竞择。

说回制竞模型。现实世界里没有棋盘来固定疆界，出现转型的条件可能比模型中更加苛刻。模型里的大国好歹是靠成长型的制度壮大起来的，但现实中的古代大国往往得依靠战争才能完成融合。由于这层逆向筛选，大国的制度往往与增长背道而驰。这给人类社会尽早摆脱马尔萨斯陷阱制造了不小的麻烦：有力量传播制度的，制度不利于增长；制度有利于增长的，又没有传播制度的力量（比如农业帝国和商业城邦的对比）。增长与传播又一次相互碰撞，只不过，这一次的主角并不是静态的效用品，而是动态的成长型制度。

现在，我们回头看休眠火山悖论。显然，制度竞择模型为解决这个悖论提供了一种思路。所谓的"好制度"可能只在增长效应上具备优势，"坏制度"凭着水平效应上的相对优势完全可能长期压制"好制度"。要承认古罗马的制度好，也没必要为此否定马尔萨斯陷阱的可能。两种看似冲突的历史观在制度竞择的框架下完全可以和谐统一。所以，阿西莫格鲁和罗宾逊压根儿没必要避开马尔萨斯，只要用制度竞择理论填上这个漏洞就可以了。至于德隆和施莱佛看到的，只是制度对城市人口增长的影响，尚未涉及其他效应。一旦把战争和权力继承中所体现出的水平效应也纳入考虑，君主专制想必也有其优势所在。如果数据足够丰富，那么我们甚至能观察到这种优势在1500年前后转为劣势的过程。

相对优势与绝对优势

制度竞择理论还填补了族群竞择理论的一个漏洞。

本书第二部分的定向移民模型假设：在一个地区里，所有的人，无论是原住民还是移民，必须永远保持相同的技术水平。如果放松这一假设，规定原住民在短时间内无法学会移民的技术，而移民凭着自己的技术可以获得远高于原住民的收入，那么移民就愿意去表面上人均收入更低的地方——原住民的收入低，不代表移民的收入也会低。

往小里说，一个手艺人学徒期满，携艺去他方独立门户，就属于这类移民。往大里说，农耕文明的扩散、亚历山大的远征、古罗马的对外征服、欧洲人定居美洲也属于这类移民。[①] 如果把人类从生存品地区向效用品地区的移民称作相对优势移民（对基因的传播来说，技术文化的生存品倾向就是一种优势），那么这种从技术先进地区向技术落后地区的移民就可以称作绝对优势移民。[②]

一般来说，绝对优势移民并不天然倾向于效用品或者生存品。在绝对优势移民中，我们既可以找到倾向于生存品的案例，也可以找到倾向于效用品的案例：前者比如农耕文明的扩散，是从生存品地区向效用品地区发展；后者比如近代欧洲人的海外扩张，是从效用品地区向生存品地区发展。在大数定律下，只要绝对优势移民在长期内保持生存品和效用品之间的中性，人们就不用担心它推翻族群竞择理论。

---

① 最终，接纳地区的人种被替代到什么程度，取决于原住民学习技术的快慢。如果技术很难学习，替代会延续很久，程度很深；如果原住民很快学会了技术，那么替代的程度就会很浅。在欧洲人向东亚殖民的过程中，人种替代几乎没有发生，因为中国、日本、韩国、越南这些国家本就有着悠久的历史文化传统，略经震荡就能消化西方赖以殖民的优势技术、文化和制度。而在新石器时代，农耕族群向狩猎采集地域的扩散、近代欧洲人向美洲大陆的殖民就包含了人种的大规模替代。我的学生盛浩的本科毕业论文研究的就是这个问题。

② 在某些条件下，模型中技术落后地区会同时向技术先进地区少量移民，类似于洋流中的补偿流。

族群竞择的巨大力量应该足以克服中性的误差。

可是，如果有一些特殊的原因，导致绝对优势移民并不是中性的，那会如何呢？

比如，现代西方人愿意把古罗马共和国的扩张归功于它先进的社会制度——法治、临时独裁官、元老院、公民大会、执政官的轮岗、保民官的设置、市场经济。这些制度到底算生存品还是效用品呢？如果说它们是生存品，为什么它们在近代以前没有成为世界的主流？如果说它们是效用品，为什么它们好像又促进了罗马的扩张？

还有，古罗马的经济组织方式和现代契约社会很像。契约经济促进农业，也促进工商业，但对工商业的作用要远大于对农业的作用，所以契约经济相对于欧洲中世纪的“身份经济”来说，是一种偏向效用品的制度，理应受到族群竞择的抑制。但是，社会依靠契约能组织起更大规模的物资交换和生产协作，使社会繁荣富强，进而向外扩张——契约又表现出生存品的特征。从结果看，似乎前一个效应占据了优势地位。我们应该如何解释这一结果呢？

制度竞择模型就提供了一个角度。契约经济所表现出的生存品特征，可能主要作用于经济的成长性。经济扩张后，财政富余，装备改进，组织完善，这有助于族群以绝对优势移民的方式向外扩张——这是一种增长效应，效应的发挥需要时间。而效用品繁荣是一种水平效应。从全局的角度说，水平效应能够长期压制增长效应（关于市场经济的脆弱性，第 15 章会有更详细的讨论）。所以，在合理的参数区间内，仍会出现一段漫长的停滞：绝对优势移民的“胳膊”拧不过竞择的“大腿”，很难打破族群竞择所导致的马尔萨斯陷阱。

本章小结

- 从族群竞择理论中可以引申出4个新的机制来解释现代经济增长的起源：贸易替代移民、知识媒介的改变、效用品大爆炸和制度竞择中的角色反转。

- 当环境、技术变化导致一样东西从效用品变成生存品时，就会发生效用品大爆炸。效用品大爆炸在自然界有大量的实例。现代经济增长可以被看作制造业和识字率这两件效用品的大爆炸。

- 人类致富的手段并不天然是工业，但能让致富道路走长远的几乎一定是工业化。

- 经济增长的制度主义解释面临着休眠火山悖论：如果好制度能够促进增长，而增长又能巩固、传播好制度，那么为什么好制度下的持续增长在历史上出现得这么晚？

- 在竞择环境下，当增长效应和水平效应存在矛盾的时候，水平效应能够长期压制增长效应，但增长效应最终会翻身反制，触发爆炸式的变革。

第 12 章
时来力转

旅途指南

效用品大爆炸和制度竞择模型产生转轨的方式与多重均衡这一传统方法大相径庭。本章将剖析制竞模型的转轨方式——竞择的角色反转。在制竞模型中，工业革命前，人类社会之所以发展迟缓，是因为生存与文明相互矛盾，竞择崇尚生存而摒弃文明；工业革命后，人类社会之所以发展速度陡增，是因为生存与文明这两大目标转向融合，竞择成了促进文明的力量。从制竞模型看，人类之所以陷入马尔萨斯陷阱，首先是因为他们陷入了一个生存与文明相互矛盾的“刘慈欣陷阱”。

生存与文明：从对立到统一

从黑暗时代到增长纪元，模拟历史所呈现的规律会让人很自然地想到，竞择在转轨前后，是不是经历了角色的反转？转轨之前，竞择是压制成长区的力量；转轨之后，竞择却成了扩张成长区的力量。

如果这个猜想正确，那么我们应该在模拟中观察到这样的现象：竞择力度越大，则转轨越迟，但如果转轨已经发生，竞择力度越大，则转轨速度越快。这个假说是否成立呢？

我把竞择力度 μ ① 从 1% 逐步提高到 200%（因为可重复抽取，所以 200% 意味着平均每期每个地区被抽到两次），在每个百分点上做 10 次模拟，记录成长区首次达到 25%（转轨点）的时间（见图 12.1）。

从图 12.1 中可以看到，当竞择力度小于 30% 时，增长效应压倒水平效应，模拟世界从一开始就进入了增长纪元。但是当竞择力度高于 30% 时，水平效应会一度压倒增长效应，黑暗时代即由此产生。②

和猜想一致，随着竞择力度的上升，转轨不断推迟。显然，竞择在转轨以前主要扮演了压制成长区的角色。③ 但转轨推迟的程度并不夸张。当 $\mu > 100\%$ 时，平均转轨时间和竞择力度之间的关系几乎能被线性拟合，在我的模拟中未曾出现增长纪元彻底消失的迹象。

转轨之后，竞择扮演了什么角色呢？我又统计了每次模拟中成长区比例第一次从 25% 上升到 50% 所需要的时间。前文中，我曾把这段时间叫作“转轨成熟所需要的时长”，或简称“转轨期长”。

---

① 回忆一下 μ 的定义：每一期突变结束后随机抽取 $\mu \times N$ 个地区参与竞择，允许重复抽取，N 是地区的总数。

② 30% 是一个很低的门槛，真实世界的竞择力度大概率是超过这个水平的。

③ 即使在转轨以前，竞择的角色也不是绝对的，串演的情节时常发生，竞择有时会帮助成长区传播，但时代的主流仍是压制。

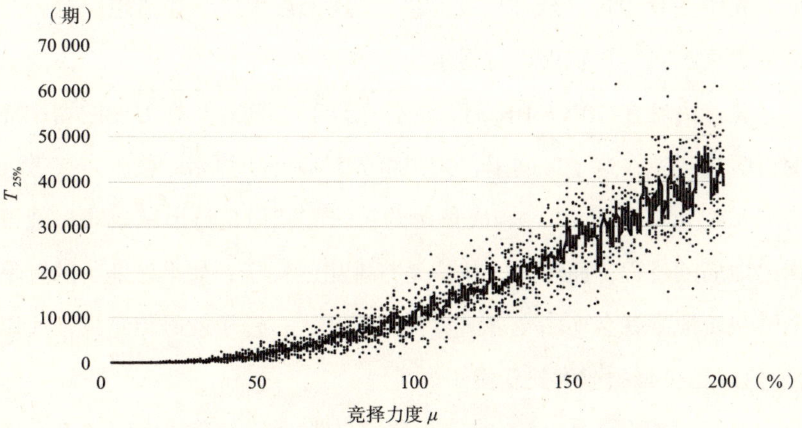

图 12.1 成长区首次达到 25% 的时间随竞择力度变化图

如图 12.2 所示，转轨期长随竞择力度的增加先缩短，到竞择力度 10% 左右开始拉长，到竞择力度 30% 左右达到顶峰，然后又开始缩短。为什么会出现这种有趣的变化？

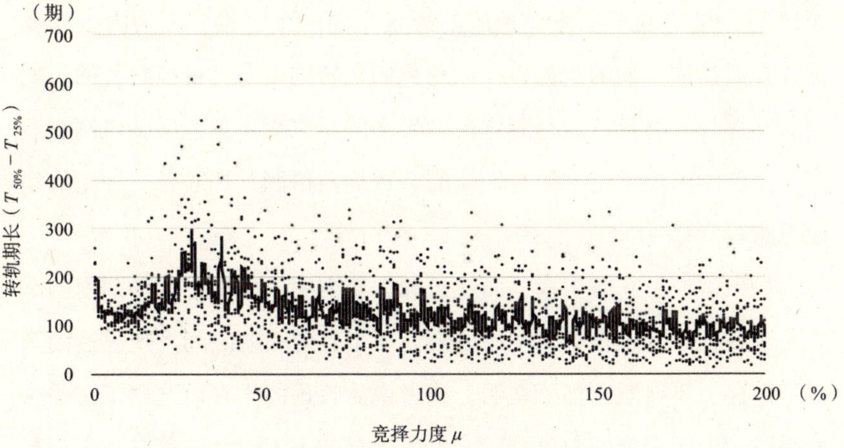

图 12.2 竞择力度和转轨期长的关系

先说竞择力度 30% 以后的变化，这个最重要。和猜想完全一致，竞择力度越大，转轨就进行得越快。

竞择力度在 10%~30% 时，为什么转轨会随着竞择力度的增加而变得缓慢呢？在这个区间里，模拟世界没有经历黑暗时代就直接进入了增长纪元（见图 12.1）。成长区的扩张，就像是打地鼠游戏里地鼠蹿出地面的过程，而停滞区就像是打地鼠的锤子，如果砸锤子的频率不够快，地鼠就会不断变多。竞择力度越大，锤子就砸得越快，所以“地鼠区”扩张的速度就变慢了。

竞择力度在 10% 以下时，为什么转轨会随着竞择力度的上升而加快呢？在这个区间里，锤子是砸得少了，但是“地鼠区”的扩张也实在太慢了。在极限情况下，当竞择力度为 0 时，转轨可以等到地老天荒。所以，这时候转轨反而会随着竞择力度的上升而加快。

结合图 12.1 和图 12.2 所反映的信息，竞择力度只要足够大，就能产生转轨现象，而且竞择在转轨前后发生了角色的逆转，从抑制成长区的力量变成了扩张成长区的力量。同一个因素，因为内生的变化，先后扮演不同的角色，并以角色的逆转同时解释世界经济的长期停滞和爆炸式增长。这是制竞模型带来的新洞察。角色反转机制也有别于经济学家惯常用来解释转轨的多重均衡机制，代表着一种新的建模思路。

如果适应意味着生存，而成长标志着文明，模型中两种制度的本质差别就在于对生存与文明的取舍。在生存与文明之间，斯巴达制选择了生存，雅典制选择了文明，或者说为长远的生存而选择了文明这种手段。由于竞择的角色翻转，人类社会的主流在转轨前夕从生存至上暂时倒向文明至上。这是所谓的“摆脱马尔萨斯陷阱”在制竞模型中独有的含义。

那么，有没有证据支持竞择反转这一假说呢？经济学家尼古拉·根奈奥利和汉斯-约阿希姆·沃斯整理了1500—1800年欧洲发生的374场战斗的数据（Gennaioli & Voth, 2015）。他们发现：在1650年以前，财政资源的多少和战斗结果关系不大。参战双方中财政资源较多的国家在战斗中的胜率不到30%（其余70%多的可能性里也包括平局）。但1650年以后，富国的胜率上升到60%左右（见表12.1）。

表12.1 欧洲1500—1800年战斗结果与财政资源的关系

年份	富国打赢的战斗	富国未打赢的战斗	富国的胜率（%）
1500—1550	4	14	22
1550—1600	3	9	25
1600—1650	7	20	26
1650—1700	34	26	57
1700—1750	35	34	51
1750—1775	31	19	62
1775—1800	85	49	63

表格来源：Gennaioli & Voth，2015。数据来源：Jacques，2007 & Landers，2003。

更精确地说，1650年以前，富国的财政资源哪怕比穷国高出一倍，富国的胜率也不会和财政资源相等时的胜率有什么差别，都在22%左右（当时平局概率很高）。而1650年以后，多出一倍的财政资源能带来60%左右的胜率，这比财政资源相等时的胜率高出10个百分点。

根奈奥利教授和沃斯教授之所以关注这一事实，因为它说明：欧洲历史在1650年前后发生了一个重要的转折。1650年以前，一个国家的财富就像是孔雀的尾巴，对战争胜利贡献渺茫，还平白惹人觊觎。所以，战争的淘汰机制筛选不出富国。统治者除了个人享受之外，缺乏生存动力去改革财政、投资基建、促进增长。

而 1650 年后，随着军事革命的发生，竞择的方向发生了反转。枪炮逐渐代替了骏马、城堡和重铠。用一个时代最有效的武器对平民进行大规模武装在技术上有了实现的途径。于是，战争胜利的经济门槛被大大提高。国家必须动员巨大的财力和人力才能买得起枪炮，雇得起士兵，挺过战火的洗礼。

游戏规则为之一变。杏花春雨不必再忌惮铁马秋风。人民越有文化、越富有，中央集权越发达，税收制度越健全，国家在战争中的赢面就越大。于是小国被大国蚕食，穷国被富国兼并，省心却低效的包税制让位于更精细苛刻的税制。为了在激烈的战争环境中存活下来，国家不得不改良基础设施、拆除市场壁垒、推动技术革新，甚至为了让国民参战效死，还得维护司法、提供福利、普及教育、让渡权利（Alesina，Reich & Riboni，2017）。草原终于变得茂盛而干燥，只等待一颗星火，去将它燎遍。①

诚然，效用品大爆炸和制度竞择是两种不同的竞择反转机制。上述证据只能反映竞择反转却不能区分这两种机制。但换个角度想，我们也不必加以区分，因为这两种机制本就是纠缠在一起，共同发挥作用的。

---

① 相似的过程在中国春秋战国时期似乎早已发生，背后的推动力似乎也是技术进步促成的军事革命。和欧洲近代一样，那场革命也推动了国家的兼并、治理的进步、中央集权和官僚化，但春秋战国中脱颖而出的是秦国式的重农抑商的军国主义。为什么欧洲近代走出了一条不同的道路？其中有多少偶然因素（毕竟，在近代也出现过军国主义强国）？近代欧洲有没有可能落到春秋战国的下场？春秋战国有没有可能迈入工业革命？这是很有趣的问题，从这个思路切入有助于我们更好地理解工业革命。

近代以前，当生存与文明存在权衡取舍的时候，几乎所有族群都会选择生存——那些做相反选择的族群连带他们的文化早已被历史长河淹没。近代以后，人类社会看似选择了文明，但那只是因为生存与文明的冲突变小了，选择文明反而能在可见的未来更好地生存，到头来还是生存至上。归根结底，文明只是生存的副产品，是新游戏规则下棋手们钩心斗角的新定式。

现代社会是一道难得的罅隙。在这条窄缝里，生存与文明这两大目标难得地统一了起来。文明不再是生存的障碍，而成了生存的工具，以文明为目的的族群反而能生存得更好。

这道窄缝很可能转瞬即逝，毕竟，“以文明为目的”只是这个反常纪元里的一个不需要付出多少代价的口号。轻佻者还每每以文明为借口施行霸凌与扩张。

对决策者而言，“生存”和“发展”到底哪个是硬道理，归根结底取决于发展对生存的价值[①]以及生存余地的大小。发展的价值够大，生存的余地够大，追求文明才能反过来促进生存。如果有朝一日，竞择重趋激烈，谁还敢奢谈文明与发展？

刘慈欣陷阱

刘慈欣曾在小说《三体》中写道：“给岁月以文明，而不是给文明以岁月。”我化用这句话来做整本书的题记。

---

① 这个因素可以很容易地嵌入制度竞择模型中，并得到预期的结果。

是给文明以岁月，还是给岁月以文明？

我们免于此虑，只因活在例外的时代。

这个时代，靠什么开启，会不会结束？

我从 23 岁起登山寻宝，探求马尔萨斯陷阱的真相。这三句话描绘的，正是登临之际我所看到的殊胜风光。

马尔萨斯理论的着眼点实乃资源的稀缺性——马尔萨斯的历史观。这是第一重境界。

族群竞择理论看到了群己之间永恒的斗争——达尔文式的历史观。这是第二重境界。

制度竞择理论触及文明与生存之间的取舍——刘慈欣式的历史观。这是第三重境界。

我敬仰马尔萨斯和达尔文固不逊于敬仰“大刘”。这个次序只代表求索之际我个人所经历的思想层次，不代表这三位思想者在任何意义上的排序。

有些人讨厌刘慈欣，恰因为他的作品把文明和生存对立起来。这种对立似乎张扬了社会达尔文主义。但是，正如题记里说的，我们今天之所以能够对文明和生存的对立视而不见，完全是历史的侥幸。这对矛盾很可能会在未来半个世纪里以某种形式凸显在我们面前。到那个时候，我们岂不该感谢思想者先行一步的警告吗？

如果一个时代自鸣得意的“普世”价值不能和人类整体意义上的生存至上相和解，那最终成为废物的，将是那套“普世”价值。刘慈欣的作品不就是设想了弥足珍贵的极端情形，让我们看到“普世”价值观之亟待修补吗？刘慈欣的思路并不是集体压不压倒个人，而是理性能否压倒意识形态。当灾难临近的时候，真正重要的问题是，什么样的政治体制能够发扬理性，抑制意识形态的影响，帮助人类渡过难关，把文明和生存再度统一起来。

回到长期贫困陷阱的话题。人们惯称的马尔萨斯陷阱，全称应当为“马尔萨斯—达尔文—刘慈欣陷阱”。正是这三重机制共同作用，束缚了人均收入的持续增长。

我这样定义刘慈欣陷阱：刘慈欣陷阱就是人类社会在生存与文明相互矛盾时，竞择倾向于生存，以致文明难以发展的陷阱。

人类走出第一次黑暗时代，首先是突破了刘慈欣陷阱；一旦摆脱刘慈欣陷阱，竞择从压制文明的力量变成促进文明的力量，第二道防线达尔文陷阱（族群竞择）就招架不住了；达尔文陷阱一破，喷薄而出的文明巨流面对马尔萨斯陷阱就更如摧枯拉朽一般。

这正是世界历史在过去500年中的主线剧情。显然，在马尔萨斯陷阱、达尔文陷阱和刘慈欣陷阱三者之间，刘慈欣陷阱才是那道最紧要的瓶颈。

但是，如果嫌三个名字太啰唆，只能取一个人来命名，那么这个陷阱毫无疑问应该叫达尔文陷阱，因为无论是马尔萨斯机制还是刘慈欣机制，归根结底都是族群竞择的表现形式（本书第8章第3节解释了为什么马尔萨斯机制虽然本身不是族群竞择，却是族群竞择的结果）。

马尔萨斯机制竞多——多生；达尔文机制竞穷——贫穷；刘慈欣机制竞短——短视。

竞多，竞穷，竞短，三个机制各是竞择的一个维度。三个维度叠加，多、穷、短，决定了前工业社会的基本特征。

而现代经济增长则来自竞择的逆转，于是，竞精——少生精养，竞富——民富国强，竞远——着眼于长期利益，成为大势所趋。精、富、远，决定了增长纪元的基本特征。

但你一定能隐隐地感觉到，这个“精富远均衡”其实远不如黑暗时代的“多穷短均衡”稳定。所以，本书才有黑暗再临的担忧，而且这种担忧是超越制度竞择模型的。

制竞模型的稳健性

说完生存与文明的矛盾统一，让我们回到制度竞择模型。模型和现实世界之间是否能够建立关联，一看机制的现实性，二看模型的稳健性——当模型的参数和结构修改之后，其核心结论是否仍然成立。

基准模型的世界是一个 20×20 的棋盘。在世界变大后，出现星火的概率增加，这会不会使转轨出现得越来越早？当世界足够大时，黑暗时代还会出现吗？为检验这一点，我让棋盘的世界边长从 2 到 60 每个整数都在 100% 的竞择力度下做 50 次模拟，看成长区首破 25%（转轨点）的时间点会怎么变化。

如图 12.3，当边长小于 13 时，黑暗时代随边长的增加而延长。世界变大，出现星火的概率固然在增加，但是出现“超级大扫把”（强大的斯巴达制地区）的概率也增加了，扫把扫灭了星火，黑暗时代反而更长了。当边长超过 13，也就是地区数超过 169 个（13×13）时，转轨时间趋于稳定，尤其是边长处于 20 到 60 之间时，转轨时间没有任何上升或下降的显著趋势。我不敢说边长上千时情况会怎么样，我的电脑也做不了那样庞大的模拟。但考虑到地球上目前的国家数量不超过 200 个，3 600（60 × 60）足以包含下一级行政区（州、省），图 12.3 所反映的信息已经够用了。所以，基准模型的结论并不依赖世界的大小和地区的数量，非常稳健。

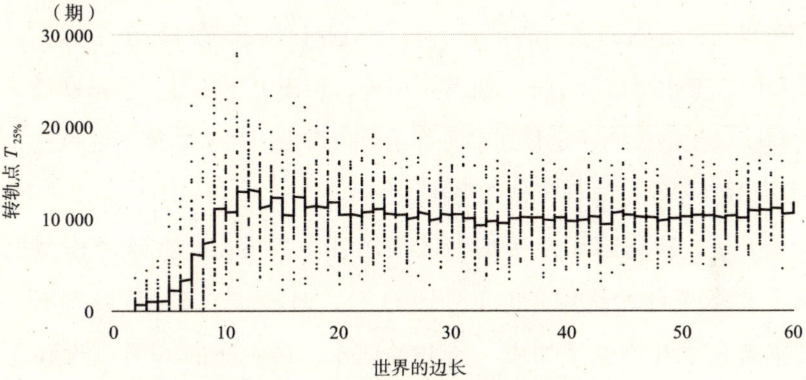

图 12.3　转轨点随世界边长的变化

稳健性是对一个学术理论最基本也最高的要求。马尔萨斯理论就错在不稳健。我在博士阶段求学期间日思夜想的，就是给自己的理论挑错，怀疑、检验哪里还有不稳健的地方。我之所以把效用品理论、族群竞择理论和制度竞择理论都保持在这么简单的形式上，是因为模型就像机器，机器越复杂，可能出错的零件就越多。模型一旦堆砌了太多的组件，结论就可能被某个敏感假设主导。

研究者每有猫腻要藏，总把模型往复杂里折腾，那样既可以遮掩漏洞，又能炫耀技巧、彰示苦劳，大有利于研究的发表。这么做的人多了，反显出简单模型的清白。

所以，我把模型尽可能地简化，把模型最核心的机制袒露出来，大大方方地接受检验，既是为了说服听众，也是为了说服自己。

模型也像人一样，由俭入奢易，由奢入俭难。简单模型站住脚后，复杂化并非难事。我接下来就试着把制竞模型复杂化，请你看看它的核心结论是否仍然成立。

之前的制竞模型假设世界上只有两种制度：雅典制和斯巴达制。但在现实中，古希腊、古罗马、现代工业化国家哪怕都属于成长区，成长的程度也可以分个三六九等。另外，历史上不免有一些糟糕透顶的制度，无论短期还是长期来看都给政权带来了劣势。能不能把这些“毁灭型制度”也放到模型里呢？

于是，我编写了一个加强版的制度竞择模型。在这个模型里，制度被分成 11 个级别，即 1 号到 11 号，对政权的适应度各有不同的乘数加成和增长率加成。如 12.4 所示，最中间的 6 号制度和基准模型里的斯巴达制一样，适应度乘数最高，达到 100%，没有任何折扣，但是经济增长率为 0。从 6 号制度往下走，5 号、4 号、3 号、2 号、1 号，制度越来越差，它们的水平乘数分别是 96%、92%、88%、84%、80%，经济分别以每期 0.4%、0.8%、1.2%、1.6%、2% 的速度衰退，这就是毁灭型制度。从 6 号制度往上走，7 号、8 号、9 号、10 号、11 号，制度越来越雅典化，它们的适应度乘数越来越低，分别是 96%、92%、88%、84%、80%，而经济在每期以 0.4%、0.8%、1.2%、1.6%、2% 的速度增长。其中，序号最大的 11 号制度就是基准模型里的雅典制。

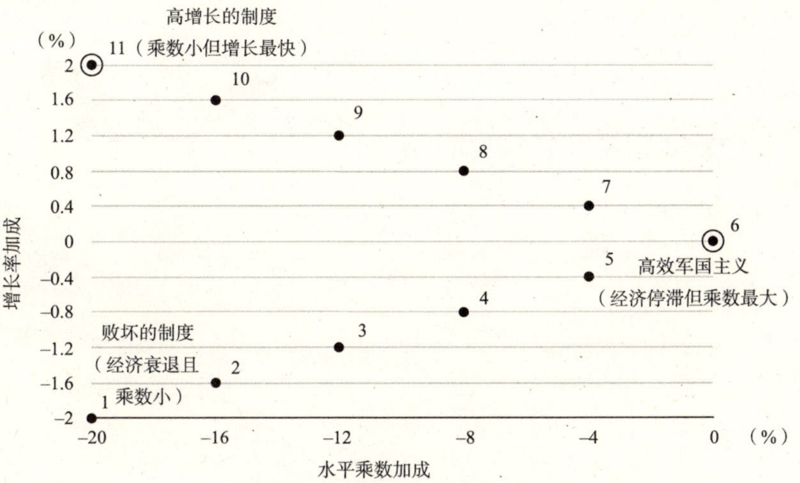

图 12.4　进一步区分制度为 11 个级别

模型的世界依然是方方正正的 400 个地区。模型初始，给所有地区等概率独立、随机地安排这 11 个制度。然后，让它们自行突变、竞择。突变率每期每个地区还是 1‰。突变发生时，制度有一半的可能往上走一级，有一半的可能往下走一级。如果制度本来处于边界，即 1 号或 11 号，那么一旦突变，制度只能往 2 号或 10 号走。竞择的规则也略做调整：如果一个地区受到相邻地区的制度感染，前者并不完全移植后者的制度，而是向着后者制度的方向变化一级。这些假设使模型更加接近现实。

模拟结果如图 12.5，上下两幅图，上图是模拟世界里制度的变化，下图是模拟世界里各地区平均经济规模（对数化）的变化。上图中的实线是制度的均值，虚线标记着每个时期制度的最高值和最低值。

虽然模型的细节发生了变化，但是基准模型的主要结论仍然成立。模拟开始后，随机分配的制度会迅速塌缩收敛到 6 号制度附近，

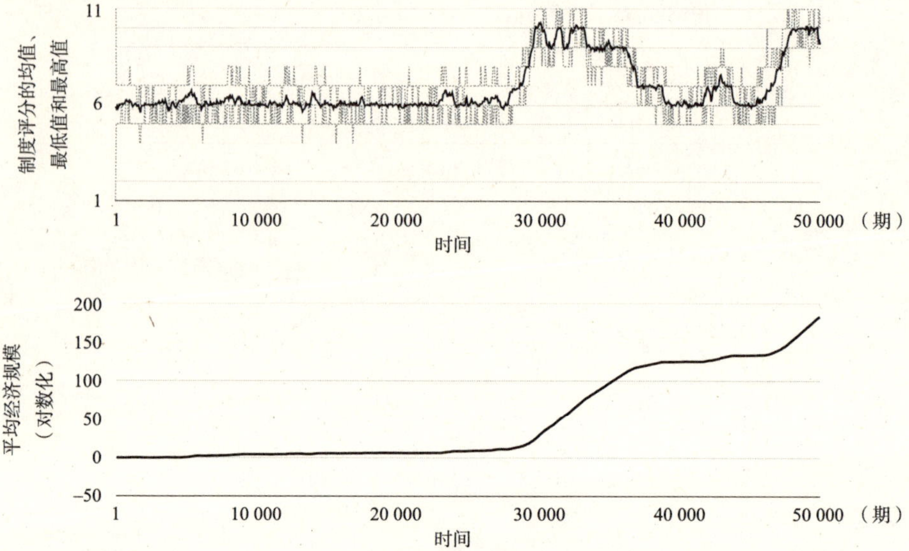

图 12.5　包含 11 种制度的模拟历史

从此世界进入漫长的黑暗时代。制度均值长期停滞在 6 号附近，没有任何变化趋势。制度最差，不曾低于 4 号；最好，不曾高于 8 号。当模拟进行到 28 000 期左右时，制度均值突然开始猛增，在短短 1 000 期左右的时间里，爬升到 10 号左右。但增长纪元在维持了 10 000 期左右之后，整个世界又陷入了长达 10 000 期的黑暗时代，随后又开启了第二次增长纪元。

上述结果和基准模型唯一的差别在于，由于制度的突变和感染都是梯次发生的，一个国家不会突然之间从极好变成极坏，或从极坏变成极好。所以，整个世界的转轨要比基准模型更加和缓，重返黑暗时代也不像基准模型里那样山崩地裂似的突然。但相比于漫长的黑暗时代来说，转轨仍然快得惊人。基准模型的几项结论在新的模型框架下仍然成立。

参与竞择的制度现在有了三个大类：高乘数、低增长（以 6 号斯巴达制为代表），低乘数、低增长（以 1 号为代表），低乘数、高增长（以 11 号雅典制为代表）。你也许会问：两个维度明明可以分成 4 种情况，为什么独缺高乘数、高增长的制度呢？如果把高乘数、高增长制度引入模型，全世界岂不早早地就聚拢在这种制度里，哪里还有什么黑暗时代？

的确，两个维度可以分成 4 种制度（见表 12.2）。斯巴达制久霸而终衰，雅典制久衰而终霸，毁灭型制度永无出头之日，而高乘数、高增长的制度一定早经普及，恒久存在。

表 12.2　4 种不同制度的命运

		水平效应	
		+	–
增长效应	+	早经普及，恒久存在	久衰而终霸
	–	久霸而终衰	永无出头之日

现实中一个国家所采用的制度一定是多个制度元素的组合。比如，罗马共和国有执政官、独裁官、元老院、公民大会、保民官等一系列制度安排。公元前 2 世纪的古希腊史学家波利比乌斯曾说，罗马糅合了君主制、贵族制和民主制。现代美国的政治制度则包含了总统、参众两院、最高法院、选举人制等一系列元素。这一个个制度元素，就好比政权的基因。天下没有单基因的生命，也没有单制度元素的政权。

政体在拼凑自己的制度组合时，理想情况下当然应该挑肥拣瘦，专门把好元素挑出来组合成自己的制度。但是，制度元素的好坏一时很难被看清，就算看得清楚，由于复杂的政治斗争，政体也难做理性选择。这时候，国家间的相对实力就起到决定性作用了。大国、强国会成为被模仿的对象，国家之间还会对彼此的制度选择施加压力。所以，制度具有很强的传染性，同时还具有可变异性、稳定性、与其他元素的互动性（epistasis①），因此，制度元素可以被称作制度基因。

好基因、坏基因编排在一起，拼成一组制度，决定了政体的命运，进而影响制度基因自身的命运。每个制度基因都会对整个基因组合的适应度施加水平效应和增长效应。倘若不考虑制度基因与国情的匹配，在这种突变、组合、淘汰的过程中，只要一个制度基因能同时提高水平乘数和经济增长率，那么这个制度基因一旦出现，就很容易传播开来，早已为天下政权所共有。比如政府本身，就可以被看作这样一个制度基因。它既促进增长，又提高乘数，所以政府这个制度基因早已成为几乎所有族群的标配。既然是标配，我们就没必要过分关注它。我把注意力放在高增长、低乘数和低增长、高乘数这两类“偏科”制度基因上，因为只有在它们之中才存在权衡取舍，它们的命运也更值得考察。

模型里的黑暗时代之所以比现实中的黑暗时代更长，一大原因可能就是模型里的制度只有一个基因，而现实中的制度包含多个基因。因此，一些高增长、低乘数的基因得以寄生在高乘数基因身上，去完成自己的冲刺。这会缩短黑暗时代，让转轨更早到来。

把多个基因纳入模型，一定程度上还能解释为什么在激烈的竞

---

① epistasis 也译作“上位性”或“异位显性”，它是指一个基因的表达受到其他基因的影响。

择下，欧洲国家反而比中国更早启动工业化。分裂的局面使欧洲国家得以尝试、交流更多的制度基因。多样性的优势弥补了竞择的负面效应，为欧洲的腾飞奠定了基础。

另外，多个基因之间还可能存在交互效应。假使有一个基因，比如超越部落认同的民族主义，本身并不能带来增长，却是可持续增长的必要条件，那么其他好基因也要和它相配合才能发挥作用。如果民族主义的觉醒依赖战火的锤炼，那么在这种情况下，竞择不足或竞择过度都会扼杀增长。要获得一套好制度，世界既需要在战争的高温下烧，也需要在和平的冷水里泡，甚至要淬火、回火多次才能把持续增长所需要的制度基因都准备好。

在新石器革命以来一万年的文明史中，制度转换如走马灯，关于什么是好制度，什么是坏制度，标准一直在发生着变化。一个时代的好制度可能到了下一个时代就是坏制度，反之亦然。制度竞择模型的解释力不依赖任何具体的制度是好是坏。无论制度姓甚名谁，不管制度的内容和效果怎么变，制度竞择的规律不会变：在高竞择环境下，水平效应将长期压制增长效应，直到增长效应爆炸式地反扑。"雅典制"这个代称和雅典本身的制度没有多少关系，若不是为了借用流行文化对雅典的想象，我更倾向于仿照剧本对路人甲的称呼，叫它"制度甲"。

不过，这么做的代价是，雅典制的面目直到现在还是模糊的。你或许已经接受了水平效应能压制增长效应这一结论，却不知道现实中到底有没有这样的"偏科"制度。下一章，我就会举一对制度基因的例子，它们的"偏科"对人类历史产生了深远的影响。

本章小结

- 在制度竞择模型中，人类之所以长期处于贫困陷阱，是因为每个社会都面临生存与文明这两大目标之间的取舍，并且生存长期压倒文明。人类最终得以摆脱贫困，是因为出现了一个难得的窗口期，生存与文明两大目标取得了一致，越文明，越强大，越有利于生存。

- 马尔萨斯效应导致的贫困陷阱被称作马尔萨斯陷阱，达尔文效应导致的贫困陷阱被称作达尔文陷阱，生存与文明的对立导致的贫困陷阱，我称之为刘慈欣陷阱。我们惯称的马尔萨斯陷阱其实是三重陷阱合而为一的产物：马尔萨斯—达尔文—刘慈欣陷阱。

第 13 章
禹式治理

旅途指南

制度竞择模型的核心假设是存在水平效应和增长效应相互矛盾的基因。本章将会以一对“等位基因”为例说明此类制度基因的存在性和重要性。

上一章的末尾引入了一个概念：制度基因。制竞模型那些有趣的动态都源自一类有特点的制度基因：它的增长效应和水平效应是相互矛盾的。现实中有这样的制度吗？如果有，它们重要吗？

接下来，我将介绍一对“等位基因”[①]。它们不仅符合上述特征，还在很大程度上主导了人类社会的发展，并经历了制竞模型所预言的竞择逆转。

---

① 在这里，等位基因是指控制同一性状、产生不同形态的基因。

堵与疏的权衡

请想象你穿越到古代成了一名统治者，眼下面临一个财政问题：养兵。带着现代人的思维，你建议废除户籍、军籍、匠籍，开放迁徙和择业自由，发展商业贸易。等经济繁荣，税收增加，不就有钱养兵了吗？但是大臣们一致反对。你痛恨古人的榆木脑袋，顶着压力推行这些政策。没过几年，财政收入锐减，政权岌岌可危。你这才意识到古人有古人的智慧。

养兵无非有两种方式。第一种方式是宋朝的思路：给人民以经济自由，发展工商业，国家从中征税，拿更多的钱吸引人民参军。因势利导，疏通市场，市场疏通则财源滚滚。此谓禹式治理：政府凭借征税能力，通过最大化自由经济下的总产出来增加财政收入的治理方式。

第二种方式是明朝前期的思路：限制迁徙、择业和交易自由，让百姓没有别的事情可做，只能乖乖来当兵（谓之府兵或者军户）。严防死守，查漏补缺，一旦天下四塞则鱼入网、人入彀。此谓鲧式治理：政府凭借管制能力，通过限制经济自由来降低政府采购成本的治理方式[①]。

这两种治理方式的差别在于对待经济自由的态度。经济自由，是指生产者选择买家和消费者选择卖家的自由：卖家可以不受干涉地把货物和服务卖给出价最高的人，买家可以挑选性价比最高的供应商。

---

① 明代早期的军队有 276 万士兵。如果考虑他们的小家庭成员、故乡的宗族成员和预备役人员，军属家庭将达到 219 万户，是总注册户数的 20%。但在维持这支庞大的军队上，明代早期政府的花销极小（Liu, 2015b）。

禹式治理下，经济自由是增加政府财力的因素；而鲧式治理下，经济自由是破坏政府财力的因素，反而限制经济自由才能增加政府财力。由此可以看出，禹式治理和鲧式治理是一对非常有趣的等位制度基因。

不只养兵，政府获得其他资源也分这两种途径。需要工匠来修筑宫殿时，政府为了省钱可能会关停私营建筑项目，从而迫使工匠接受政府提供的低工资，只为政府劳动。为了防止工匠另投他路（比如回乡当农民），工匠还被编入“匠籍”，只能给政府生产，不能给市场生产。政府通过取缔市场来降低获取资源的成本。

但是，工匠离开市场后，政府就无法从他们的市场活动中获得税收。利用税收所得本可以在一个自由的市场上采购政府所需的资源，收获甚至比实行匠籍还要高。这就是鲧式治理和禹式治理间的权衡取舍。

限制经济自由的鲧式治理，往往确立于建政之初。此时战乱方歇，工商业还不发达，政权所掌握的主要是军事力量、管制型力量，缺少对工商业征税所需要的会计、审计和司法人才。如果政府此时采用禹式治理，那么政权的财政能力反而会倒退；而采用鲧式治理就能发挥军队的优势，以军养军。所以，禹式治理对缺乏征税能力的政权来说心有余而力不足，鲧式治理则是一种妥当的权宜之计。

那么，政府等到有了征税能力，能不能再从鲧式治理转向禹式治理呢？这得看鲧式治理的覆盖面。一旦走上了全面鲧式治理的道路，商业会计、审计和司法人才就变得可有可无，征税能力无从成长，而保甲里坊遍地开花，服务于鲧式治理的组织根深蒂固，治理方式转向的机会越来越渺茫。

如果政府从一开始就奉行双轨制，只在局部搞鲧式治理，按理说，没有被鲧式治理覆盖的领域仍然能培育出禹式治理的种子，为未来的整体转型打基础。但这种骑墙体制极不稳定。由于市场的存在，鲧式治理下受到管制的卖家会挖空心思把货物卖给出价更高的市场。跑冒滴漏，政府的财政能力就打了折扣。严防死守修修补补却得不偿失，还不如把和政府竞争资源的市场主体都封禁了。

被封的市场和其他市场打着交道，于是亟待封禁的市场又多了一片，逼着政府进一步扩大管制。再加上管制的平均成本随着封禁领域的扩张而下降（鲧式治理具有规模效应），所以，骑墙的鲧式治理还不如不搞；一旦搞起来，就有滑向全面管制的趋势。

政府刚开始取缔私营工坊尚未完全取缔的时候，市场工资还高悬在外，诱惑着匠籍中人。如果政府羸弱，那么鲧式治理很可能因为私营业主、工匠和军户们的反对而被迫中止。可要是政府足够强大，坚持关停，咬牙挺到私营工坊全都消失，鲧式治理的春天也就来了。没有了市场的诱惑，军户和匠籍反而成了人人艳羡的“铁饭碗”。政府掌握的资源迅速膨胀，一些原本在市场经济里因为正外部性而难以启动的公共项目得以开工，基础设施取得突破式进展，甚至一些奇观项目都得以实施，比如郑和下西洋的大船队。

但鲧式治理有一个致命的缺陷，那就是难以维持长期的激励。鲧式治理刚刚确立的时候，原来的市场工资和行业习惯仍然影响着工匠们的报酬和地位。新项目的大量开工和所有权的变更又带来组织关系的快速调整，提供了人事地位的上升通道，一定程度上维持了工匠们的工作热情。然而，随着市场的萎缩和人事地位的固化，上面这两点激励的作用逐渐消失。从报酬的绝对水平来说，政府本来就是出于低成本获取资源的目的才遏制市场，所以鲧式政府所提供的报酬一般低于市场水平。没有了市场，买家不再货比三家；工坊干好干坏，既招不来新顾客，也赶不走老顾客，更影响不了结算价格。工匠失去了学习钻研的动力，企业家失去了套利、研发和开拓市场的奔头。

匠籍被创设和市场被扼杀是一个硬币的两个面。要让刻意压低劳动报酬的匠籍和市场并行不悖，就像抛一个硬币让它恰好竖在桌上一样困难。有市场，则工匠人心浮动。但没了市场，生产效率越来越低①，产品质量越来越差，政府获得的资源也越来越少，国营工坊反而成了财政负担。

等到走投无路，负责任的统治者就得考虑治理方式的转型。新中国成立之初，从国家的需要出发，选择了鲧式治理，享受了鲧式治理的红利，也承受了鲧式治理的代价。过去40年，我们幸运地完成了禹式治理的转型。家庭联产承包责任制、厂长负责制、物价闯关、经济特区，全都是转型逻辑下的产物。但这种转型，伴随着脱胎换骨的剧痛。

---

① 在鲧式治理和禹式治理并行的经济里，国有企业即使不参与市场交易，政府也可以借鉴市场的价格信号来安排国有企业的生产、供货和奖惩，甚至给国企管理者一定的自由经营权，以市场价格在国有经济内部进行结算。一旦市场消失，政府只能靠自己去摸索生产计划和对企业的奖惩安排。按照哈耶克（Hayek，1945）的分析，计划经济即使在最善意和理性的形式下也面临着无法克服的信息难题：它所需要的信息数量、维度远远超过市场经济（且不提信息传递中的隐藏和扭曲），是决策者有限的信息处理能力所无法驾驭的。而市场经济的优势就在于它利用分散信息的能力。每个参与者都是决策者，只要掌握零星的少量信息，和自己的上下游之间传递数条最紧要的信息就能保证市场的良好运作。

转型之难

改革之初，鲧式治理和禹式治理有一个双轨并行的阶段，政府一方面通过市场获得税收，另一方面又保留着许多计划经济的特点。市场一打开，计划经济下低成本获得资源的部门就开始把资源倒卖到出价更高的市场，矿产、钢材、香烟、外汇……先富起来的倒爷们游走在灰色地带。他们不见得伤害了谁的利益，但他们打破了民众习以为常的公平感（Lau, Qian & Roland, 2000）。这个问题在20世纪80年代末比较突出。

改革渐深，在经历消费者购买力增长带来的短暂辉煌后，国企在市场竞争的大潮中立足维艰。低成本资源渐渐枯竭，原材料价格飞涨，人才流失，市场被抢，国企一家家倒闭。大规模的下岗曾让中国东北创巨痛深。

等改革有了成果，人民生活富裕，新的伤痕又渐渐浮现。鲧式治理下，军人曾是社会风尚的标杆，姑娘们争嫁的对象。可到了禹式治理时代，转型初期的政府还没能从新的治理方式中获得足够的税收来支持军队。社会向钱看齐，尚武精神消退，难免引起怀旧者的不满。近年来，随着禹式治理的成熟、国家财政的富余，中国的军费开支得以从容增长，军人的荣耀又回归了。积40年之功方全面开花结果，可见转型之凶险漫长。

克服重重艰阻，民营经济渐渐兴旺。政府从民营经济那里获得的税收，超过了从国有经济获取的资源，于是政府的经济政策开始向民企倾斜。从“国企是亲儿子”到“手心手背都是肉”，最后，部分行业里一些严重亏损、濒临破产的国企反而成了要甩出去的包袱。转制浪潮过后，剩下的国企不再是政府获取资源的工具，而成了社会福利的保障。为了民生也为了税收，政府在基础设施、社会治安上猛下功夫。蛋糕越做越大，既藏富于民，又府库充盈，两全其美皆大欢喜，经济进入了良性循环。

中国经济走到今天，个别领域仍有鲧式治理的痕迹，有些还是继续改革的对象。但社会主义公有制本身却不能算作鲧式治理，治理方式和所有制并无必然联系。宋代茶、盐、矿产的所有权大都掌握在政府手里，但是政府通过买扑、入中等方式把这些资源的经营权承包给私人。所有权国有而把经营权交与私人，政府的行为动机仍然符合禹式治理的宗旨：人民越自由，政府越富有。

反过来，在一个私有制经济里，如果老百姓和市场主体只在名义上拥有产权，但和谁做买卖、不能和谁做买卖却由政府、寡头乃至黑帮说了算，强权势力靠限制交易权促成低价采购、政策倾斜、勒索罚款，这样的私有制反而是鲧式治理。所以，我们不能机械地把产权意义上的公有制和鲧式治理联系在一起，也不能把私有制和禹式治理联系在一起。

商业征税能力

政府在禹式治理和鲧式治理之间的选择是决定经济能否增长的关键。禹式治理下经济增长不一定能持续，但至少有持续的希望，而鲧式治理至今还没有持续增长的先例。那么，到底是什么决定了政府在两种治理方式间的选择呢？

以宋朝和明朝为例。宋朝政府选择给人民以经济自由，走了一条农商并重的发展道路，而明朝政府在建政之初选择了限制经济自由的发展道路。这两个政府之所以会走上截然不同的道路，一大原因是建政之初商业征税能力的差异。

对商业征税可不是一件容易的事情。宋朝面向城市消费的间接税分为过税（2% 的流转税）和住税（3% 的消费税）两种。以 1077 年为例，其总和达到政府总收入的 2/3（刘光临，2013）。单说过税，政府要收这笔钱，首先得在全国范围的交通要道铺设税卡。税卡要够密集，位置够紧要，才能杜绝绕道走私。水流变道或新建道路时要及时调整。城市里还得安排集市巡检，查验货物的缴税凭证。发现偷税漏税后，还得有专门的机构去罚款。为防止税务纠纷，全国上下要颁布价目表，明列主要交易品的计税价格，并允许商人比对、核准、申诉，不给税务官伪造篡改的机会。为了避免沿途关卡的重复征收，需要给商人颁发多联路引，还得让千里之隔的所有税务官员都承认这些路引，不能额外敲诈。为防止税务官和商人串谋，低报漏报应税商品，上下游关卡之间必须相互独立，相互监督，还要严惩串谋……

要把这些都做全做好，一个国家不得不以“数字化”进行管理（历史学家黄仁宇所说的“数目字管理”其实是成熟禹式治理的一个外在表现）。各政府部门间得有密切的协调与制衡，并严格执行极度复杂的法律条文。现代国家中能做到这些的，恐怕也不多。

如果不能做到以上诸项，那么在一个大一统国家内部广设税卡，就等于纵容地方官与黑恶势力雁过拔毛、竭泽而渔、以邻为壑、割据自雄，最后贪腐横行，物流不通，国家不仅收不到钱，还会激起民变与分裂。晚清的厘金制度（类似于宋朝的过税）就是仓促之间一种不得已的权宜之计。在太平天国运动之前，清政府不是想不到收厘金，而是懒得收也不敢收。

宋朝敢收，是因为它的政府基本做到了上面提到的方方面面。但开封不是一天建成的，某种程度上说，宋代的新气象早在唐代中叶就开始酝酿了。

唐初实行的府兵制，本是一种限制军户择业的军籍制，是鲧式治理的体现。后来朱元璋的卫所制度就是参照唐代府兵制而设立的。但是府兵在战斗、训练之余还承担着耕田养家的任务，难以远离军府长期作战。随着经济的发展、府兵战斗力的衰弱以及领土的扩大（战线转向人烟稀少、补给困难的遥远边疆），府兵制到开元时期就瓦解了。取而代之的禹式治理募兵制与节度使制度一结合，酿成了安史之乱——募兵制下，军费如果不由中央财政开支，而由统兵将领自筹，就容易出现藩镇割据的局面，稍有风吹草动，天下就会“合久必分”。安史之乱某种程度上是一个鲧式政府向禹式治理转型失败的案例。

安史之乱后，唐朝在地方军阀割据、中央宦官乱政中又苦苦支撑了近一个半世纪。五代十国的地方割据势力保持了募兵制度。募兵制，再加上外部威胁，迫使军阀们广开财路，千方百计提高商业征税能力。但是，乱世中的商税并不能带来繁荣，重复榨取的高额关税会让长途贸易枯竭。和近代以前的欧洲大陆一样，军阀间相互设卡对长途贸易勒索过路费，很自然地陷入“三个和尚没水喝”的公共地悲剧（Olson, 1982）。但从另一个角度说，军阀不必顾虑自己过度征税对其他地区的伤害，所以晚唐五代时期的军阀在设立税卡、发展商税制度的积极性上要远胜于元明清这样的大一统王朝。这些税卡和征税制度在乱世中成形，一旦国家走向和平统一，就会从乱世中的民生之祸变成治世中的福源治本。

宋朝所继承的就是这样一套有200年传统的募兵制，以及相应的征税体系。宋太祖、宋太宗所要做的，只是把原来税卡之间冲突对立的成分剔除掉，让它们协同一致为国家财政服务。这当然也很困难，但总比从无到有新建2 000个税卡、招募上万名税务官、因地制宜地厘清各地的商贸细节要容易得多。于是宋朝自然而然地就走上了禹式治理的道路。

反观明朝，我也曾百思不得其解：为什么元朝能从宋朝那里继承自由经济[①]，明初却不能从元朝那里继承？其实经济自由只是点缀蛋糕的糖霜，问题的根子还是征税能力。元朝的确自由，但元朝的商业自由是政府粗放管理下的放任自流。宋代在全国铺设的2 000多个商业税收机构到元代时只剩下170—200个，而且只收住税，不收过税（表13.1）。

表13.1　传统中国的税收机构设置（1077—1862）

	宋1077	元1300	明初1390s	晚明1585	清中1770s	晚清1862
税务种类	住＋过税	仅住税	仅住税	住＋过税	过税	住＋过税
机构数	2 060	170—200	462	111+14	34	25 00—3 000

数据来源：刘光临（2013）中表一。

元朝政府对商人的减税免税，看似是一种让利，其实是政府的卸责。商业虚胖，无法增加政府税收；政府懒政，亦无心改善商业环境。政府税收和商业发展未形成良性循环。这样的禹式治理是缺乏能动性、丧失精气神的半吊子，现代人却美其名曰“小政府”。要知道，小政府式的自由经济并不是近现代的产物，而是历史上频频出现的景

① 元代虽有军户和匠籍，但总体而言，元代的商业经济是高度自由且活跃的。

象。元朝、清朝前中期都属此类，堪称与禹式、鲧式并列的一个等位制度基因——元式治理。当朱元璋从元朝手中接过这样一个商业征税能力极度萎缩的政权时，禹式治理已成无源之水无本之木。朱元璋会选择鲧式治理也在情理之中。

所以，选择鲧式治理还是禹式治理，首先取决于国家能力的类型——是征税能力强还是驭民能力强。能力强不强是一个维度，能力的类型是另一个维度。把两个维度的事情错看成一个维度就会误判事情的本质。一些美国学者一谈政府对经济的影响，就不假思索地说政府能力太强了也不好，搞成苏联那样；太弱了也不好，啥事也干不成；然后自夸美国恰到好处，因为它的政府既不太强，也不太弱。这种观点极为肤浅。

美国和苏联在二战后都有强大的资源获取能力，造了核弹，发了卫星，但两国能力的类型不一样。美国的国家能力是征税能力，是禹式治理能力；苏联的国家能力是驭民能力，是鲧式治理能力。同样是获取资源，在禹式治理下，人民越能够自由买卖，就越能发挥所长，创造越多的价值，政府得到的就越多；在鲧式治理下，人民越无法自由买卖，就越能安心为政府生产，政府得到的就越多。两个政府目的相同而手段相反。美国和苏联的国家能力类型不同，所以没法比较谁强谁弱。要比管制、驭民的能力，美国怎么比得上苏联？可要比审计、征税的能力，苏联又怎么比得上美国？

能力禀赋之外，工商业的客观发展条件也影响着政府在两种治理方式间的选择。禹式治理的核心是对工商业征税，只有具备了对工商业征税的能力，政府才愿意去发展工商业。如果一个国家缺少河流、海港，统治者就算给人民以经济自由，工商业的发展也将极为缓慢，那么上述的良性循环就失去了起点。一个只能发展农业的政府，是不太有动机去促进经济自由的。比起工商业，农业产出与从业者自不自由关系不大。迁徙和择业自由无法显著提高农业产出，反而会降低政府从农民身上获得资源的能力。俄罗斯许多地方冰天雪地，又缺乏不冻港，从事国际贸易的条件要比英国、美国差很多。这也是苏联相对而言更容易走向鲧式治理的一个原因。

总而言之，选择哪种治理方式起到决定作用的是政权的能力禀赋、工商业的发展条件和外在的国际形势。相对而言，外交阵营的影响可能被夸大了，鼓励经济自由的社会主义国家和西方阵营中限制经济自由的国家也都是存在的。

战争形势的影响

哪怕统治者对长远的社会形态有一定的偏好取舍，但在战争形势严峻、财政捉襟见肘的时候，统治者来不及考虑过于长远的事情，只能按当下的禀赋选择财政效率暂时更高的治理方式。如果一个政权的能力禀赋更接近于苏联，选择鲧式治理获得的资源就高于禹式治理，为了生存，这个政权就得选择鲧式治理；反之，就得选择禹式治理。政府的能力又会在既定的治理方式下自我强化。政权的能力禀赋不仅取决于它的执政基础、干部构成和军事力量，还要看国民的文化素养。国民文化水平越高，行政就越高效，政府的征税能力就越强，政府就越倾向于选择禹式治理。如果说人力资本对启动经济增长有用的话，这一影响政府治理模式的间接作用甚至胜过文化知识的直接作用。增长一旦启动，人力资本自然会慢慢积累，直接作用无非早一年或晚一年发生而已，但这份间接作用决定了持续增长能不能启动。

但是，当国际形势相对宽松，政权不必担心短期财政压力酿成灭国之祸时，具有远见卓识的政治家可能会有一定的腾挪空间去追求长远来说更有吸引力的制度。中国改革开放的决策就基于一个战略预判：在 20 世纪 80 年代，中国不会打大仗。这个相对宽松的国际环境来之不易。美苏争霸的大背景下，中苏对立反而让美国和中国关系缓和。苏联投鼠忌器，不至于威胁中国。这才使中国能够放心大胆地改革，把国家从鲧式治理带入禹式治理。这段历史对美国今天的外交政策也不无借鉴意义。经济自由是政治自由的前提（Friedman, 1962）。忽略经济自由，只顾输出政治自由，哪怕输出成功了，政治自由也只是个纸牌屋，风吹不得，雨淋不得。而要输出经济自由，恰恰得放下对政治自由的执念。经济自由的实质是创造一个主动选择禹式治理的政府。美国惯常奉行的经济制裁、贸易管制和战争威胁不仅是扬汤止沸式的无用功，更是火上浇油式的帮倒忙。

鲧式治理和禹式治理都有可能在极端情况下发生人道主义灾难。鲧式政府面临生死存亡的威胁时，为了把资源调动到生存急需的领域，可能会严重侵蚀民生部门。禹式治理的国家遭遇类似危机的时候，先以提高税率应急，人民的可支配收入也会下降。但加税不是万全之策。高税率下人们逃税避税，躲到不易被征税的部门从事生产和消费，会影响易征税部门的运行。税率高到一定程度以后，税基萎缩，再提高税率已经不能带来税收的增加。这就是所谓拉弗曲线的顶点（见图 13.1）。如果政府的收入仍然不足以解决生存危机，那么政府将不得不引入鲧式治理，把劳动者从那些易于逃税的部门赶回易于征税的部门。

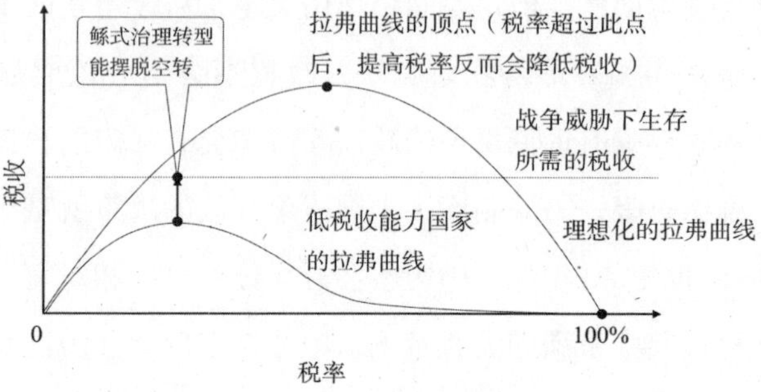

图 13.1　拉弗曲线

限制人民的选择，向鲧式治理转型，是禹式政府在到达拉弗曲线顶点时，为了摆脱曲线约束、获取更多资源所采用的一种极为有效的方式。所以，即使是英国和美国，在二战时期也都经历了这个转型。此时，相比在禹式治理下进一步提高税率或制造严重通胀①，鲧式治理反而是一种更简单、节约而有益民生的财政手段。

所以，尽管我们今天已经了解了鲧式治理在长期中的诸多弊病，现代世界仍然有可能重返鲧式治理，重新陷入经济增长的长期停滞。这不一定是意识形态反转的结果，而是一个禹式政府在战争威胁下逼近拉弗曲线顶点时不得已的选择。

当我们说一个国家的能力禀赋更倾向于鲧式治理时，其实指的是这个国家因为征税能力的不足，在禹式治理下的拉弗曲线特别小、特别矮（见图 13.1）。稍微征一点儿税，税基就逃了个干净，国家财政就得在拉弗曲线的顶点之外空转。这样的国家很容易走上鲧式治理的

① 通胀税也有拉弗曲线，通胀率高到一定程度后人们不再用法定货币交易，通胀税就征不上来了。

道路。

哈耶克在《致命的自负》中称市场经济为演化而来的自发秩序，指责计划经济是出自人类对理性设计的自负。话虽然漂亮，但这一假说既空洞又错误。搞计划经济还是市场经济，本质上是治理方式的选择。计划经济无非是一种精细化的鲧式治理，市场经济无非是禹式治理（或元式治理）。治理方式的选择取决于政府在其所处环境和能力特点下，用哪种方式获取的资源更多。

至于苏式计划经济的理性色彩，其实是苏德战争的余波。以飞机、坦克为主要武器的全面战争不由得一个国家不发展起高度理性的计划官僚，理不理性和苏联选不选择鲧式治理没什么关系。中国当年也搞计划经济，但大炼钢铁和亩产万斤的反理性做法层出不穷。美国同样经过二战洗礼，政府的理性计划色彩不比苏联逊色分毫，为什么偏偏选择了禹式治理？究其原因，不是美国有民主选举或三权分立，更不是有哈耶克这样的知识分子来出谋划策，而是对美国政府来说，从禹式治理中获得的资源更多。战争中美苏都搞鲧式治理，战争一结束，美国迅速转型，苏联却继续保持鲧式治理。这跟理不理性、自不自负、道不道德没有关系。

本章内容在宋代与明代、苏联与美国、新中国成立后前 30 年与后 40 年之间反复比对，似有把古代和现代“混为一谈”之嫌，会让一些读者感到不解。我当然明白时代的鸿沟有多么巨大，但我关注的是制度决策的动机，在决策动机上，古今相若实属寻常。何况在这个问题上，看出共性要比识别差异更有助于我们把握问题的实质。

从本章的分析可以看出，禹式治理和鲧式治理这对等位基因非常符合制竞模型中“偏科基因”的特征：禹式治理在增长效应上具有优势，在水平效应上不如鲧式治理；鲧式治理在水平效应上具有优势，但在增长效应上不如禹式治理。如果禹式治理和鲧式治理之间存在竞择，制度竞择模型预测：鲧式治理会长期占据优势，但禹式治理终将崛起为主流。

制度基因中类似的“偏科生”还有很多（见表 13.2）。或许，围绕村社家族为核心的集体主义文化具有水平优势，但与城市生活更加匹配的个人主义文化具有增长优势（Gorodnichenko & Roland, 2011; 2017）。军国主义制度或许具有水平优势，而福利主义制度则具有增长优势。铁腕独裁的君主制或许有水平优势，限制王权却能带来增长优势。维护既得利益集团投资动力的寡头制或许有水平优势，但打破寡头政治的开放秩序能释放创造性毁灭的力量，带来增长优势（Acemoglu, 2008; North, Wallis & Weingast, 2009）。

表 13.2　一些常见的偏科制度基因

水平优势基因	增长优势基因
集体主义	个人主义
军国主义	福利主义
君主专制	限制王权
理性管制	自发秩序
农业帝国	商业城邦
寡头政治	民主政治
限制准入	开放秩序

这些等位制度基因早已是经济学文献中的常客。以它们为话题时，研究者最津津乐道的结论就是水平效应和增长效应的权衡取舍。但是，在没有制度竞择模型的时候，这些研究只能用“增长效应压倒水平效应”来解释为什么增长优势基因在现代社会占据了主流，却不

能解释为什么在人类历史的绝大多数时间里，反而是水平优势基因稳占上风，更无法解释为什么所有这些增长优势基因都曾在近代以前零星地出现过，却没能发挥“势必压倒水平效应”的增长效应，一举席卷全球。

这些研究所面临的问题正是我们用制竞模型已经解决了的休眠火山悖论。可见，制竞模型不仅能解释现代经济增长的起源，也可以辅助其他理论解释别的现象，是一个潜在应用颇为广泛的基准模型。

不过，上面这些常见于经济学文献的等位制度基因，有不少还只停留在模型猜想的阶段。理论家在模型中假设推导出来的“偏科”，在现实中并不一定成立；它们对经济增长的所谓影响，还有可能是反向因果。我信手列举这么多例子只是想说明，等位制度基因的偏科是一个普遍现象，对社会演化产生了深远的影响。

本章小结

- 政府获取资源有两种截然相反的治理方式：禹式治理和鲧式治理。
- 凭借征税能力，禹式治理的政府可以通过扩大人民的经济自由来获得更多的财政资源。凭借管制能力，鲧式治理的政府可以通过限制人民的经济自由来获得更多的财政资源。
- 禹式治理和鲧式治理是一对符合制竞模型中偏科基因特征的等位制度基因。

第 14 章
制竞天择

旅途指南

经济学家为一个陡然变化的系统建模时，最常见的方法就是找出系统里的正反馈，利用正反馈机制构建出多重均衡，再找一个变量，用它的隐性变化去触发均衡的跃迁。但制度竞择模型发掘了一种新的机制：竞择角色的逆转也能产生系统跃迁。这种机制可靠吗？现实中有例证吗？

有。而且这一机制例证之多，适用之广，可能不逊于多重均衡。因竞择造成的“长期稳定—急剧变化—席卷全局”的演化模式，在古生物学的化石发现中就有许多相通的案例。现代演化生物学把这种化石断层现象称作间断平衡。间断平衡与制度竞择模型间的相似性究竟是表面的，还是有着更深层次的原因？

我在前言里曾说，本书之所以叫“富种起源”，是借用“物种起源”的谐音。本章我就要回答：富种起源和物种起源，到底相似在哪里。

横看成岭侧成峰，远近高低各不同。踏遍洞壑与沟涧，能再飞越峰峦之上，从万米高空俯瞰整条山脉，不亦壮哉？

演化进程中的韬晦与爆发

人们总以为生物演化是竞择压力的结果，其实不准确，演化同时也是竞择松弛的结果。演化生物学文献中至少存在两个机制，使竞择压力有可能减缓而不是加快生物的演化速度。

其一，当竞择压力太大时，基因漂移受到限制，种群容易锁入局部的适应度高峰，难以搜索、跃迁到更高的全局峰值（Rozen et al., 2008）。

其二，当竞择压力太大时，本地种群还来不及吸收外部移民身上的基因，移民就因为不适应本地环境而遭淘汰，使本地种群丧失了基因重组、丰富本地基因库的机会（Ueda et al., 2017）。

这两个机制，虽然与制度竞择原理不同，但又有相通之处。在制竞模型里，我区分了制度基因的短期适应度和长期适应度。竞择力度太大时，短期适应度会占据主导。而在这两个生物学机制中，演化受到阻滞，也是因为竞择激烈，强化了某种短期价值，导致长期价值得不到发挥。在第一个机制中，这个长期价值是基因漂移对适应度全局峰值的搜索步长。在第二个机制中，这个长期价值是能带来有益杂合子的外部基因。和制度竞择中的“雅典制”一样，它们都需要耐心等待，才能发挥竞择优势。

生物绝大多数的突变基因和外来基因都没什么作用，或者有碍于个体和集体的繁衍。最终有益的少数基因，也不见得一开始就显出好处。“好”基因在刚有些苗头时仍有很大概率是有碍繁衍的，需要多积累一些突变，或者让这些基因与其他基因充分杂合之后，才能显出好处来。如果自然选择过于激烈，这些有潜力的好基因就会因为短期的劣势被淘汰。所以，生物演化和制度演化一样，在某些阶段也需要一个宽松的竞择环境，才好百花齐放、百家争鸣，让尽可能多的突变与重组兑现它们的潜力。

学过演化生物学的读者很可能会由制竞模型想起解释化石断层现象的间断平衡说（Gould & Eldredge, 1972; 1977）。从化石证据看，生物物种的演化并不总是渐进的。大多数情况下，化石所反映的物种形态一般是在保持长期稳定后，突然发生急剧而猛烈的变化。这一现象被称作间断平衡。人类社会从马尔萨斯时代到索洛时代的形态变化也是一个间断平衡的过程：长期稳定后发生激烈变化。这两种间断平衡之间有没有什么相似性？

有，而且这种相似性不只停留在表面。

我先介绍生物演化中间断平衡现象产生的原因。一个有性繁殖的物种的核心种群虽然可能横跨多个生态位，但内部彼此连通（否则在长期中会产生生殖隔离，形成新的物种）。凭借种群内部的基因交流，整个种群处于同一基因流的前沿断面上，种群内部的基因是高度一致的。基因流把这个内部连通的种群牢牢地锁在一起，使该物种的个体难以充分适应本地环境，甚至妨碍这个物种向栖息地外围的扩张。而且，这个铁索连环依靠基因流内众多基因间的互动来发挥作用，使新的突变很难在“板结”的基因网络中插足。因此，只要这个种群规模足够大，就很难发生大的基因漂移，很难在环境压力下进行显著的整体演化。迈尔（Mayr, 1954）称这个状态为恒一态（homeostasis）。

物种要加速演化，就要打破恒一态的自锁。按照迈尔的假说，物种演化主要来自小种群与母种群的隔离。隔离切断了母种群基因流的影响，使小种群得以充分地适应本地环境，甚至在适应性演化后向外围生态位扩张。更重要的是，小种群内残留的基因失去了母种群的基因网络，因此打破了基因互动。当基因互动中的辅助基因被隔绝在母种群时，残留在子种群的旧基因更容易让位于新的突变、新的重组。所以，小种群隔离往往造成急速的基因和形态变化，最终由地理隔离发展为生殖隔离。

被隔离的小种群往往会走向灭绝，而少数的成功者可能会变成新的物种，适应新的生态位，甚至在地理隔绝结束之后，与当年的母物种直接交锋，在很短的时间内替代并灭绝母物种，给古生物学家留下化石断层之谜。这就是恩斯特·迈尔（Ernst Mayr）的边域种化论（Allopatric Speciation Theory）。后来，这个学说被古尔德和埃尔德雷奇（Gould & Eldredge，1972; 1977）总结为间断平衡论，成为当代演化生物学教材的标准论述[①]。

诚然，生物基因和思想迷因不是同一种东西，生物演化的间断平衡和人类经济生活的间断平衡也不是同一种东西，但它们之间在数学、逻辑、原理上的共通性是惊人的。

---

① 间断平衡论思想的发表，至少可以追溯到法国生物学家费利克斯·伯纳德（Félix Bernard）1895 年的一部著作。在迈尔的边域种化论之前，相似的思想曾被休厄尔·赖特（Sewall Wright，1889—1988）表述为动态平衡说，被乔治·盖洛德·辛普森（George Gaylord Simpson，1902—1984）表述为量子演化论（Quantum Evolution Theory）。现代生物学文献最终把这一思想定名为间断平衡论。

共通到什么程度？

拿我自己的经历举例。我本来并没有学习过演化生物学，完全不知道间断平衡论。但在做完制度竞择模型后，我这个门外汉却反过来悟出了生物学里的间断平衡论。

我最开始思考生物演化的问题，是因为曾读过一些基督教的宣教书籍。为了宣扬神创论，这些书喜欢拿化石断层来反驳达尔文的进化论，又绝口不提生物学家迈尔、古尔德和埃尔德雷奇对化石断层的解释[①]。受这些书的影响，我一直把化石断层之谜放在心上。

攻读博士的第六年，我完成制度竞择模型后，有一次和妻子去旧金山湾边散步。旧金山湾三面被陆地包围，只有西边一个小口通向太平洋，上面跨着金门大桥。我对妻子说："咱们做个思想实验。你看这旧金山湾，如果突然之间地震了，滚落的山石把金门大桥下这道口子堵住，旧金山湾成了堰塞湖，那这湖里的鱼就和太平洋里的母种群隔离了。这里的子种群如果侥幸不灭绝，可能会通过基因漂移拥有一些很怪异的特征，没准适应度还特别强。本来和母种群连通的时候，这些特征是没有机会进化出来的，但隔离之后就有了机会。过个成千上万年，万一堰塞疏通了，凭着这些特征，这个种群可能会在太平洋中急速扩张。但是对未来的古生物学家来说，他们观察到的就是化石断层：突然之间，太平洋里的鱼就变成了另外一种，进化上跳了一大步，简直像是'神'造的。但其实呢？进化过程都藏在那个小堰

① 达尔文生前已经注意到化石断层现象，但他怀疑这只是化石采集尚未齐全的结果，所以仍然采用渐进演化的观点。达尔文的选择对后世影响很大，导致几代古生物学家都徒劳地寻找"中间物种"的化石。其实，正如赫胥黎当年向达尔文指出的，自然选择学说并不依赖种系渐进（Gould & Eldredge, 1977）。

塞湖里，而这个堰塞湖恰恰因为太小，是很难正好被古生物学家找到的。”

我又接着说：“想想我们人类，如果这一轮文明衰亡了，那么下一轮文明的考古学家研究中国的工业化，也会说这是神迹。他们挖中国的遗迹，发现那片土地在短短几十年时间里，就从农业文明跨入高度发达的工业文明、信息文明。可其实，文明演化的那个小堰塞湖在英国的曼彻斯特。他们满世界找曼彻斯特，能找到吗？所以，我觉得基督教的书里，拿化石断层批评进化论是不对的，光凭这个理由就可以反驳了。要是没有化石断层，我反倒觉得像个神迹了。”

后来，我读了演化生物学的教材，才意识到当年我受制竞模型启发所产生的上述想法，正是演化生物学里的间断平衡说。

生物演化和人类社会的间断平衡，一大共同点就是边域种化现象。变化不是来自整体的渐变，而是从一点爆发，席卷全局。可是，经济增长理论很少留意这个事实。第 10 章的四个模型不仅没有响应这个事实，还以内生增长理论为内核，把人口总量当作转折契机，完全背离了边域种化的思维。

内生增长理论本身没有错，人口越多，思想冒尖儿出芽的机会就越多。但经济学家用它来解释工业革命，就好比一百多年前的生物学家仅仅因为大种群产生的突变多，就把大种群看作基因漂移和物种演化的主要来源一样。在演化生物学里，这种理论早就被淘汰了，但它的等价理论仍是经济学教科书中的标准论述。

事实是：现实世界里，现代经济增长的发源地是与欧洲大陆以海峡相隔的大不列颠岛。

仿佛与这一事实遥相呼应，地球上有性繁殖生物大约上千万次的新物种形成，其发源地是与母种群隔离的边域小种群。而制度竞择模型里，增长纪元的起源是那挺住竞择冲击的星火之地[①]。

人类经济史、生物演化史和制度竞择模型的共同点在于：它们都是竞择的结果，都带有竞择的两面性。竞择既是赶马的鞭子，又是拴马的锁链。母种群里的生物，与生俱来有着急速演化的潜力，但这种潜力被基因流牢牢地锁住了。制竞大陆上的地区，都有持续增长的潜力，但这种潜力被地区间的竞择死死地摁下了。

潜力的发挥都有待于网络的松懈。在生物演化中，这要靠小种群的隔离；而在制度竞择中，这有待于地区间不平衡的积累，或者像现实中那样，从一个岛国，完成爆发前的冲刺。

极少数幸运儿在封闭的“峡湾”中发展出更强大的适应性，一旦隔离消弭，它们游出峡湾，四海称雄。如果我们只看到故事的后半段——自然选择把已经成熟的新物种传遍大海，就会误把演化只当作自然选择的结果，殊不知，当乳虎啸谷、河出伏流之际，竞择已经经历了角色的逆转。

从这个角度看，英国最早启动工业革命并非偶然：孤悬海外，恰可做突变的温床。英吉利海峡宽窄适宜，既有通商之便，又能抵御外敌。大不列颠岛不大不小，刚够养成一个举足轻重的大国，又便于统一，避免岛国内部“去菁存芜”的制度竞择。

而且，作为一个岛国，英国得以适度摆脱欧洲的制度基因流，所

---

① 制竞模型为了消除任意地区的地理特殊性，规定棋盘的边界上下相通，左右相通，所以每个地区都有四个邻居。如果修改这个假设，让棋盘四条边上的地区只有三个邻居，四个角上的地区只有两个邻居，并且参与竞择的机会也相应减少，那么星火地区不出意外都会从边角出现。

以能更好地适应本地环境。英国王室本来兼有英国和欧洲大陆的一部分领土，但在英法百年战争中失败后，英国王室被迫放弃大陆领土，只能全神贯注于岛内经营。就好比一个小种群在与母种群隔离后，得以加快适应本地特殊生态位，并由于这种适应性演化，开拓了相邻的新生态位——当新大陆被发现后，英国相对于欧洲大陆国家能够更快速有效地调整本国的制度、政策、文化，以应对远洋殖民和贸易的需要。这些都是岛国星火的独特优势。

即便如此，绝大多数隔离小种群的下场都是早早灭绝——岛屿鸟类的灭绝概率是大陆鸟类的 50 倍以上（Mayr, 1954）。如果没有火药帮助欧洲顶住大草原游牧民族的压力，不是新大陆的发现放大了英国的地理优势，恐怕英国这个星星之火也会早夭。

社会演化与生物演化的异同

在大一统增长理论的文献中，学者们总是说自己试图把两个历史阶段整合到一起（Galor & Weil, 2000），他们其实低估了问题的难度。需要统一解释的，不是两个阶段，而是三个阶段：马尔萨斯阶段、转折阶段和索洛阶段。中间的转折阶段与前后两阶段有着迥然不同的规律。

内生增长理论适用于马尔萨斯阶段，也适用于索洛阶段，但偏偏不适用于转折阶段。地广人多，在前后两阶段都是优势，却与现代经济增长的起源关系不大。反过来，我们也不能把转折阶段的规律用到索洛阶段。在转折阶段，欧洲凭借政治上的分裂，在激烈的竞择压力下革故鼎新，拔得工业化的头筹，但这并不意味着我们今天应该去效仿它。

如果我们不甘于用三个独立的增长模型来分别解释这三个阶段，那就需要一个变量，它的内生变化恰好能产生三阶段各不相同的特点。传统文献只看到了人口，可是光靠人口，连炮制前后两个阶段的动态过程都勉强，需要其他变量辅助才行。什么变量才能同时产生三个阶段的变化呢？

在本书的理论中，这个变量就是竞择。正如制度竞择模型所展示的，竞择能够内生地形成三阶段增长模式。

我在社会发展和生物演化之间做类比，是想帮助读者形象地理解，一旦把眼光拓展到人类史的广度，竞择对经济的停滞和增长将有多么重要——无论是停滞史还是增长史，竞择不啻为其第一推动力。可是，在经济增长理论教材里，基本见不到竞择这个概念，偶尔出现这个概念，也只是讨论企业层面的创造性毁灭。国家间的竞择在经济增长理论中几乎闻所未闻。如果用生物学打比方的话，经济学家的盲点就好比一个生物学家明明想要解答化石断层、物种起源这样的问题，研究思路却总在分子生物学、体质学、营养学里打转，丢开了最合适的演化生物学视角。

增长理论家对竞择置之不理，不是因为不知道竞择的重要，而是因为经济学界有一句咒语——“So What？”（那又怎么样？）大多数新思想都吃不住这句咒语的制裁。光在论文里吼一声社会科学需要演化视角，充其量就是一个比喻，这不叫贡献。要说把制度比作基因，道金斯在《自私的基因》里早就写下了传世名篇[①]。他把文化、制度、语言、技术这些参与竞择的思想载体称作迷因（meme），与基

① 把生物学的演化思想应用于社会科学研究已有不短的历史。复旦大学唐世平教授的论文与专著对此有精彩的综述（Tang, 2017; 2020）。

因（gene）相呼应。后人再班门弄斧或狗尾续貂又有什么意义？真正的贡献是要在比喻里挖掘出比喻之外的新意，把对现象的理解推向新的深度。

本书若对社会演化这个课题能有所贡献，那只能是因为它揭示了迷因竞择的两个规律。

一是迷因可以分成生存品和效用品。效用品迷因受到族群竞择的抑制。

二是迷因对族群适应度的影响可以区分为水平效应和增长效应。如果两个效应发生冲突，那么当竞择足够激烈时，水平效应会长期压制增长效应，但增长效应最终会翻盘。

若没有这两个规律，没有背后的两部门模型、人口漏斗模型和制竞模型，我们对竞择的作用顶多只有一个模模糊糊的猜想，而很难讲清楚人类社会为什么一度因竞而贫，到某个时点后又因竞而富。竞择的概念和这两个规律结合起来，才能解释马尔萨斯陷阱和现代经济增长的起源。

生物演化只是一个比喻，比喻本身不能当作结论。起于比喻，又超越比喻，这才让比喻升华为理论，帮助我们看到最初的比喻所难以企及的深度。

细究其机制，生物演化和制度演化至少有三大不同。

第一，生物演化是随机的，而制度演化具有人的主观能动性。

第二，新物种的形成一般要求完全的隔离，彻底切断母种群的基因流，但制度与文化可以在适度隔离、适度减少竞择的情况下，就产生足够的迷因漂移，实现可观的创新。因此，迷因的恒一性远远不如基因，我们不能把恒一性当作教条。

第三，生物物种之间有生殖隔离，难以交换基因，但在不同社会之间，即使文化、制度差异巨大，也能相互模仿学习，所以制度竞择不同于物种竞择。生物物种要靠不断的隔绝与分裂来产生多样性（Stanley, 1975a; 1975b），人类社会不用。人类社会的多样性，偶尔受益于分裂，终究受益于融合。

所以，在英国崛起的准备阶段，英国可以继续吸收欧洲的养分，而不被欧洲同化；英国崛起之后，其他地区也可以学习英国的制度文化，与本国的制度文化相结合，甚至青出于蓝而胜于蓝。如果错把比喻当作模型，照搬生物演化的结论，鼓吹彻底隔离、彻底替代，亦属过犹不及，误入歧途。

本章小结

- 和制竞模型相似，生物演化中也有可能出现竞择压力越大，演化越慢的情况。

- 制度竞择模型的结论和演化生物学中的间断平衡论有相通之处。

- 现实世界的历史、制竞模型和生物演化，之所以都呈现出“间断平衡”的特征（即长期稳定后的急剧变化），是因为它们都受到竞择的影响，都带有竞择的两面性：竞择既可以是约束变化的自锁力量，也可以是加剧变化的不稳定因素。社会演化和生物演化的共性提示我们：竞择的角色转变是长期经济增长的核心机制。

第 15 章
黑暗再临

旅途指南

制度竞择模型有一个奇特的结果：它预测人类文明会从增长纪元重新跌入黑暗时代，经济增长又归于停滞。这个结果有没有现实意义？如果有，模型能告诉我们什么？人类会以怎样的方式重陷黑暗时代？我们应该如何看待并应对这个可能的灾难？

人类文明会重陷黑暗时代吗

只要竞择力度足够大，制竞模型里每一段增长纪元都会终结于下一次黑暗时代。你可能已经领悟了其中的原理。正如爆炸式增长肇始于一个星火地区，塌方式崩溃也从一个地区开始蔓延。实力最强的一两个地区如果突然从雅典制转变为斯巴达制，斯巴达制很可能会像瘟疫一样蔓延开来，如苏联在 1991 年的解体，表明大国突变的风险是客观存在的。

回头看图 11.4 那 10 段模拟历史，假使其中一幅描述的是我们所处的世界，人类文明目前处在图上哪个位置呢？从 1800 年到现在，222 年左右，世界上已经有大约一半人生活在城市——粗糙地比拟，不妨说人类文明已经走到了 $T_{50\%}$（成长区比例 50%）。而这 10 幅图里有 3 幅图，成长区刚到 50%，崩溃就接踵而至。

换一组设定或参数，结果会略有不同。比如 11 级制度的加强版模型里，崩溃的到来就相对和缓。所以模型只能帮助我们定性地把握一种可能，上面具体的数字没有任何意义，崩溃何时到来并不能用这个模型精确预测。

但是，模型所预言的可能性已让人不寒而栗，因为仅仅在 20 世纪，第二次黑暗时代差点儿就降临了。保罗·肯尼迪在《大国的兴衰》中（Kennedy, 1987）给第二次世界大战前各国的军事实力排了个顺序：

第一名，德国；

第二名，苏联；

第三名，日本；

第四名，英国；

第五名，美国。

世界大战尚未开打，这五个国家中的前三名——德国、苏联和日本——在军事和民生之间，乘数和增长之间，都已在一定程度上选择了军事和乘数。而且，德英有慕尼黑阴谋的勾兑，苏德有互不侵犯条约，德日有轴心国的勾结。

如果敦刻尔克大撤退失败了，德国占领区内发现了大油田，二战前的苏联没能及时工业化，德国率先掌握了原子弹技术……如果轴心国打赢了二战，我们会不会生活在类似《饥饿游戏》或《使女的故事》那样的社会中？

如果历史真的拐进了那条岔路，那么千年之后的历史学家将如何描述我们这个时代？纪录片里或许会响起这样的旁白：

> 短短的一个半世纪里，从英国开始的工业化传播到德国、俄罗斯、日本、美国，几大强国顺势而起。但是，对殖民地的争夺、凡尔赛条约遗留的仇恨、一战后的通胀、大萧条后的经济崩溃以及内部政治的痼疾使德国和日本走上了军国主义的道路。在法西斯统治的时代，物质生活又跌落到前工业社会的水平。

往事悠悠，与制竞模型若合一契。如果人类文明真的在二战中栽了跟头，这第一次增长纪元会比大多数模拟历史都更短，短到后继的文明都不一定把这段历史看作增长纪元，而只当作和罗马帝国、北宋王朝一样的昙花一现。

所以，我们今日坐享的是一个劫后余生的文明。这个文明在21世纪会不会再次玩火？下一次我们还能全身而退吗？人类会不会重新坠入马尔萨斯陷阱？

环保主义者为了提醒人们节约资源，有时候会用重返马尔萨斯陷阱的恐怖预言来上纲上线。其实我也认为人类有可能重返马尔萨斯陷阱，但关于重返的方式，我的看法有所不同。环保主义者眼中的陷阱是人口增殖超过资源和环境的容量[①]。这种担心不无道理，比如全球

---

① 戴蒙德 (2005) 对这一主题有极为精彩的讨论。

变暖的过程就可能潜伏着某道一去不返的门槛。但是，从过去 100 年的历史来看，生育率在各工业化国家普遍下降，而人类凭借科技进步发现新资源的速度始终领先于资源消耗的速度。重返一个纯粹的马尔萨斯陷阱，可能性似乎不大。

然而，正如前文所说，马尔萨斯陷阱的全称应该叫“马尔萨斯-达尔文-刘慈欣陷阱”。人类不见得会重返纯粹的“马尔萨斯-达尔文陷阱”，却大概率会重新陷入刘慈欣陷阱——生存与文明矛盾凸显，主要大国间陷入猜疑链，制度竞劣，经济萎缩，科技退步，文化衰败，病因病象与前工业时代殊途同归。有朝一日人类真的陷入了“马尔萨斯-达尔文陷阱”，最可能的起因也是先陷入了“刘慈欣陷阱”，因刘慈欣陷阱而引发多米诺骨牌效应。所以，我认为比环境危机更可怕的是制度的汰优择劣。

制度竞择永不止息。凡竞择就有水平效应和增长效应的矛盾，我们就须警惕制竞模型的不祥预言。尽管对于历史上什么是雅典制，什么是斯巴达制，我不持任何立场，未来的竞择将在哪些制度间发生，哪些是好制度，哪些是坏制度，哪些形好实坏，哪些形坏实好，我亦持“不可知论”，但有些规律性的东西，制度竞择模型犹值镜鉴。

我在 100% 的竞择力度下做了 10 000 次模拟，在 $T_{25\%}$ 和 $T_{50\%}$ 之外，专门记录了一个新的时点 $T'_{25\%}$：成长区比例在首次超过 50% 后第一次重返 25% 以下的时点。$T'_{25\%}$ 可以看作第一次增长纪元的终点。因为 $T_{25\%}$ 和 $T_{50\%}$ 之间的世界格局尚不稳定，我采用（$T'_{25\%}-T_{50\%}$）[①] 作为第一次增长纪元的“寿命”。模型的参数不可能精确地复制现实，所

---

① 表示成长区比例在第一次经过 50% 之后，下一次降至 25% 的时间点。

以这个寿命具体的数值没有意义，只有定性的结果值得采纳。

我把第一次增长纪元的寿命这 10 000 个样本，绘出频度分布图（见图 15.1）。

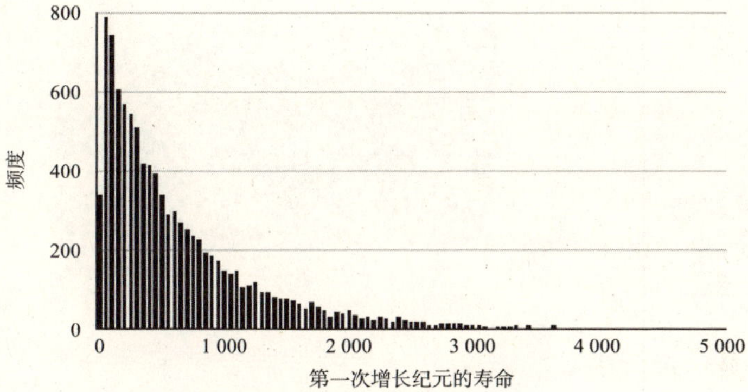

图 15.1　增长纪元寿命的频度分布图

增长纪元的寿命接近几何分布。这意味着从成长区比例 50% 这个时点开始算，增长纪元随时可能终结，而且终结的概率非常稳定，就好像是连续掷色子，掷到 6 就输，每轮输的概率都是 1/6。

这和第一次黑暗时代长度（$T_{25\%}$）的分布非常不一样。第一次黑暗时代的长度呈钟形分布，说明历史存在记忆性，需要条件成熟，转轨才能发生。但增长纪元的寿命是几何分布，没有记忆性。侥幸躲过一劫，没准下一个 10 年就被打回原形。如果制度竞择真的呼应着现实，那么这个几何分布无疑对人类文明具有重大的警示意义。

我又对竞择力度从 50% 到 200% 每个百分点做 10 次模拟[①]，记录

① 之所以从竞择力度 50% 开始做模拟，是因为当竞择力度更低时，时而会出现超长期的增长纪元，时长超过模拟期数的上限。

下每一段模拟历史第一次增长纪元的寿命（$T'_{25\%}-T_{50\%}$）。我发现，随着竞择力度的增强，增长纪元的寿命越来越短（见图 15.2）。

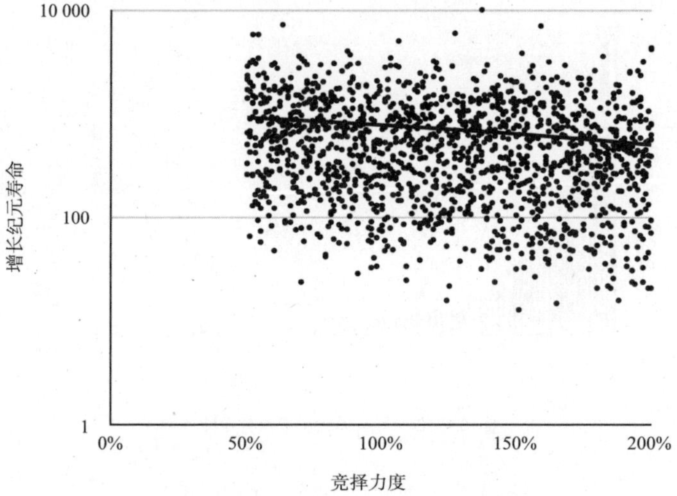

图 15.2　竞择力度越强，增长纪元越短

你想必还记得，当竞择力度增强的时候，成长区会扩张得更快，现代经济增长的爆发会更加猛烈。正是因为这一点，我曾经说竞择在增长纪元发生了角色的反转，从扼杀文明的力量变成了促进文明的力量。但微妙的是，也正是在这个阶段，竞择的第三重角色开始苏醒。同样是在增长纪元之中，竞择一方面在促进着文明，一方面又蕴藏着毁灭文明的力量。就好像曾经是恶魔，现在是天使，但天使的体内正长出一个新的恶魔。

人类目前尚处于增长纪元，竞择越激烈则增长越快。这会给人一种错觉，以为我们所承担的文明使命是要努力汰除自己眼中的“落后”制度。且不说我们肉眼凡胎看到的落后是不是真的落后，先进是不是真的先进，也不说制度移植后会不会水土不服，更不提制度的多样性对人类整体生存的长远价值，哪怕这些都不是问题，我们仍要慎于一切原教旨主义的“输出革命”。图 15.2 告诉我们：过犹不及，竞择过于激烈，反而会彻底葬送增长纪元。

现实世界其实比模型更可怕，模型里的竞择还只是被动的优胜劣汰，而现实中的国家会主动对竞择环境做出反应。这极大地加剧了竞择对文明的威胁。生存优先，是几乎所有民族的文化本能。暂时把文明放到短期生存前头，不过是因为在竞择还不太激烈的时候，文明恰好有利于长期生存而已。世界范围内增长纪元勉强得以维持，不是因为人类同时皈依了某种“普世价值”，而是在宽松的地缘政治形势下和高增长的全球化经济中各国自私自利的选择。如果为了让“文明”传播得更快，刻意煽风点火，人为地加剧竞择，阻碍物资交换与技术交流，会逼着所有人抛弃文明，包括煽风点火者自己。

有时候我会感到后怕：如果这个制度竞择模型出自某个哗众取宠之人，他会不会汲汲于廉价的“兑现”，轻率地污蔑某个他所厌恶的国家和宗教就是即将导致人类重返黑暗时代的斯巴达，并妄言“文明世界”的使命就是肢解其国其教，解除“定时炸弹”，延续增长纪元？

过去几年，在中美关系消极走势的影响下，欧美社会科学界的种族主义者囿于对制度竞择的肤浅认识，每每把中国视为标靶。我理解个别西方学者受意识形态蒙蔽后对中国的认识偏差；我更理解瓦缶雷鸣的悲哀——哪怕没有成熟的理论支持，制度竞择的思想也早已深种在这些人的心里。只是，他们对制度竞择的理解和宣扬，还停留在比喻的层面上；因为耽于比喻，所以南辕北辙地执迷于各种形式的“圣战”——针对异族、异教、异国、异制。但制竞模型的可贵，在于它超越了世俗的比喻，揭开了竞择规律中辩证的那一面：是非善恶变动不居，进退行止皆非表象。我们肯定会遇到以文明的名义掐死文明的歹徒，和以生存的名义同时葬送生存与文明的愚者。如果他们自称是制度竞择理论的信奉者，他们拜的只是竞择的“偶像”，而不是竞择的“真神”。

世界是混沌的，充满了蝴蝶效应。我虽然研究历史法则，却不是命定论者。正如本书第 1 章所说，历史不是不能预测，但长期预测的前提是，存在极其稳健的主导性的大规律能够碾压小规律、小波动。这也是本书立论的基础。除此之外，一切关于未来的想象皆属科幻。黑暗再临或许是规律使然，但它的导火索，并不受大规律的掌控。所以，无论我列举多少种可能，恐怕也是挂一漏万。科幻式的讨论固有其价值，不过本书之前的内容既然都已遵循“非稳健大规律不妄加猜测”的保守宗旨，我还是一以贯之地坚持到底吧。但围绕黑暗再临的话题，我仍然保留了一节内容：市场经济的坚韧与脆弱。无论第二次黑暗时代降临的导火索是什么，最终全球尽墨一定是市场崩溃的结果。第二次黑暗时代若得以持续，也一定是因为市场的自然复苏受到了阻挠。所以，理解市场经济的脆弱性，对于认识黑暗再临，具有基础性的意义。

市场经济的坚韧与脆弱

经济学课堂总是向学生灌输一种印象：市场可以失灵，但它永远坚韧（resilient）。市场能把资源从富余的地方输送到稀缺的地方；市场善于自我修复，像一块弹力十足的海绵，你可以打它，可以捏它，只要一松手，它就立刻恢复原状；离开政府的干预，市场会自发生长，一度寸草不生的地方又会郁郁葱葱……

可是，一旦把注意力转向古代史上那些盛世的崩溃，市场又给人一种钢化玻璃的印象。钢化玻璃的确很牢固，但只要出现裂痕，就会崩碎成无数指甲盖大小的玻璃碴儿——西罗马崩溃后，中世纪的领主经济不就像钢化玻璃的小碎碴儿吗？

认为市场万能的经济学家其实并不多，但经济学家对市场的反思基本集中在“效率—失灵”这个与垄断、信息不对称、外部性所造成的资源错配相关的维度上，而“坚韧—脆弱”这个维度很少有人讨论。市场失灵，你可以估算损失了几十亿上百亿。市场脆弱，动辄发生整体性的崩溃，连文明都岌岌可危，这超出了大多数经济学家的人生体验。

市场到底坚韧还是脆弱？什么情况下坚韧，什么情况下脆弱？为什么坚韧，为什么脆弱？

族群竞择理论说，市场脆弱，是因为繁荣招致侵略。可是，繁荣也能增强实力，实力可以慑服外邦，从而阻止侵略，维护市场。于是，制度竞择理论补充说，繁荣转化为实力需要时间，市场经济的增长潜力还不足以充分发挥。这个补充有一定道理，但我自己还没有完全信服。古罗马已经非常强大，为什么仍然逃不过崩溃的命运？农耕文明的社会发展水平每每在战乱或瘟疫后大踏步倒退，有时要几百年上千年才能缓过劲儿来。这种巨大的倾覆已经很难用异族入侵的负面影响加以解释。毕竟，农耕文明对游牧民族统治者的同化几十年就足以完成，但文明崩溃的苦果却能延续几个世纪。到头来，我们还得到市场经济本身的脆弱性里去寻找答案。

市场是一个复杂系统，这个系统把许多零散的个人组织起来，就好像人体把众多的细胞组织起来一样。人体可以做单细胞生物做不了的事情，市场可以实现离散个人无法达成的目标。效率来自分工协作：每个细胞都有全套遗传信息，却只表达遗传信息中的一小部分，按照这局部的指令做好本职工作。比如，皮肤细胞抵御外敌，神经细胞传递信息。

"既然是这样，"有人可能会说，"那还不简单。比起一堆离散的单细胞和相互隔绝的自然经济，系统当然更加脆弱：一旦人体死亡，人体的这些细胞就没法像单细胞生物那样存活。无论是皮肤细胞还是神经细胞，它们的'技能'专用性太强。分工的过程，是个体不断让渡独立性的过程。一旦社会失序，现代人失去自来水、电力和网络，存活能力还比不上原始社会的狩猎者。"

但是，技能专用性只是系统中个体的脆弱，不是系统本身的脆弱。如果系统足够坚韧，社会压根儿不会失序的话，我们何必担心个体脆弱与否。

人体被割伤，皮肤会自行修复。感染了细菌或病毒，免疫系统会开始工作。一个地区收成欠佳，粮食会顺着市场网络流向灾区。一家企业经营不善，其他企业就会抢占它的市场空位。这些都是系统坚韧的表现。凭借系统的"连接"，各个组件时而相互替代，时而相互补充，抗风险能力显著提升，即 1+1 > 2。

那么系统的脆弱性到底是怎么产生的呢？

要理解这一点，我们需要看到系统在产生"连接"的同时不断发生"中心化"的另一面。我小时候（20 世纪 90 年代初），家里还用煤炉，一到做饭的时间，家家户户烧煤饼，烟熏火燎。后来装了煤气灶，煤气公司通过管道把煤气输送到千家万户。这就是一个中心化的过程。通过中心化，把本来分散的生产消费环节集中起来，在中心节点配以最好的管理者、工程师和技术工人，就能大大提升系统的效率。

系统的生长是“连接”和“中心化”两个过程交织而成的。个体连接起来以后，自然而然地就会组织起规模化的生产和消费，投入更大的固定资产，实现更低的边际成本，服务更广大的市场。中心节点技术升级的空间远大于离散个体。要提高几十万只煤炉的燃烧效率的成本很高，但在煤气公司里做设备改造却轻而易举。同样是提升效率，中心化的价值远超过连接本身。可以说，技术进步主要就体现在规模市场下的中心化过程。

但是，中心化也带来了风险。家里煤炉坏了，大不了一家人下馆子；可要是煤气公司的炉子坏了，几十万户居民都得遭殃。煤气公司的炉子就像是人体的核心器官。多细胞生物发展出这些器官，本来是为了最大限度地提升功能，但心脏只有一个。皮肤破了，可以自愈；心脏停了，整个人就死了，所有的细胞都得跟着完蛋。

如果我们只看到连接，没看到中心化，当然觉得市场的坚韧无可置疑。可是，一旦把中心化过程纳入考虑，市场的脆弱性就会暴露出来。

要不是为了中心化，谁去做连接？没有连接，哪里还叫复杂系统？所以，中心化带来的脆弱性是几乎一切系统的通病。苏联尽管不是市场经济，但它的计划经济体系也有高度中心化的“心、肝、脾、胃”。休克疗法的设计师们只看到系统“连接”的一面，没看到“中心化”的一面，所以低估了激进改革的痛苦。

不过，我拿煤气公司来说明中心化，并不是说一家煤气厂的事故真会给现代经济造成什么大麻烦。我们所身处的经济系统是如此之大，煤气厂也只是连接中的小部件，可以被轻松替代。但是，中心化之上还有中心化，像淘宝这样的电商平台，国家电网这样的公共事业单位，工商银行这样的金融机构，如果有了三长两短，将会影响上亿人的生计。

这世上比淘宝更大的平台，从任何标准看，都凤毛麟角。可是，你也许会说，就算淘宝突然之间完全消失，也不至于就招来人类文明的第二次黑暗时代啊。

其实，对市场经济来说，真正致命的打击并不是某个中心的崩溃。中心崩了，可以修补，补不好的，可以再造一个。当代新闻里，那些发生在全球供应链关键节点的事故，初看似乎暴露了“全球化的脆弱性”，但一两年后随着替代方案、替代企业的兴起，到头来反而体现了市场的韧性。

对市场经济来说，真正致命的，其实是市场的割裂。割裂在前，中心塌缩在后，而且这种塌缩难以补救。

就拿游戏来说吧。波兰 CD Project RED 电子游戏公司制作的游戏《巫师 3》在全世界卖了 2 000 万份以上。以 8 100 万美元的游戏制作成本取得这样的销售成绩，这款游戏堪称波兰国宝[①]。可是，如果这款游戏只能卖给波兰人，以公司自己公布的数据来说，波兰销售额仅占全球 5%，约 100 万份，那么即使侥幸把游戏做得像《巫师 3》一样成功，也肯定无法收回投资。

---

① 2011 年美国总统奥巴马在波兰访问期间，波兰总理图斯克送给他前作《巫师 2》。

假使今天的世界由于某些原因，原本全球融通的市场突然断裂成一万个等体量的板块，相互之间中止贸易和交流，人类生活水平的倒退可能不亚于一次核冬天。

至少，电影艺术将黯然失色。就算这一万个板块里涌现出一万个袖珍好莱坞，它们各自面对几十万人的市场，只能拍一些低成本小制作的文艺片。电影拍摄技术怎么可能不倒退？在绝大多数地区，或许真人出演的舞台剧将逐渐占据电影院，娱乐生活重新回到莎士比亚时代。

截至2018年底，世界前十大互联网公司，美国6家，中国4家。其他国家榜上无名，不是因为它们产业政策出了错，或是文化上太保守，唯一重要的原因就是市场规模小。如果市场遭到割裂，芯片谁来制造？服务器在哪儿安放？不要说信息产业，哪怕是火力发电这么传统的行业，这一万个板块里能有几个掌握全部技术？板块里假如要组织一个证券交易所，恐怕掮客们又得回到梧桐树下去练摊儿。

这才是系统中心化后脆弱性的真正所在。中心的运作依赖连接。无论这个中心是电力，是银行，是互联网，是电影，还是大学，连接网络的规模越大，中心化的利润就越高，中心的发展潜能就越大。可网络一旦断裂，市场萎缩，中心就会被迫降级。对技术进步来说，知识和规模缺一不可。如果一定要比出个重要性来，那么规模比知识更加重要。有了规模，才有对知识的需求，知识就能生产出来，生产出来就能用得上；可如果规模不够，知识的生产就停止了。

更添堵的是中心本身的分散化。一个中间产品一个中心，每个中心的运作，都依赖它和成千上万其他中心的连接。中心之间的连接一旦切断，不用等到市场萎缩，所有中心的生产早就停止了。

历史上的盛世之所以脆弱，原因也在这里。农耕民族的军事能力比起游牧民族或许只在伯仲之间。但是游牧民族的中心化程度比较低，就算天灾人祸使人口一时减半，两三代人之后，人口恢复，经济也就恢复了。农耕文明中心化程度比较高，社会分工依赖高密度人群的大范围协作，人口一旦稀疏，行业就会退化；倘若战乱或瘟疫进一步分裂了政权，中断了交通，催生了海盗和土匪，即使人口在一两代后恢复了原先的密度，贸易网络也很难重新连接。经济规模达不到旧有的水平，曾经的先进技术就会湮没失传。

在制度竞择模型里，中心化也是造成水平效应和增长效应之间矛盾的一种机制。一个地区表现出工业化的潜力，无非是凭借政府治理和市场连接启动了中心化的进程。进程初启之际，中心化所带来的脆弱性已经显现——政府财政依赖远程贸易和跨地区协作（水平劣势），但中心化对效率的提升（增长优势）还走在半路。从启动中心化到实现工业化，需要时间的积累。积累没到位，只见到中心化的花朵，没结成中心化的果实，工业化的火星一不小心就会被竞择这股大水浇灭。

至此，我们或许可以达成共识：战争或瘟疫的确能割裂农业社会的贸易网络，打断工业化的进程。

但是，这在现代社会还有可能发生吗？1914—1918 年第一次世界大战，仅士兵死亡就近千万。紧接着，1918—1920 年暴发大流感，5 亿人感染，5000 万至 1 亿人死亡。1929 年大萧条，美国工业产值下跌 48%，失业率达到 25%，德国失业率达到 44%。1939 年二战爆发，6000 万人死于战争，欧洲一片焦土。二战后整个世界分裂成两个阵营，相互之间切断贸易往来。

所有这些悲剧，尽管都发生在同一个世纪里——人类历史上两场最大的战争、一场最大的冷战、一场最大的瘟疫和一场最严重的经济危机，仍然没有打断世界市场的整合与科技的进步。二战后，西欧和日本从一片废墟到欣欣向荣，从借美国人的钱买美国人的货（马歇尔计划）到反过来征服美国市场，只用了10多年时间。市场和文明展现出惊人的韧性。我们是不是可以自信地说，现代社会的贸易网络是断不了的？

要回答这个问题，得先认清发挥韧性的前提条件——存在文明的“备份”。一战和二战尽管给经济带来了空前的浩劫，但战后的英、法、德、日好歹还有政府，并且被美国纳入了国际贸易体系。战争过后，美国许多领域的中心化程度不仅没有削弱，还因为战争动员和国际市场的扩充超过了战前。当美国把英、法、德、日等国纳入一个统一的贸易体系时，英、法、德、日因为战争而瓦解的中心化就得到了弥补，犹如断枝得以嫁接在其他植物上继续生长。虽然高楼大厦被夷为平地，但这些国家仍有禹式治理，有高效的政府，还因为战争扫清门阀有了更公平宽敞的经济赛道，再嫁接上美国的规模市场，因此它们能在短短几年内就复苏、繁荣。

市场经济就像一个具有高度自愈能力的生命体，只要它的中心器官仍然完好，那么一旦有了合适的素材——人才与社会制度，它的“细胞”就能快速地增殖。

危机再严重，只要文明还有备份，备份没有被摧毁，备份的中心化程度没有萎缩，那么文明，作为一种可复制的社会组织方式，仍有从废墟中迅速站起的希望。

但是，备份对于文明的迅速复苏，只是必要而非充分条件。西罗马帝国崩溃后，东罗马帝国继续存在了1 000多年，可备份却没有发挥作用。究其原因，一方面东罗马的国力已不足以影响西欧。更重要的是，西欧的政治体制已经发生了根本的变化，文明已经消化不了这些废墟上的素材。

西欧的封建领主制可以看作政治体制对低中心化社会的适应。封建制和农奴制是一个硬币的两个面，一个是上层建筑，一个是经济基础。我恰好也研究人身依附制度（主要包括奴隶制、学徒制和农奴制三种形式），所以，我就拿农奴制举例来说明这种适应。我们都知道，古罗马有奴隶，而中世纪有农奴。奴隶制和农奴制都是人身依附制度，但是它们的产生条件恰好相反。奴隶制是市场高度发达、契约充分自由、社会和平有序、政府依法作恶的产物。奴隶逃跑或伤害主人，这些事情光靠主人是管不过来的。需要一个以捍卫奴隶制为职命的政府帮着抓捕、惩办逃奴。这是古罗马和南北战争前美国的制度。首先是市场、契约、法治、治安这些制度，维护了蓄养奴隶的价值，然后才有奴隶主之间的充分竞争，竞争把高价值转化为高价格。高昂的市价又催生了奴隶的一级市场，吸引大量劳动力从事奴隶贩子这个行当，诈骗、拐卖，无恶不作，甚至怂恿国家军队远征异域，掠夺人口。军队走在前面，奴隶贩子后脚跟上。

而农奴制恰好相反，是市场极度萎缩、契约荡然无存、政府销声匿迹、社会混乱失序的产物。这种情况下，所有人都必须依附一个土寇才能存活。如果说奴隶和农奴都处于一段不可退出的劳动关系，奴隶是有地方想走但不让你走，而农奴是压根儿没地方可走，放你走你也不走。所以，奴隶社会有“人才市场”，市场上的奴隶本身有价格。而农奴的价格却是零甚至是负数——土寇给口饭吃已经是恩深似海，投效时甚至还要反过来送土寇一份见面礼，当然也就不会有什么农奴贩子。（这里讨论的是奴隶和农奴两个概念的“理想型”，不排除例外情况的存在。）尽管人口密度低下，值钱的却只有土地，有地就有人（来依附）。农奴经济里，人有值无价，所以人的所有权可有可无，农奴附着于土地买一送一。只要没有外部市场以更高的工资吸引，农奴很少逃跑。万一逃了，土寇可指望不上政府，得自己派狗腿子擎苍牵黄把人逮回来。

除了农奴制的影响外，西罗马帝国灭亡后西欧土地继承制度的变化更使文明复苏雪上加霜。以长子继承制为例。把土地像动产一样分给家里所有的儿女本来是最有利于个人基因传承的继承方式，也是古罗马人的做法。但是，西罗马崩溃之后，社会失序，弱肉强食。

> 地产的安全、其中居民的保障，都取决于地产的大小。分拆地产就相当于破坏地产，任其拆分后的各个部分被强邻侵蚀吞并。（亚当·斯密《国富论》第三卷第二章，自译）

于是，竞择的力量使长子继承制和限嗣继承制[①]在西欧渐成主流。但是，长子独得和限嗣限卖严重阻碍了土地的流转与改良。地产上的农奴因为剩余不归自己所有而缺乏改良土地的动力。大地主从小过着

---

① 限嗣继承制（entail）是一种对土地继承权的限制。在限嗣继承制下，土地所有者不能自由处置土地，死后必须把土地传给符合资质的继承人，如果他自己没有生育符合资质的继承人，那么将被迫把土地传予限嗣继承制所规定的家族内其他符合资质的继承人。这一制度防止土地所有者因个人挥霍导致土地流失，在弱肉强食的中世纪有利于家族的存续、繁衍，却给整个社会的生产力带来不利影响。

穷奢极欲的生活，磨灭了经营土地所必需的节俭品质和吃苦精神。由于工商业衰败，大地主积累了剩余也不能交换商品，只能用余粮去养更多的狗腿子或宴请乡亲。余粮的价值还不如对农奴随叫随到的威风，所以大地主们宁可在宴席上与父老乡亲称兄道弟，也不屑于给农奴更可靠的人权、产权和佃权去换取更高的地租[①]。在自由城市阴差阳错的崛起以前，欧洲经济就这样年复一年地在刘慈欣陷阱里静滞、沉沦。

从奴隶制转向农奴制，从诸子分爨（cuàn）转向长子继承，一开始是市场衰败和社会失序的结果而不是原因，但久而久之，这种转变葬送了市场快速复苏的希望。

农民为了生存簇拥到领主麾下自甘为奴，领主则豢养鹰犬，割地自雄。结果就是中央政权的支离破碎。虽然领主们出于安全考虑，有时候会共同效忠于一个更高级别的贵族，甚至称他为国王，但是，土地的治理权还是掌握在领主的手中，国王没有上通下达的官僚队伍，他的权力就像一个纸牌屋，风一吹就垮。

封建割据下，贸易网络难以恢复。远距离贸易每多经过一个政权，就多一重成本（Olson, 1982）。劳动分工受到限制，技术水平停滞甚至倒退。用经济学的话讲，这个系统存在多重均衡。短期冲击把系统从高级均衡敲落到低级均衡。低级均衡本来只是个短期均衡，但是因为制度的退化，它变成了一个长期均衡，使系统锁死其中。

要打通贸易网络，解放农村生产力，最终还得等到社会恢复稳定，商业城市逐渐发达，中央集权初现端倪。地主为了存钱购买商

---

① 《国富论》第三卷第二、三章。

品，缩编了狗腿子队伍，又同意了农奴的佃权要求。在市场工资的魅惑下，农奴弃地逃跑，再加上黑死病、贵族战争等一系列事件，封建农奴制始得瓦解，欧洲国家的重新整合、媲美罗马的市场化才能真正开始[①]。悠悠醒转，1 000 年已经过去了。

第二次黑暗时代如果降临，可能会经历相似的过程。人类或许逃不过战乱或瘟疫，但是战乱或瘟疫本不足以使文明陷入黑暗时代。能把文明彻底打倒在地的，是人类对社会失序的制度反应。这种反应，可能在短期内维护了秩序、保存了生命，却会带来长期的负面效果，影响政权的重建和市场的愈合。

不妨想象一下瘟疫发生的情景（谁能想到 2019 年 11 月写下这段文字的同时，一场百年难遇的大瘟疫正悄悄逼近人类）：

人们会想方设法逃离城市，投奔病毒尚未蔓延的地区；为了阻隔病毒的传播，海关停运，交通受阻。如果三五年内扑灭了病毒或者病毒的杀伤力变异到可接受的程度，问题还不至于太严重。可如果这样的状态维持 10 年甚至更久呢？

到那时，文明还能恢复吗？这世上还有文明的备份区吗？如果有备份区，那么备份区的文明还有能力重建其他地区的秩序吗？答案恐怕是否定的。同样是一片废墟，战后的德、日，好歹还有政府，背倚同盟国的占领军，社会秩序尽管混乱，但也没有混乱到寨堡林立的地步。

这样的悲剧发生的时候，现代社会的表现不会比古代强多少。我们所陶醉的现代性是规模经济高度中心化的成果，是靠政府来凝聚社

---

① 《国富论》第三卷第三、四章对自由城市如何兴起、兴起后怎样通过工商业的繁荣打破农村的陈腐局面有精彩的论述。

会向心力的产物。社会网络一旦断裂，政府功能退化，现代性就失去了基础。中心化曾经造就的人口密度反而会放大社会的失序。

在这样的背景下，对秩序的寻求很可能表现为宗教权威对世俗权威的替代。对文明的持续性来说，这种替代是一把双刃剑。一方面，宗教维护了社会秩序，赋苦难以意义，赐遗民以希望。但另一方面，在宗教市场重新洗牌的过程中，胜出的往往是原教旨主义（Iannaccone, 1994）。这批教派本来就借势于旧秩序的崩溃，对科技和文明，很可能抱有严厉批判的态度，以赢得乱世人心。这种教义显然不利于文明的复苏。

为了更有效地控制教徒，这些原教旨主义还倾向于画地为牢，鼓励教徒脱离俗世，拒绝市场，甘心受役于教派内部的“繇式治理”。这进一步妨碍了市场网络的重建。为了在激烈的宗教竞择中脱颖而出，他们还有动力修正婚姻生育制度，鼓励多生早生，严惩性少数群体。与原教旨主义的教徒相比，在瘟疫或战乱中精神幻灭、怯于生育的无神论者和传统宗教信仰者，好像无根无靠的转蓬和浮萍，注定被灾后社会淘汰。一批反文明、反市场、高生育、强控制的宗教势力由此崛起，把持政权。文明的黑暗时代即不远矣。

以上文字写于 2019 年 11 月，当时，新冠肺炎疫情尚未暴发。几个月后，重读这段文字，惨痛悲伤。但是，回到本章的主题——“人类会重返黑暗时代吗”，就事论事地说，新冠病毒只要不发生特殊的变异，还远不至造成文明的崩溃。我本来担心的是一种传染能力堪比新冠病毒，而杀伤力远胜于新冠病毒的病毒。虽然我为已经逝去的生命感到伤痛，但是从世界各国尤其是中国的应对和成就来看，人类是能够遏制这种级别的瘟疫的，至少能在个别国家保住文明的备份。人类与新冠病毒的较量大大提升了我对文明存续的信心。

关于黑暗时代的想象，我就此打住。君子不器。书亦如是，关于未来，我宁愿把想象的空间留给读者。民族、阶级、宗教矛盾如何化解，政治制度如何跟上治理的需求，全球化的果实应该如何分享，怎样延续文明的增长纪元，黑暗再临之后人类如何早日摆脱陷阱，作为文明火种的“端点星”（Terminus）应该实行何种制度为宜[①]……数不清的问题等着你来探索。

本章小结

- 制度竞择模型预言，人类会重新陷入刘慈欣陷阱所造成的黑暗时代。
- 模型中，增长纪元的寿命服从几何分布。黑暗时代随时可能到来。
- 市场经济的脆弱性来源于系统连接后的中心化，以及中心化对系统规模的依赖。
- 灾难后人类对去中心化世界的制度性适应，可能是未来人类及时摆脱黑暗时代的主要障碍。

---

① 《基地》中心理史学家谢顿为使银河帝国在黑暗时代后尽快复兴，在端点星上建立了基地。

尾声

关于其他独立发现者的说明

本书的核心内容是我独立发现并在三篇博士论文中加以阐明的三个理论：效用品理论、族群竞择理论和制度竞择理论。其中，效用品理论存在其他的独立发现者，甚至不乏比我更早发现这个理论的人。[①]我谨在此说明他们的贡献。

戴维斯（1994）与泰勒和布兰德（1998）所使用的马尔萨斯模型里，都存在一个不影响人口增长而纯粹增进效用的产品部门，我们可

① 我自己进行该研究的时间线如下：在2008年春季学期，经济史研究生的第一节课以 *A Farewell to Alms* 为必读文献，我开始思考马尔萨斯理论。当年5月，在课程论文截止日期前三天我想到两部门模型，以此为课程论文的写作话题，并在第二天做出人口漏斗模型。2009年，我意识到两部门背后的生物学基础和平衡增长之谜，并尝试各种对平衡增长的解释未果。2010年，我以此研究通过博士生资格考口试。2011年，我意识到族群竞择可以解释平衡增长。2012年，我完成数学模型、计算机模拟，写完博士论文，同时完成制度竞择模型。

将其视为两部门模型的雏形。利普西、卡劳和贝卡尔（2005），韦斯多夫（2008），沃尔拉斯（2011）有了较为成熟的两部门模型，可做不同社会间生活水平的比较（本书的产出结构定理与此类似）。但这些研究都没有涉及平衡增长之谜：部门间不平衡的持续扩大会彻底打破马尔萨斯陷阱。所以，这些学者并没有基于他们的研究去挑战马尔萨斯陷阱的经典解释。

正如本书第2章介绍的，其实马尔萨斯本人在《人口论》发表后也意识到了两部门效应，但他和上述学者一样，没有意识到平衡增长之谜。表面上看，马尔萨斯的短板似乎是数学工具的匮乏，其实缺乏数学工具只是一个次要的原因。最大的思维障碍在于平衡增长之谜的反事实性：当所有的观察对象都具备一种特征，以致无法进行比较研究时，能不能跳出观察的局限，凭抽象思维构建一种替代性的可能，并通过反事实模型与现实的对照，来洞察那个普世特征的本质与起源。

在马尔萨斯所处的年代，甚至直到20世纪下半叶，人类对于史无前例的持续经济增长还处于一种半信半疑的状态。不要说思考古代经济的持续增长问题，大多数人连自己所处的时代算不算持续增长、持续增长在理论上是否可能都不敢确定。在这种心理状态下，一个人是很难问出包含效用品的平衡增长之谜这种问题的。

从科学史的角度说，提出反事实的好问题难在凸显这个问题的背景知识尚未形成上。就好比著名的费米悖论——为什么还没有发现外星人，也是一个表面看起来非常朴素的反事实问题。这个问题直到1950年才由物理学家恩里科·费米提出。当人们还不了解宇宙的浩渺和人类与其他生物的共性的时候，他们很难问出费米悖论这样的问题。所以，我们不必惊讶平衡增长之谜为什么看起来那么简单，却直到《人口论》发表 200 多年后才被提出。在这 200 多年中，至少有 150 年经济学界都不具备提出平衡增长之谜的条件。

那么，在知识条件尚未成熟的时候，我们有什么办法激发自己多想出一些反事实的好问题呢？有两种手段。第一种是科幻思维，因想人所未想，乃见人所未见。第二种是模型思维，行到水穷处，坐看云起时。科幻思维和模型思维在 20 世纪下半叶以前实属罕见，背景知识又不够充分，所以我说此前的经济学界不具备提出平衡增长之谜的条件。

可惜的是，即使问出了反事实问题，从反事实问题出发的研究仍然难以发表，因为学术界有可能还没有准备好接受这样的问题。就好比我们很难说服一个清朝乾嘉年间的学者相信“为什么还没有发现外星人”这个问题具有思考的价值。当我的毕业论文被拒稿时，大多数审稿人的理由都是这么一条：“古代本来就没有多少效用品，所以不需要解释，这些模型毫无意义。”可见反事实思维的难能可贵。

难能可贵，并不是绝无仅有。最早意识到两部门间不平衡可能打破马尔萨斯陷阱的是斯特鲁利克和韦斯多夫（2008），这两位是研究增长理论的学者。他们敏锐地捕捉到这个可能性，并提出了一个解释，来调和两部门模型与马尔萨斯事实之间的矛盾。他们说，在经济发展的早期阶段，因为劳动力几乎完全集中于农业，所以“在干中学（learning by doing）”式的技术进步也集中于农业。由此，农业的技术进步率高于制造业，从而导致了马尔萨斯陷阱。那现代增长是怎么回事呢？他们说，后来农业发展受制于土地的有限供应，随着人口增加，越来越多的劳动力转向制造业，制造业技术进步率提高，于是人类最终摆脱了马尔萨斯陷阱，这就是工业革命。

另一组可能与我同时并且独立意识到不平衡增长可能性的研究者是大卫·莱文（David Levine）、尼古拉斯·帕帕乔治（Nicholas Papageorge）和罗汉·杜塔（Rohan Dutta）。他们在完成两部门模型后提出另一个假说：马尔萨斯陷阱可能压根儿就不存在。正如我在书中所说，平衡增长之谜指向两种可能：要么马尔萨斯陷阱存在，但马尔萨斯机制不是根本原因；要么马尔萨斯陷阱压根儿就不存在。我倾向于前者，莱文团队倾向于后者。他们传播工作论文的时间和我传播博士毕业论文的时间几乎重叠。在了解到我的工作后，莱文邀请我一起写他们的那篇论文。我们合作的论文发表于 2018 年（Dutta et al., 2018）。

有趣的是，莱文在和我私下的邮件交流中，也曾设想过马尔萨斯陷阱存在但另有其因的可能，并且他恰好提出与斯特鲁利克和韦斯多夫一模一样的解释——“在干中学”效应下的内生增长。我告诉莱文这个解释已经发表，并陈述了我的看法：这个解释是错误的——斯特鲁利克和韦斯多夫的假说尚不足以解释马尔萨斯陷阱。

按照斯特鲁利克和韦斯多夫的理论，历史是单线条进步的。只要制造业有了起色，劳动参与者足够多，制造业技术进步超过农业技术进步就会指日可待，而不会中途夭折。它无法解释为什么赫梯、罗马帝国和中国宋朝在工商业如此发达的情况下却没能持续进步，更早地开启工业革命。

更致命的问题是，所谓两部门的划分从来只是一个譬喻。模型里的两大部门其实各自对应着现实中成百上千的产品部门。这些部门间的“存效比”天差地别。农业之中也有效用品，制造业中也有生存品。泛泛而论地说古代制造业部门太小并不意味着所有低存效比的效用品部门都缺乏劳动参与和技术进步，这些部门的进步一样能够推动人均福利的持续提升。本书曾提到，仅占经济 10% 的大麦和燕麦就足以解释一个典型马尔萨斯经济里几乎所有的马尔萨斯效应。小麦和牛肉的生产效率一旦提高，即使不属于制造业进步，却能扎扎实实地让农民从喝粥改成吃馒头，提升他们的幸福感。如果一定要划分生存品和效用品的比例，效用品应该比生存品更多，"在干中学"效应从一开始就应该倾向于效用品才是。所以，斯特鲁利克和韦斯多夫的理论表面上的自圆其说是模型语言诱导下的假象，它不可能是现实世界中马尔萨斯陷阱的真正解释。

另外值得一提的是，2018 年 9 月，我收到加州大学伯克利分校经济系一个一年级博士生马克斯·诺伊迈尔（Max Neumeyer）的邮件。他听了布拉德福特·德隆教授的课，看了克拉克的书，也在课程论文中独立完成了两部门模型，挑战马尔萨斯陷阱的存在性。这个结论和莱文、帕帕乔治、杜塔和我的合作论文是一样的。德隆曾是我的导师，告诉马克斯我曾经做过相似的工作，于是马克斯把课程论文发给了我。

除了上面提到的这些研究，我还见过不少论文构建过"马尔萨斯两部门"模型，但是两部门的划分方式有所不同。比如，在雷斯图西亚等人（Restuccia, Yang & Zhu, 2008)，沃伊格特兰和沃斯（Voigtländer & Voth, 2013），杨和朱（Yang & Zhu, 2013) 的两部门模型里，农业比工业更依赖土地，同时农产品的收入需求弹性更低。这种划分部门的方式不会产生本书两部门模型的那些结论。

两部门模型并不复杂，从两部门模型中看出马尔萨斯理论的问题也并不困难。屈指已有斯特鲁利克和韦斯多夫、莱文团队、诺伊迈尔与我整整四组研究者独立做出这一发现。四组研究者中，莱文团队和诺伊迈尔选择挑战马尔萨斯陷阱这一事实，斯特鲁利克和韦斯多夫与我尝试重新解释马尔萨斯陷阱。

在两部门模型的基础上，我用族群竞择理论解释平衡增长之谜，进而解释马尔萨斯陷阱，又提出制度竞择理论来替代现有的大一统增长理论。这两个理论的演算和推理也不复杂，不过我尚未见到任何相似的研究工作。我没有见过，不代表不存在。如果今后我找到并确认有其他的独立发现者，我会在本书的后续版本中加以介绍。

理论的局限与遗憾

在写书的三年里，我一直在和一种无力感较劲。驾驭这么大的话题，我实在力不从心。如今书虽然写成了，但因为才学和题材所限，仍不免留下诸多遗憾。其中最主要的有三点。

第一点遗憾：理论本身的局限。真实世界的丰富变化令我左支右绌，应接不暇。说产出结构决定均衡，半路上杀出个吉芬物品。说生存品和效用品有别，结果效用品的身份会游移（产生效用品大爆炸）。说集体和个体利益冲突，谁知层级还能扩充（上层组织和下层联手一起对付中层）。说定向移民从哪儿到哪儿，偏偏又闹出个殖民的反例。说竞择遏制增长，可转轨之后竞择“起义”成了促进增长的力量。说转轨之后竞择促进增长，但背地里竞择又随时欲置文明于死地……

这么多的变化要塞进模型，我就像个满口阴阳五行的算命先生，“一方面……另一方面”个没完没了。本书的理论当然无法包含真实世界中所有的变化，哪怕是上面提到的这些，尽管我都做了处理，但处理的方式并不完美，按下葫芦浮起瓢的尴尬在所难免。

最大的不足是我没有把政权的主动性纳入模型，因此忽略了竞择的积极作用。一旦考虑到政权的主动性，竞择过于激烈或过于松弛都不利于转轨的发生。有句话说得好，垄断最大的好处是内心的平静，垄断最大的坏处也是内心的平静。生于忧患，死于安乐。增长的启动固然需要宽容的环境，但一潭死水也容易变脏和发臭。对社会进步最好的竞择，既不能太激烈，也不能太温和。我没有把“生于忧患”纳入模型，是想避免建模的任意性，但模型的结果也会因此偏离现实。

不过，以往学者在谈及制度竞择时，几乎所有人都在分析竞择对制度进步的好处，很少有人谈竞择的坏处。本书反其道而行之，也算补足了一个缺漏。

本书第二点遗憾：没有打开科学共同体创新活动的黑箱。有些读者寄希望于读这一本书，就能把握工业革命整个的来龙去脉。很遗憾，本书无法满足这一期待。比方说，工业革命可能涉及 100 个因素[①]，本书所呈现的只是其中三四个重要而又久被忽略的因素。在剩下的 90 多个因素里，与本书最具互补性的，应该是科学共同体的运作逻辑。借着尾声，我想稍微谈一谈竞择和科学技术的关系。

人类文明整体的兴衰取决于竞择的方向与角色，而竞择的方向与角色又在很大程度上受制于技术条件。喜欢军事史的读者很容易从制度竞择模型联想到阻遏生产力发展的中世纪封建制度长期存在的一大原因是重骑兵在战争中的主导地位。欧洲的封建农奴制大概是农耕文

---

① 范赞登（Van Zanden, 2009）对当前文献所关注的因素做了很好的综述。

明在当时的技术条件下最适合改良马种、养育能驮起重甲骑兵的好马的制度。骑士对自用马匹进行“大包干”，举一邑奉一马，马肥人瘦，族群竞择故也。等到军舰、火炮、机枪、坦克的重要性超过马匹的时候，族群竞择所青睐的制度也随之发生了改变。民族主义、军商循环的禹式治理国家这才在历史舞台上站稳脚跟。如果我的知识能再丰富些，那么我本该多写一点儿这方面的细节。

从更宏大的视角出发，其实科技与增长的关联本身也带有竞择的烙印。今天的经济学教科书一说起增长，几乎把它等同于技术进步（在索洛模型里，经济增长的来源归根结底是技术乘数的增长）。教科书的这个写法，也带有竞择的烙印——以技术进步为中心的熊彼特式增长首先在实践中压倒了缺乏技术进步的斯密式增长[①]，并且教科书把前者追认为增长的唯一形式。

斯密式增长只有市场延拓，没有技术进步，国家富而不强，在外族入侵面前脆弱不堪。起源于英国的工业革命却是一股以科技进步为主导，以熊彼特式增长为主、斯密式增长为辅的增长浪潮。经济增长并不天然包含科技进步，但最终科技进步成就了持续的增长。于是，

---

① 对于斯密式增长，经济学家一般会从市场的连接、分工与繁荣方面加以定义。莫克尔（Mokyr, 2016）称之为“与人奋斗（a game against men）”，和“与自然竞赛（a game against nature）”的熊彼特增长相区别。所以，斯密式增长也可以理解为一种“缺乏技术进步的增长”。这算不上一个严格的定义，却是把握这一概念时一个可行的抓手。当然，这个标签对斯密不公，只是斯密对市场连接的讨论太深入人心，以至于人们给他贴上了这样一个标签，仿佛他忽视了技术的迭代似的。索洛模型不考虑市场的割裂和整合，当然没有给斯密式增长留出位置（只能勉强把斯密式增长也归入技术乘数的增长）。一旦把市场整合纳入增长模型，斯密式增长和熊彼特式增长是可以被区分的。可是增长模型即使区分了这两者，如果不能模型化竞择效应，也仍然无法体现富而不强所带来的危机。

在斯密式与熊彼特式这两种增长模式之间，前者被淘汰，后者则得以延续，并在不知不觉间塑造了经济学家的思维。

看似天经地义的教条，到头来也只是在诸多可能的世界观中靠族群竞择暂时胜出的一个版本。纵观经济学思想史，农本还是商本，斯密还是熊彼特，马尔萨斯还是琼斯[①]概莫能外。要让学问从“知其然”走向“知其所以然”，学术理论间的竞择观，尤其是超越学术政治的族群竞择观，也是必不可少的。

其实，比起马尔萨斯和索洛之间的大一统，经济学更需要的是斯密和熊彼特之间的大一统：什么时候经济增长会追随斯密，什么时候又会遵循熊彼特？科技进步依赖市场规模，但市场规模并不是科技进步的充分条件。规模市场下产生的经济利润可以驱动那些易于产业化的科技突破，但易于产业化的发现与发明只占人类知识的极小部分。人类社会完全可能出现类似古罗马这样市场已成规模，但科学进展缓慢的文明（古希腊和两宋的科技进步速度远高于古罗马）。和现代社会相比，古罗马的经济增长更多地表现为斯密式增长，而缺乏熊彼特式的科技革新。古罗马的工业化冲刺功亏一篑，巨大的经济优势轻易被外族的军事优势所击穿，和它在科技创新上的滞后密不可分。以罗马的失败对比英国的成功，上述斯密和熊彼特之间的大一统理论难道不是更有历史和现实意义的增长问题吗？

乔尔·莫克尔在他 2016 年出版的新著《增长的文化》（*A Culture of Growth*）中这样写道：

---

① 书中讨论的查尔斯·琼斯模型，使用了与马尔萨斯相反的“出生率随人均收入的增长而下降”的假设，来研究当代社会的人口转型。

……社会对于生产、工作（和闲暇）的态度是另一个决定创新可能性的主要因素。技术上更进取的社会常常也是相对更平等的社会。在那些由一小撮富有、不事生产、以剥削为生的精英统治的社会里，生产活动得不到社会的尊重，因此创造力与创新活动被导向那些精英感兴趣的领域。受过教育、思想成熟的精英们致力于开发军事和行政才能来巩固自己的权力，或以文学、游猎、艺术、哲学消遣时光，而不关心田野农夫、船上水手和工坊匠人的俗务。有闲精英阶层的追求对18世纪哈布斯堡大地上的音乐爱好者至关重要，却对土地上的农夫和制造业者无足轻重。奥地利帝国诞生了海顿与莫扎特，却没有诞生工业革命。相比之下，正如麦克洛斯基（2006）所强调的，17世纪荷兰与英国的资产阶级社会却是技术进步的良媒。技术进步有可能在有军事与行政需要的地区发生，比如古罗马在水利和土木工程上所取得的成就，但是古罗马帝国全盛期在农业和制造业上进步寥寥。

莫克尔教授的这本书也致力于解释现代经济增长的起源。他着意的因素是西方科学共同体的形成和科学文化的兴起。以伽利略、牛顿为代表，近代的欧洲知识分子靠什么生活？研究的动机是什么？精神偶像是谁？相互评价的标准是如何确立的？我甚至想探索科学史背后的数理法则——科学思维会不会也是大量个体互动下的秩序涌现？

知识共同体的演化是一个重要的独立课题，也是我心目中那“90多个因素”里与本书理论最具互补性的一个角度。不是说其他因素不重要，例如地理因素（矿产在哪儿，河流在哪儿，海洋在哪儿，新大陆何时发现、谁来发现）或许比培根、牛顿所启发的思潮更重要，但是地理因素能决定的只是哪个国家先开启工业化，以及什么时候开启工业化，对于工业化到底能不能开启，地理因素恐怕不具备一般性。回到本书前言里设想的情境，如果外星人要和地球人交流现代经济增长起源的心得，他们大概不会对大不列颠岛上煤层在哪儿、铁矿有多少感同身受，甚至不在乎新旧大陆之间的远近和洋流，而只会对族群竞择与知识共同体转型这两套规律心有戚戚。

茫茫九派，殊途同归

本书第三点遗憾：关于“富强循环”——近代国家到底是怎么让商业和军事相辅相成的，我还没有展开。好在这世上已有不少研究填补了本书在叙事上的空白。茫茫九派，殊途同归，我的这本小书可以被看作这些研究共同绘制的宏大图景里的一小笔。

2008 年去世的政治学家、社会学家、历史学家查尔斯·蒂利曾有一句名言：War made the state, and the state made war（战火炼就国家，国家挑起战火）。本书和他的历史观极为接近。他的传世名著《强制、资本和欧洲国家（公元 990—1992 年）》（*Coercion, Capital and European States, AD 990–1992*）的开篇，这样总结整本书的内容：

> 为了战争与备战，统治者被迫汲取战争资源——人力、武器、物资、金钱……汲取和争夺塑造了它的核心组织结构。
>
> 从强制密集型（那些农业为主、城市稀疏、直接强制在社会生产中扮演重要角色的地区）到资本密集型（那些商业为主、城市密布、市场交换占主导的地区），不同的地区奉行不同的汲取

策略，于是兴衰成败有了不同的结局。结果，在欧洲各地，国家组织方式的发展走上了不同的轨迹。

> 一时一地哪种国家组织方式会占据主导并无定数。只有到了这千年纪元的晚期，民族国家才相对于城市国家、帝国和其他国家形式有了清晰的优势。
>
> 但我们仍然可以说，拜不断上升的战争规模所赐，在伴随着商业、军事、外交互动而联系愈加紧密的欧洲国家体系之中，那些拥有常备军的国家掌握了战争优势。最终胜出的，是那些既能动员广大农村人口又能调动资本家、相对商业化的经济。他们裁定战争的规则。他们的国家形式变成了欧洲的主导。最终，欧洲国家都归集到民族国家这一种形式。（Tilly, 1990, p15）

蒂利这本书里最重要的一对概念“强制密集型”与“资本密集型”，和本书中的“鲧式治理”与“禹式治理”非常接近。[①] 蒂利认为，这两种治理方式之间的竞择主导了欧洲国家组织形式的进化，而最终胜出的是禹式治理的民族主义强政府。

蒂利的研究能成为经典，是因为他挑战了以社会契约思想为基础的国家建构观。社会契约代表了一种规范式的理想：国家应该怎么建构，但一厢情愿的想象不能代替历史的事实。一种组织形式得以壮大、传播，它的取向必然是生存主义的。如果在这种组织形式之上居然开出了文明的花朵，那只是因为文明与生存达成了暂时的和谐一

---

① 但我认为“鲧式治理”和“禹式治理”的区分方式比强制和资本更接近问题的本质，又超越欧洲经验而更具普适性。

致。文明嫁接于生存，脱胎于生存。生存之于文明，好比“黑夜给了我黑色的眼睛，我却用它寻找光明”。这才是蒂利的历史观里最深藏的那条主线。

我的理论缺乏叙事，而蒂利的作品恰好提供了叙事。反过来，如果说蒂利的作品有什么遗憾的话，那恰是缺少本书所提供的理论基础和形式化模型。模型与叙事相结合，就能将蒂利的观察一般化，超越欧洲经验，提炼出普遍的规律。

本来，欧洲以外地区的政体演化很难套用蒂利书中“城市—国家”、“资本—强制”这样的区分方式。即使在欧洲，战争也不是国家间唯一的竞争方式和目标。批评者以此质疑蒂利的理论。但在本书的理论框架下，这些顾虑都不影响蒂利核心历史观的正确性，因为族群竞择和制度竞择超越了具体的政体划分方式，也超越了整军备战这种单一形式。

关于“富强循环”，或者说“军商循环”，我再介绍两位重要的研究者：菲利普·霍夫曼和文一。

菲利普·霍夫曼是加州理工学院的经济史学家。他于2015年出版的《欧洲何以征服世界？》(*Why Did Europe Conquer the World?*)中有一段文字想象了南宋的“逆袭”：

> 在13世纪早期被蒙古接管以前，东亚分成三股敌对势力：西夏、北方的金国和南方沿海的南宋。如果不是蒙古或其他游牧超级大国打破这一均衡，中国很有可能会继续处于分裂状态，而南宋可能会就此兴起……为与西夏、金国相争，南宋会坚持发展商税与水军。曾经，南宋正是靠着水军挺过了金国的进攻，水

军能保护内河航道和岸上的首都。随着时间流逝，很容易想象，在南宋繁华的都市里，商人精英会像西欧商人那样游说政府建立起一支强大的海军，来保护他们方兴未艾的海上贸易。火药从10世纪开始就在中国投入军事应用。南宋和金国都曾在双方的战争中使用火药，并在此过程中开发了炸弹和可能是最早的火枪——枪支的祖先。如果没有蒙古的征服，南宋和它的对手将继续推进火药技术，可能超越南宋与蒙古作战时的火药水平。是的，最早的枪支要等到蒙古取代南宋之后才出现，但此后蒙古成了东亚的主宰，不再有（火药技术）创新的激励。相比之下，宋金之间的持续战争没有哪一方是主宰，所以——如果我们相信锦标赛模型——会进一步推进火药技术创新……持续的战争会吸引制造业沿海岸落户到有坚固城防的城市，城市工资上升，制造业的聚集加快新技术的传播。如果王国斌和罗森塔尔所说不错，那么在长期中，工业化会随之发生。

这段文字显然包含了军商循环的思想。霍夫曼教授之所以把南宋（而不是北宋）与金国的对抗视为工业革命的契机，是因为在他的理论里，西方的崛起源自火药技术上的优势，而火药技术的发展依赖农耕区内部势均力敌的长期战争。[①] 这种军备竞赛到底如何开展？发生条件有哪些？中国、奥斯曼、日本、印度为什么在火药技术的发展速度上落后于欧洲？感兴趣的读者不妨看看霍夫曼教授的这本书。

---

① 霍夫曼教授认为，农耕区和游牧区之间的战争对火药技术促进有限，因为初期的火药技术尚不足以形成对游牧民族作战的优势。

但需要指出的是，把欧洲的强盛归因于军事而忽略制度，和归因于制度而忽略军事一样，都是片面的。人类社会的打打杀杀从来不曾中断，但要把军事、科技、商业、制度这 4 个要素整合起来，相辅相成，循环共进，可以说，近代欧洲的成功达到了史无前例的高度。欧洲的特殊性不在于军事、科技、商业或制度中任何孤立的一项（这是相当一部分学术文献立论的出发点），而在于这 4 项之间循环式的关联。军事斗争的确在其中起到了提纲挈领的作用，但光有军事和制度，没有其他要素的推动，世界史上大不了再添一个从英国来的“成吉思汗”和“秦始皇”，扑腾不起更大的水花。同样的道理，我们固然重视科技、商业和制度，但是如果当初这些领域的创新与国防无关，甚至妨碍了国防，这些创新终将是昙花一现。无论它们能挣多少钱，能让多少人醉生梦死、飘飘欲仙，也绝对无法开启席卷全球的现代经济增长。

时至今日，还有不少人坚信，“小政府、轻税收、自由放任”是经济增长的唯一方式，甚至把现代经济增长的起源归因于政府在税收上的节制。这个观点，不能说完全不对，但它是小对而大错。就以中国自己的例子来说，西汉初年，政府以黄老思想治国，轻徭薄赋，与民休息。文帝先是把土地税从十五税一降为三十税一，后来索性废除了土地税（景帝时恢复），还把采矿权和铸币权拱手让与私人。要说符合自由主义的理想，文帝治下这 20 多年堪为表率。自由经济加上风调雨顺，匈奴又没有大举入侵，西汉经济从初期“自天子不能具钧驷（四匹毛色相同的马），而将相或乘牛车[①]”发展到“众庶街巷有马，

① 出自《史记·平准书》。

阡陌之间成群，乘牸牝者摈而不得会聚（骑母马会被人赶走，不让参加聚会）[①]”。

如果没有武帝的穷兵黩武，那么汉朝能不能靠着黄老之术开启现代经济增长？恐怕很难。黄老之术是对国家财政能力的自残，降低了国家应对突发危机的能力。虽有藏富于民，但到关键时刻，政府往往连调度民间资源的人手和制度都不具备，空有财富，却无法将其集中并有效地投入紧急事项。这样的政府，很容易在天灾人祸中崩解。而且，持续的经济增长需要政府对工商业基础设施的投资、建设与维护，这些都是奉行黄老之术的政府所不能提供的。

从文景之治来看，古代社会也能做到“小政府、轻税收”，但真正开启持久增长的是“大政府、重税收”的英国。1840 年鸦片战争时，英国政府仅人均税率就要比清政府高出一个数量级，人均税收几乎高出两个数量级。英军对比清军，其优势不仅在于科技和组织，哪怕比较政府税收总量，英国也高于清朝。重税之英国蒸蒸日上，轻税之清朝反而江河日下。

西汉文景和近代英国，一个是行动上的小政府主义，一个是事后追认的嘴皮子上的小政府主义（Brewer, 1990）。两个体制下的经济都在增长。行动上的小政府主义，一到汉匈战争就破碎瓦解，完全走到了自己的反面；嘴皮子上的小政府主义却在绵延不绝的战争中越打越顽强，越活越光鲜，第一个摸到了工业革命的门把手。这难道不值得令人深思吗？

我还留意到文一教授 2019 年发表在《东方学刊》上的一篇文章

① 出自《汉书·食货志》。

《国家为什么繁荣》。文教授提出了“战争—贸易”循环加速器这个概念，并用它来解释科学革命、工业革命和西方的崛起：

> 为什么“科学革命”和“工业革命”都发生在西方，而不是东方？流行的新自由主义和“西方中心论”认为，这是因为西方拥有古希腊民主自由的文化传统和基于其上的、西方独有的严格私有财产和知识产权保护、契约精神与法律制度，然而这与历史事实截然不符——欧洲这两场“革命”都是战争和国家间生存竞争的产物。欧洲文艺复兴以来的全部工商文明史，是一部以高度组织起来的民族国家为单位、以重商主义意识形态为指导、以利润竞争和市场扩张为目的、以“战争—贸易”循环加速器为动力的“丛林竞争”史。
>
> …………
>
> 这场史诗级的国家争雄和创造性毁灭运动，推动了西方科学技术的连环爆发式突破，并将欧洲原来的400多个城邦国家和封建王朝荡涤成二三十个强悍国家，其中的每一个都比缺乏现代国家组织构建和军事技术的21世纪非洲国家和19世纪的清朝精干强大。而强大的国家组织能力、战争动员能力和重商主义意识形态恰好是所有欧洲国家当年实现工业化的政治前提和保障。
>
> …………
>
> 在这场军事与商业互动的竞赛中，欧洲国家用战争手段来推动和捍卫海外商业利益，再用商业所获得的垄断利润来支付战争费用，从而获得可持续的商业资本积累和国家军事力量建设。在文艺复兴之前，无论是亚历山大大帝的东征，还是成吉思汗蒙古

铁骑的西征，或是秦始皇完成统一大业后中国面对北方匈奴侵扰的战争，又或是中国历史上连绵不断的农民革命，很少具备这样的“军事—商业”双重属性。而这样的新型“商业—战争”循环加速器模式恰好是近代资本主义萌芽、发展和壮大的助推器。

文一教授的语言穿透力我自愧不如，所以我大段大段地引用原文（已征得文教授同意）。这篇文章和文一教授的新著《科学革命的密码》还结合常征（2021）的研究成果，介绍了很多商业、军事、科技相互促进并推动欧洲崛起的案例，推荐一读。

不过，欧洲崛起曾经依赖军商循环，并不意味着中国也要走军商循环的道路。当代中国的发展环境和近代欧洲大不相同。用战利品做工业化的原始积累从来都是杯水车薪，价值远逊于本国内部的制度改革。战争对近代欧洲崛起之所以重要，是因为它带来了中央集权，培养了官僚队伍的规划治理能力，保卫了新的生产方式，为规模化生产打通了原料的供应渠道和产品的市场销路。

这四点在今天的中国已经基本实现。凭借官僚治理的传统，又经历反侵略战争和解放战争血与火的洗礼，中国在中央集权和官僚体制上比起西方发达国家已不遑多让。要保卫国家，加强国防和文化教育即可。世界市场本已高度融合，殖民地式的市场切割尚未卷土重来，所以开拓市场也不必诉诸武力。

更重要的是，当前的世界，生存与文明这两大目标还处于相融的阶段，为中国创造了和平崛起的机会。随着中国国力的增长，维持增长纪元的最大责任将很快落到我们的肩上。中国会频繁面临这样的抉择：是以邻为壑、杀鸡取卵，还是海纳百川、天下大同？是在黑暗森林里悄悄地端起猎枪，还是凭借大国的资源和地位去照亮整片森林？这是攸关全人类文明兴衰的选择。大国的利害与责任，和小国是不一样的。

历史傅里叶级数的低阶规律

虽然是一本经济学书籍，但本书没有多少数据和计量分析。在有些同行眼里，我虽然研究经济史，却既不贡献新史料，也不挖掘新数据，那不是民科是什么？我也曾为此烦恼。

后来，我想明白一个道理。史料和数据在我的研究里之所以处于边缘地位，是因为这个研究本身的特殊性。打一个粗糙的比方，如果把历史比喻成一个函数，对规律的探索就好像是求解函数的傅里叶级数。王朝的兴衰沉浮、英雄的转萍身世，这里所蕴含的周期律是傅里叶级数中的高阶项。这本书并不涉及那些高阶项，而只研究历史规律的一阶项、二阶项，那些最粗犷、最基本、最底色的规律。

高阶项和低阶项的提炼各有其难处。高阶项更容易受到个性和随机事件的扰动，误差大，规律不稳定。但是高阶项出现频繁，样本丰富，可做较为精确的假设检验。

低阶项的规律粗壮、稳健，更少受到随机扰动的影响。但低阶项的呈现频率低，不易归纳总结。像马尔萨斯理论、大一统增长理论这样贯穿整部人类史并在有限的历史长河中样本独一无二的宏大理论，除非把视野拓展到整个生物界，否则完全无从归纳。

规律既有高阶、低阶之分，对它们的探索也需要完全不同的方法。高阶规律的样本频率高，正好用史料和数据加以探索。低阶规律的样本频率低，实证研究几无用武之地，因此正是理论推演的施展舞台。本书在研究方法上和经济史惯常的实证研究大相径庭，非我标新立异之故，乃是规律阶次有别，我不得已而为之。不同阶次的研究之间，没必要厚此薄彼。

低阶规律鲜少有人研究。偶有涉足者，又多是滥竽充数之辈，空泛言之，近于臆想，所以这个领域在经济史学界渐成研究禁区。可是，不管学者们爱不爱研究，低阶规律就在那里，粗壮、宏大、气势磅礴。任何高阶规律都是附着在低阶规律之上才得以影响历史。倘若未谙低阶规律，人类的集体智识对高阶规律再怎么明察秋毫，也是管中窥豹。

本书对低阶规律的发现做了以下三方面的贡献。

一是构建效用品理论，为马尔萨斯理论增加了两个维度的比较静态分析：产出结构和社会文化。

二是提出马尔萨斯陷阱之谜的本质是平衡增长之谜，并用族群竞择理论解释了平衡增长，进而重新解释了马尔萨斯陷阱。

三是用制度竞择模型重新解释了从马尔萨斯陷阱到现代经济增长的变化，提出多重均衡外一种新的转折机制。

这三项发现并不是互相孤立的。效用品理论是族群竞择理论的基础，族群竞择理论又为制度竞择理论的价值做了铺垫。它们共同呈现了一种不同于马尔萨斯史观的新历史观——达尔文史观。

新的历史观

在传统历史观下，说一个社会陷入马尔萨斯陷阱，就是嫌人口太多，要启动增长，药方无非是人口转型，也就是少生孩子。工业化在转型模型中的意义，与其说是创造财富，不如说是通过增加女性就业来降低生育意愿。

但在这本书的视角下，工业化只是无数具有节育效应的效用品中的一种。要是少生孩子就能摆脱马尔萨斯陷阱，那人类历史上摆脱马尔萨斯陷阱的部落何止成千上万，只是它们早已遗迹难存。自人猿揖别，在奢侈淫逸中自取灭亡的族群难道还少吗？

其实，工业文明的成功，并不是在抑制人口上，而是在增殖人口上。近代以来，大多数社会的人口转型都服从一个规律：工业化首先会降低人口死亡率，提高预期寿命，在这个效果持续一段时间后，才有生育率的急速降低（Lee, 2003）。因此，工业化在初始阶段，首先会带来人口的快速扩张，而不是下降。工业化国家增长了人口、打赢了战争、繁荣了贸易、输出了移民，把自己的基因、文化和技术播撒到其他国家，这才使工业化成为一场革命。如果工业化从一开始就让人口萎缩、打一仗输一仗、关起门来织绣花枕头，那工业化就不会有机会席卷全球，工业造物只会像成千上万种普通效用品那样湮没无闻，只配到博物馆里被当作考古珍奇来陈列。

从小里说，马尔萨斯机制并没有错。给定资源，人少一点儿，人均数据上当然能富一点儿。但这么点儿琐屑的变化在结构性变迁的滔天巨浪里，不过是一粒反向溅射的水珠而已。就算工业社会不发生人口转型，人类也照样能摆脱马尔萨斯陷阱。

而在更长的历史尺度下，人口转型反而是工业文明最大的危险之一。未来世界，如果族群之间冲突加剧，跨族群的知识交流中断，那么发达社会的低生育率很有可能会敲响这些文明的丧钟。

换个角度说，如果人类真的是靠人口转型（少生孩子）摆脱了马尔萨斯陷阱，那么未来只要不发生过于剧烈的环境和资源危机，我们哪儿还用得着担心黑暗再临？但在新的历史观下，黑暗再临是极大概率事件，而人口转型恰恰是黑云压城城欲摧的那朵乌云。

这本书的方法虽然是纯粹的新古典经济学，但本书的结论与传统观点针锋相对。上面的假说，连同书中“经济福利来源于群己矛盾”“长期贫困的原因是族群竞择”等命题，兀然宣之于众，只会被人当作民科。所以有必要用纯经济学的方法，甚至是最为保守的新古典经济学，原原本本地把它们一条条地推导出来，条分缕析地与传统观点相比较。饶是如此，大多数学者若未读本书，或只是匆匆一瞥，恐怕会断章取义地把这些观点当作哗众取宠之论：“200多年里成千上万个学者审读、借鉴、引用过的奠基文献，几十年来炙手可热、引用数千、已成学术名家立身之本的经典著作，能错到哪里去？”

但我相信，不人云亦云、为真知而读书的人总会慢慢多起来的。无论本书现在是否为人接受，时间会赋予它力量。

当我在学界遭遇挫折时，我总是提醒自己这么两件事：

10年之内，要大多数人都认识到马尔萨斯的错误，绝无可能。

50年后，要大多数人还认为马尔萨斯是对的，亦绝无可能。

青山遮不住，毕竟东流去。像族群竞择这样粗壮的客观规律怎么可能永远被掩藏？即使它当年与我失之交臂，或此书就此湮没无闻，30年内，这世上一定会再出一个青年人，完成几乎一模一样的研究，写出和本书几乎一模一样的作品。决定物种贫富的原理、主导文明兴衰的铁律迟早会大白于天下。

如果几十年后这本书真的产生了一些影响，我期待出现这样的景象：

其一，当讨论前工业社会的经济成就时，学者再也不用扭曲人均收入数据，去迎合经典马尔萨斯理论的惨淡预言。

其二，当试图理解现代经济增长的起源时，再也不必囿于床笫之事（婚姻、生育），而是可以大大方方地着眼于军事技术的蝴蝶效应和大国国运的沉浮兴衰。

其三，当讨论制度、文化的迷因时，不再流于比喻，止于科普，被骂民科，而有了可检验的假说，进入科学研究的范畴。

其四，《文明》《全面战争》《欧陆风云》等历史战略类游戏把两部门模型、人口漏斗模型、族群竞择和制度竞择机制纳入设计，使游戏规则更加简单，策略更加丰富，历史的味道更加逼真。[①]

其五，当孩子们问起人类祖先的物质生活水平时，博学的父母会说：我给你讲两位（而不是一位）科学家的故事，他们的名字叫马尔萨斯和达尔文。

1876 年，达尔文在日记中写道：

---

① 本书的理论和游戏确有相通之处。所有的程序，我用 Matlab 编写过一个版本，又用仿真建模工具编写过一个版本。我还曾用本书的理论框架在 Excel 和 Matlab 里给自己的日程安排编写“游戏化”的剧情和世界观，如战国七雄争霸、三国群雄割据等，通过健身、读书、处理杂事，慢慢接近一统天下、中兴汉室的目标。对开发者来说，要在“文明”类游戏中实现逼真的国家竞争，又要尽可能减少任意性（《文明》和《欧陆风云》人为设定的痕迹太重，实乃美中不足），其实面临的难题和前言里说的“上帝”差不多，都是要找到历史背后的数理法则，实现系统内突破层级的“秩序涌现”。法则找对了，游戏系统会自己演绎出瑰奇壮美的风云变幻。从我自己思考、建模、编程、游戏设计的经验来说，我觉得本书所讨论的效用品机制、达尔文机制（族群竞择）和刘慈欣机制（制度竞择）三者相结合，最容易带来文明类游戏的内生复杂性。

> 1838年10月，在开始系统性的研究15个月后，我出于消遣读书，恰好读到马尔萨斯的人口论。凭着对动植物习性的长期观察，我特别敏感于（马尔萨斯提到的）普遍的生存斗争，我顿时想到，在这种情况下，有利的性状会被保存，不利的性状会被摧毁，结果就是一种新物种的形成。这下，我终于有了一个行得通的理论。[①]

从1798年到1838年再到2011年，213年草蛇灰线，马尔萨斯的理论启发了达尔文，达尔文的理论却最终修正了马尔萨斯的错误，解答了马尔萨斯的谜题。科学史传奇如斯，冥冥中可有天意？

社会达尔文主义的事实错误

读罢此书，肯定有一些读者会在心里给我贴上“社会达尔文主义者”的标签。这个标签大概是一个学者所能背负的最大恶名了。

我不屑于说自己是或者不是一个社会达尔文主义者。这个概念很模糊，不同的人有不同的定义。我的研究对象是社会，研究方法是达尔文主义，在有些人眼里，我就是社会达尔文主义者，但这本书偏偏是对社会达尔文主义思想的罪恶部分最致命的打击。

一个主义，往往分成事实层面和意识形态层面。拿种族主义打比方。在事实层面，种族主义者污蔑某些种族天生智商低下，然后从这

---

① 奇妙的是，另一个独立发现进化论的科学家华莱士（Alfred Russel Wallace，1823—1913）也说自己是受到马尔萨斯人口论的启发才想出了进化论。

个“事实”出发做意识形态的推论，鼓吹优生学和排外思想。所以，批判种族主义也分两个层面。第一，从意识形态出发，哪怕种族之间有天然的智商差距，难道人类就该搞优生学吗？第二，从事实层面出发，所谓的天然差距本就是一个谎言：种族间的智商差距主要是后天不公平的社会经济条件所致；种族间的差距相比种族内的差距可以忽略不计；如果对此要做些什么，也该是努力消除这种不公平，而不是人为地扩大不公，甚至屠杀弱势种族。

社会达尔文主义何尝不是这样？它也分事实层面和意识形态层面。在事实层面，它说种族、国家、制度相互竞争，优胜劣汰。在意识形态层面，它从优胜劣汰这个规律出发，教唆人们用大逃杀似的思维面对社会竞争，消灭对手，保存自己。

反驳社会达尔文主义当然也应该分作这两个层次，但是我们很少见到事实层面有什么像样的反驳。毕竟，任何人都无法否认竞择的存在，种族之间有竞择，制度之间有竞择，竞择时时刻刻都在发生。似乎社会达尔文主义在事实上是颠扑不破的，于是所有的反驳都只能集中于意识形态的推论：即使社会是达尔文式的，我们也要温良恭俭让。

我认同这种“即使……也……”的价值观，但这种价值观很脆弱。风调雨顺下尚可同甘，一旦经济上有些许波动，政治上出个投机分子，马上就要建墙、要脱欧、要撕约退群、要输出这个或那个，“即使……也……”根本没用。

其实，社会达尔文主义在事实层面也是错误的。种族、国家、制度的确都在发生自然选择式的竞择，但竞择之法不是简简单单的“优胜劣汰”，甚至说“适者生存”都不那么准确，因为“适或不适”

听起来还是个单一维度的事情，一个维度的东西就容易被歪曲成强权即公理（Might is Right）的道德价值。可是按照本书的理论，决定生存的不仅仅是思想和技术的先进，与技术水平至少同等重要的还有两个维度："集体价值—个人价值"和"短期价值—长期价值"。除此之外，还有一些本书尚未触及的维度，比如"求存"与"扩张"就不能一概而论（可能和古代中国统一王朝的大国地位有关，中国的治国传统是偏向前者的）。这些新维度对族群存衍的价值有很多意料之外的结论，绝非社会达尔文主义的标签所能涵盖。

一旦把这些维度考虑进去，胜出者就无所谓优秀，被淘汰者也不见得低劣。生存的意义，也变得复杂起来了。生存与文明是人类社会的两大核心价值。生存又分为短期生存和长期生存这两种目标。长期生存和文明在历史的绝大多数时期都是相互矛盾的，两者在过去数百年中的短暂和谐是现代经济增长启动的关键条件。但是，短期生存和文明仍有权衡取舍。一意攫取本国短期的生存利益，或妄图用极端方式传播文明，都有可能恶化竞择环境，葬送全世界包括本国长期的文明福利和生存概率。今天的世界，难得处于长期生存与文明两大价值相和谐的时代，这个光明时代随时可能因为一些蝇头小利而终结，等到长期生存也和文明相矛盾的时候，再想挽救文明恐怕已经晚了。

怎么做才能让短期生存和长期生存这两大价值"激励相容"，大概是一个国家内部最重大的政治学问题。而让长期生存和文明这两大价值"激励相容"，或许是人类文明最重大的政治学问题。我虽然没有答案，但隐隐感觉，有时候为了这一层"激励相容"，我们有必要做一些有违直觉、颠覆教条的事情。看透社会博弈背后的深远大势，洞察人类共同体协调努力的方向，真实世界里的罗辑[①]和谢顿[②]或有用武之地。

如果这本书也算社会达尔文主义，那么有别于传统的单维达尔文主义，它是多维达尔文主义。社会是多维达尔文式的，而不是单维达尔文式的。单维达尔文主义因为偏离了事实，会误导人步入歧途，葬送文明；多维达尔文主义则能帮助我们认清真相，维护文明。自己活，也让别人活，因为在这个特殊的历史窗口，让别人活，自己才能活得更好。

无论留下多少预警，我还是担心这本书遭到歪曲，反过来成为戕害文明的工具。历史的规律很复杂，人们一时无法理解，总会拿非黑即白的意识形态去生搬硬套。我要打破这种意识形态，但我打破旧观念的方式并不是把本来人们以为是黑的说成是白的，把本来以为是白的说成是黑的，我也没有一团和气地把它们都说成是灰的。是是（以是为是），非非，善善，恶恶，是科学的底色，诚不可含糊。我所努力描绘的是漫长历史中是非善恶变化不居的那一面，是历史规律阴中有阳、阳中有阴、阴阳相生相克的灵动与微妙。

把握这种微妙的分寸感，我的努力不一定能取得完全的成功。这会给一些人留下断章取义的空间，用族群竞择理论包装自己的仇外情绪，用制度竞择理论兜售自己的沙文主义思想。他们的观点不仅在意识形态层面是可憎的，在事实层面也是错误的，如果他们把错误的观念付诸行动，结果更是祸国殃民。莫道“天地不仁，以万物为刍狗”，

① 小说《三体》中的人物，“黑暗森林规律”的发现者之一，与三体人博弈，构建黑暗森林威慑，延迟了三体人对地球的入侵。

② 小说《基地》中的人物，极大地发展了心理史学，并为重启文明建立基地。

君子不恰该从中悟出悲悯与自强吗?

我写书的时候，有一种悲怆感挥之不去。很多东西，一用文字表达，就变了味道。比如文明和增长，这些词出现在书里的时候，显得光辉、高尚、正义，而它们的反面——野蛮和停滞，显得阴暗、卑鄙、邪恶。但是，这种印象本就是一种有色眼镜。论血腥丑陋，文明代替野蛮的过程，丝毫不亚于野蛮吞噬文明的过程。欺骗、歧视、敲诈、屠杀、奴役、猜疑链、战争……是族群竞择中屡见不鲜的主题。

所以我在第1章里说，马尔萨斯理论灰暗，真相比马尔萨斯的想象更灰暗。但是，凝视深渊不代表渴望深渊。我曾看到有人批评刘慈欣，说他的《三体》中托马斯·维德[①]的名言“失去人性，失去很多；失去兽性，失去一切”是宣扬丛林法则，说刘慈欣身上带着“酱缸文化”的烙印。在这样的批评家眼里，本书出自一位中国学者之手，大概也不是偶然的。

但他们其实是模糊了社会科学和人文创作的区别。扪心自问，科学理论不是我想信哪个就能信哪个的，模型不是我想写成什么样就能写成什么样的。本书通过求解模型和计算机模拟所得到的大多数结论都不在我预料之内。对于平衡增长理论，我也尝试过其他三个解释。它们人畜无害，岁月静好，但就是缺乏解释力。时至今日，我也只发现族群竞择这一个机制能解释平衡增长——根本没有余地按照个人口味来做选择。

作为经济学家，我的首要使命是逼近真相，把真相讲出来，而不是评判真相好不好，更不能因为道德判断扭曲对真相的认知和表述。

---

① 《三体》中的人物，极端理性的马基雅维利主义者。

我们不能因为族群竞择理论刻画了历史的黑暗面，就否定族群竞择理论；不能因为某个主流叙事“傻白甜”，就把童话当历史。我何尝不希望人类有一个童话般的过去，并以此预言一个童话般的未来？但那是事实吗？掩耳盗铃，铃就不响了吗？

如果把维德的话搬到文明史的语境中，把人性理解为效用品文化，把兽性理解为生存品文化，或者把人性理解为文明导向，把兽性理解为生存导向，那么这本书通过推理所得到的结论是，人性本有无数种可能——理论上说，文明有无数种方式去放浪自己。但真正解放了人性，让人性免于兽性的摧残，从而使人性得到最大发展的富种起源之路——工业化、民族主义、中央集权、军商循环——无一例外，都是人性与兽性的结合体。这是现代文明的第一性原理。

这是一部追问人性根源的作品，所以书名叫“富种起源”，本书并没有鼓吹兽性压倒人性的意思。在兽性与人性暂相和谐的时代，我们难得有余地去张扬人性。中国能够和平崛起，在国际舞台上奉“王道”而黜“霸道”，也拜这个时代背景所赐。

张扬人性、防范兽性，并不完全是因为人性好、兽性不好。如果仅仅把认识停留在这个层面，那就低估了霸权国家以邻为壑、独尊跋扈可能造成的灾难。损失国家信誉只是小事，导致增长纪元过早结束才是最让人悬心的大事。

但是，张扬人性绝不能空谈人性的优越，而忽视人性要与兽性相结合的道理。把程心[1]选出来摆到执剑人的位置，难道人性和文明就

---

[1] 《三体》中的人物，其性格接近善良的普通人。身处关键岗位，她的抉择陷人类文明于绝境。

高枕无忧了？克制攻击性，绝非放弃爪牙。历史以斑斑血泪作注，维德说得没错，“失去人性，失去很多；失去兽性，失去一切”。没有兽性支持的人性，不能与生存主义相谐的文明成果，注定是昙花一现。一个有韧劲的文明需要罗辑、维德和章北海[①]持续地涌现，带领社会应对危机。

1959 年，BBC（英国广播公司）采访 87 岁高龄的罗素。采访者问道：“假定这段录像，将被我们的后人看到，如同死海古卷在一千年后被人看见，关于您所经历的一生和从中的感悟，您觉得有什么该对他们那一代人说的呢？”

罗素回答道：

> 我想要说两点，一者关乎智慧，一者关乎道德。
>
> 有关智慧，我想对他们说的是：不管你是在研究什么事物，还是在思考任何观点，只问你自己，事实是什么，以及这些事实所指向的真相是什么，而不是自己更愿意相信什么，或是让人们相信什么对社会更好，永远不要被那些想法左右。只是单单去审视什么才是事实。这是我想说的，关于智慧的一点。
>
> 有关道德，我想对他们说的十分简单。我要说：爱是明智的，恨是愚蠢的。在这个日益紧密相连的世界，我们必须学会彼此容忍，我们必须学会接受这样一个事实：总会有人说出我们不想听的话。只有这样，我们才有可能共同生存。假如我们想要共

---

① 《三体》中的人物，思想深邃，信念坚定，手段奇诡，即使与整个时代逆行，也坚持心中所悟透的真理。

存，而非共亡，我们就必须学会这种善意与宽容。它们对于人类在这个星球上的存续至关重要。

善哉。

但我怕一千年后的人类会说："这个叫罗素的有福气，他一定是增长纪元里的人。"

附　录

吉芬物品与多重均衡

只要修过经济学原理课，你一定听说过奢侈品和必需品这对概念。奢侈品是那些需求收入弹性大于 1 的商品。你年收入 10 万时，一年花 2 000 元旅游；你年收入 20 万时，一年花 1 万元旅游。旅游需求的增长率比收入的增长率高，旅游就是奢侈品。而必需品是需求收入弹性在 0 到 1 之间的商品。你年收入 10 万时，吃大米花 2 000 元；年收入 20 万时，吃大米花 2 200 元。大米需求的增长率赶不上收入的增长率，大米就是必需品。一般来说，效用品包含了更多的奢侈品，需求收入弹性要高于生存品。所以，当效用品技术发生进步，人均收入提高时，效用品的需求也会随之提高，无差异曲线会变得更加平坦，而这又会进一步提高均衡人均收入。

一旦考虑效用品和生存品不同的需求收入弹性，可能出现一个有趣的结果。在传统马尔萨斯模型中，如果地震、海啸这样的灾害摧毁了大量的生产资料，人口会随之减少，人均收入最终仍会恢复到灾害前的水平。但是，在两部门模型下，如果生存品既不是奢侈品，也不是必需品，而是劣等品——需求收入弹性小于 0（收入越高，需求越少，比如土豆和番薯），那么图 16.1（a）那样的情况有可能会发生：生产资料被毁，生产可能性边界萎缩后，陷入绝境的人们为了活命，放弃奢侈淫逸的生活，转而勒紧腰带，节衣缩食，渡过难关。这种艰苦朴素的作风使他们避免了人口的下降，经济从 E 点移动到 E' 点，落到了人口平衡线的右侧而不是左侧，人口不减反增。短期内这似乎是人定胜天的伟大胜利，但最终，长期均衡锁入了更低的 E" 点而无法回到最初的 E 点。从事经济学研究的读者也许猜得出来，这背后有一个多重均衡。在多重均衡下，用节衣缩食应对危机，反而会使经济陷入长期贫困陷阱。这个结论听起来和凯恩斯主义有相似之处，但机制是不同的。可以证明，只有在生存品是吉芬物品（一种极端而罕见的“劣等品”）时，多重均衡才可能出现（证明略需技巧，如果你对多重均衡的分析感兴趣，可以阅读下一节）。

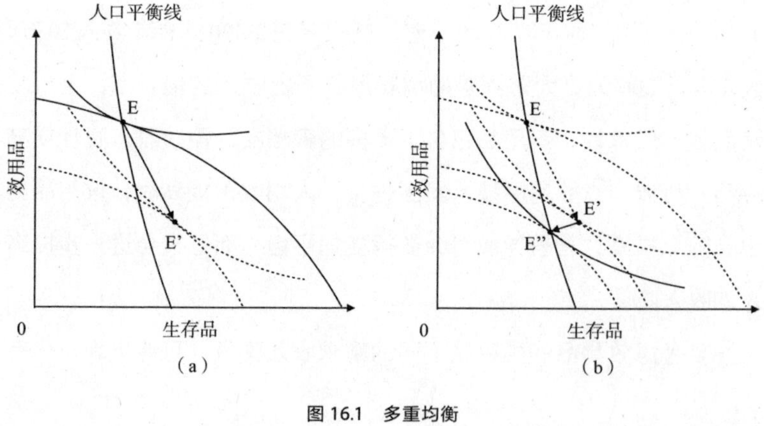

图 16.1　多重均衡

按理说，即使出现多重均衡，一个经济真要从一个均衡跳跃到另一个均衡，也依赖许多巧合，在现实世界中应该颇为罕见。不过，19 世纪的爱尔兰可能经历过从低均衡向高均衡的跳跃。爱尔兰的人口在大饥荒后损失近半，但是饥荒过后，人口并没有恢复增长，而是持续下降，直到 100 年后（20 世纪后半叶）才走出谷底。这很可能是因为土豆是一种吉芬物品，人们一旦摆脱了以土豆为主的饮食方式，就跳入了高均衡，再加上工业革命四处开花，爱尔兰终于摆脱了产出结构生存品化的梦魇。巧合的是，经济学期刊《政治经济学杂志》（*Journal of Political Economy*）上还真有一篇论文说土豆在 19 世纪上半叶的爱尔兰是一种吉芬物品（Davies, 1994）。如果这个说法成立，爱尔兰的确有可能在大饥荒后经历了多重均衡间的跳跃。果真如此，这应该是吉芬物品这个概念第一次超越理论趣味，在现实世界中的重大影响被发现[①]。

产出结构定理和效用品免费定理的几何证明

本书第 2 章的图示模型似乎暗示：保持其他条件不变，只要一个经济的产出结构（或社会文化）更加倾向于效用品，这个经济的均衡人均福利就会更高。可惜，这一命题并不成立（本书正文也已指出了这一点）。例外是存在的，但所有的例外都是多重均衡造成的。所以，只要我们绕开多重均衡，就能获得类似于上述理想命题的定理：

---

① 对吉芬物品旧有的实证都局限于验证一种产品是不是吉芬物品，完全把吉芬物品本身当作一种现象看待。而在两部门多重均衡的案例中，吉芬物品将少有地作为一种前提出现，导致其他影响深远的社会现象。

产出结构定理：（a）对一个处于稳定均衡中的经济，一个正向的效用品（生存品）技术冲击总会提高（降低）均衡人均福利。(b) 只要生存品不是吉芬物品，那么保持其他条件相当，一个产出结构更加效用品化（生存品化）的经济肯定拥有更高（更低）的均衡人均福利。

效用品免费定理：（a）对一个处于稳定均衡中的经济，一个正向的效用品（生存品）文化冲击总会提高（降低）均衡人均福利。(b) 只要生存品不是吉芬物品，那么保持其他条件相当，一个社会文化更加效用品化（生存品化）的经济肯定拥有更高（更低）的均衡人均福利。

这两个定理，一个有关产出结构，一个有关社会文化。两个定理下，各有两个命题。前一个命题（a）用于对技术（或文化）冲击的分析，后一个命题（b）用于不同社会间的比较。所有的命题都为排除多重均衡而附加了条件。(a) 组命题所附加的条件是"正向技术（或文化）冲击"。(b) 组命题所附加的条件是"生存品不是吉芬物品"。这两个条件都不算太严厉，所以定理有着不错的适用性。

下面进入定理的证明环节。我先陈述定理所需的 6 条假设。其中假设 1 是至关重要的群己矛盾假设，保障两部门的存在。假设 2—6 则是为了能把模型画成我们所熟悉的图形。

假设：

1. 利益冲突假设：效用函数 $U(E)$ 不是人口增长率函数 $n(E)$ 的一个变换。

2. 同质性假设：人们拥有相同的偏好。

3. 严格单调性假设：效用函数 $U(E)$ 和人口增长率函数 $n(E)$ 对消费 E 严格单增。

4. 禀赋经济假设：假设一个禀赋经济，劳动力不是生产要素。当人口为 H 时，个体的消费选择集是总体生产可能性集合的 $1/H$。(只要保证生产可能性边界随人口等比例缩放，这个假设可以放松。)

5. 偏好保序性假设：如果一件商品在某个消费点 E 上相对于另一件商品是效用品，那么前者在任何消费点上相对后者都是效用品。

6. 凹性和连续性假设：效用函数连续、严格凹、连续可微。生产可能性边界连续、严格凹，生产函数连续可微。

证明：

采用本书第 2 章两部门马尔萨斯模型的设定：一个孤立经济，由一条人口平衡线、一簇无差异曲线和一簇人均生产可能性边界所描述。

如图 16.2 所示，从坐标系的原点向第一象限任意画一道射线，记此射线与横轴的夹角为 $k \in \left(0, \frac{\pi}{2}\right)$。射线与人口平衡线的交点由 k 决定，记为 E(k)。

因为偏好是完备的，所以必定存在唯一的一条无差异曲线穿过 E(k) 点。记此无差异曲线在 E(k) 点的斜率的绝对值为 $u(k)$。

同样的，必定存在唯一的一条生产可能性边界穿过 E(k) 点。记此生产可能性边界在 E(k) 点的斜率的绝对值为 $p(k)$。因为生产可能性边界连续且严格凹，所以 $p(k)$ 的导数 $p'(k) < 0$——夹角越大 $p(k)$ 越小。

把 $u(k)$ 和 $p(k)$ 函数画在同一个坐标系内，如图 16.3（a）。当且仅当 $u(k) = p(k)$ 时，经济达到均衡。因为 $u(0) < p(0)$ 而 $u\left(\frac{\pi}{2}\right) > p\left(\frac{\pi}{2}\right)$，要保证均衡的存在性，只要 $u(k)$ 连续即可。沿着递减的 $p(k)$ 曲线，可能出现多重均衡。易知，$u(k)$ 从下穿越 $p(k)$ 的交点是稳定均衡，$u(k)$ 从上穿

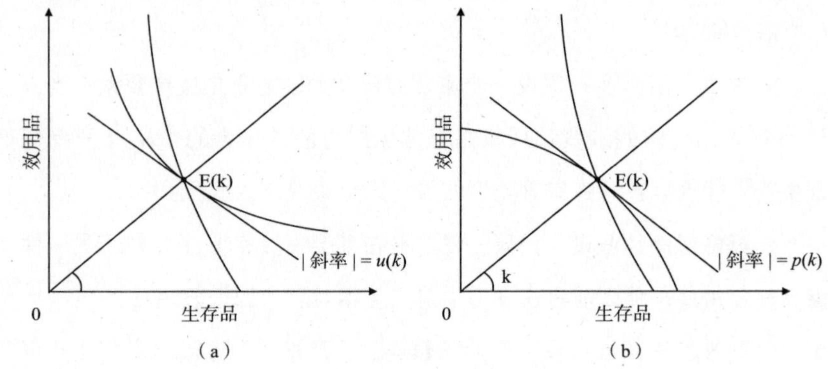

图 16.2　斜率函数 $u(k)$ 和 $p(k)$

越 $p(k)$ 的交点是不稳定均衡。图 16.3（b）就画了一个不稳定均衡 $E(k_1)$，当 k_2 略大于 k_1 时，$u(k_2)$ 居然比 $p(k_2)$ 还要小，显然当经济处于 $E(k_2)$ 时，人口还得继续萎缩，人均生产可能性边界还得继续向外扩张才能恢复均衡。因此 $E(k_1)$ 是一个不稳定均衡。

如果 $u(k)/p(k)$ 图中只有一个（稳定）均衡，无论是产出结构定理还是效用品免费定理，无论是定理的（a）形式还是（b）形式，显然都是成立的。当产出结构变得更加效用品化时，生产可能性边界变得更加陡峭，对每一个 k 值，$p(k)$ 都增加了，$p(k)$ 曲线向上移动。如图 16.4（a）所示，新的均衡 k_1 一定比旧均衡 k_0 大，对应的人均福利也更高。与此相似，当社会文化变得更加效用品化，无差异曲线变得更加扁平，$u(k)$ 曲线向下移动。如图 16.4(b）所示，新的均衡 k_1 也一定比旧均衡 k_0 大，对应的人均福利更高。

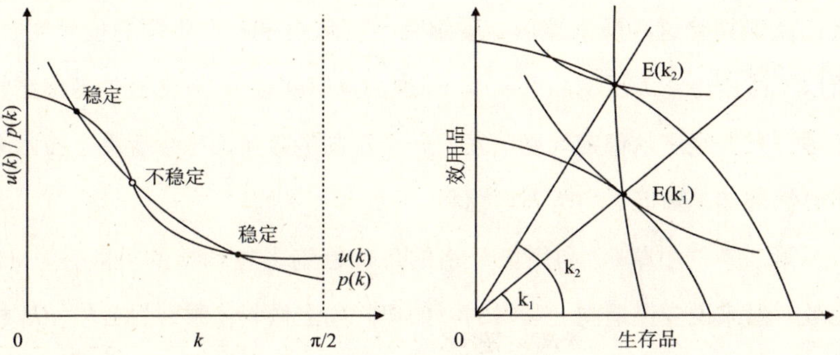

图 16.3　不稳定均衡

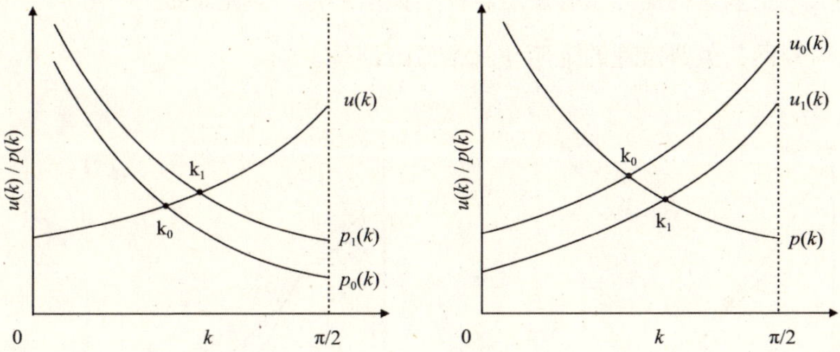

图 16.4　定理的证明

但是，当存在多重均衡时，有可能会出现图 16.5 中的情形，新均衡反而比旧均衡小。所以，我们需要理论上的“山后小路”来包抄解决这个关卡。这样的“小路”有两条。

第一条“小路”，把定理的使用场景限制在技术进步的情形中。要让一个更加效用品化的产出结构反而对应一个更低的均衡，$p(k)$ 的上移必须伴随着产出的极度萎缩[①]。如果我们只看技术进步，不看技术衰退，我们就能剔除这种反常情形（爱尔兰土豆危机是一次负向的技术冲击，所以不能剔除作为反例的可能）。于是，我们就有了 (a) 形式的产出结构定理：只要经济从稳定均衡出发，一个正向的效用品（生存品）技术冲击必然增加（降低）均衡人均福利。

第二条“小路”，利用更严格的条件杜绝多重均衡的可能性。$u(k)$ 函数一般来说应该是向上倾斜的，如果它向上倾斜，那么只会与 $p(k)$ 相交一次，产生一个稳定均衡。多重均衡的前提是 $u(k)$ 函数向下倾斜。又可证明，如果 $u(k)$ 函数向下倾斜，那么生存品是一个吉芬物品。所以，只要生存品不是吉芬物品，$u(k)$ 就不会向下倾斜，也就不会与 $p(k)$ 相交多次产生多重均衡。没有多重均衡，如前所述，则定理成立。

效用品免费定理的证明与此相似。证毕。

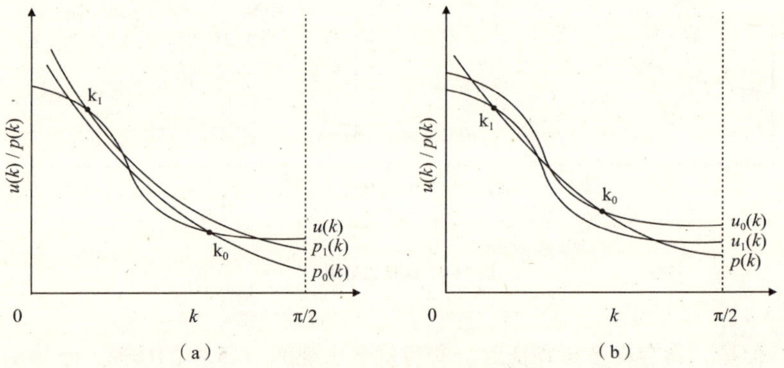

图 16.5　多重均衡造成的麻烦

① 生产可能性边界的形状变化表现为 $p(k)$ 曲线本身的移动，生产可能性边界大小的变化则表现为经济沿着 $p(k)$ 曲线移动。

代数版的两部门模型

本节将用一个简单的代数模型来呈现一个孤立的两部门经济的三种比较静态结果。代表性经济人选择其生存品消费 x 和效用品消费 y，以最大化一个 Cobb-Douglas 效用函数：

$$\max U(x,y) = x^{1-\beta} y^{\beta}$$

此函数规模报酬不变的特性（constant returns to scale）赋予效用数值以具体的含义：当两类消费双双倍增时，效用值也将增加相同的倍数。

设生存品生产函数为 $X = AL_A^{1-\gamma_A} H_A^{\gamma_A}$，效用品生产函数为 $Y = BL_B^{1-\gamma_B} H_B^{\gamma_B}$。$L_A$ 和 L_B 是生产生存品 A 和效用品 B 各自使用的土地，其总和为 L，即 $L_A + L_B = L$。H_A 和 H_B 是生产生存品 A 和效用品 B 各自使用的劳动力（人口），其总和为 H，即 $H_A + H_B = H$。A 和 B 分别是两个部门各自的技术水平。

假设一 $\gamma_A = \gamma_B \equiv \gamma < 1$

凭借 $\gamma_A = \gamma_B$ 的假设，人口增长和萎缩将对两个部门产生等比例的影响[①]。在正文的图示模型里，这对应生产可能性边界在人口变动时的形状不变的缩放。因为劳动报酬递减，γ_A、γ_B 都小于 1。

求解土地和劳动约束下的效用最大化问题，可以得到：

$$x = A(1-\beta)\left(\frac{H}{L}\right)^{\gamma-1}$$

---

① 我与三位合作者合写的一篇论文曾解得这一假设放松后的一般解（Dutta et al., 2018）。

$$y = B\beta\left(\frac{H}{L}\right)^{\gamma-1}$$

把这两个式子代入 $U = x^{1-\beta}y^{\beta}$：

$$U = A\left(\frac{H}{L}\right)^{\gamma-1}\left(\frac{B}{A}\right)^{\beta}(1-\beta)^{1-\beta}\beta^{\beta}$$

已知其中 $A\left(\frac{H}{L}\right)^{\gamma-1}(1-\beta) = x$，因此：

$$U = x\left(\frac{B}{A}\right)^{\beta}\left(\frac{\beta}{1-\beta}\right)^{\beta}$$

此经济通过人口的调整趋于均衡。在此孤立经济中，人口的净增长率 g_H 等于人口自然增长率 n。假设人口自然增长率仅取决于人均生存品消费。

假设二 $g_H \equiv \frac{\dot{H}}{H} = n = \delta(\ln x - \ln\bar{x})$，**且** $\delta > 0$

$\bar{x}$ 是使人口保持不变的人均生存品消费水平，对应一条垂直的人口平衡线在 x 轴上的截距。在静态均衡中，$x = \bar{x}$。因此：

结论一 $U^{E} = \bar{x}\left(\frac{B}{A}\right)^{\beta}\left(\frac{\beta}{1-\beta}\right)^{\beta}$

均衡人均效用随着产出结构效用品化程度（$\frac{B}{A}$）、对效用品的相对偏好（β）和维持人口平衡所需的人均生存品消费（$\bar{x}$）的增长而增长。

结论一恰好对应图示模型所揭示的 3 个比较静态结果。

在这个孤立经济中，假设生存品技术 A 以 g_A 速度增长，效用品技术 B 以 g_B 速度增长，人均福利 U 的增长速度 g 将是多少呢？欲解此题，先证明以下引理：

引理二 $g_A - (1-\gamma)g_H$ **趋于 0**

证明：

已知人口的变动服从 $g_H = \delta(\ln x - \ln \bar{x})$，而将土地供给标准化为 1 后：

$$x = A(1-\beta)^{\gamma} H^{\gamma-1}$$

代入 g_H 的表达式，得到：

$$g_H = \delta\left[\ln A + \gamma \ln(1-\beta) + (\gamma-1)\ln H - \ln \bar{x}\right]$$

用 M 指代 $\ln A + (\gamma-1)\ln H$，那么：

$$g_H = \delta\left[M + \gamma \ln(1-\beta) - \ln \bar{x}\right]$$

M 的运动服从：

$$\mathrm{d}M = g_A + (\gamma-1) g_H = g_A + (\gamma-1)\delta\left[M + \gamma \ln(1-\beta) - \ln \bar{x}\right]$$

由于 $(\gamma-1)\delta < 0$，M 将稳定于 M^*：

$$M^* = \frac{g_A}{(1-\gamma)\delta} - \gamma \ln(1-\beta) + \ln \bar{x}$$

而 $\mathrm{d}M = g_A + (\gamma-1) g_H$ 将趋向于 0。证毕。

定理三　g_U 趋向于 $\beta(g_B - g_A)$

证明：

首先，需要将 U 表达为 A 和 B 的函数。因为动态均衡将略微偏离静态均衡，所以我们需要从下式开始推导：

$$U = A\left(\frac{H}{L}\right)^{\gamma-1}\left(\frac{B}{A}\right)^{\beta}(1-\beta)^{1-\beta}\beta^{\beta}$$

将上式两边进行对数线性化，得到：

$$g_U = \beta(g_B - g_A) + g_A - (1-\gamma) g_H$$

由引理二知 $g_A - (1-\gamma) g_H$ 趋向于 0，因此，g_U 趋向于 $\beta(g_B - g_A)$。证毕。

人口漏斗模型

假设有无数个村庄（一片村庄的海洋），所有村庄初始时都有相同的技术水平和人口水平，且人口数量恰处于平衡状态。随着时间的流逝，所有村庄的生存品技术和效用品技术都停滞于 A' 和 B'，只有一个村庄——钻石村例外。在钻石村里，生存品技术 A^* 和其他村庄一样都始终停滞于 A'，但是它的效用品技术 B^* 倾向于以速度 g 增长。当 $B^* > B'$ 时，钻石村就会吸引移民。

假设三　村庄间不存在贸易，但是移民无成本

零摩擦的移民意味着在动态均衡中村庄之间不存在效用品水平的差异。由于周围是一片村庄的海洋，移民对周围任何一个村庄的影响可以忽略不计，因此均衡情况下，$U^* = U'$。由前述两部门模型已经得到 $U = x\left(\frac{B}{A}\right)^{\beta}\left(\frac{\beta}{1-\beta}\right)^{\beta}$，所以在零摩擦的动态移民均衡下：

$$x^*\left(\frac{B^*}{A^*}\right)^{\beta}\left(\frac{\beta}{1-\beta}\right)^{\beta} = x'\left(\frac{B'}{A'}\right)^{\beta}\left(\frac{\beta}{1-\beta}\right)^{\beta}$$

上式中 x^*、x' 分别是钻石村和其他村庄的人均生存品消费量。上式整理并对数化后可得：

$$\ln x^* - \ln x' = -\beta\left[\ln\left(\frac{B^*}{A^*}\right) - \ln\left(\frac{B'}{A'}\right)\right]$$

定义钻石村的移民率 m。在均衡时，钻石村人口平衡，移民恰好填补人口的自然减损：

$$m + n = 0$$

因此，$m = -n = -\delta\left(\ln x^* - \ln\overline{x}\right)$。其他村庄在均衡时 $x' = \overline{x}$。定义效

用品相对生产率 $s^* \equiv \ln\left(\frac{B^*}{A^*}\right)$，$s' \equiv \ln\left(\frac{B'}{A'}\right)$。我们得到移民与产出结构的关系：

定理四 $m = \beta\delta\left(s^* - s'\right)$

移民率正比于地区间效用品相对生产率之差。产出结构倾向于效用品的地区将吸引移民。

移民传播技术。假设移民通过等比例替换人口的方式来替换移民吸收地区的技术水平：

假设四 从时间 t 到 $t+\Delta t$，钻石村的效用品技术以如下方式更新：

$$B^*\left(t+\Delta t\right) = B^*\left(t\right)^{1-m\Delta t} B'\left(t\right)^{m\Delta t}\left(1+g\Delta t\right)$$

对上式左右两边各除以 A' 后做对数化，并求 $\Delta t \to 0$ 时的极限，我们可以得到：

$$s^* = g - \delta\beta\left(s^* - s'\right)^2$$

这个微分方程有一个稳定的均衡：

定理五 在长期，即使钻石村的效用品技术 B^* 具有以速度 g 增长的潜力，但是钻石村的效用品相对生产率 $s^* \equiv \ln\left(\frac{B^*}{A^*}\right)$ 仍将稳定于 $\overline{s^*} = s' + \sqrt{\frac{g}{\delta\beta}}$。

增长潜力 g 对稳定点只有水平效应，没有增长效应。

技术竞择的双城模型

人口漏斗模型是一个局部均衡模型，抹除了钻石村在吸纳移民时对其他村庄的影响。本节，我们要考察一个两地区模型，以包括漏斗模型所忽略的一般均衡效应。

假设存在两个地区，村庄 1 和村庄 2。它们的生存品技术 A_1 和 A_2 始终相等，并以相同的速度 g_A 增长（这一点确保了两个地区始终保持相等的人口，在核心结论不失一般性的前提下使模型可解）。它们的效用品技术 B_1 和 B_2 按照下式随机漂移：

$$\mathrm{d}\ln B_i = \left(g_A + g\right)\mathrm{d}t + \sigma \mathrm{d}z_i$$

此式中 $g > 0$ 刻画了两个地区内部效用品技术相对于生存品技术的天然增长优势。扰动项 $z_i\left(i = 1,2\right)$ 是布朗运动项，z_1 和 z_2 彼此独立，且 $Var\left(\sigma \mathrm{d}z_i\right) = \sigma^2 \mathrm{d}t, \forall i = 1,2$。这两个布朗运动项是地区间差异的来源，由此产生了人口漏斗式的移民。仍然定义 $s_i \equiv \ln\left(\frac{B_i}{A_i}\right)$，则上式可写作：

$$\mathrm{d}s_i = g\mathrm{d}t + \sigma \mathrm{d}z_i$$

这是效用品相对生产率 s 的“天然”变化，尚未考虑地区间移民带来的技术替代。而这种天然变化由于 $g > 0$ 显然趋于无限增长。但是，移民产生的技术竞择会“拖累” s 的增长。只要 $s_1 \neq s_2$，竞择就发生作用。由上节人口漏斗模型相似的计算可以得到竞择效果的表达式，从而使 s_i 真正的变化率变成：

$$\mathrm{d}s_i = \left[g - I_{\{s_i > s_j\}} \beta\delta\left(s_i - s_j\right)^2\right]\mathrm{d}t + \sigma \mathrm{d}z_i$$

$I_{\{s_i > s_j\}}$ 是指示函数，当 $s_i > s_j$ 时，它等于 1，否则等于 0。如果 $s_1 > s_2$，村庄 1 的效用品相对丰富，会吸引村庄 2 的人口移民进来，从而把村庄 1 的效用品相对生产率 s_1 “拖”向接近 s_2 的水平。如果 $s_1 < s_2$，村庄 1 的生存品相对丰富，只会有人从村庄 1 移民到村庄 2，村庄 1 的技术不会受到移民的影响。

因为我们忽略社会文化（β）的差异和变化，效用品水平完全取决于效用品相对生产率 s。所以要考察这两个地区构成的整体世界的效用品变化，只要关注 s_1 和 s_2 的均值 $\mu=\frac{1}{2}(s_1+s_2)$ 和方差 $\nu=\frac{1}{2}(s_1-s_2)^2$ 即可[①]。

根据伊藤引理，得到：

$$\mathrm{d}\mu=(g-\beta\delta\nu)\mathrm{d}t+\frac{\sqrt{2}}{2}\sigma\mathrm{d}z$$

$$\mathrm{d}\nu=\left(\sigma^2-2\sqrt{2}\beta\delta\nu^{\frac{3}{2}}\right)\mathrm{d}t+2\sqrt{\nu}\sigma\mathrm{d}z$$

其中 z 是布朗运动项。

对 $\mathrm{d}\mu$ 的表达式两边取长期的期望，得到：

$$\underset{t\to\infty}{E}\left(\frac{\mathrm{d}\mu}{\mathrm{d}t}\right)=g-\beta\delta\underset{t\to\infty}{E}(\nu)$$

定义 $S\equiv\beta\delta\underset{t\to\infty}{E}(\nu)$。$S$ 就是竞择效应。$(g-S)$ 的正负就是增长效应和竞择效应间比拼的结果。如果 $g>S$，增长压倒竞择；反之，竞择压倒增长。现在关键的问题是，$\underset{t\to\infty}{E}(\nu)$ 到底多大？下面我们就要求解 $\underset{t\to\infty}{E}(\nu)$。

定义 $\lambda\equiv\beta\delta$，称之为“竞择系数”。仍然使用伊藤引理，得到：

$$\mathrm{d}\nu^x=\left[\sigma^2x(2x-1)\nu^{x-1}-2\sqrt{2}|\lambda|x\nu^{x+\frac{1}{2}}\right]\mathrm{d}t+2\sigma x\nu^{x-\frac{1}{2}}\mathrm{d}z$$

因为 $\underset{t\to\infty}{E}(\mathrm{d}\nu^x)=0$，所以对上述等式右边取长期期望后，它也应该等于 0：

$$\sigma^2x(2x-1)\underset{t\to\infty}{E}(\nu^{x-1})-2\sqrt{2}|\lambda|x\underset{t\to\infty}{E}\left(\nu^{x+\frac{1}{2}}\right)=0$$

令 $f(x)\equiv\underset{t\to\infty}{E}(\nu^x)$，$a\equiv\frac{\sigma^2}{2\sqrt{2}|\lambda|}$，上式可以写成一则通项公式：

---

① ν 是样本方差：$\nu\equiv\frac{1}{2}(s_1-s_2)^2=\left[s_1-\frac{1}{2}(s_1+s_2)\right]^2+\left[s_2-\frac{1}{2}(s_1+s_2)\right]^2$。

$$f\left(x+\frac{3}{2}\right)=a(2x+1)f(x)$$

且此通项公式满足 $f(0)=\underset{t\to\infty}{E}\left(\nu^{0}\right)=1$ 。

这个通项公式的通解：

$$f(x)=\frac{1}{3}(3a)^{\frac{2}{3}x}\,\text{Pochhammer}\left(\frac{4}{3},\frac{2}{3}x-1\right)$$

令 $x=1$，

$$f(1)=\frac{a^{\frac{2}{3}}}{3^{\frac{1}{3}}\text{Gamma}\left(\frac{4}{3}\right)}$$

定义 $k\equiv\frac{1}{2}\left[3^{\frac{1}{3}}\text{Gamma}\left(\frac{4}{3}\right)\right]^{-1}\approx 0.39$，那么 $f(1)$ 可以写成 $2ka^{\frac{2}{3}}$。所以：

$$\underset{t\to\infty}{E}(\nu)=f(1)=2k\left[\frac{\sigma^{2}}{2\sqrt{2}|\lambda|}\right]^{\frac{2}{3}}$$

将之代入 $S\equiv\beta\delta\underset{t\to\infty}{E}(\nu)$，得到：

$S=k(\beta\delta)^{\frac{1}{3}}\left(\sigma^{2}\right)^{\frac{2}{3}}$

由此，我们解得竞择压倒增长的边界条件：

定理六　在双城模型中，竞择压倒增长，当且仅当 $g\leq k(\beta\delta)^{\frac{1}{3}}\left(\sigma^{2}\right)^{\frac{2}{3}}$，否则，增长压倒竞择。

参考文献

ACEMOGLU D. Oligarchic versus Democratic Societies[J]. Journal of the European Economic Association, 2008, 6(1): 1-44.

ACEMOGLU D, ROBINSON J A. Why Nations Fail: The Origins of Power, Prosperity, and Poverty[M]. New York: Crown Books, 2012.

ALESINA A, REICH B, RIBONI A. Nation-building, Nationalism and Wars[J]. National Bureau of Economic Research, 2020, 25(4): 381-430.

ALLEN R C. A Review of Gregory Clark's a Farewell to Alms: A Brief Economic History of the World[J]. Journal of Economic Literature, 2008, 46(4): 946-973.

ALLEN R C, BASSINO J P, MA D, et al. Wages, Prices, and Living Standards in China, 1738–1925: In Comparison with Europe, Japan, and India[J].The Economic History Review, 2011, 64: 8-38.

ASHRAF Q, GALOR O. Dynamics and Stagnation in the Malthusian Epoch[J]. The American Economic Review, 2011: 2003-2041.

AXELROD R. The Dissemination of Culture: A Model with Local Convergence and Global Polarization[J]. Journal of conflict resolution, 1997, 41(2): 203-226.

BATEN J, MA D, MORGAN S, et al. Evolution of Living Standards and Human Capital in China in the 18–20th Centuries: Evidence from Real Wages, Age-heaping, and Anthropometrics[J]. Explorations in Economic History, 2010, 47(3): 347-359.

BATTIN J. When Good Animals Love Bad Habitats: Ecological Traps and the Conservation of Animal Populations[J]. Conservation Biology, 2004, 18(6): 1482-1491.

BAUMOL W J. Entrepreneurship: Productive, Unproductive, and Destructive[J]. Journal of Political Economy, 1990: 893-921.

BECKER G S. An Economic Analysis of Fertility[C] //National Bureau of Economic Research, Special Conference Series II: Demographic and Economic Change in Developed Countries. Universities-National Bureau. New York: Columbia University Press, 1960.

BERNARD F. Éléments de Paléontologie: Vol. 1[M]. Paris: Bailliére & Son, 1895.

BREWER J. The Sinews of Power: War, Money, and the English State, 1688–1783[M]. Boston: Harvard University Press, 1990.

BROADBERRY S, GUAN H, Li D D. China, Europe and the Great Divergence: A Study in Historical National Accounting, 950–1850[J]. The Journal of Economic History, 2018, 78(4): 955-1000.

BROADBERRY S, GUPTA B. The Early Modern Great Divergence: Wages, Prices and Economic Development in Europe and Asia, 1500–1801[J]. The Economic History Review, 2006, 59(1): 2-31.

CAMPBELL B M. Nature as Historical Protagonist: Environment and Society in Pre-Industrial England[J]. The Economic History Review, 2010, 63(2): 281-314.

CHIARINI B. Was Malthus Right? The Relationship between Population and Real Wages in Italian History, 1320 to 1870[J]. Explorations in Economic History, 2010, 47(4): 460-475.

CLARK G. A Farewell to Alms: A Brief Economic History of the World [M]. Princeton: Princeton University Press, 2008.

CLARK G. The Macroeconomic Aggregates for England, 1209–2008[J]. Research In Economic History, 2010, 27: 51-140.

COOK E. The Flow of Energy in an Industrial Society[J]. Scientific American, 1971, 225(3): 134-147.

DAVIES J E. Giffen Goods, the Survival Imperative, and the Irish Potato Culture[J].

Journal of Political Economy, 1994: 547-565.

DAWKINS R. The Selfish Gene[M]. New York: Oxford University Press, 1976.

DE FRAJA G. The Origin of Utility: Sexual Selection and Conspicuous Consumption[J]. Journal of Economic Behavior & Organization, 2009.

DE LONG J B, SHLEIFER A. Princes and Merchants: European City Growth before the Industrial Revolution[J]. The Journal of Law and Economics, 1993.

DE LONG J B. The "General Glut" of Thomas Robert Malthus[EB/OL].（2010-03-03）https://www.bradford-delong.com/2010/03/the-general-glut-of-thomas-robert-malthus.html.

DE VRIES J. European Urbanisation, 1500–1800, vol. 4[M]. London: Routledge, 2006.

DE VRIES J. Book Review: A Farewell to Alms: A Brief Economic History of the World. By Gregory Clark[J]. The Journal of Economic History, 2008, 68(4): 1180-1181.

DIAMOND J. The Worst Mistake in the History of the Human Race[J]. Discover (May), 1987.

DIAMOND J. Guns, Germs, and Steel: The Fates of Human Societies[M]. New York: W. W. Norton & Company, 1997.

DIAMOND J. Collapse: How Societies Choose to Fail or Succeed[M]. London: Penguin, 2005.

DIAMOND J. The Third Chimpanzee[M]. London: Oneworld Publications, 2014.

DONOVAN T M、THOMPSON III F R. Modeling the Ecological Trap Hypothesis: A Habitat and Demographic Analysis for Migrant Songbirds[J]. Ecological Applications, 2001, 11(3): 871-882.

DUFLO E, BANERJEE A. Poor Economics[M]. New York: PublicAffairs, 2011.

DUTTA R, LEVINE D, PAPAGEORGE N, et al. Entertaining Malthus: Bread, Circuses, and Economic Growth[J]. Economic Inquiry, 2018, 56(1): 358-380.

ERDKAMP P. Economic Growth in the Roman Mediterranean World: An Early Goodbye to Malthus?[J]. Explorations in Economic History, 2016, 60: 1-20.

FACCARELLO G, IZUMO M, MORISHITA H (eds). Malthus Across Nations: The Reception of Thomas Robert Malthus in Europe, America and Japan[M]. Cheltenham: Edward Elgar Publishing, 2020.

FERNIHOUGH A. Malthusian Dynamics in a Diverging Europe: Northern Italy,

1650–1881[J]. Demography, 2013, 50(1): 311-332.

FRIEDMAN M. The Methodology of Positive Economics[J]. Essays in Positive Economics, 1953: 3 (8).

FRIEDMAN M. Capitalism and Freedom[M]. Chicago: University of Chicago Press, 1962.

FUKUYAMA F. The Eighteenth-Century Hockey Stick[J]. The SAIS Review of International Affairs, 2008, 28(1):187-189.

FUKUYAMA F. The Origins of Political Order: From Prehuman Times to the French Revolution[M]. New York: Farrar, Straus, and Giroux, 2011.

GALOR O. Unified Growth Theory[M]. Princeton:Princeton University Press, 2011.

GALOR O, MOAV O. Natural Selection and the Origin of Economic Growth[J]. The Quarterly Journal of Economics, 2002, 117(4): 1133-1191.

GALOR O, WEIL D N. Population, Technology, and Growth: From Malthusian Stagnation to the Demographic Transition and Beyond[J]. The American Economic Review, 2000, 90(4): 806-828.

GENNAIOLI N, VOTH H J. State Capacity and Military Conflict[J]. The Review of Economic Studies, 2015, 82(4): 1409-1448.

GORODNICHENKO Y, ROLAND G. Individualism, Innovation, and Long-Run Growth[J]. Proceedings of the National Academy of Sciences, 2011, 108(4): 21316-21319.

GORODNICHENKO Y, ROLAND G. Culture, Institutions, and the Wealth of Nations[J]. Review of Economics and Statistics, 2017, 99(3): 402-416.

GOULD S J, ELDREDGE, N. Punctuated Equilibria: An Alternative to Phyletic Gradualism[J]. Models in Paleobiology, 1972: 82-115.

GOULD S J, ELDREDGE N. Punctuated Equilibria: The Tempo and Mode of Evolution Reconsidered[J]. Paleobiology, 1977: 115-151.

HABICHT J P, MARTORELL R, YARBROUGH C, et al. Height and Weight Standards for Preschool Children: How Relevant Are Ethnic Differences in Growth Potential?[J]. The Lancet, 1974, 303(7858): 611-615.

HANSEN G D, PRESCOTT E C. Malthus to Solow[J]. The American Economic Review, 2002: 1205-1217.

HARPER K. The Fate of Rome: Climate, Disease, and the End of an Empire[M]. Princeton: Princeton University Press, 2017.

HAYEK F A. The Use of Knowledge in Society[J]. The American Economic Review, 1945, 35(4): 519-530.

HERSH J, VOTH H J. Sweet Diversity: Colonial Goods and the Rise of European Living Standards after 1492 [J]. The Journal of Economic History, 2010, 70(2).

HOFFMAN P T. Why Did Europe Conquer the World?[M].Princeton:Princeton University Press, 2015.

HONG S, CANDELONE J P, PATTERSON C C, et al. History of Ancient Copper Smelting Pollution during Roman and Medieval Times Recorded in Greenland Ice[J]. Science, 1996, 272(5259): 246-249.

IANNACCONE L R.Why Strict Churches Are Strong[J].American Journal of Sociology, 1994, 99(5): 1180-1211.

JEDWAB R, JOHNSON N D, KOYAMA M. The economic impact of the Black Death[J]. Journal of Economic Literature, 2022, 60(1): 132-178.

JONES C I. Was an industrial revolution inevitable? Economic growth over the very long run[J]. The BE Journal of Macroeconomics, 2001, 1(2).

KELLY M, Ó GRÁDA C. Living Standards and Mortality Since the Middle Ages[J]. The Economic History Review, 2014, 67(2): 358-381.

KENNEDY P. The Rise and Fall of the Great Powers: Economic Change and Military Conflict from 1500 to 2000[M]. New York: Random House, 1987.

KEYNES J M. Essays in Biography[M]. London: Mercury Books, 1961.

KEYNES J M. Collected Writings of John Maynard Keynes, Vol. 7: The General Theory of Employment, Interest and Money[M]. London: Macmillan for the Royal Economic Society, 1973.

KOEPKE N, BATEN J. The Biological Standard of Living in Europe during the Last Two Millennia[J]. European Review of Economic History, 2005, 9(1): 61-95.

KRUGMAN P. Incidents from My Career[EB/OL]. https://www.princeton.edu/~pkrugman/incidents.html.

LAU L J, QIAN Y, ROLAND G. Reform without Losers: An Interpretation of China's

Dual-Track Approach to Transition[J]. Journal of Political Economy, 2000, 108(1): 120-143.

LEE R D. A Historical Perspective on Economic Aspects of the Population Explosion: The Case of Preindustrial England[G] //EASTERLIN R A. ed. Population and Economic Change in Developing Countries. Chicago: University of Chicago Press. 1980: 517-566.

LEE R D. Population Dynamics of Humans and Other Animals[J]. Demography, 1987, 24 (4): 443-465.

LEE R D, ANDERSON M. Malthus in State Space: Marcoeconomic-Demographic Relations in English History, 1540–1870[J]. Journal of Population Economics, 2002, 15(2): 195-220.

LEE R D. The Demographic Transition: Three Centuries of Fundamental Change[J]. Journal of Economic Perspectives, 2003, 17(4): 167-190.

LIPSEY R G, CARLAW K I, BEKAR C T. Economic Transformations: General Purpose Technologies and Long-Term Economic Growth[M]. New York: Oxford University Press, 2005.

LIU W G. The Chinese Market Economy, 1000-1500[M]. New York: Suny Press, 2015.

LIU W G. The Making of a Fiscal State in Song China, 960–1279[J]. Economic History Review, 2015, 1 (68): 48-78.

MADDISON A.The World Economy: Historical Statistics[M]. Paris: OECD Publishing, 2003.

MAYR E. Change of Genetic Environment and Evolution[C] //HUXLEY J, HARDY A C, FORD E B. Evolution as a Process. London: Allen and Unwin, 1954: 157-180.

MALTHUS, T R. An Essay on the Principle of Population[M]. London: J. Johnson, 1798.

MALTHUS T R. Principles of Political Economy: Considered with a View to Their Practical Application[M]. London: William Pickering, 1836.

MARTINS M J F, PUCKETT T M, LOCKWOOD R, et al. High Male Sexual Investment as a Driver of Extinction in Fossil Ostracods[J]. Nature, 2018, 556: 366-369.

MCCLOSKEY D N. Bourgeois Virtues: Ethics for an Age of Commerce[M]. Chicago: University of Chicago Press, 2006.

MCCLOSKEY D N."You Know, Ernest, The Rich Are Different from You and Me": A Comment on Clark's A Farewell to Alms[J]. European Review of Economic History, 2008, 12(2): 138-148.

MOKYR J. Irish History with the Potato[J]. Irish Economic and Social History, 1981, 8(1): 8-29.

MOKYR J. A Culture of Growth: The Origins of the Modern Economy[M]. Princeton: Princeton Unversity Press, 2016.

MOKYR J. The Past and the Future of Innovation: Some Lessons from Economic History[J]. Explorations in Economic History, 2018, 69: 13-26.

MORRIS I. Why the West Rules-For Now: The Patterns of History, and What They Reveal about the Future[M]. New York: Random House LLC, 2011.

MORRIS I. The Measure of Civilization: How Social Development Decides the Fate of Nations[M]. Princeton: Princeton University Press, 2013.

MOSER P. Patent laws and innovation: evidence from economic history[R/OL]. National Bureau of Economic Research. (2012-12-21). https://www.nber.org/papers/w18631.

NEUMEYER M. More People Doing Better: Disaggregating Energy Capture as a Way Out of the Malthusian Trap[Z]. Working Paper, 2018.

NORDHAUS W D. Do Real-Output and Real-Wage Measures Capture Reality? The History of Lighting Suggests Not[G] //BRESNAHAN T F, GORDON R J. The Economics of New Goods. Chicago: University of Chicago Press, 1996: 27-70.

NORTH D C, THOMAS R P. The Rise of the Western World: A New Economic History[M]. Cambridge: Cambridge University Press,1973.

NORTH D C, WALLIS J J, WEINGAST B. Violence and Social Orders: A Conceptual Framework for Interpreting Recorded Human History[M]. Cambridge University Press, 2009.

OLSON M. The Rise and Decline of Nations: Economic Growth, Stagflation, and Social Rigidities[M]. New Haven: Yale University Press, 1982.

PERSSON K G. Pre-Industrial Economic Growth[M]. Oxford: Basil Blackwell, 1988.

PULLEN J M. Keynes's Criticisms of Malthus, and "Malthus's Reply" : the Concept of Effective Supply[J]. History of Economics Review, 2001, 34(1): 168-181.

QIAN S, WU L. Who Defended Monetary Stability in a Specie Regime? Evidence from the Chinese History[J]. Frontiers of Economics in China, 2018, 13(3): 397-435.

RAVENSTEIN E G. The Laws of Migration[J]. Journal of the Statistical Society of London, 1885: 167-235.

RESNICK B. The Stanford Prison Experiment Was Massively Influential. We Just Learned It Was a Fraud[R/OL]. Vox, (2018-06-13). https://www.vox.com/2018/6/13/17449118/stanford-prison-experiment-fraud-psychology-replication.

RESTUCCIA D, YANG D T, ZHU X. Agriculture and Aggregate Productivity: A Quantitative Cross-Country Analysis[J]. Journal of Monetary Economics, 2008, 55 (2): 234-250.

ROBBINS L. A History of Economic Thought: The LSE Lectures[M/OL]. Wiley Online Library. (1999-04-01). https://onlinelibrary.wiley.com/doi/abs/10.1002/j.2325-8012.1999.tb00214.x.

ROMER P M. Endogenous Technological Change[J]. Journal of Political Economy, 1990, 98(5, Part 2): S71-S102.

ROSER M. Life Expectancy[J/OL]. Our World in Data.(2013)[2016]https://ourworldindata.org/life-expectancy.

ROZEN D E, HABETS M G, HANDEL A, et al. Heterogeneous Adaptive Trajectories of Small Populations on Complex Fitness Landscapes[J]. PloS one, 2008, 3(3): e1715.

SIMONS D J, CHABRIS C F. Gorillas in Our Midst: Sustained Inattentional Blindness for Dynamic Events[J]. Perception, 1999, 28(9): 1059-1074.

SOLOW R M. A Contribution to the Theory of Economic Growth[J]. The Quarterly Journal of Economics, 1956, 70(1): 65-94.

SOLOW R M, SAMUELSON P A. Balanced Growth under Constant Returns to Scale[J]. Econometrica, 1953: 412-424.

STANLEY S M. A Theory of Evolution above the Species Level[J]. Proceedings of the National Academy of Sciences, 1975, 72: 646-650.

STANLEY S M. Clades versus Clones in Evolution: Why We Have Sex[J]. Science, 1975, 190: 382-383.

STARK R. The Rise of Christianity: A Sociologist Reconsiders History[M]. Princeton: Princeton University Press, 1996.

STECKEL R H, PRINCE J M. Tallest in the World: Native Americans of the Great Plains in the Nineteenth Century[J]. American Economic Review, 2001, 91(1): 287-294.

STRULIK H, WEISDORF J. Population, Food, and Knowledge: A Simple Unified

Growth Theory[J]. Journal of Economic Growth, 2008, 13(3): 195-216.

TANG S. Toward Generalized Evolutionism: Beyond "Generalized Darwinism" and Its Critics[J]. Journal of Economic Issues, 2017, 51(3): 588-612.

TANG S. On Social Evolution: Phenomenon and Paradigm[M].New York: Routledge, 2020.

TAYLOR M S, BRANDER J A. The Simple Economics of Easter Island: A Ricardo-Malthus Model of Renewable Resource Use[J]. The American Economic Review, 1998, 88(1): 119-138.

THALER R. Misbehaving: The Making of Behavioral Economics[M]. New York: W. W. Norton & Company, 2015.

TEMIN P. The Roman Market Economy[M]. Princeton:Princeton University Press, 2013.

TERTILT M. Polygyny, Fertility, and Savings[J]. Journal of Political Economy, 2005, 113(6): 1341-1371.

TILLY C. Coercion, Capital and European States, AD 990–1992[M]. Oxford: Basil Blackwell, 1990.

UEDA M, TAKEUCHI N, KANEKO K. Stronger Selection Can Slow Down Evolution Driven by Recombination on a Smooth Fitness Landscape[J]. PloS one, 2017, 12(8): e0183120.

VAN ZANDEN J L. The Long Road to the Industrial Revolution: The European Economy in a Global Perspective, 1000–1800[M]. Leiden: Brill, 2009.

VEBLEN T. The Theory of the Leisure Class: An Economic Study of Institutions[M]. London: Macmillan, 1899.

VON HAYEK F. The Fatal Conceit[M]. Chicago: University of Chicago Press, 1991.

VOIGTLÄNDER N, VOTH H–J. The Three Horsemen of Riches: Plague, War, and Urbanization in Early Modern Europe[J]. The Review of Economic Studies, 2013, 80 (2): 774-811.

VOLLRATH D. The Agricultural Basis of Comparative Development[J]. Journal of Economic Growth, 2011,16 (4): 343-370.

WARD-PERKINS B. The Fall of Rome: and the End of Civilization[M]. New York: Oxford University Press, 2005.

WEISDORF J L. Malthus Revisited: Fertility Decision Making Based on Quasi-Linear Preferences[J]. Economics Letters, 2008, 99 (1): 127-130.

WELDON A J, HADDAD N M. The Effects of Patch Shape on Indigo Buntings: Evidence for an Ecological Trap[J]. Ecology, 2005, 86(6): 1422-1431.

YANG D T, ZHU X. Modernization of Agriculture and Long-Term Growth[J]. Journal of Monetary Economics, 2013, 60(3): 367-382.

爱德华·吉本．罗马帝国衰亡史 [M]．席代岳，译．长春：吉林出版集团，2011.

常征 . 火药改变世界：科技创新靠什么 [M]. 北京：中国华侨出版社，2021.

方绍伟 . 罗默关于宏观经济学困境的困境——基于理论三分法的分析 [J]. 经济学动态，2018.

哈耶克 . 致命的自负 [M]. 冯克利，胡晋华，译 . 北京：中国社会科学出版社，2000.

郝煜 . 蒙住眼，因为剁手难——为什么大一统的中华帝国晚期越来越轻徭薄赋，也越来越腐败 [J]. 经济资料译丛，2017.

卡尔·波普尔 . 科学发现的逻辑 [M]. 查汝强，邱仁宗，译 . 沈阳：沈阳出版社，1999.

赖建诚 . 经济史的趣味 [M]. 杭州：浙江大学出版社，2011.

赖建诚，苏鹏元 . 教堂经济学——宗教史上的竞争策略 [M]. 上海：格致出版社，2018.

李伯重 . 选精、集粹与宋代江南农业革命——对传统经济史研究方法的检讨 [J]. 中国社会科学，2000.

李稻葵，管汉晖 . 明代 GDP 试探 [J]. 清华大学学报（哲学社会科学版），2009.

李中清，王丰 . 人类的四分之一 ——马尔萨斯的神话与中国的现实：1700—2000[M]. 上海：生活·读书·新知三联书店，2000.

刘慈欣 . 三体 [M]. 重庆：重庆出版社，2008.

刘光临 . 传统中国如何对流通商品征税——关于宋代和晚清商税征收的比较研究 [J]. 台大历史学报，2013，52：145-249.

卢克莱修 . 物性论 [M]. 方书春，译 . 北京：商务印书馆，1981.

商鞅，韩非子 . 商君书 [M/OL]. 中国哲学书电子化计划 . https://ctext.org/shang-jun-shu.

苏力 . 大国宪制：历史中国的制度构成 [M]. 北京：北京大学出版社，2018.

尤瓦尔 · 赫拉利 . 人类简史 [M]. 林俊宏，译 . 北京：中信出版社，2014.

文一 . 国家为什么繁荣——国民财富的起源与空想市场主义的终结 [J]. 东方学刊，2019(5).

文一 . 科学革命的密码——枪炮、战争与西方崛起之谜 [M]. 上海：东方出版中心，2021.

亚当 · 斯密 . 国富论 [M]. 王亚南，译 . 北京：商务印书馆，2015.

盐野七生 . 罗马人的故事：第 10 卷 条条大路通罗马 [M]. 韦平和，译 . 北京：中信出版社，2013.

张五常 . 经济解释 [M]. 北京：中信出版社，2015.

后　记

回首向来萧瑟处

在《三体》中，章北海的父亲叮嘱儿子：

“要多想。”

“想了以后呢？”

“北海，我只能告诉你在那以前要多想。”

我有一种奇妙的感受，不知道怎么表达才确切：完成这个研究后再去看我自己其他的作品，我会觉得那些都不是“想”，而是“算”，顶多是“谋”。想，要多想，章北海式的想，在坦诚和彻底的追问里体会大自然或凌厉或温暖的本心。

理论工作者的使命是发明理论、发现规律，发明理论的最终目的是发现规律。古往今来每个人都生活在历史规律之中。无论是否从事理论探索，大家对历史规律多多少少都有一点儿模糊的感知。我所做的，只是把无数人，包括你，包括你的家人、朋友，以及你们心头舌尖上的话，点透并说出来罢了。

我有一个信念：最好的经济学思想，应该是初听时觉得不可思议，但细品后又觉得非如此不可。科学之有别于迷信，可不可以证伪倒在其次，最要紧的是求一个“不得不如此”。上天入海驰骛万里，落地的刹那，说该在那里等你的就在那里等你，针尖在，麦芒在，顶头对脚，若合一契，这就是科学的美感。[①]

我期待本书也能传递这样的感受。读完书，咀嚼一整天，夜里上床睡觉的时候，兴许你会喃喃自语：这些道理，不都是显然的吗？

是啊，因为合乎自然，所以似曾相识；唯真相之独一，故不得不如此。在马尔萨斯理论垄断历史解释权的200年里，仙人道友腾云驾雾，化简为繁。现在洗尽铅华，看山是山，看水是水，如此罢了。

甚至一觉睡到天明的时候，你也许还会觉得，这书中所有的道理，是你自己原来就有的想法。我希望你会这么想。到那时，你可以把这本书里所有的比喻、模型、论证全都忘掉。忘干净了也没关系，忘干净了最好。你的心里，已经住下了一个新的历史观，自己可以从第一原理出发，推理出一个缤纷绚烂的理论世界。

那时，你我便为知音。

我被这个研究捆绑着跌跌撞撞了10多年。当初我如果没有选择这个课题，就不会遭遇种种善意想象的幻灭，现在肯定还在大学里教

---

① “针尖上站几个天使”这样的问题，实证检验的难度并不一定比一些科学猜想更大（反正现阶段都无法检验），但这种问题的答案无所谓“若合一契”。能站3个天使还是300个天使，都无伤大雅，这就不是科学的脾性。

书——那从来都是我最钟情的事业。写书，迫使我无数次回想当年的选择。

我还记得 2015 年做出离开学界决定的那个时刻。那天夜里，我关灯枯坐在办公室，心乱如麻。从一个大一本科生到一名北大教师，从 18 岁到 30 岁，整整 12 年，我一刻也不曾怀疑自己会教一辈子的经济学，所有的训练都为这个职业而准备。多少曾让我战栗的“Eureka（我发现了）！”像流星划过记忆。可是，因为这个特殊的研究，流星坠地，我撞上一堵无声无息的墙。

夜色已深，时将凌晨，我该走了。

学者所求无非五样东西：

一、发现隽永的规律；

二、赢得同行中知音者的真心钦佩；

三、得天下英才而教育之；

四、名；

五、利。

在短暂的学术生涯里，我已侥幸获得前三种体验。至于名和利，渔利者害多，骛名者毁至。我所痛惜的，是失去了在余生里继续经历前三种体验的机会。但到头来，这三种体验也只是我个人的私欲——“贪”而已。这个研究所满足的却是我的“爱”，爱这个国家，爱这个世界，希望自己所发现的规律能有益于文明。就算贪心不足，爱，一度留下了遗憾，如今也在这本书里得到了成全。

致 谢

虽然我已经阴差阳错地离开了学术界，但是学术界仍然牵系着我最多的情感。从清华大学经济管理学院到伯克利大学经济系，再到我第一份教职所在的北京大学经济学院，我有太多的人需要感谢。

我感谢钱颖一和白重恩老师推荐我到世界一流的伯克利经济系学习，并在学术道路一些关键的节点上给我当头棒喝式的教诲与启迪。如果说我在事业上有什么偶像的话，那就是钱白两位恩师。我景仰他们孜孜以求的事业心和使命感，钦佩他们春蚕蜡炬，年复一年为社会输送栋梁之材。

我感谢乔治·阿克洛夫和杰哈·宏朗（Gerard Roland）[①] 对我殷切的

① Gerard Roland 在中文翻译中，一般以“杰拉德·罗兰”的译名出现。我翻译作杰哈·宏朗，一则为了更加贴近英文名字原本的发音，二则宏朗二字能最好地刻画他的气质。

期待。当我灰心丧气的时候，是他们的鼓励支撑我继续前进。在博士生资格考试（口试）的那天清晨，我那乱七八糟的研究大纲受到宏朗的严厉批评（严师应有之范）。但中午，阿克洛夫听完我的口试后夸奖我的理论“unusually good（非同寻常地好）”，听我坦承宏朗的失望后，还特地打电话给宏朗说这研究了不起，托他一定悉心指导。阿克洛夫因为妻子耶伦的工作搬去华盛顿后，有一次正好回伯克利过圣诞，得知我面临毕业求职，就让我去他家里模拟面试。我推开门，阿克洛夫、耶伦（时任美联储主席）和他们的儿子罗伯特（也是一位优秀的经济学家）都在，一家三口齐上阵，为我做模拟面试。我做得不好，阿克洛夫让我第二天再去，三个人再为我把关。就这样连续三晚，每晚一个小时。博士毕业之时，我刚因为一位教授的断言——“你不可能找到教职的”——而陷入沮丧，过了几天就收到了宏朗的信，说我的论文是他十几年来读过的最好的论文之一。技术竞择的代数模型建不下去，我三次向宏朗汇报无能为力，三次被宏朗顶回来：“你再试试。”咬咬牙，我成功了。我自己当老师的时候，阿克洛夫和宏朗就是我与学生相处的标杆，我要求自己像阿克洛夫和宏朗爱护我一样，富有原则地爱护我的学生。

在伯克利经济系，布拉德福特·德隆，罗纳德·李，玛莎·奥尔尼（Martha Olney）也是我的导师，扶着我在研究道路上踯躅前行。在我求职的过程中，巴里·艾肯格林（Barry Eichengreen）和普拉纳布·巴丹（Pranab Bardhan）也尽心竭力地帮助我。

学术界的情谊常常跨越院校，因思想的相互欣赏而联结。在我的研究和求职中，我还得到了乔尔·莫克尔、泰勒·考恩、布莱恩·赖特（Brian Wright）、格里高利·克拉克、彼得·林德特、沃迪·盖勒、黄有光、赖建诚、文一、龚启圣、王红等诸位教授的鼓励和无私帮助。莫克尔是经济史学界的泰山北斗。我的论文尚未发表，莫克尔教授就把它列入美国西北大学研究生经济史课的必读文献，第一次赋予它传播生命。当我为了家庭团聚离开北大时，布莱恩·赖特和泰勒·考恩教授虽与我素昧平生，却出于对我论文的欣赏，以读者的身份为我争取到名校的教职。但我当时已决心离开学界，辜负了他们的心意。我的一篇相关论文的合作者大卫·莱文、尼古拉斯·帕帕乔治和罗汉·杜塔，则用他们认真的精神、开阔的视野和卓越的见识熏陶了我。虽然我们合作的论文处处碰壁，但回头想来，也未尝不是件妙事，恰因为屡战屡败，我才得以见证他们屡败屡战的精神。尤其是当代博弈论巨擘大卫·莱文，他那永不言败的态度，让我见到他取得辉煌成就的另一面。自信与顽强比聪明才智更能决定一个人的成功，不是吗?

我感谢我在伯克利认识的中国同学：曾立、王格玮、谈从炎、曲浩楠、陆方文、宋长城、李健、盛柳刚、赵洪岩、黄杏、谢伦裕、金烨、郑晖、王鑫、谢阳、孙震、智华勇、水溪、李维嘉、谢聪、王自干、吴羽菲、查丹燕、戴天骄、伍赟、孙昶、高立力……其中很多人都忍受了理论早期版本的口述轰炸。他们让我只要回想起在伯克利的博士生活，心头就充满了温暖。宋长城和谢阳是我在清华和伯克利的师兄弟，在我求职的过程中，给我许多鼓励和帮助。我也感谢我的同辈学者：陈硕、李楠、郝煜、席天扬。每次我回上海看望爸妈都要去陈硕那里（复旦大学）和李楠那里（当时在上海财经大学）各做一次学术报告，就像开个人演唱会一样过瘾。郝煜、席天扬则是我在北大工作时的同事、聊伴、死党，有共同的兴趣和一起插科打诨的聊天群。

我感谢北京大学经济学院的优秀领路人前任院长孙祁祥老师。她带领的招聘小组选择了我，给了我在北大教书的机会，让我实现得天下英才而教育之的梦想。经院同事叶静怡、杜丽群、胡涛、平新乔、周建波、赵晓军、陈志武、董志勇、常颖、陈仪、陈凯、秦雪征、方敏、管汉晖、姚奕、刘冲、石菊、吴泽南、李权、张亚光、赵留彦、李连发、袁敏等老师为我在北大的研究和生活创造了舒适而充满智力挑战的环境。我在北大的三年为本科生和研究生共开设过6次世界经济史课。这本书的内容就是在一次次备课中逐渐丰满起来的，而课上的学生相当于本书最早的读者和评论者。我为我在北大遇到的学生骄傲。盛浩、朱悦、谢昊君、钱盛、吕昊天……三年里我们一起海阔天空地聊学问、谈人生，熟悉得好像室友一样。他们让我想起北大，就好像有第二个母校。我因他们仿佛重回本科时代。谢昊君和朱悦还参与了制度竞择的研究，我从他俩身上学到很多东西。

我还要感谢曾给我重要启发的几个人。克拉克教授的名著*A Farewell to Alms*引我走向马尔萨斯经济学的研究。管汉晖对中国历代GDP的估算，是我察觉马尔萨斯经济学漏洞的起因。理查德·道金斯风靡世界几十年的小册子《自私的基因》重塑了我的世界观，深深地影响了我的这个研究。我赞同罗纳德·科斯的看法，这本生物学科普作品是最优秀的经济学读物。刘慈欣告诉我们经济学家能用博弈论拯救地球，我深以为然。说句玩笑话，《三体》主角罗辑从思想方法看应该是个经济学家，理当供职于我的母院清华经管，而不是社会学系。这本书的内容实与《三体》颇有隐秘关联，我也借大刘的话作为本书的题记：“是给岁月以文明，还是给文明以岁月？”

这本书的初稿曾得到许多师友的阅读、校对和指导。我由衷感谢王萌、范蔚文、贺俊逸、谢阳、梁捷、翟润卓、王红、单新宁、郭琰、吕昊天、赖建诚、唐世平、方绍伟、陈仪、王自干、戴天骄、孙晔、游五岳、彭凯翔、唐镇洋、王宝链、吴墨翰、费凡、张心远、郝煜、徐园意、金烨、孙昶、朱悦、盛浩、高岭、高立力、徐晔嘉、陈翔、谈从炎、卓子涵、陈沁、戴瑋、查丹燕、王一楠、谢昊君、孙蔚、吴泽南、宋长城、席天扬、洪道远、王也、朱梦露。他们的修改建议帮助我从旁观者的角度看到作品的不足，对书稿影响甚巨。半年之中，删改的字数达到书稿初始篇幅的两倍之多。但仍有不少建议，我斟酌再三之后没有采纳。本书如有舛误和争议，不能怪到他们头上。

我要用这本书告慰我的父亲吴仁义、我的母亲朱宝妹。与经济学相识以来的16年，我一直在家乡以外学习、生活、工作，与父母在一起的时间加起来只有两年左右。他们在思念中煎熬，为我的成长承担着最大的代价。我从来就打定主意，要先写本书的中文版，因为这样才好向他们分享我的发现。可是，在这本书写到一半的时候，我爸爸还没来得及看一个字，就离开了人间，这令我终身遗憾。

我还要感谢来自家乡浦东的章皖和秦瑞花夫妇。章先生是一位立己达人的儒商，操守卓绝，见识深远，既是我的赞助者，也是我的朋友和老师。本科4年，他每月都邮寄给我生活费。从清华照澜院邮局取好钱回宿舍的路上，我会拿一部分钱买二手书。数年之积，宿舍的书架、衣橱、吊柜都已装满，装不下的就垫到床铺下，我就睡在几百本书上。这本书的思想少不了那副“床垫”的托举。

这本书能在中信出版社出版，有赖于唐世平老师的援手和牵线，以及蒋永军先生的赏识与提携。中信的编辑充分尊重我的表达自由，尽心尽力地为作品服务，他们的付出难为人知，但他们的成果有目共睹。在此，我也要向他们表示感谢：洪勇刚、蒋永军、邵玥、王佳恋、余凤阁、肖男、张新华、张英洁。

我现在和岳父母及妻儿生活在一起，能把此书完成，我要感谢他们的支持。妻子朱梦露在智力上碾压我之余，给了我许多的幸福和欢乐。能在读博士的时候娶到她，我的幸运一点儿不亚于机缘巧合挑战了马尔萨斯。如果要给这两件幸运的事找到一点儿相关性，好让它们的组合听起来不那么离谱的话，话说当初她问我在研究什么，我说我发现马尔萨斯是错的，我要给马尔萨斯陷阱找一个新的解释时，那副心驰神往、在“科幻”的星辰大海里乘风破浪的样子应该给我加了一点儿分。重新解释马尔萨斯陷阱是我 30 多年生命里最浪漫的一件事。

谨将这本浪漫之书献给我的老婆。

2019 年 11 月 9 日